权威·前沿·原创

皮书系列为
"十二五""十三五""十四五"时期国家重点出版物出版专项规划项目

BLUE BOOK

智 库 成 果 出 版 与 传 播 平 台

养老服务蓝皮书

BLUE BOOK OF AGED CARE

中国养老服务发展报告
（2024）

REPORT ON THE DEVELOPMENT OF AGED CARE

IN CHINA (2024)

组织编写／民政部社会福利中心

主　编／甄炳亮

副主编／赵　洁　王金浩

社会科学文献出版社

SOCIAL SCIENCES ACADEMIC PRESS（CHINA）

图书在版编目（CIP）数据

中国养老服务发展报告.2024／民政部社会福利中心组织编写；甄炳亮主编.--北京：社会科学文献出版社，2025.1.--（养老服务蓝皮书）.--ISBN 978-7-5228-4674-3

Ⅰ.D669.6

中国国家版本馆 CIP 数据核字第 20246HN883 号

养老服务蓝皮书

中国养老服务发展报告（2024）

组织编写／民政部社会福利中心
主　　编／甄炳亮
副 主 编／赵　洁　王金浩

出 版 人／冀祥德
责任编辑／胡庆英
文稿编辑／姜　瀚
责任印制／岳　阳

出　　版／社会科学文献出版社·群学分社（010）59367002
　　　　　地址：北京市北三环中路甲 29 号院华龙大厦　邮编：100029
　　　　　网址：www.ssap.com.cn
发　　行／社会科学文献出版社（010）59367028
印　　装／三河市东方印刷有限公司

规　　格／开　本：787mm×1092mm　1/16
　　　　　印　张：25.75　字　数：381 千字
版　　次／2025 年 1 月第 1 版　2025 年 1 月第 1 次印刷
书　　号／ISBN 978-7-5228-4674-3
定　　价／158.00 元

读者服务电话：4008918866

感谢中国社会福利基金会对本书的大力支持！

养老服务蓝皮书编委会

本书作者

（按文序排列）

冯文猛　赵　洁　李天骄　王金浩　张航空
康　琳　王燕妮　刘晓红　朱鸣雷　王睿卿
张文娟　梅　真　王　羽　刘　浏　尚婷婷
赫　宸　王大华　曹贤才　王　晶　张文博
曲嘉瑶　陈　曦　陈　功　刘尚君　梁晓璇
尹政伟　王　雪　赵越凡　陈亚辉　李　韬
邹春燕　许晓玲　郭汉桥　凌　伟　任泽涛
朱　浩　凡如玉　傅　晓　李彧钦　韩明华
周　鑫　王福敏　倪　伟　刘　钊　郑　轶

主编简介

民政部社会福利中心（以下简称"中心"）　是以养老服务为主责主业的民政部直属事业单位。2014 年，经民政部党组研究决定，中心开展业务转型，专注于公益性服务，承担以养老服务为主的社会福利理论与政策研究、标准化工作、信息化建设、专业培训、相关技术服务等职责。2019 年，民政部养老服务司成立，按照民政部领导要求，养老服务司和中心作为民政部养老服务体系建设的"一体两翼"，紧密配合，全面推动养老服务相关工作。中心在民政部党组和相关司局的关心和支持下，聚焦养老服务发展，在规划编制、调查研究、标准化建设、评估监管服务、培训推广和数据信息归集分析等方面取得了一定成绩，积累了宝贵资源和经验。"十四五"时期，中心紧抓养老服务蓬勃发展历史机遇，将自身发展融入中央实施积极应对人口老龄化国家战略大局。在服务民政部、服务民政系统、服务养老行业中找准职责定位，坚持政治性、全局性、公益性、社会性、专业性，从现有法规政策规划中找到发挥作用的依据、空间、突破点与业务生长点，全力推动构建中国特色的多层次、全要素养老服务体系。

甄炳亮　民政部社会福利中心党委书记、主任。主持开展"'十五五'养老服务体系建设规划研究""'十四五'养老服务体系专项规划研究""基本养老服务对象分类保障研究""居家和社区基本养老服务提升行动实施情况研究""养老服务监管效能提升研究""养老服务领域非法集资及消防安全问题研究""养老服务政务和服务质量信息公开研究""中央财政支持开展的全国居家和社区养老服务改革试点研究""'放管服'改革背景下加强事中事后综合监管研究""养老机构消防安全现状研究"课题，以及《老年人能力评估规范》《适老环境评估导则》《社区老年人日间照料中心服务基本要求》《养老机构预防压疮服务规范》《养老机构老年人营养状况评价和监测服务规范》《养老机构膳食服务基本规范》等多项国家标准和行业标准制修订工作。

副主编简介

赵 洁 民政部社会福利中心调研宣传部主任。目前是民政部国家养老服务立法、基本养老服务、养老服务设施空间布局规划、居家和社区养老服务、农村县域养老服务等专班成员，参与起草国家养老服务法草案和基本养老服务政策文件等。2018 年以来，主要参与多项民政部养老服务司、国家发展改革委社会发展司等委托研究课题，并主笔起草研究报告，包括"'十五五'养老服务体系建设规划研究""'十四五'养老服务体系专项规划研究""'十四五'时期人口战略研究""养老机构入住率及影响因素调查研究""基本养老服务对象分类保障研究""发展养老事业和养老产业研究""养老服务体系建设及政策优化研究""中央财政支持开展的全国居家和社区基本养老服务提升行动实施情况研究""新时代人口老龄化趋势、影响及对策研究""未来我国养老服务发展趋势分析、需求预测及养老服务市场缺口研究"等。

王金浩 社会工作师，民政部社会福利中心调研宣传部干部。主要研究方向为居家和社区养老、养老产业。主要参与居家和社区基本养老服务提升行动项目、"十五五"养老服务体系建设规划、全国养老服务设施空间布局专项规划等。主要参与国家社会科学基金重大项目"以中国特色时间银行理论积极应对我国人口老龄化问题研究"课题、《中国农村老年人养老现状及模式研究》编撰，以及《中国民政》杂志居家和社区养老专刊策划等工作。

序　言

　　2024 年 10 月，习近平总书记对民政工作作出重要指示："中国式现代化，民生为大。新时代新征程，各级党委和政府要坚持以人民为中心，加强对民政工作的领导，加强普惠性、基础性、兜底性民生建设，解决好人民最关心最直接最现实的利益问题，不断推动民政事业高质量发展。"养老服务高质量发展是推进实现中国式现代化的重要实践，《中国养老服务发展报告（2024）》全面及时地反映了中国养老服务发展的历程和现状、面临的主要挑战和解决的对策，是一部全过程了解中国养老服务发展历史、全方位展现中国养老服务的进步、全面勾画深化养老服务改革的重点、全景式描绘未来中国式养老服务体系发展方向的重要成果。

　　通读《中国养老服务发展报告（2024）》全书，有以下几个突出的特点。

　　第一个特点是创新性。编写体例新颖、以学术研究成果为基础的创新是本书的主要特征，《中国养老服务发展报告（2024）》在写作上进行了开创性的探索。各篇报告将中国养老服务政策沿革和养老服务各方面的发展历程与目前的发展重点相结合，在总结各方面发展成就的同时，全面反映新形势下养老服务的发展现状，直面不足与挑战，提出了推动养老服务高质量发展的政策建议。这是第一本完整反映中国养老服务发展主要实践的蓝皮书，充分回顾总结发展经验与成就更有利于看清发展的逻辑与重点工作的变化，更有利于清楚地阐述在中国人口老龄化发展进程中，政府、市场和社会组织对中国养老服务到底应该发展什么、怎么发展、谁来发展的认识是如何逐步深

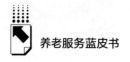

化与完善的。

第二个特点是系统性。本书对养老服务的定义是系统全面的，并没有局限在机构养老、社区养老、居家养老的分析框架中，而是涵盖了基本养老服务体系、智慧养老、养老服务体系与长期护理保险协同发展、养老服务设施建设和适老化改造等各个养老服务相关领域的进展，涉及养老服务的各个方面，全景式展现了中国养老服务的新重点、新发展和新成效，使读者对推进基本养老服务体系建设的实践路径有了更加清晰的认识。本书没有停留在介绍养老服务的发展现状与面临的挑战上，而是进一步对养老事业和养老产业发展、养老服务标准化建设、养老服务人才队伍建设等关键问题进行了专题研究，为推动养老服务迈向高质量发展提出了具有可操作性的建议。

第三个特点是前沿性。本书在全面反映中国养老服务发展的基础上，又通过专题篇突出重点，结合当前养老服务发展中普遍关注的热点问题和实践问题进行了深入分析，充分反映了中国养老服务体系建设中面临的新挑战和新机遇。对养老事业和养老产业发展、养老服务标准化建设、养老服务人才队伍建设、为老志愿服务现状和可持续发展、老年人意定监护服务、国有企业参与我国养老产业、旅居养老发展状况等的专题研究，可以深化读者对这些领域政策和实践新发展的了解和认识。通过本书对典型经验和实践案例的介绍，可以看出中国养老服务的发展是全方位的，深化改革的进程是不断深入的。《中国养老服务发展报告（2024）》不仅关注养老服务设施的建设和养老服务的供给，而且关注到养老机构老年人心理健康需求等深层次的需求。

第四个特点是实践性。本书点面结合，在全面报告养老服务发展的同时，又在区域篇中选取了北京、上海、安徽、山东、重庆等省市作为地区养老服务发展的典型进行分析。这些区域报告不是千篇一律的工作总结，而是重点各不相同的探索经验。区域报告的主题具有很强的针对性，直接将国家养老服务政策在落地实践过程中各个地方的创新经验反映出来。区域报告将各地养老服务从政策到实践，再从实践创新中将经验升华到政策和制度层面的发展进程生动体现出来。北京的养老服务体系建设、上海的养老服务综合统计监测分析、安徽的农村养老试点情况、山东的养老服务人才发展、重庆的养老机构社会工作发展，都从不同的重要方面展现了破解中国养老服务发展挑战的地方实践和这些实践所取得的成绩，也为未来的养老服务发展提供了极富价值的探索经验。

总之，《中国养老服务发展报告（2024）》是一部全面反映中国在实施积极应对人口老龄化国家战略进程中，推动养老服务体系建设的历程、现状、挑战与应对的重要著作，具有创新性、系统性、前沿性和实践性。期待未来这部报告可以持续做下去，不断回应中国养老服务关切的热点问题、不断深化对养老服务体系的改革和创新，在着力推进实施积极应对人口老龄化国家战略、探索中国特色积极应对人口老龄化方略之路中做出新的贡献。

杜 鹏

2024 年 12 月 25 日

前　言

　　我国老龄化具有人口基数大、增速快、高龄化、失能化、空巢化、城乡差异大、地区发展不平衡等特点，结合我国"未备先老""未富先老"的国情，当前养老服务供给与老年人日益多元化的服务需求间仍存在差距。根据《2023年度国家老龄事业发展公报》，截至2023年底，我国60周岁及以上人口29697万人，占全国人口的21.1%，其中65周岁及以上人口21676万人，占全国人口的15.4%。党的二十届三中全会提出，积极应对人口老龄化，完善发展养老事业和养老产业政策机制。习近平总书记在第十五次全国民政会议召开之际对民政工作作出重要指示，要着力推进实施积极应对人口老龄化国家战略。习近平总书记高度重视养老服务工作，多次研究部署、作出重要指示批示，深刻指明了养老服务工作的形势趋势、目标任务、重要意义，为新时代养老服务体系建设提供了根本遵循。

　　为回应社会各界对养老服务的需求与期盼，落实《"十四五"国家老龄事业发展和养老服务体系规划》提到的"积极利用智库和第三方力量，加强基础性研究，促进多学科交叉融合，开展老龄化趋势预测和养老产业前景展望，通过发布年度报告、白皮书等形式服务产业发展，引导社会预期"，民政部社会福利中心（以下简称"中心"）邀请养老服务行业领域专家和地方养老服务事业单位研究编撰《中国养老服务发展报告（2024）》蓝皮书，全面总结我国养老服务发展的经验做法和成果。本书有以下三点创新之处。一是站位较高。此前，社会科学文献出版社尚未出版全国层面养老服务领域蓝皮书。二是填补空白。民政系统其他业务如未成年人保护、康复辅助器具、社区慈善、福利彩票等均出版了蓝皮书。养老服务领域的工作进展、研究成果需要一个载体向社会发声，通过蓝皮书把养老服务法规、政策、实践和前沿领域研究成果等向业内外宣传推广，进一步推动我国养老服务高质量发展。三是具有综合性、前瞻性。本书分为"总报告""分报告""专题篇""区域篇"四个部分，由 1 篇总报告、7 篇分报告、7 篇专题报告、5 篇区域报告共 20 篇报告组成。各篇报告选题紧密围绕近年来养老服务发展重点领域和前沿热点难点问题。本书起草组成员的学科背景覆盖养老服务各主要细分领域，其中分报告部分作者具有参与民政部养老服务法规制定、政策规划研究、标准制修订、评估监管、信息化建设及改革试点等工作经历和背景；专题篇部分作者来自民政部养老服务专家库，深耕养老服务理论研究一线多年，在专业研究领域有着丰硕的学术成果；区域篇从全国范围内选取了在养老服务领域有突出创新亮点以及丰富政策研究经验和实务工作基础的地区作为案例。

最后，感谢社会科学文献出版社提供这样一个与社会各界特别是学界交流的平台和机会，展示我国养老服务体系建设方方面面的成果。期待通过养老服务蓝皮书种下一棵"金梧桐"，与各位同仁共同呵护这棵小苗早日成长为参天大树，加快构建养老服务领域政产学研矩阵，吸引更多"金凤凰"为老龄化社会发展、为民生福祉保障、为我国养老服务体系高质量发展献计献策、传经送宝。

因为是第一次筹备编辑出版蓝皮书，难免存在诸多不足，我们对于首版蓝皮书编纂中可能出现的疏漏深表歉意，感谢理解与支持。我们将汲取经验教训，通过《中国养老服务发展报告》系列蓝皮书，讲好中国养老服务故事，展现中国保障民生福祉的智慧和决心，向世界提供老龄化社会发展的中国方案。

《中国养老服务发展报告（2024）》的作者来自政府、高校和科研机构等，各位作者的观点，只属于作者本人，不代表其所在单位。皮书中涉及大量数据，由于来源、口径、时间等客观因素影响，请在引用时认真核对。

《中国养老服务发展报告（2024）》的研究受到中国社会福利基金会的

重点资助，具体研究活动的组织、协调和部分报告的撰写，由民政部社会福利中心负责。

　　《中国养老服务发展报告（2024）》由甄炳亮、赵洁、王金浩负责统稿，杜鹏、冯文猛和李晓壮对全书各报告提出了建设性意见。社会科学文献出版社群学分社社长谢蕊芬和编辑胡庆英，为本书的出版做了大量工作，在此表示诚挚谢意。

摘　要

习近平总书记多次作出重要指示批示，强调要加强基本公共服务。党的二十大报告提出，要"实施积极应对人口老龄化国家战略，发展养老事业和养老产业，优化孤寡老人服务，推动实现全体老年人享有基本养老服务"。党的二十届三中全会通过的《中共中央关于进一步全面深化改革、推进中国式现代化的决定》提出，"优化基本养老服务供给，培育社区养老服务机构，健全公办养老机构运营机制，鼓励和引导企业等社会力量积极参与，推进互助性养老服务，促进医养结合"。

本书分为总报告、分报告、专题篇和区域篇四个部分，共20篇报告。总报告系统梳理了我国养老服务政策沿革及当前发展重点，阐述当前我国养老服务发展概况及主要实践，厘清养老服务发展面临的整体性问题、突出问题以及新形势变化带来的挑战，并提出推动养老服务高质量发展的建议。分报告由7篇报告组成，较全面地梳理了我国基本养老服务体系、居家和社区养老服务、医养整合照护、智慧养老、养老服务体系与长期护理保险协同发展、养老服务设施建设和适老化改造，以及养老服务机构老年人心理健康等领域的现状和问题建议。专题篇包括7篇专题报告，针对养老事业和养老产业发展、养老服务标准化建设、养老服务人才队伍建设、为老志愿服务现状和可持续发展、意定监护服务、国有企业参与我国养老产业、旅居养老发展等进行专题研究和分析。区域篇由5篇报告组成，分别从五省份的养老服务体系、综合统计监测、农村养老试点、养老服务人才发展、养老机构社会工作发展五个方面阐述典型经验。各报告对上述现状、问题和困难均提出了建设性的对策建议。

关键词： 养老服务　人口老龄化　高质量发展

目 录 ⯈

Ⅰ 总报告

Ⅱ 分报告

III 专题篇

IV 区域篇

皮书数据库阅读**使用指南**

总 报 告

B.1

中国养老服务发展报告（2013~2024）

冯文猛　赵洁[*]

摘　要：　养老服务体系建设对贯彻落实积极应对人口老龄化国家战略意义重大。经过长期努力，我国的养老服务体系建设取得了显著成效。近些年，在推动居家和社区养老服务发展、提升家庭养老照料能力、创建全国示范性老年友好型社区、推动医养结合深入发展、推动养老产业快速发展、积极引进民间力量、加强人才队伍建设、探索智慧养老发展等领域，我国养老服务实践取得了明显进步。随着人口老龄化程度日渐加深，我国的养老服务体系建设面临着新的形势，亟待进一步调整、完善、充实、提升。深化养老服务改革，推动养老服务迈向高质量发展，需聚焦居家、社区、机构养老等发展现状，锚定老年群体未来需求特点，尽快推动相关领域改革。

---

* 冯文猛，国务院发展研究中心公共管理与人力资源研究所研究室主任、研究员，主要研究方向为人口问题、医疗健康、农村发展和城镇化、收入分配和社会保障；赵洁，民政部社会福利中心调研宣传部主任，主要研究方向为养老服务规划政策研究。

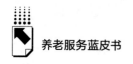
关键词： 养老服务体系 人口老龄化 高质量发展

一 中国的人口老龄化和未来趋势

（一）中国的人口老龄化及其特点

按国际惯用标准①，2000年中国进入老龄化社会。2023年末，中国60岁及以上人口规模达到2.97亿人，在总人口中占比达21.1%；65岁及以上人口达到2.17亿，占总人口的15.4%。② 随着新中国成立后第二、三次人口生育高峰期出生人口相继进入老年阶段，未来中国人口老龄化将迎来进一步快速发展。联合国发布的《世界人口展望2024》中的预测显示，2034年，中国60岁及以上人口在总人口中占比将达到30.06%；2054年，中国60岁及以上人口规模将达到峰值的5.13亿人。③ 人口老龄化的持续加深和老年人口的持续增长将成为与中国式现代化进程紧密相伴的基本国情。

人口老龄化不是人类社会的一个新现象。19世纪60年代，法国成为世界上第一个进入老龄化社会的国家。1950年，世界银行目前标准下的高收入国家中65岁及以上人口占比已达7.7%，60岁及以上人口占比达11.5%。2023年，这些国家中65岁及以上人口占比进一步增至19.5%，60岁及以上人口占比增至25.8%。④ 相比发达国家，发展中国家进入老龄化社会的时间

---

① 国际社会对人口老龄化的惯用标准为：当一个国家65岁及以上人口在总人口中占比达到7%时，该国进入老龄化社会（aging society）；这一比例达到14%时，该国进入老龄社会（aged society）。

② 《中华人民共和国2023年国民经济和社会发展统计公报》，国家统计局网站，2024年2月29日，https://www.stats.gov.cn/sj/zxfb/202402/t20240228_1947915.html。

③ United Nations, "Department of Economic and Social Affairs, Population Division (2024)," *World Population Prospects 2024, Online Edition.* https://population.un.org/wpp/Download/Standard/Population/.

④ United Nations, "Department of Economic and Social Affairs, Population Division (2024)," *World Population Prospects 2024, Online Edition.* https://population.un.org/wpp/Download/Standard/Population/.

较晚。依照世界银行目前标准划分的发展中国家，整体是在 2017 年进入老龄化社会；2023 年，这些国家中 65 岁及以上人口占比达 8.2%，60 岁及以上人口占比达 12.0%。

同世界上大多数国家相比，中国的人口老龄化呈现以下特点。

一是规模大。2023 年末，中国 60 岁及以上人口规模近 3 亿人，同美国 2023 年总人口规模相当，是日本 2023 年总人口的 2 倍还多。虽然数据并不完全一致，但各种预测都显示，到 21 世纪中叶，中国 60 岁及以上人口总量将达 5 亿人左右，[①] 中国将依然是世界上老年人口最多的国家。

二是速度快。国际社会常用一个国家从老龄化社会发展到老龄社会所需的时间来衡量老龄化的速度。虽然法国是人类历史上第一个进入老龄化社会的国家，但法国用了 115 年才进入老龄社会。欧美发达国家通常用 70~80 年实现这一转变。中国进入老龄社会之前，日本是世界上老龄化速度最快的国家，从 1970 年进入老龄化社会到 1994 年进入老龄社会用了 24 年。2021 年，中国 65 岁及以上人口占比达到 14.2%，不仅意味着中国进入老龄社会，也意味着中国仅用了 21 年就实现了从老龄化社会到老龄社会的转变，是当前所有进入老龄社会国家中速度最快的。

三是不均衡。一方面，中国的老龄化呈现明显的"城乡倒置"现象。自 20 世纪 80 年代以来，受农村家庭青壮年劳动力大规模进城影响，中国农村的老龄化程度比城镇更高。2020 年第七次全国人口普查（以下简称"七普"）数据显示，农村 60 岁及以上人口比重为 23.81%，比城镇高出 7.99 个百分点。另一方面，各地区间人口老龄化程度也存在明显差异。"七普"数据显示，东部地区 60 岁及以上人口超过 1 亿人，占全国老年人总数的 39.2%。[②]

---

① 国务院发展研究中心社会发展研究部课题组：《健康老龄化：政策与产业双轮驱动》，中国发展出版社，2019。

② 第七次人口普查数据，https://www.stats.gov.cn/sj/pcsj/rkpc/7rp/indexch.htm，最后访问日期：2024 年 12 月 10 日。

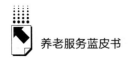

（二）人口老龄化的未来趋势及老年人需求特点

2023年，中国人均预期寿命已达78.6岁。[①] 自新中国成立至今，中国先后经历了三次大的人口生育高峰。1962~1975年第二次生育高峰期间每年出生2000多万人，最高峰1963年出生人口近3000万人。这些人将于2022~2035年相继进入老年阶段。在第二、三次人口生育高峰的先后影响下，未来中国老年人口规模将不断扩大，人口老龄化程度将会不断加深。[②]

在老年人口总量增长的同时，老年人口内部结构也在发生变化。随着生活水平提升和医疗技术发展，未来人均预期寿命将越来越长，中国老年人中80岁及以上的高龄老年人的规模将不断扩大，占比将继续提高。随年龄增长，老年人的失能发生率明显上升。在高龄化影响下，失能（含认知障碍）老年人口比例将快速上升。相关研究显示，依照近些年发展态势推测，到2050年，失能（含认知障碍）老年人规模预期会超过1.2亿人。[③] 由于界定标准不统一且结果尚无法互认，对于失能（含认知障碍）人口数量目前存在争论，但一个共识是，高龄化的增加无疑会带来失能（含认知障碍）人口的快速增长。同时，研究也发现，高龄化和认知障碍的发生率也存在密切联系。一些预测显示，在老龄化和高龄化的共同推动下，2050年中国患有认知障碍的老年人口将达到2898万人，[④] 全社会照护老年人的负担持续加重。

家庭曾在中国的养老领域扮演主要角色。近些年，在家庭规模缩小、居住模式变化、工作方式转变、人口流动和迁徙等多重因素推动下，社会化养老服务在解决老年人养老需求中扮演的角色日益重要。受少子化和老龄化并

① 《2023年我国卫生健康事业发展统计公报》，https：//www.gov.cn/lianbo/bumen/202408/content_6971241.htm，最后访问日期：2024年12月15日。
② 历年国民经济和社会发展统计公报，https：//www.stats.gov.cn/sj/tjgb/ndtjgb/，最后访问日期：2024年12月10日。
③ 国务院发展研究中心社会发展研究部课题组：《健康老龄化：政策与产业双轮驱动》，中国发展出版社，2019。
④ 常红：《〈认知症老年人照护服务现状与发展报告〉——中国认知症老年人照护服务需求快速增长》，http：//world.people.com.cn/gb/n1/2021/0512/c42354-32101116.html，最后访问日期：2024年12月15日。

行发展影响，依托社会力量获得养老服务将成为越来越多家庭的选择。同时，随着老年人受教育水平提升和经济状况改善，老年人对养老服务的需求也更加多元，这将进一步提高对养老服务专业化的要求。

在上述多重因素推动下，未来中国养老服务需求在迎来快速增长的同时，对服务的多元化和专业化要求也将进一步提升。

二　中国养老服务政策演变及政策重点

（一）新中国成立至今应对人口老龄化的相关政策

新中国成立至今，为适应各时期不同的经济社会发展和人口结构特点，中国应对人口老龄化的政策经历了显著的阶段性变化。迄今为止，应对人口老龄化政策的发展可分为四个阶段。

第一阶段是 20 世纪 80 年代之前，由于当时中国总体人口年龄结构较年轻，家庭普遍有多个子女，养老主要依靠家庭，当时老龄政策主要围绕社会养老保障和医疗保障展开，对象是社会中的"三无"人员和"五保"[①] 对象中的老年人等有限群体。第二阶段以 1982 年联合国在维也纳召开第一次老龄问题世界大会为起点，同年中国老龄问题全国委员会成立，之后提出了"老有所养、老有所医、老有所为、老有所学、老有所乐"的目标，各项政策探索也逐渐起步，这一阶段是老龄政策的形成期。第三阶段以 1996 年《中华人民共和国老年人权益保障法》（以下简称《老年人权益保障法》）的出台为起点，其后各种涉老政策、规划陆续出台。第四阶段以 2013 年为起点，以《国务院关于加快发展养老服务业的若干意见》等文件的颁布为契机，中国的养老产业进入快速发展轨道，老龄领域的各项政策也逐渐完善。

在应对老龄化的政策演进过程中，一些重要顶层设计的出台为中国应对

---

① "三无"人员指由城乡民政部门收养的无生活来源、无劳动能力，且无法定抚养义务人或法定抚养义务人丧失劳动能力而无力抚养的公民。"五保"包括保吃、保穿、保医、保住、保葬。

人口老龄化奠定了坚实的基础。《老年人权益保障法》的出台，为应对老龄化各项工作的开展提供了根本支持。结合经济社会发展环境变化，1996年以来，全国人大常委会分别于2009年、2012年、2015年和2018年四次对《老年人权益保障法》进行修订、修正。2000年中国进入老龄化社会时，中共中央、国务院发布了《关于加强老龄工作的决定》，从充分认识加强老龄工作重大意义、老龄工作指导思想和原则目标、保障老年人合法权益、发展老年服务业等七方面提出了25条具体意见。

2017年，习近平总书记在党的十九大报告中指出"积极应对人口老龄化"。2019年11月，中共中央、国务院印发《国家积极应对人口老龄化中长期规划》，提出人口老龄化对经济运行全领域、社会建设各环节、社会文化多方面乃至国家综合实力和国际竞争力，都具有深远影响，并分别聚焦近期至2022年、中期至2035年、远期展望至2050年三个阶段做了谋划，是到21世纪中叶中国积极应对人口老龄化的战略性、综合性、指导性文件。到2022年，积极应对人口老龄化的制度框架初步建立；到2035年，积极应对人口老龄化的制度安排更加科学有效；到21世纪中叶，与社会主义现代化强国相适应的应对人口老龄化制度安排成熟完备。2020年，《中共中央关于制定国民经济和社会发展第十四个五年规划和二〇三五年远景目标的建议》提出，实施积极应对人口老龄化国家战略。以此为契机，自"十四五"时期开始，积极应对人口老龄化国家战略进入实施阶段。

2021年11月，在总结近些年老龄工作经验基础上，针对当前老龄工作各领域面临的突出问题，结合未来人口老龄化的发展趋势和主要特点，中共中央、国务院发布《关于加强新时代老龄工作的意见》，从七方面提出22条具体意见，对未来一段时期内推进老龄工作做了全面部署。该文件聚焦老年人的急难愁盼问题，成为指导新时代老龄工作的全局性、系统性、纲领性文件。

2024年1月，国务院办公厅发布《关于发展银发经济增进老年人福祉的意见》，成为首个以银发经济为专题的政策文件，包括四方面26条具体意见，目的是积极应对人口老龄化、培育经济发展新动能、提高人民生活品质。

在顶层设计不断完善的同时，近些年应对人口老龄化的政策体系主要围绕四个领域展开：包括基本养老保险制度的普及和整合，提升保障水平，积极推动第二、第三支柱产业发展，探索建立包括长期护理保险制度在内的老年经济保障体系；推进居家和社区机构养老服务内容不断发展、健全基本养老服务体系、补齐农村养老服务短板、推动养老服务综合监管的养老服务体系；包括丰富综合性文件和专项文件、推进包括医养结合发展促进机制在内的老年健康支撑体系；涵盖老年大学发展、推动老年志愿活动蓬勃发展的老年社会参与体系。在上述四个体系不断丰富的同时，中国还提出了包括适老化改造和敬老孝老社会氛围营造在内的老年友好社会建设目标。

（二）养老服务政策的阶段性变化

养老服务是应对人口老龄化政策的关键领域之一，也是中国在实践中已经付出巨大努力的领域。新中国成立至今，为适应各时期经济社会发展环境变化，养老服务体系在调整中不断完善，其对象也从社会中的"三无""五保"老年人等极少数群体逐步扩展到社会中的全体老年人。在服务对象不断扩充的同时，养老服务内容也在逐渐丰富，从最开始关注局部养老服务内容到现阶段重视多层次服务体系建设，并逐步发展为居家、社区、机构等不同场景下各具特色且协调发展的养老服务格局。

迄今为止，中国的养老服务体系发生了几次阶段性变化。在计划经济时期，在家庭作为养老服务主要承担者的背景下，中国的养老服务由政府主导，以保障"三无""五保"老年人为主，具有强烈的一元化福利体系特点。20世纪80年代中期以来，随着改革开放的逐步深入，中国经济社会各领域都在发生显著变化，养老服务在既有的政府一元供给模式基础上探索转型，提出了"社会福利社会化"设想。1982年，国务院正式成立中国老龄问题全国委员会，标志着老龄事业被纳入国家视野。

21世纪初期，在多年探索基础上，借鉴国际社会探索经验，中国对如何构建适合自己的养老服务体系提出了"以居家为基础、社区为依托、机构为支撑"养老服务体系的发展思路。在之后的发展中，随着世界各国探索养老服务发展的重点从机构向居家转变以及养老服务中医疗健康服务作为短板发展的迫切性日益凸显。2015年，党的十八届五中全会将养老服务体系发展思路调整为"建设以居家为基础、社区为依托、机构为补充的多层次养老服务体系，推动医疗卫生和养老服务相结合"。此次调整有两个大的变化：一是将机构从"支撑"改为"补充"，进一步凸显养老服务发展中居家养老的重要性；二是在养老服务发展中引入医养结合，凸显出养老服务领域补齐医疗健康服务短板的迫切性。

2019年10月，党的十九届四中全会通过的《中共中央关于坚持和完善中国特色社会主义制度 推进国家治理体系和治理能力现代化若干重大问题的决定》提出，加快建设居家和社区机构相协调、医养康养相结合的养老服务体系。这一提法改变了之前将居家养老、社区养老和机构养老相对割裂的划分方式，更强调根据老年人的不同健康状况和不同生活场景选择适宜的养老模式，并力争实现三类养老服务在实践中"相协调"。在原有"医养结合"基础上引入"康养结合"，意味着对健康服务的需求不仅停留在生病后医疗诊治的被动健康，更强调通过早期干预和慢性病管理实现老年人尽量不得病、少得病的主动健康发展目标。2020年10月通过的《中共中央关于制定国民经济和社会发展第十四个五年规划和二〇三五年远景目标的建议》明确提出，构建居家和社区机构相协调、医养康养相结合的养老服务体系的思路，确定了当前和今后一段时期内中国养老服务体系建设的总方向。2024年7月，党的二十届三中全会通过的《中共中央关于进一步全面深化改革、推进中国式现代化的决定》提出，积极应对人口老龄化，完善发展养老事业和养老产业政策机制。发展银发经济，创造适合老年人的多样化、个性化就业岗位。按照自愿、弹性原则，稳妥有序推进渐进式延迟法定退休年龄改革。优化基本养老服务供给，培育社区养老服务机构，健全公办养老机构运营机制，鼓励和引导企业等社会力量积极参与，推进互助性养老服务，促进医养结合。加快补齐农村养老服务短板。改善对孤寡、残障失能等特殊困难老年人的服务，加快建立长期护理保险制度。

（三）近些年养老服务政策的重点

随着对养老问题认识的深化，近些年来中国在养老服务体系建设方面取得了全面发展，并聚焦一些关键领域进行了积极推动。2021 年 12 月，国务院印发了《"十四五"国家老龄事业发展和养老服务体系规划》，从织牢社会保障和兜底性养老服务网、扩大普惠型养老服务覆盖面、强化居家社区养老服务能力、完善老年健康支撑体系、大力发展银发经济、践行积极老龄观等九方面对"十四五"时期老龄事业和养老服务体系建设做了具体布局。近些年的养老服务政策在多个重点领域取得了显著进展。

构建基本养老服务体系。基本养老服务[①]体系在实现老有所养中发挥着基础性作用，对一个国家和地区的养老服务发展至关重要。2006 年发布的《国务院办公厅关于印发人口发展"十一五"和 2020 年规划的通知》中，首次明确提出建立"以居家养老为基础、社区服务为依托、机构照料为补充"的养老服务体系。之后，中国逐步提高了对以社会化服务方式解决养老问题的重视程度并积极开展制度探索，建立适合国情的基本养老服务体系成为其中一项关键内容。自 2010 年开始，浙江、江苏、江西等省市陆续开展基本养老服务体系建设试点，对基本养老服务的认识进一步深化。2017 年 3 月，《民政部　财政部关于做好第一批中央财政支持开展居家和社区养老服务改革试点工作的通知》中明确指出"探索建立居家和社区基本养老服务清单制度"。此后，部分省市根据自身情况陆续出台了当地的基本养老服务清单，将原来分布于各政策中的相关服务内容集中体现在清单中，实现了从条块分割到有机整合的体系化发展。2022 年底，民政部、国家市场监督管理总局出台了《老年人能力评估规范》国家标准。在地方试点基础上，

[①] 基本养老服务是指由国家直接提供或者通过一定方式支持相关主体向老年人提供的，旨在实现老有所养、老有所依必需的基础性、普惠性、兜底性服务，包括物质帮助、照护服务、关爱服务等内容。参见中共中央办公厅、国务院办公厅《关于推进基本养老服务体系建设的意见》，https：//www.gov.cn/gongbao/2023/issue_ 10506/202306/content_ 6885267. html，最后访问日期：2024 年 12 月 15 日。

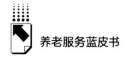

2023 年 5 月，中共中央办公厅、国务院办公厅联合发布了《关于推进基本养老服务体系建设的意见》，对基本养老服务体系建设做出全面部署安排，并制定了国家基本养老服务清单，明确了三类 16 项具体服务内容，回答了基本养老服务"服务谁""服务什么""如何服务"等关键问题，成为我国养老服务发展史上的一个重要里程碑。截至 2023 年底，省级层面基本养老服务清单已实现全覆盖。

推动居家和社区养老服务发展。近些年，中国养老服务体系建设中一个重要方向是大力推动居家养老服务的发展。2011 年，《国务院关于印发中国老龄事业发展"十二五"规划的通知》提出"建立以居家为基础、社区为依托、机构为支撑的养老服务体系"，明确了居家和社区服务在养老服务体系建设中的地位；在老龄服务部分提出"重点发展居家养老服务""大力发展社区照料服务"，同时提出了具体目标。同年发布的《国务院办公厅关于印发社会养老服务体系建设规划（2011—2015 年）的通知》明确了居家养老服务和社区养老服务的功能定位及建设任务。随着对居家养老认识的深化，"十三五"前后，有关居家养老的政策密集出台。2015 年 1 月，北京市第十四届人民代表大会第三次会议通过《北京市居家养老服务条例》，北京成为第一个出台省级居家养老服务①条例的地区，该条例将居家养老分为用餐服务、医疗卫生服务等 8 类内容。近些年，杭州、无锡、宁波、福州、海口、合肥等多地相继推出了各自的居家养老服务条例，其他地区也在各自养老服务发展中将居家养老放在重要位置。自 2016 年以来，民政部、财政部在"十三五"期间开展中央财政支持的全国居家和社区养老服务改革试点，共投入 50 亿元支持全国 203 个试点地区发展居家和社区养老服务；"十四五"期间开展中央财政支持的全国居家和社区基本养老服务提升行动项目，已投入 51 亿元支持全国 234 个项目地区建设家庭养老床位、提供居家上门

---

① 其中，对居家养老服务的定义是：以家庭为基础，在政府主导下，以城乡社区为依托，以社会保障制度为支撑，由政府提供基本公共服务，企业、社会组织提供专业化服务，基层群众性自治组织和志愿者提供公益互助服务，满足居住在家老年人社会化服务需求的养老服务模式。

服务、发展老年助餐服务，切实推动了各地居家和社区养老服务发展。2022年2月，民政部、财政部等 4 个部门联合印发《关于推进"十四五"特殊困难老年人家庭适老化改造工作的通知》，提出"十四五"时期支持 200 万户特殊困难高龄、失能、残疾老年人家庭实施适老化改造。2023 年 10 月，民政部等 11 个部门联合发布《关于印发〈积极发展老年助餐服务行动方案〉的通知》。2024 年 1 月，国务院办公厅发布《关于发展银发经济增进老年人福祉的意见》，扩大老年助餐服务、拓展居家助老服务、发展社区便民服务这些和居家养老高度相关的内容被列入"发展民生事业，解决急难愁盼"板块的前三项。

提升机构养老服务质量。机构养老是中国养老服务体系建设的原点，也是当前养老服务体系建设中人才培养和模式探索的主要阵地，是现实中推动养老服务快速发展的有力抓手。近些年，围绕机构养老的政策调整以提升养老服务质量为总方向，在具体领域中分别聚焦于提升专业服务水平以及加强综合监管。2019 年发布的《国家积极应对人口老龄化中长期规划》提出了到 2022 年我国养老机构护理型床位占比达到 50%、2035 年达到 80% 的目标。2020 年 11 月，国务院办公厅印发《关于建立健全养老服务综合监管制度促进养老服务高质量发展的意见》，确立了养老服务综合监管机制。2021年 12 月，国务院印发《"十四五"国家老龄事业发展和养老服务体系规划》，明确提出到 2025 年养老机构护理型床位占比达到 55% 的目标。民政部单独或联合有关部门开展了制定《养老机构管理办法》、实施"双随机、一公开"监管、行政检查、食品安全检查、消防安全检查、防范化解非法集资风险、重大事故隐患判定、预收费管理等养老服务领域一系列监管治理工作。近年来，民政部先后联合有关部门开展的全国养老院服务质量建设专项行动、养老机构消防安全专项整治三年行动、打击整治养老诈骗专项行动、整治"保健"市场乱象百日行动、经营性自建房安全专项整治等专项工作均产生良好的治理效果。党的十八大以来，养老服务领域安全形势保持平稳。民政部联合国家标准化委员会发布《养老服务标准体系建设指南》和《养老机构服务安全基本规范》、《养老机构服务质量基本规范》、《养老

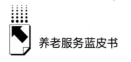

养老服务蓝皮书

机构等级划分与评定》等基础性、支撑性国家标准在保障安全、规范服务、提高效率方面的作用日益显现。

完善农村养老服务体系。相比城镇，农村的老龄化程度更高，但养老服务体系的基础更为薄弱。近些年，完善农村养老服务体系逐步成为养老服务政策体系建设的重点。无论是民政部门进行养老服务体系建设，还是农业农村部门推进乡村振兴，都将农村养老服务体系建设放到了重要位置。民政部会同有关部门先后制定《关于加强农村留守老年人关爱服务工作的意见》、《关于进一步做好贫困地区农村留守老年人关爱服务工作的通知》和《关于开展特殊困难老年人探访关爱服务的指导意见》，推动建立家庭尽责、基层主导、社会协同、全民行动、政府支持保障的农村留守老年人关爱服务工作机制，支持农村老年人家庭养老，帮助解决居家养老困难，预防和减少居家养老安全风险。截至2023年底，农村留守老年人关爱服务制度已实现省级全覆盖。2020年11月，民政部在江西南昌召开全国农村养老服务推进会议，推动将农村养老服务纳入"三农"工作和乡村振兴战略重点推进范围，指导地方以党建引领，推动农村养老服务发展，逐步构建系统化、多层次、能落地的农村养老服务体系。2021年全国人大组织力量对农村养老服务做了专题研究。在之后民政部等多部门专题调研和部分地方试点基础上，2024年5月，民政部等22个部门联合发布《关于加快发展农村养老服务的指导意见》，从加强农村养老服务网络建设、提升农村养老服务质量水平、健全农村养老服务工作机制、强化农村养老支撑保障等五方面18项措施，首次在全国层面专门对发展农村养老服务作出总体性、系统性部署。2024年7月，民政部、财政部联合印发《关于实施2024年中央集中彩票公益金支持社会福利事业资金试点项目的通知》，启动包括县域养老服务体系创新在内的3类试点项目，健全立足乡村、统筹城乡、衔接紧密、功能完善、高效可持续的县乡村三级养老服务网络。

加快老年健康支撑体系建设。随着年龄增长，老年人会面临各种健康问题，医疗健康服务成为老年人生活中最关切的内容。为更好满足老年人的医疗健康需求，2015年11月，国务院办公厅转发国家卫生计生委等9个部门

012

发布的《关于推进医疗卫生与养老服务相结合的指导意见》，提出了包括建立健全医疗卫生机构与养老机构合作机制、支持养老机构开展医疗服务、推动医疗卫生服务延伸至社区家庭等在内的五项重点任务，并从投融资和财税价格、规划用地、长期照护、人才队伍、信息支撑角度对保障措施做了部署。2019 年 10 月，国家卫生健康委等 8 个部门联合印发《关于建立完善老年健康服务体系的指导意见》，从健康教育、预防保健、疾病诊治、康复护理服务、长期照护服务、安宁疗护服务等六方面提出主要任务。2019 年 10 月，国家卫生健康委、民政部等 12 个部门联合印发《关于深入推进医养结合发展的若干意见》，从强化医疗卫生与养老服务衔接、推进医养结合机构"放管服"改革等五方面提出了 15 条意见。2021 年，国家卫生健康委等部门围绕加强老年健康服务工作、便利老年人就医、开展老年人医疗护理服务试点等发布了一系列通知，并于 2022 年印发了《"十四五"健康老龄化规划》。在总结各地试点经验基础上，2022 年 7 月，国家卫生健康委等 11 个部门联合印发《关于进一步推进医养结合发展的指导意见》，从发展居家社区医养结合服务、推动机构深入开展医养结合服务、优化服务衔接等六方面提出了 15 条意见。2023 年 5 月，国家卫生健康委办公厅印发《关于开展老年痴呆防治促进行动（2023—2025 年）的通知》，提出广泛开展老年痴呆防治的宣传教育，指导有条件的地区结合实际开展老年人认知功能筛查、转诊和干预服务，推广老年痴呆照护辅导技术。2024 年 7 月，国家卫生健康委办公厅、国家中医药管理局综合司印发《关于开展失能老年人健康服务行动的通知》，明确为失能老年人提供健康服务和健康咨询，指导转诊转介，增强失能老年人健康获得感、提高失能老年人生活质量。

针对失能老年人长期照料的需求，探索完善长期照护政策也成为一项重要政策内容。2016 年 6 月，人力资源和社会保障部办公厅发布《关于开展长期护理保险制度试点的指导意见》，确定了首批试点城市。2020 年 9 月，国家医保局和财政部联合发布《关于扩大长期护理保险制度试点的指导意见》，从总体要求、基本政策、管理服务、组织实施等四方面提出了 13 条意见，在原有 35 个试点城市基础上，新增了 14 个试点城市。2021 年 7 月，

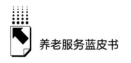

国家医保局办公室和民政部办公厅联合发布《关于印发〈长期护理失能等级评估标准（试行）〉的通知》。

推动养老服务产业化发展。20 世纪 80 年代以后，依托社区服务事业发展，中国开始探索养老服务的社会化、产业化发展，养老服务逐渐从社区福利服务业走向社区老年服务业。2006 年，中国正式提出发展"养老服务业"①。2013 年，《国务院关于加快发展养老服务业的若干意见》发布，中国迎来了养老产业的发展元年。该意见提出到 2020 年全面建成以居家为基础、社区为依托、机构为支撑的，功能完善、规模适度、覆盖城乡的养老服务体系，同时提出完善包括投融资、土地供应、税费优惠、补贴支持、人才培养和就业等在内的一系列支持政策。2016 年 12 月，国务院办公厅印发《关于全面放开养老服务市场提升养老服务质量的若干意见》。2019 年 3 月，国务院办公厅发布《关于推进养老服务发展的意见》。2019 年 12 月，工业和信息化部、民政部等 5 个部门联合印发《关于促进老年用品产业发展的指导意见》。

在产业政策出台过程中，智慧健康养老逐步成为一个重要领域。2015 年，国务院发布《关于积极推进"互联网+"行动的指导意见》，明确指出促进智慧健康养老产业发展，并提出多个方面的意见。2016 年，《民政事业发展第十三个五年规划》第一次在政府文件中提出"智慧养老"概念，支持企业和机构运用智慧手段提高养老服务能力。2017 年 2 月和 2021 年 10 月，工业和信息化部、民政部、国家卫生健康委（2017 年为原国家卫生计生委）先后联合发布《智慧健康养老产业发展行动计划（2017—2020 年）》和《智慧健康养老产业发展行动计划（2021—2025 年）》，从产品培育、场景应用和示范区域建设等角度全面推进智慧健康养老产业发展。

---

① 在 2006 年 2 月全国老龄委办公室和国家发展改革委等 10 部门联合印发的《关于加快发展养老服务业的意见》中，养老服务业指的是"为老年人提供生活照顾和护理服务，满足老年人特殊生活需求的服务行业"，发展养老服务业的工作重点包括"进一步发展老年社会福利事业""大力发展社会养老服务机构""鼓励发展居家老人服务业务""支持发展老年护理、临终关怀服务业务""促进老年用品市场开发""加强教育培训、提高养老服务人员素质"等六大方面。

2024 年 1 月，首个以银发经济命名的政策文件《关于发展银发经济增进老年人福祉的意见》发布，其中阐明银发经济涉及面广、产业链长、业态多元、潜力巨大。

加大养老人才培养力度。2014 年 6 月，教育部、民政部等 9 个部门联合印发《关于加快推进养老服务业人才培养的意见》，从推进相关专业教育体系建设、提高相关专业教育教学质量、加强从业人员继续教育等四方面提出了 12 条任务措施。2019 年 9 月，人力资源和社会保障部、民政部联合发布《养老护理员国家职业技能标准（2019 年版）》，进一步细化了职业技能等级，完善了职业能力要求，同时放宽了入职条件、缩短了职业技能等级的晋升时间、拓宽了养老护理员职业发展空间。2020 年 10 月，人力资源和社会保障部等 5 个部门联合发布《关于实施康养职业技能培训计划的通知》，提出在 2020~2022 年培养培训各类康养服务人员 500 万人次以上。2020 年，民政部办公厅印发了《养老院院长培训大纲（试行）》和《老年社会工作者培训大纲（试行）》。2023 年 12 月，民政部等 12 个部门联合发布《关于加强养老服务人才队伍建设的意见》，从拓宽人才来源渠道、提升人才素质能力、健全人才评价机制、重视人才使用管理、完善人才保障激励措施等六方面提出了 15 条具体意见。2024 年 2 月，人力资源和社会保障部办公厅、国家医保局办公室联合发布《健康照护师（长期照护师）国家职业标准（2024 年版）》，对长期照护师的职业技能等级、职业培训要求、职业道德等进行规范。

三　新时代养老服务发展现状和具体实践

经过持续多年的努力，中国的养老服务体系建设取得了全面进步，居家和社区机构相协调的养老服务格局不断深化，医养康养相结合的养老服务内容也在不断丰富。从中央到地方，各级政府高度重视养老服务体系建设工作。各地相继成立养老服务工作领导小组，形成党委领导、政府负责、民政牵头、部门协同、社会参与的养老服务工作体制。国家基本养老服务清单的

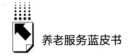

提出，使面向所有老年人的基础性、普惠性、兜底性养老服务有了明确制度保障，各地普遍结合实际将基本养老服务纳入政府购买服务范围。在政策推动和实践探索的双重作用下，覆盖城乡所有老年人群的多层次养老服务体系日趋完善，养老服务正在迈向高质量发展。

（一）当前养老服务发展概况

养老床位中机构占比超过六成。① 2012～2021 年，中央财政累计投入 359 亿元支持养老服务设施建设，社区养老服务基本覆盖城市社区并覆盖半数以上农村社区，居家社区机构相协调、医养康养相结合的养老服务体系持续健全。② 在投入带动下，养老机构数量总体上延续了上升势头，服务质量也在逐步提升。截至 2023 年末，全国共有各类养老机构和设施 40.4 万个，养老床位合计 823 万张。其中，注册登记的养老机构 4.1 万个，床位 517.2 万张（护理型床位占比为 58.9%）；社区养老服务机构和设施 36.3 万个，床位 305.8 万张。③

社区养老服务机构和设施中互助型占四成以上。"十四五"期间，民政部会同财政部开展全国居家和社区基本养老服务提升行动项目，为符合条件的老年人建设家庭养老床位 30.36 万张，为 53.58 万人次的老年人提供居家养老上门服务。2022 年，34.68 万个社区养老机构和设施中，全托服务社区养老服务机构和设施 1.48 万个（占 4.3%），日间照料社区养老服务机构和设施 13.18 万个（占 38.0%），互助型社区养老服务设施 15.30 万个（占 44.1%）。311.1 万张社区养老机构和设施床位中，全托服务社区养老服务机构和设施 48.4 万张（占 15.6%），日间照料社区养老服务机构和设施 108.8 万张（占 35.0%），互助型社区养老服务设施

---

① 《2023 年度国家老龄事业发展公报》，https：//www.gov.cn/lianbo/bumen/202410/content_ 6979487.htm，最后访问日期：2024 年 12 月 15 日。

② 《中央财政累计投入 359 亿元支持养老服务设施建设》，https：//wuxijw.wuxi.gov.cn/doc/ 2022/09/22/3757073.shtml，最后访问日期：2024 年 12 月 15 日。

③ 《2023 年度国家老龄事业发展公报》，https：//www.gov.cn/lianbo/bumen/202410/content_ 6979487.htm，最后访问日期：2024 年 12 月 15 日。

135.9万张（占43.7%）。① 在服务内容上，居家和社区养老服务重点聚焦失能老年人照护需求，积极推动发展助餐、助浴、助洁、助行、助医、助急等服务。

各类补贴中高龄津贴超过八成。通过贯彻落实《社会救助暂行办法》，符合条件的农村困难老年人被及时纳入最低生活保障范围，特困老年人被纳入政府供养范围，各项补贴也得以积极落地。2023年末，全国共有4334.4万老年人享受老年人补贴。其中，享受高龄津贴的老年人3547.8万人（占81.9%），享受护理补贴的老年人98.5万人（占2.3%），享受养老服务补贴的老年人621.4万人（占14.3%），享受综合补贴的老年人66.7万人（占1.5%）。同年，全国共支出老年福利资金421.7亿元，养老服务资金223.2亿元。②

老年友好环境软硬件建设均有进展。在硬件方面，中国自2014年开始推动老年人家庭及居住区公共设施无障碍改造。到2023年，针对需求最为迫切的特殊困难老年人家庭，全国范围内共完成了148.28万户的适老化改造。"十四五"期间，各地组织开展特殊困难老年人家庭适老化改造，累计完成172万户。在软件方面，2023年末，中国注册志愿者人数达到2.32亿人，志愿服务团队135万个，③ 其中，为老志愿服务成为重要组成部分。

区域协同发展已经起步。为促进地区间政策的一致化，京津冀地区、长三角地区、粤港澳大湾区共同制定和实施了包括养老服务标准、服务质量评价、服务设施建设、机构运营补贴、养老人才培训等在内的一系列政策措施。不同区域间逐步加强了包括养老床位、护理人员、医疗资源等在内的养老服务资源共享。通过开展跨区域合作，各地比较优势得以充分发挥，养老服务实现了更大范围内的规模效应。

---

① 中华人民共和国民政部编《2023中国民政统计年鉴》，中国社会出版社，2023。
② 《2023年度国家老龄事业发展公报》，https：//www.gov.cn/lianbo/bumen/202410/content_6979487.htm，最后访问日期：2024年12月15日。
③ 《2023年民政事业发展统计公报》，https：//www.mca.gov.cn/n156/n2679/c1662004999980001204/attr/355717.pdf，最后访问日期：2024年12月15日。

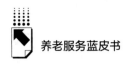

（二）近些年养老服务体系建设的主要实践

近些年，中国的养老服务实践呈现百花齐放态势，各方对进一步完善养老服务各环节积极开展尝试，涌现出大量有价值的探索。

推动居家和社区养老服务发展。居家养老是未来解决中国绝大多数老年人养老问题的主要模式。2016 年以来，民政部、财政部先后在全国 203 个地区开展 5 批居家和社区养老服务改革试点项目，试点地区在居家养老服务培育与供给、设施供给、人才培养、农村居家和社区养老服务、养老服务标准化和规范化等方面取得诸多成就。2021 年，为加快居家和社区养老服务发展，民政部、财政部继续开展居家和社区基本养老服务提升行动项目，2021~2024 年累计投入 42 亿元支持全国 184 个地区实施居家和社区基本养老服务提升行动，推动各地为经济困难失能、部分失能老年人建设家庭养老床位、提供居家养老上门服务。同时，积极推进在 400 个县（市、区）建设示范性社区居家养老服务网络。截至目前，项目地区在推进居家和社区养老服务工作机制完善、部门协同、摸底排查、政策标准制定、服务组织建设、服务内容拓展、服务平台建构等方面都取得了一定成效。大部分城乡地区基本实现了日间照料中心对社区的全覆盖，同时依托县级区域养老服务中心，养老服务站点和互助养老设施逐步增加。在服务内容上，助餐、助浴、助洁等已成为各地开展居家养老服务的基础性项目，陪同就医、心理慰藉、康复护理、上门医疗等一些专业项目也在逐步得到发展。

提升家庭养老照料能力。面对快速攀升的老年人口数量和不断提高的专业化养老照料要求，提升家庭养老照料能力十分重要。这方面的地方实践主要包括建设家庭养老床位和提升家庭照护者相关技能。家庭养老床位是按照居家和社区机构养老协调发展的要求，以社区养老机构为依托，把养老机构专业化的养老服务延伸到家庭，为有失能老年人的家庭提供适老化改造并提供专业照护、远程监测等养老服务。"十三五"期间，南京市、广州市等先后开始探索家庭养老床位建设；"十四五"期间，财政部和民政部实施居家和社区基本养老服务提升项目，为经济困难的失能、部分失能老年人建设家庭养老床位，开展居家养老上门服务。同时，为提升家庭照护者能力，"十三五"期间，民政部、财政部在居家和社区养老服务改革试点中，明确将"制定政策巩固发挥家庭养老功能"作为考核要求。《"十四五"国家老龄事业发展和养老服务体系规划》明确提出"将家庭照护者纳入养老护理员职业技能培训等范围"。遵循上述要求，一些地区如重庆等近年来以多种形式对家庭成员照护技能提升开展积极探索。

创建全国示范性老年友好型社区。社区是老年人生活的主要场所，也是构建老年友好型社会的基本单元。在前期试点基础上，2020年12月，国家卫生健康委和全国老龄办联合印发《关于开展示范性全国老年友好型社区创建工作的通知》，在全国范围内启动示范性老年友好型社区创建工作。创建工作围绕改善老年人的居住环境、方便老年人的日常出行、提升为老年人服务的质量、扩大老年人的社会参与、丰富老年人的精神文化生活和提高为老服务的科技化水平六个方面展开。老年友好型社区的指标体系，城镇社区为七个方面52条，农村社区为七个方面38条。在工作进度上，以到2025年全国建成5000个示范性城乡老年友好型社区、到2035年全国城乡实现老年友好型社区全覆盖为目标进行计划。以指标体系为引领，各地积极推动示范性老年友好型社区的创建工作，2021~2023年全国共建成了2991个示范性老年友好型社区。在推动全国示范性老年友好型社区创建同时，一些地方还积极探索地方示范性老年友好型社区的创建，更好地推动了老年友好型环境的营造。

推动医养结合深入发展。医疗健康服务是老年人最关心的内容，也是目前亟待补齐的短板。在政策推动下，各地医养结合实践主要围绕养老机构增设医疗健康服务、医疗机构开办养老服务、社区居家层面推进医养结合这三类模式展开。截至2023年末，全国具备医疗卫生机构资质并进行养老机构备案的医养结合机构共有7881家，机构床位总数200万张，医养签约合作8.7万对。① 与此同时，长期护理保险试点探索也取得了积极成效。2023

---

① 董瑞丰、徐鹏航：《200万张床位！医养结合更好守护"夕阳红"》，https://www.gov.cn/lianbo/bumen/202405/content_6951388.htm，最后访问日期：2024年12月15日。

年，全国49个试点城市参加长期护理保险人数共18330.87万人，享受待遇人数134.29万人，基金收入243.63亿元，基金支出118.56亿元。截至2023年末，长期护理保险定点服务机构8080家，护理服务人员30.28万人。[①]为推动医养结合深入发展，2022年4月，国家卫生健康委发布《关于印发医养结合示范项目工作方案的通知》，推进全国医养结合示范省（区、市）、全国医养结合示范县（市、区）和全国医养结合示范机构三类示范创建工作。2024年1月，完成1个全国医养结合示范省、100个全国医养结合示范县（市、区）和99家全国医养结合示范机构的创建、评审和命名工作。[②] 在实践中，一些地方还在全国示范基础上推出了地方示范性机构和区域创建，取得了积极效果。

推动养老产业快速发展。自2013年开始，中国进入了养老产业发展的快车道。从2012年北京举办首届老龄产业国际博览会至今，中国的养老产业从最初以家政为主，到今天发展为涵盖衣食住行、医康养护、文娱休闲、老有所为等多层次内容，产品和服务种类大大丰富。中国的康复辅助器具产品种类不断丰富，旅居养老、森林康养等新型养老模式不断涌现，以家庭为单位的居家适老化改造快速发展，可穿戴设备也在逐步普及，老年人居住的安全性和自我活动能力大大提升。江苏、安徽、内蒙古等省区先后制定了促进养老产业发展的专门政策文件，个别地区已把养老产业发展作为绩效考核的目标。2024年初，以"银发经济"为主题统计的养老相关产业规模达到7万亿元左右，占GDP的6%左右，到2035年银发经济规模有望达到30万亿元左右。[③] 老年人从"养老"到"享老"有了更加坚实的物质基础和技术条件。

---

① 《2023年全国医疗保障事业发展统计公报》，https：//www.gov.cn/lianbo/bumen/202407/content_6964551.htm，最后访问日期，2024年12月15日。

② 《国家卫生健康委关于命名全国医养结合示范县（市、区）和示范机构的通知》，http：//www.nhc.gov.cn/lljks/tggg/202401/74b546c9c71347739c0553b9f05c733b.shtml，最后访问日期：2024年12月15日。

③ 《加快完善银发经济支持政策体系 重视科技第一动力作用》，https：//www.ndrc.gov.cn/xwdt/spfg/zfzjt/202401/t20240122_1363612.html，最后访问日期：2024年12月15日。

积极引进民间力量。2015 年 2 月，民政部、国家发展改革委等 10 个部门联合出台《关于鼓励民间资本参与养老服务业发展的实施意见》，明确鼓励民间资本参与居家和社区养老服务、参与机构养老服务，支持民间资本参与养老产业发展。该《实施意见》要求地方在投融资政策、税费优惠、人才保障、用地需求保障等方面落实优惠政策，同时，加大对民间资本进入养老服务领域的资金支持，加强对民间资本进入养老服务领域指导规范。2017 年 1 月，民政部、国家发展改革委等 13 个部门联合出台的《关于加快推进养老服务业放管服改革的通知》，明确提出加大简政放权力度，强化监督管理能力，提升政府服务水平。为促进养老服务消费，2019 年民政部发布的《关于进一步扩大养老服务供给　促进养老服务消费的实施意见》提出全方位优化养老服务有效供给、繁荣老年用品市场、加强养老服务消费支撑保障、培育养老服务消费新业态、提高老年人消费支付能力、优化养老服务营商和消费环境。其中，培育养老服务消费新业态部分明确提出实施"养老服务+行业"行动，支持养老服务与文化、旅游等行业融合发展；打造"互联网+养老"服务新模式，精准对接需求与供给。优化养老服务营商和消费环境部分提出全面建立开放、竞争、公平、有序的养老服务市场。中国 50% 的养老机构和近 40% 的养老床位由社会力量举办和提供，养老服务实现了从以政府为主向政府、社会共同发展的转变。①

加强人才队伍建设。人才不足是全世界养老服务领域面临的共同挑战。2023 年 12 月，民政部、国家发展改革委、教育部等 12 个部门联合印发了《关于加强养老服务人才队伍建设的意见》，从拓宽来源渠道、提升素质能力、健全评价机制、重视使用管理、完善保障激励措施、强化组织保障等方面促进养老服务人才队伍建设。为加大人才培养力度，2016 年以来，国家增设了老年学、养老服务管理、中医养生学、中医康复学、康复工程、康复作业治疗康复物理治疗等相关专业。截至 2024 年底，全国开设养老服务相

---

① 《我国超过 50% 的养老机构由社会力量举办》，https：//www.thepaper. cn/newsDetail_ forward_ 4533121，最后访问日期：2024 年 12 月 15 日。

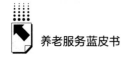

关专业的院校有 356 所，包含 39 所本科、317 所专科院校。在这些院校中，公办院校 240 所、民办院校 116 所。①《职业教育专业目录》设有智慧健康养老服务、老年人服务与管理、护理、社区康复、医养照护与管理、现代家政服务与管理等 15 个中职、高职专科、职业本科相关专业。② 截至 2023 年，全国已有中职相关专业布点 1700 余个；高职专科相关专业布点 1600 余个。③ 在培养方式上，部分高校与养老服务企业签订订单式培训合同。为更多留住人才，各地根据高校毕业生的学历层次，在学生毕业后从事养老服务工作一定年限后，给予额度不等的一次性入职奖励。部分省份根据养老服务人才从事工作年限，建立了与工作年限挂钩的岗位补贴制度，并通过护理岗位奖励津贴鼓励养老护理员考取职业技能等级证书。为提升服务水平增强职业社会吸引力，各地积极推动养老服务技能赛事。2021 年，民政部联合人力资源和社会保障部在江苏省南京市举办全国养老护理职业技能大赛。2024 年，民政部联合人力资源和社会保障部、中华全国总工会开展全国民政行业职业技能大赛，共设置养老护理员等 5 个竞赛项目。经过各省级赛区层层选拔，共有来自全国各省（自治区、直辖市）和新疆生产建设兵团的 32 支参赛队伍 307 名参赛选手参加大赛决赛。大部分省份和地级市常态化开展养老护理职业技能大赛。④

探索智慧养老发展。2015 年后，在社会力量纷纷入局智慧养老的背景下，中央逐步加大了对应用试点和示范建设的支持。民政部联合工业和信息化部、国家卫生健康委开展 6 批智慧健康养老应用试点示范工作，共评选出 199 家智慧健康养老示范企业、3 个智慧健康养老示范园区、293 个智慧健

① 《智慧健康养老服务与管理专业有哪些学校》，https：//www.gk100.com/read_ 59975727 10.htm，最后访问日期：2024 年 12 月 15 日。

② 《教育部关于印发职业教育专业目录（2021 年）的通知》，https：//www.gov.cn/zhengce/ zhengceku/2021-03/22/content_ 5594778.htm，最后访问日期：2024 年 12 月 15 日。

③ 《2023 年度国家老龄事业发展公报》，https：//www.gov.cn/lianbo/bumen/202410/content_ 6979487.htm，最后访问日期：2024 年 12 月 15 日。

④ 《关于公布 2023 年全国行业职业技能竞赛——全国民政行业职业技能大赛决赛获奖名单的通知》，https：//www.mca.gov.cn/zt/n2815/n2819/c1662004999980000057/content.html，最后访问日期：2024 年 12 月 15 日。

康养老示范街道（乡镇）、80 个智慧健康养老示范基地。3 个部门已发布 3
批《智慧健康养老产品及服务推广目录》，累计遴选出 228 项智慧健康养老
产品和 204 项智慧健康养老服务，推进信息化、智能化技术在养老服务业中
的融合应用。① 民政部开发并运行"金民工程"全国养老服务信息管理系
统，推动形成信息完整、动态更新的养老服务业务板块，并于 2024 年 9 月
推出全国养老服务信息平台，为老年人、养老服务机构等提供养老服务业务
办理、信息查询、服务链接等方面的便利。各地民政部门积极探索"互联
网+"在养老服务中的应用，建立部门互联、上下互通的养老服务信息平
台，实现大数据管理，用信息化、标准化管理提升养老服务质量。实践中，
智慧养老发展主要沿着两条路径展开。一条路径是以提升高龄、独居/空巢、
行动不便老年人居家安全和行动能力为目的的硬件设施研发。当前，烟感
器、门窗自动开关装置、老年人跌倒探知设备、可穿戴医疗设备等都在逐步
丰富。另一条路径是以实现养老服务供需精准对接为目的的数据平台建设。
平台以一定区域为范围，其中的数据既包括辖区内所有老年人的空间分布、
健康状况、需求内容等需求方的信息，也包括辖区内所有为老年人提供服务
的供给方的信息。截至目前，北京、上海、山东等省市分别建设了北京养老
服务网、上海养老网、山东省养老服务网等，其他地区的数据平台建设也取

---

① 《工业和信息化部　民政部　国家卫生计生委关于公布 2017 年智慧健康养老应用试点示范名
单的通告》，https：//www.miit.gov.cn/jgsj/dzs/wjfb/art/2020/art_2ca3fbf27b4540f7b9c531ce
5ea5b01e.html，最后访问日期：2024 年 12 月 10 日；《工业和信息化部　民政部　国家卫生健
康委员会关于公布第二批智慧健康养老应用试点示范名单的通告》，https：//www.gov.cn/
xinwen/2018-12/26/content_5352236.htm，最后访问日期：2024 年 12 月 10 日；《工业和信息
化部　民政部　国家卫生健康委员会关于公布第三批智慧健康养老应用试点示范名单的通
告》，https：//www.gov.cn/fuwu/2019-12/24/content_5463452.htm，最后访问日期：2024 年
12 月 10 日；《工业和信息化部　民政部　国家卫生健康委员会关于公布第四批智慧健康养老
应用试点示范名单的通告》，https：//www.mca.gov.cn/n152/n165/c39071/content.html，最后
访问日期：2024 年 12 月 10 日；《工业和信息化部　民政部　国家卫生健康委员会关于公布
2021 年智慧健康养老应用试点示范名单的通告》，https：//www.mca.gov.cn/n152/n165/
c39341/content.html，最后访问日期：2024 年 12 月 10 日；《工业和信息化部　民政部　国家
卫生健康委员会关于公布 2023 年智慧健康养老应用试点示范名单和 2017—2019 年（前三批）
智慧健康养老应用试点示范通过复核名单的通告》，https：//www.mca.gov.cn/n152/n165/
c16620 04999979997001/content.html，最后访问日期：2024 年 12 月 10 日。

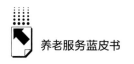

得了显著进展。信息平台的建设，对把握老年人服务需求变化、促进供需精准对接、开发新的养老服务内容等都产生了积极作用。

四　养老服务发展面临的问题及挑战

虽然中国养老服务体系建设成效显著，政策框架已基本建立，但受人口基数大、历史起点低、地区差异明显等因素影响，当前养老服务发展中的不平衡、不充分问题仍十分明显。与此同时，持续增长的预期寿命、不断攀升的老年人规模、随代际更替变化的养老需求，都影响着未来中国养老服务的发展。

（一）养老服务发展面临的整体性问题

当前，中国老年人的需求正在从生存型向发展型转变，养老服务发展中的不平衡不充分问题，主要体现在养老服务供需不匹配、优质普惠养老服务供给总量不足、部分养老机构服务质量不高、居家和社区养老服务发展不充分、农村养老服务发展滞后等方面。农村地区和部分城镇地区老年人有限的支付能力，也影响着社会化养老服务的发展。

从养老服务供需总量看，老年人规模的上升以及 80 岁及以上高龄老年人的增加无疑会带来养老服务需求的迅速增加，养老服务总量供给不足的问题会长期存在。截至 2023 年末，全国各类养老服务机构和设施养老床位总数 823 万张。[①] 按照相关规划要求，到 2025 年全国养老床位需要达到 900 万张。[②] 从养老服务内部各板块发展情况看，居家养老、社区养老和机构养老都面临一些问题有待解决。居家和社区养老要满足 99% 的老年人的养老需

[①] 《2023 年度国家老龄事业发展公报》，https：//www. gov. cn/lianbo/bumen/202410/content_6979487. htm，最后访问日期：2024 年 12 月 15 日。

[②] 《国务院关于印发"十四五"国家老龄事业发展和养老服务体系规划的通知》，https：//www. gov. cn/zhengce/content/2022-02/21/content_ 5674844. htm，最后访问日期：2024 年 12 月 15 日。

求，目前面临着服务尚未普及、内容发展不充分、专业化程度和服务水平不高等问题，特别是在农村地区，不少地方的居家养老服务还处于尚未起步阶段。机构养老发展历史相对较长，但目前面临"一床难求"和"门可罗雀"并存情况，不少机构服务供需错位问题仍然明显。

协同性不足是当前养老服务发展中面临的一大障碍。养老服务发展事关民政、卫生健康、医保、发展改革等多个部门，虽然近些年相关部门间的合作在加强，在老龄事业发展和养老服务体系建设、深化医养结合发展、探索建立长期护理保险制度等方面取得了明显进步，但仍存在一些不协同的地方，部分领域部门间措施不一致的情况仍较突出。另外，养老服务发展需要协同政策环境、市场环境和社会环境。目前，在政策环境上，缺乏全国性养老服务法，细分服务的支持政策仍不健全，标准化建设不够完善，老年人能力综合评估标准和结果尚未实现跨部门和跨地区互认，缺乏统合共享的老年人基础信息数据系统，同时也存在相关政策衔接不足、政策重复、政策矛盾等问题；在市场环境上，服务市场开放机制仍不健全，产业链不完善，行业综合监管和部门协调机制还不通畅；在社会环境上，老年友好和宜居环境建设、物理和网络适老化建设等均有待推进。

地区发展差异是当前中国养老服务发展中面临的突出问题。虽然近些年北京、上海等一线城市的养老服务发展迅速，但经济发展落后地区，特别是边疆农村地区的养老服务则发展迟缓。这些地区相比于一线城市，尽管老龄化程度更高，但由于缺乏足够资金投入，加之发展社会化养老的意识也相对薄弱，养老服务体系发展明显滞后。在一些区域，目前老年人的基本生活和服务还得不到较好的保障。虽然国家已经明确提出建立基本养老服务体系，并建立了国家基本养老服务清单和标准，但目前各个地方的推进程度差异显著，存在发展不均衡的问题，有些已经进入高于国家清单的优化升级阶段，有些尚停留在探索起步阶段。

（二）分领域看养老服务面临的突出问题

机构养老的护理能力仍有待提升。在养老服务总量供给不足的同时，目前多数养老机构还面临入住率不高的问题。一个重要原因，是养老机构当前提供的服务无法有效满足老年人的入住需求。一般情况下，只要可能，老年人都希望在自己的家中度过晚年生活。入住养老机构的大部分老年人，是在身体健康出现问题、家庭无法提供专业化照护服务的情况下不得不选择进入养老机构的。对这些人来说，康复护理服务是入住养老机构时最看重的部分。但目前一些养老机构在建设过程中对老年人需求把握不够，只提供简单的吃、住服务，无法满足老年人康复护理这些相对专业化的服务需求。这就导致：一方面，一些老年人想找合适的养老机构却找不到或者难进入；另一方面，相当数量的养老机构入住率偏低、运营困难。特别是认知障碍人群，虽然部分养老机构已开辟认知障碍专区或者记忆专区，但目前能够提供认知照护服务的机构数量仍非常有限。

居家和社区养老的服务内容有待进一步充实。经过近10年积极推动，一、二线城市的居家和社区养老服务取得了长足发展。但在三、四线及以下的城市和农村地区，受购买力有限、服务人员不足等多重因素影响，居家和社区养老服务的发展仍不充分，大量城镇社区和村庄的老年人仍无法就近获得居家养老服务。在服务内容上，针对行动不便的老年人开展上门医疗护理，以及面向独居且有基础病的老年人提供健康监测和紧急救助，是近些年养老服务发展中最迫切的需求。但截至目前，这两方面的发展都不尽如人意，居家养老服务的内容仍有待充实。在服务质量上，受相关技能缺乏、培训不足等多方面因素影响，居家养老的服务质量仍有待提升。部分地区开展了互助养老或者志愿服务试点，但由于工作机制和运行经费等因素影响，持续发展动力不足。此外，由于从事居家养老的社区养老服务机构普遍体量较小，在收费价格受限、服务人群数量不多等多重因素的影响下，不少机构的运营主要依靠政府补贴，自我可持续发展能力严重不足。

须高度重视养老服务人才不足的问题。人才不足是全球养老服务领域面临的共同问题。当前，中国的养老护理人员面临社会地位低、收入待遇低、学历水平低、流动性高、劳动强度高、平均年龄高的"三低三高"问题。尽管2019年人力资源和社会保障部发布了国家养老护理员职业技能标准，但养老护理作为仍处于起步阶段的新兴领域，尚未形成有吸引力的职业发展路径。一方面，不少年轻人觉得服务老年人的工作低人一等，不愿从事养老服务行业；另一方面，失业下岗职工、"4050"人员和农村妇女想进入养老服务行业，但文化水平低、缺乏专业技能，不能满足医疗护理、心理慰藉等更高层次服务需求。目前，从机构到居家，从管理者到护理人员，养老服务行业全线面临人才不足的问题。如果加上各类社区养老服务机构、设施和居家养老服务所需的护理员，养老护理员的缺口更大。

医养结合仍须大力推进。医疗健康是老年人生活中最关切的内容，也是实现健康老龄化和积极老龄化的前提。近些年，快速发展的医养结合虽然取得了明显成效，但仍面临着覆盖面不足、服务内容不充分、专业人员缺乏、费用保障不到位等多重问题。特别是对近些年居民反映较多的上门医疗，仍需加大力气尽快实现全国范围内的推广。同时，对于认知障碍老年人，也亟须建立基于家庭和社区的长期照护服务体系。在已内设医疗机构的养老机构中，目前仍存在用药受限和服务内容有待扩充的问题，医疗机构的可持续发展能力仍待加强。

智慧养老发展仍处初期。因发展周期不长，当前，智慧养老产品还存在种类单一、智能化程度不高、用户体验感不强等问题，智能服务场景也有待进一步扩充。在各地建设的智慧养老服务平台上，还存在运营管理技术本身不成熟，系统的业务流程形不成闭环，系统功能的合理性、用户友好性差，一线服务人员和管理人员使用积极性不高，老年人及养老机构相关信息缺乏数据共享等问题。无论产品还是服务，都面临机构体量有限导致研发投入不够的障碍，当前智慧养老所应用的大数据分析、人工智能等技术含量仍然较低。

适老化改造仍有待推进。适老化改造包括老年人家庭内部适老化改造、居住社区适老化改造和城乡大环境的适老化改造三个层面。目前，存在有的地方、有的部门认识不到位，有的工作（如老旧小区加装电梯、公交车站无障碍改造、农村家庭适老化改造等）推进不平衡，适老化改造标准体系不健全或落实有缺失，适老化改造专业人员和城乡基层管理人员队伍建设不足等问题。目前，社区适老化改造面临着居民意见不统一、成本分担机制不

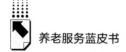

健全、改造效果有待提升等问题；城乡大环境的适老化改造则整体进展不足。在推进相对较快的家庭适老化环节，当前也存在改造理念与技术落后、部分辅具配置技术不成熟、缺乏老年人专用的辅具产品、部分适老化产品不适配因而使用率低、对于室内舒适性和健康性缺乏考虑等各种问题。这些问题的存在，导致居家适老化改造效果不佳，市场活跃度不足，老年人实际需求未得到充分满足。

（三）新形势新变化带来的挑战

近些年，一些新变化正在为中国养老服务体系建设带来新的挑战。

高龄化将带来人群照护需求的迅速上涨。老年人的失能率和年龄有明显相关关系。随年龄增长，老年人中出现失能（含认知障碍）的比例明显上升。得益于医疗技术进步和生活水平提升，我国老年人中 80 岁及以上的高龄老年人规模在未来会迎来进一步增长，相关预测显示，到 2050 年，80 岁以上高龄老年人在老年人中占比将超过四分之一，[①] 以此推测，届时失能（含认知障碍）老年人的规模也将会出现明显增长。如何为这些失能（含认知障碍）老年人提供充分的长期照护，是养老服务领域未来需要回答的重要问题。

精神健康领域的服务需求也将进一步上升。2020 年“七普”数据显示，我国总家庭户中一人户的比例约为四分之一，其中相当一部分是独居老年人家庭。[②] 随着家庭规模缩小和居住模式变化，近些年老年人中独居或空巢的比例进一步上升。对独居和空巢老年人来说，保持良好的心理状态以确保精神健康将变得更为重要。在高龄化推进和独居比例增加的共同影响下，老年人中认知障碍者的比例也在上升。相比失能，认知障碍给家庭带来的负担更为沉重。面对日趋增长的认知障碍老年群体，构建适宜的服务体系和认知照护模式变得更为重要。

---

① 国务院发展研究中心社会发展研究部课题组：《健康老龄化：政策与产业双轮驱动》，中国发展出版社，2019。
② 第七次人口普查数据，https：//www.stats.gov.cn/sj/pcsj/rkpc/7rp/indexch.htm，最后访问日期：2024 年 12 月 15 日。

代际更替要求养老服务实现更为多元的发展。新中国成立至今，快速发展使我国经济社会环境发生了显著变化，不同年代出生群体的生活环境存在明显差异，生活习惯和个人偏好也因此有着显著不同。进入"十四五"后，20世纪60年代出生的人口相继进入老年阶段。2030年后，20世纪70年代出生的人口将进入老年阶段。这些人群和20世纪40年代、50年代出生的老年人相比，不仅教育水平明显提升，消费观念和经济能力也有着显著不同。总体上，新生代的老年人对养老服务的需求更为多元，要求的品质也更高。这对未来养老服务发展提出了新要求。

五　深化养老服务改革发展的对策建议

面对快速增长的老年人口规模、日益多元的养老服务需求以及居民对养老服务更高品质的要求，中国在未来需高度重视养老服务体系建设，多措并举，构建普惠可及、覆盖城乡、持续发展的养老服务体系，尽快推动养老服务迈向高质量发展。

（一）整体性建议

在当前和今后一段时期内，养老服务体系建设的总方向，是以"居家社区机构相协调、医养康养相结合"为引领，以丰富各环节服务内容、提升服务质量为重点，促进有为政府、有效市场、有情社会、有爱家庭共同发力，统筹推进养老服务体系全链条建设和全方位发展。

加强养老服务顶层设计，着力推动国家养老服务立法，落实《中共中央　国务院关于深化养老服务改革发展的意见》，完善基本养老服务清单制度，加快构建新时代中国特色养老服务制度框架体系。建立健全县（区）、乡镇（街道）、村（社区）三级养老服务网络，积极发展具备综合功能的区域养老服务中心，科学规划养老服务设施空间布局，积极稳妥推进老年助餐服务、家庭养老床位建设和老年人探访关爱服务，着力构建"一刻钟"居家社区养老服务圈。持续优化养老机构床位结构，大力推动护理型床位建

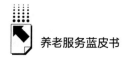

设，更好满足失能老年人照护刚需。指导各地打造一支规模适度、结构合理、德技兼备的养老服务人才队伍。推进农村互助养老持续发展。完善养老服务综合监管机制，推进养老服务监管规范化、智能化、精准化建设。

围绕老年人健康状况、生活场景和照护需求，推动居家、社区、机构不同类型养老服务充分发展。通过开展家庭成员照护技能培训、加大对家庭养老的支持力度，全力提升家庭养老服务的专业化水平，努力让更多老年人依靠自己和家庭通过自助方式度过晚年生活。通过规模化、品牌化、连锁化发展，针对老年人多层次的养老服务需求，提升养老机构的专业化服务水平，进一步充实家庭无法提供的专业化服务供给。推动养老服务职业体系建设促进供需对接，根据老年人身体健康情况和家庭状况，做好居家、社区、机构之间养老服务的顺畅衔接和协调发展。

基于老年人健康特点，在医养结合基础上进一步推进康养结合发展。在学校和医疗卫生机构中，推动老年医学科、医养结合科等专业科室建设，通过加强相关学科建设加大相关人才培养力度。推动养老机构和医疗机构继续以多种形式开展内容丰富的医养结合服务，尽快推动医养结合服务在全国范围内实现全覆盖。贯彻健康老龄化理念，积极开展各种形式的健康宣教，加强对老年人常见病、多发病的前期干预和精准管理，努力推动更多老年人从被动健康转向主动健康。

多措并举推动一体化发展。民政部门内部在老龄工作和养老服务等部门间建立畅通的信息交换和资源共享机制。横向之间建立民政同发展改革、工业和信息化、财政、卫生健康、住房城乡建设、交通等各部门的密切联系。积极推动政府与市场等多元主体合作，推动养老事业和养老产业双轮驱动，统筹兼顾保障基本与满足多样需求，积极推动养老服务高质量发展和友好宜居社会建设。

（二）分领域措施和建设

增强基本养老服务供给能力。完善养老服务网络建设，增强基本养老服务供给能力。强化政府在发展养老事业中的兜底保障职责，提升公办养老机构基本养老服务能力，做好针对失能（含认知障碍）老年人的照护服务，发挥优质公办养老机构在人才培养、技术输出、突发事件应对、入住轮候等方面的示范带动作用，促进服务资源扩容和区域均衡布局。

机构养老聚焦提升护理能力和服务水平。以长期照护、康复护理、精神慰藉、生活照料等为重点，提升养老机构服务水平和护理能力，提升各养老机构入住水平。充分发挥养老机构在新模式探索、养老人才培养中的基础作用，在做实机构服务同时，加强对居家和社区养老服务的辐射。在农村地区，以县域为单位健全立足乡村、统筹城乡、衔接紧密、功能完善、高效可持续的县乡村三级养老服务网络，科学合理布局县域养老服务设施，提高养老服务资源可及性、利用率，提升基本养老服务水平，逐步将服务对象从集中供养人员扩展至辖区内所有老年人。

居家养老聚焦扩大覆盖范围和丰富服务内容。借鉴一、二线城市养老驿站发展经验，将其推广到其他城镇地区和农村地区，推动居家养老服务逐步实现区域全覆盖。聚焦助餐、助浴、助洁、助行、助医等基本需求，发展适合各地的居家养老服务模式，探索组建兴趣小组、建设服务平台、提供专业化指导等方式多渠道满足居家老年人精神慰藉、文旅休闲等更高层次需求。探索互助养老、物业+养老、合作社+养老等多种形式的居家养老模式，多渠道促进居家老年人社会参与。

健康支撑夯实医养结合和康养结合。界定服务内容，规范服务流程，做好过程监管，构建风险防控和激励机制，扩充专业服务队伍，促进上门医疗实现全覆盖。针对独居、失能、高龄等且有基础病的重点老年群体，建立健康监测和紧急救助体系，实现对重点服务对象风险实时监控。设立"医养结合"专项养老人才培养计划，定向培养专业化人才队伍。依托社区等各类场所，开展多种形式的健康宣教，提升老年人健康素养。汇集养老服务机构、基层医疗卫生机构以及社区工作人员多方力量，积极探索建立针对认知障碍老年人的居家照护服务体系。

做好人才培养和标准化建设。建立养老服务人员专业技术职业资格制度，强化对老年人的整合照护和服务质量管理。积极开展养老服务人才队伍建设行动，鼓励高校养老服务相关专业的学历教育与职业技能培训相结合，加快培养老年医学、康复、护理、营养等方面的专门人才。鼓励专业院校、社会力量以多种形式建设实训基地，开展养老护理人员岗前培训和在岗轮训，组织失能老年人家庭照护者照护知识技能培训和志愿服务人员短期培训。加强养老服务人员职业资格体系建设，拓展职业上升渠道。优化升级养老服务标准体系，提升标准编制质量和标准宣贯应用效果，健全标准化工作机制。

多渠道促进老年社会参与。进一步丰富为老志愿服务的服务理念，完善制度建设，提升组织能力，持续拓宽、挖掘服务内涵和资源，促进为老志愿服务事业的现代化转型。引入社会工作者等专业化人才，为志愿服务提供专业指引。面向健康状况良好、社会参与意愿强烈的老年人，多渠道探索促进老年人继续积极参与经济生产和社会生活的有效方式，将养老服务从目前的单方面关注"养老"逐步拓展至"为老"和"享老"并重的新阶段。

结合党的二十届三中全会通过的《中共中央关于进一步全面深化改革、推进中国式现代化的决定》的相关要求，贯彻健康老龄化和积极老龄观两大理念，紧紧抓住重要窗口期，全面深化新时代养老服务改革发展，加快推动养老服务从"有"向"优"提质升级，探索超大规模老年人口国家老有所养的中国方案。聚焦老年人急难愁盼和养老服务短板弱项，抓住重点领域和关键环节深化改革，构建分级分类、普惠可及、覆盖城乡、持续发展的养老服务体系，确保到2035年实现党中央确立的"中国特色养老服务体系成熟定型、全体老年人享有基本养老服务"战略目标。牢牢把握养老服务重在基层的规律特点，着力构建县（区）、乡镇（街道）、村（社区）上下贯通、有机衔接、功能完善、分工科学的养老服务网络。要以老年人需求为导向，以失能照护为重点，构建居家社区机构协调贯通的养老服务供给格局。着力促进养老事业和养老产业协同发展，坚持社会效益优先、社会效益和经济效益相统一的原则，厘清政府、市场、社会职责定位，形成事业带动产业、产业支撑事业的良性发展机制。切实加强养老服务综合监管，建立健全权责清晰、分工合作、透明高效的综合监管体系，以高水平安全保障养老服务高质量发展。

分 报 告

B.2
2024年基本养老服务体系发展报告

赵 洁 李天骄*

摘　要：　本报告从我国国情出发，根据党中央、国务院相关决策部署，结合国内外相关实践经验及前期研究，在新时代实施积极应对人口老龄化国家战略背景下描述归纳我国基本养老服务对象分类保障的现状及存在的问题，提出加大基本养老服务财政支持、推动落实老年人能力评估标准、加强基本养老服务体系建设、加强服务对象数据共享和分析统计、推动省市级基本养老服务清单实施、丰富服务内容壮大服务力量、加强养老服务工作保障等有关意见建议。

关键词：　基本养老服务　公共服务体系　老年人能力评估

---

* 赵洁，民政部社会福利中心调研宣传部主任，主要研究方向为养老服务规划政策研究；李天骄，民政部社会福利中心调研宣传部干部，主要研究方向为养老服务规划政策研究。

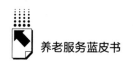

一 基本养老服务体系发展现状

基本养老服务是指由国家直接提供或者通过一定方式支持相关主体向老年人提供的，旨在实现老有所养、老有所依必需的基础性、普惠性、兜底性服务。推进基本养老服务体系建设，是推动养老服务高质量发展的机制性措施；是构建政府、社会、市场和家庭各尽其责、有序协同养老服务供给格局的关键环节；是保障基本民生、促进社会公平、维护社会稳定的基础性制度安排，体现了中国共产党全心全意为人民服务的根本宗旨。推进基本养老服务体系建设，既是实施积极应对人口老龄化国家战略、实现老有所养的重大举措，又是解决群众养老服务急难愁盼问题、为民办实事的重大民生工程，关系亿万老年人的幸福晚年生活，关系社会的和谐稳定。

（一）基本养老服务体系制度建设情况

习近平总书记多次作出重要指示批示，强调要加强养老公共服务。党的二十大报告提出，要实施积极应对人口老龄化国家战略，发展养老事业和养老产业，优化孤寡老年人服务，推动实现全体老年人享有基本养老服务。党的二十届三中全会通过的《中共中央关于进一步全面深化改革、推进中国式现代化的决定》提出，优化基本养老服务供给，培育社区养老服务机构，健全公办养老机构运营机制，鼓励和引导企业等社会力量积极参与，推进互助性养老服务，促进医养结合。党中央、国务院公开发布了《关于推进基本养老服务体系建设的意见》，对基本养老服务体系建设作出全面部署安排，并制定了国家基本养老服务清单。该文件指出，基本养老服务是指由国家直接提供或者通过一定方式支持相关主体向老年人提供的，旨在实现老有所养、老有所依必需的基础性、普惠性、兜底性服务，包括物质帮助、照护服务、关爱服务等内容。

民政部会同中央政法委等9个部门制定《关于开展特殊困难老年人探

访关爱服务的指导意见》，部署开展独居、空巢、留守、失能、重残、计划生育特殊家庭等特殊困难老年人探访关爱服务。推进各地完善老年人福利补贴政策，推广"免审即享"等经验做法。民政部会同财政部、人力资源和社会保障部研究制定《进一步规范特困人员供养服务机构（敬老院）管理　保障特困人员合法权益的通知》，进一步规范和强化特困人员供养服务机构管理服务，强化集中供养特困人员人身财产权益保障。民政部制定《关于推进"十四五"特殊困难老年人家庭适老化改造工作的通知》，明确目标分解、改造内容、工作时序、支持政策、保障措施等，同时还制定出台《老年人居家环境适老化改造通用要求》等标准，为适老化改造提供指导。

一些地方在基本养老服务体系上先行探索，为推进基本养老服务体系建设奠定了实践基础。截至 2024 年底，全国各地养老服务地方性法规中均对基本养老服务有所规定。如《内蒙古自治区养老服务条例》第五十三条规定：自治区人民政府应当根据经济社会发展水平、财政状况和养老服务需求等情况，制定并公布自治区基本养老服务清单。《山东省养老服务条例》第四十九条规定：县级以上人民政府应当定期发布基本养老公共服务清单，明确基本养老公共服务项目、供给对象、供给方式、服务标准和支出责任主体。《河南省养老服务条例》第六条规定：省人民政府应当根据国家规定制定并发布基本养老服务清单，明确具体服务对象、内容、标准等。

（二）老年人需求与能力评估情况

《中华人民共和国老年人权益保障法》规定，国家支持老龄科学研究，建立老年人状况统计调查和发布制度。2019 年出台的《国务院办公厅关于推进养老服务发展的意见》提出"完善全国统一的老年人能力评估标准，通过政府购买服务等方式，统一开展老年人能力综合评估，考虑失能、失智、残疾等状况，评估结果作为领取老年人补贴、接受基本养老服务的依据"。

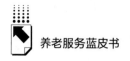

1. 确定老年人需求的基本工具和理论方法

老年人能力也叫老年人的功能状态，是老年人健康相关生活质量的一部分，指老年人个体从事日常活动的能力。伴随年龄增长，老年人功能状态呈明显的下降趋势，下降幅度与各项生活活动的复杂、难易程度有关。① 老年人功能状态是评判老年人广义健康的重要标准。由于老年人逐步衰弱与衰老产生的特殊身心状态，老年人能力不再是特定工作技能或技术的体现，而是日常生活活动能力、心理状态以及社会参与程度等多种能力的综合体现。②

我国老年人能力评估工具和依据主要包括《老年人能力评估规范》《残疾人残疾分类和分级》《长期护理失能等级评估标准（试行）》《特困人员认定办法》《老年护理需求评估》等，其中《老年人能力评估规范》是由民政部提出，经国家市场监督管理总局、国家标准化管理委员会批准发布的推荐性国家标准，该标准聚焦老年人自理能力、基础运动能力、精神状态、感知觉与社会参与等四个方面能力，将老年人能力分为能力完好、能力轻度受损（轻度失能）、能力中度受损（中度失能）、能力重度受损（重度失能）、能力完全丧失（完全失能）5 个等级。《残疾人残疾分类和分级》国家标准面向残疾人，按不同残疾分为视力残疾、听力残疾、言语残疾、肢体残疾、智力残疾、精神残疾和多重残疾。《长期护理失能等级评估标准（试行）》是由国家医保局会同民政部于 2021 年发布的长期护理失能等级评估标准，面向长期护理保险参保人员，包括日常生活活动能力、认知能力、感知觉与沟通能力方面的评估，将失能等级划分为 0~5 级。③ 2021 年民政部发布新修订的《特困人员认定办法》，主要面向无劳动能力、无生活来源，且无法定赡养、抚养、扶养义务人或者其法定义务人无履行义务能力的老年人、残疾人和未满 16 周岁的未成年人，生活自理能力评估指标最基础，仅有自主

① 吴仕英、肖洪松：《老年综合健康评估》，四川大学出版社，2015。
② 郭红艳、王黎、王志稳、雷洋、谢红：《老年人能力等级划分方式的研究》，《中国护理管理》2013 年第 13 期。
③ 《国家医保局办公室 民政部办公厅关于印发〈长期护理失能等级评估标准（试行）〉的通知》（医保办发〔2021〕37 号），https://www.gov.cn/zhengce/zhengceku/2021-08/06/content_ 5629937. htm，最后访问日期：2024 年 12 月 10 日。

吃饭、自主穿衣、自主上下床、自主如厕、室内自主行走、自主洗澡6项指标，根据项数确定级别。《老年护理需求评估》由国家卫生健康委、中国银保监会和国家中医药局于2019年联合发布，明确了涵盖老年人能力情况和常见疾病罹患情况的护理需求评估。该文件评估对象为需要护理服务的60周岁及以上老年人，护理需求分为5个等级。[①]

2. 科学划分老年人需求

养老服务需求是一个多维度概念，在理论、实践和政策中，需求的内涵都有不同的指向，采用不同视角可以对养老服务得到不同的认识。本报告结合老年人的需求在现实生活、政策文本、理论研究、行政实践场景下的应用情况，将需求概念从六个维度进行划分和辨析，如表1所示。

表1　需求划分类别

划分依据	需求类别
行为达成	（主观）需要与（有效）需求
保障内容	经济需求、医疗需求、精神需求、照料需求等
保障层次	基本需求与非基本需求
时空变化	静态需求与动态需求
调查方式	自评需求与他评需求
职能分工	养老需求与为老需求

（1）行为达成：（主观）需要与（有效）需求

"需要"通常指所研究的对象根据其自身状况和理想状态的差距，在不考虑支付能力、认知因素等情况下对某类产品或服务的数量和质量的要求，[②] 其结果体现出强烈的主观性。"需求"是在个人主观意愿之上要求主观意愿与行为相一致，即能形成养老服务实际消费行为的需要水平。

---

① 《卫生健康委　银保监会　中医药局关于开展老年护理需求评估和规范服务工作的通知》（国卫医发〔2019〕48号），https://www.gov.cn/gongbao/content/2019/content_5449667.htm，最后访问日期：2024年12月10日。

② 周建芳：《城市老人居家养老服务的有效需求及其影响因素》，《北京社会科学》2022年第11期。

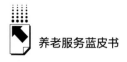

（2）保障内容：经济需求、医疗需求、精神需求、照料需求等

早期研究将养老服务需求归纳为"3M"，即资金（Money）、医疗（Medical）和精神（Mental）三个方面，后来又被进一步归纳为经济供养、生活照料、健康医疗、精神慰藉四个方面。[①] 随着社会经济发展和老龄化加剧，养老需求的分类也随之增多，可以分为生活照料、医疗保健、康复护理、精神慰藉、法律维权五大类14个小类。随着互联网技术的发展，老年人又逐渐产生了与信息技术相关的智慧养老服务、信息服务等需求。

（3）保障层次：基本需求与非基本需求

以保障层次为依据可以区分基本需求和非基本需求。基本养老服务需求是维持老年基本生活的各类经济、医疗、服务、文化需求。老年人意外防范、急难救助、生活照料、健康保护、疾病治疗、心理慰藉和临终关怀等构成了老年生活需求的基本内容。非基本需求以高质量老年生活为目标。基本养老服务需求是广大老年群体的共同需要，而非基本需求则更加个性化、差异化。

（4）时空变化：静态需求与动态需求

以时空变化为依据可以区分静态需求和动态需求。静态需求是在一定时期内在内容和程度上稳定不变的需求，各需求之间也具有较高的独立性。动态需求与老年风险随年龄、身体状况、生活场景、照护情况等的变化而发生的变动息息相关，各需求之间也存在时间、场地、对象等方面的连续性。静态需求更关注养老服务"有"和"无"的问题，而动态需求则是结合了不同生活情景的组合性需求，需要服务提供者采用场景视角进行综合考虑。

（5）调查方式：自评需求与他评需求

以调查方式为依据可以区分自评需求和他评需求。自评需求是通过对老年人直接调查了解当前养老服务需求，他评需求则是对老年人家庭成员、社区、机构等各类与老年人生活相关主体的评价进行收集整理，从而了解需求

---

① 张娜：《社会养老服务需求研究综述及与需要的辨析》，《经济论坛》2018年第3期。

情况。自评需求较为直接，但受老年人自身认知因素影响，相关调查结果可能存在局限性。他评需求具有补充作用，也有利于完善养老服务相关配套措施，鼓励相关主体提供可以满足老年人需要的服务。

（6）职能分工：养老需求与为老需求

以职能分工为依据可以区分养老需求和为老需求。这种分类方法以服务供给主体视角分析当前社会老年人的需求。结合前期工作基础，养老服务需求集中关注生活照料和医疗健康，更加具有针对性，聚焦衰老风险的核心问题。而为老服务需求关注老年人群体的社会融入，通过满足涉及老年人生活的各方面需求，解决老年人面临的社会排斥问题，帮助老年人拥有幸福暮年。

（三）老年人需求状况抽样调查

抽样调查是摸清、掌握和测算新发展阶段老年人养老服务需求状况的常用工具，包含国家层面的中国城乡老年人生活状况抽样调查，省、市政府部门开展的本地老年人养老服务抽样调查，以及企事业单位、社会组织和高校通过项目、课题开展的老年人随机抽样调查。在抽样调查开始普及之前，我国老年人的数据资料主要来自人口普查、人口抽样调查和户籍统计资料。中国城乡老年人生活状况抽样调查是国家统计局批准的、由政府部门组织开展的全国层面老年人状况科学调查。前两次由中国老龄科学研究中心组织实施，第一次是在2000年进行的"中国城乡老年人口状况一次性抽样调查"；第二次是在2006年进行的"中国城乡老年人口状况追踪调查"。第三次是2010年在民政部、全国老龄办支持下进行的"中国城乡老年人口状况追踪调查"。第四次是在2015年由全国老龄办、民政部、财政部牵头，各省级老龄办协助开展的"第四次中国城乡老年人生活状况抽样调查"。第五次是在2021年由国家卫生健康委、民政部、财政部、全国老龄办、中国老龄协会和中国计划生育协会共同组织的"第五次中国城乡老年人生活状况抽样调查"，此次抽样调查的调查范围为全国31个省、自治区、直辖市和新疆生产建设兵团，涉及315个县（市、区）3320个乡镇（街道）6300个村（居）委会；涉及新疆生

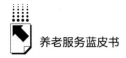

产建设兵团 5 个师 40 个团场。① 调查内容包括老年人口基本情况、家庭状况、健康状况、照料护理服务状况、经济状况、宜居环境状况、社会参与状况、维权意识与行动状况、精神文化生活状况、老年人所在家庭的家庭成员状况等。调查样本规模为 12.76 万人，抽样比约为 0.5%。

二　基本养老服务清单情况

基本养老服务清单制度是基本养老服务制度体系的核心，是保障全体老年人享有基本养老服务的主要依据。2023 年，党中央、国务院公开发布了《关于推进基本养老服务体系建设的意见》，对基本养老服务体系建设作出全面部署安排，并制定了国家基本养老服务清单，明确了三大类 16 项具体服务内容。截至目前，全国各省份均制定出台推进基本养老服务体系建设实施方案和基本养老服务清单，实现了省级全覆盖。

当前各省（区、市）基本养老服务清单的重点服务对象包括经济困难、生理困难、特殊优抚、特殊困难群体，服务形式包括经济支持、照护服务、设施建设和家庭支持。各地根据老年重点脆弱风险、需求规模以及政府服务资源供给能力设计清单内容，具体服务对象和服务内容兼具普遍性与特殊性。特征比较如下。

（一）清单体例统一化

北京市、江苏省和山东省等在国家清单出台前后对原先已出台的省（市）级清单进行了更新调整。其中北京市和山东省更新后的地方清单呈现出与国家清单一致的体例结构，江苏省清单更新时间早于国家清单出台时间，因此在更新升级后未呈现与国家清单一致的结构。北京市原先采用更加细致的对象分类方法，将各类对象可以享有的服务项目分别列示。如低保的

---

① 《第五次中国城乡老年人生活状况抽样调查基本数据公报》，https：//m.chinafpa.org.cn/tzgg/202410/t20241025_ 19389.html，最后访问日期：2024 年 10 月 25 日。

失能（认知障碍）群体、低收入的失能（认知障碍）群体、一般失能（认知障碍）群体、高龄老年人等都为独立类别，其中面向多类服务对象的同一服务项目会在不同类别群体中同时出现，如城乡特困老年人、低保中失能（认知障碍）、高龄老年人、低收入中失能（认知障碍）、高龄老年人对应的服务项目中都出现了驿站基本养老服务、入住公办养老机构等内容，清单结构总体较为冗杂。北京市养老服务清单更新后以国家清单体例为依据，对原先服务对象和服务项目进行整合，清单结构更加简洁清晰，同时与国家清单体例实现了统一。山东省也从原先基于特困兜底项目、困难老年人服务项目、普惠优待项目和机构扶持项目四大类的体例，更新为以服务对象划分的清单体例。

（二）服务对象全面化

地方清单更新后的服务对象更加多元全面，对于基本养老服务对象的认识更加清晰周密。有些基本养老服务清单所关注的风险集中于经济风险和生理衰弱风险，对家庭结构因素、其他特殊因素给服务对象带来的风险关注较少，具体体现为服务对象主要是特困、低保、低收入和失能（认知障碍）老年人。更新后的清单在此基础上将在家庭、社会风险下形成的困难群体如计划生育特殊家庭老年人、留守特殊困难老年人、流浪乞讨老年人、对社会做出特殊贡献老年人等补充进清单当中，进一步织牢兜底保障网，防范各类老年风险和因其他社会风险而加剧的老年生活风险。

（三）服务项目规范化

地方清单的项目更新侧重于突出项目内容的基本性。国家清单是对养老服务基本性的明确界定和对项目名称、内容的规范，为基本养老服务自上而下进一步地辐射推广提供参考标准。原先各地对养老服务项目的基本性及其具体内容的认识存在差异，因此各省市清单的特殊性较为突出，缺乏普遍性。地方清单服务项目异质性的本质是各地对基本养老服务清单功能定位认识的异质性。国家清单对于服务项目的设计体现了清单的服务整合功能，这种整

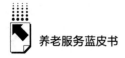

合不仅是对原先散落在各类制度中的养老服务进行归集,更是一种系统化、结构化的统合衔接,并对每个项目的名称、内容进行明确。地方在结合国家清单进行更新调整时,其政策扩散的机制也并非简单跟风模仿而是借鉴学习。学习机制与模仿机制的关键区别在于政策模仿关注政策主体,不论该模仿行为的后果如何,旨在通过模仿使自身接近效仿对象;相比之下政策学习的关注点在于另一政府所采取的政策,包括政策的采纳方式、有效性及后果等。[①]

因此,虽然各地更新之后的服务项目在数量、内容上依然具有差异性,但各地在政策学习过程中对基本养老服务清单的功能和定位逐渐达成共识,服务项目筛选和确定都围绕国家清单的核心要求展开,在理念和政策目标上实现了自上而下的统一;形式上,对于国家清单要求的基本服务项目也形成了规范统一的表述。以山东省为例,其更新后的清单增补了国家要求的面向计划生育特殊家庭老年人、对社会做出特殊贡献老年人等基本服务对象的养老服务项目,并将面向老年人的基本社会保险、社会救助项目整合到清单当中,体现了基本养老服务清单的整合功能和"保基本"的政策定位。同时,更新后的清单移除了针对养老机构的补贴项目,进一步在清单服务对象和服务供给方式上与国家清单保持一致。形式上,原清单对于特困老年人兜底服务仅分为"供养标准"和"供养方式"两项内容,集中供养和分散供养合在一起且并未对两种供养方式的落实方法进行说明。而更新后的清单按照国家清单对于特困老年人供养服务的规定,将集中供养和分散供养两项分别列示和说明,规范和明确了两种供养模式具体的供给内容和实现方法。

通过地方基本养老服务清单的比较分析,可以看出对老年人需求进行分层分类的必要性。分层分类的核心目的是识别重点保障群体,进一步分析其特征现状从而得到当前保障对象的有效需求。分层分类有利于整体养老服务制度体系建设与发展。当前养老服务各类需求复杂多元,各养老服务政策的出台多从经验出发,政策和服务项目存在碎片化问题,主体间、政策间、对象间

① C. R. Shipan, C. Volden, "The Mechanisms of Policy Diffusion," *American Journal of Political Science*, 52. 4（2008）: 57-840.

衔接不畅问题突出，需要采取整合性治理的思维方式通过分层分类进行服务项目和层次的系统性整合，从而将目前碎片化、零散化的政策内容归入各层次和类别的对象当中，理顺各服务项目在对象、内容、待遇等方面的关系。

三 分层分类的为老服务需求分析

（一）分层分类的必要性

1.促进供需平衡

需求与供给相对应，有利于提高服务供给效率。对养老服务需求分层分类也是对供给内容和层次的分层分类。分层分类的核心目的是识别重点保障群体，进一步分析其特征现状从而得到当前保障对象的有效需求。对象划分可以提高服务精准度，减少服务资源的闲置和浪费。同时，分层分类的标准也对养老服务供给标准设定提供参考，促进养老服务供给体系的健全和完善。

2.完善体系

分层分类有利于整体养老服务制度体系建设与发展。当前养老服务各类需求复杂多元，各养老服务政策的出台多从经验出发，政策和服务项目存在碎片化问题，主体间、政策间、对象间衔接不畅问题突出，需要采取整合性治理的思维方式，通过分层分类进行服务项目和层次的系统性整合，从而将目前碎片化、零散化的政策内容归入各层次和类别的对象当中，理顺各服务项目在对象、内容、待遇等方面的关系。

3.深化需求认识

分层分类的过程有利于科学认识养老服务需求。当前各级各类主体尚未对养老服务需求形成统一认识，依据不同视角可以剖析出不同的内涵。通过分层分类，有关主体可以对养老服务需求建立一套综合的认识框架，整理已有的养老服务需求认识，形成对养老服务更为全面的认识。

（二）影响服务需求的主要因素

本报告结合以往研究结论，采用安德森行为模型，包括前倾因素、使能

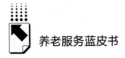
因素和需要因素三个维度,选择了影响养老服务的主要因素进行列示(见表2)。

表2　影响养老服务的主要因素及其作用机制与评价

划分维度	主要因素	作用机制	评价
前倾因素	年龄	随着年龄增长,老年人身体机能衰退,失能程度加深,患慢性病概率提高。养老服务需求的内容增多、程度加深	年龄因素体现的相关性主要与其带来的生理机能衰退风险有关,但年龄本身并非最关键的影响因素。受教育程度对农村老年人的影响更加突出
	受教育程度	受教育程度影响老年人认知水平,受教育程度越高,认知水平越高,对于当前养老服务政策、养老服务内容、养老服务获取途径等有越多了解。对自身是否需要养老服务以及需要哪些服务有更加准确清晰的认识	
使能因素	收入	收入影响养老服务支付能力,影响老年人需求实现	使能因素对养老服务需求影响较为重要,要求政府通过政策提高养老服务资源的可及性,但同时要注意适度问题以免造成新的不平等
	居住地	城乡二元结构下,农村当前养老服务资源和服务设施相对落后,降低了农村老年人找寻社会化养老服务的意愿和信心	
	家庭结构	独居、空巢、孤寡、计划生育特殊家庭老年人从家庭成员中获得养老服务的能力较弱,养老服务需求向社会溢出的现象更为突出,更需要来自社区、政府、机构的支持	
需要因素	失能（认知障碍）	失能(认知障碍)、伤残主要作用于老年人对日常生活照护服务和医疗康复服务的需求,失能程度越高,对长期照护养老服务的需求越高	养老服务需求的最主要驱动因素
	伤残		
	患重病/慢性病		
	抑郁情绪	随着家庭规模缩小化,空巢、独居、孤寡老年人所面临孤独感等心理问题愈发突出,该群体对于社会融入相关的养老服务需求较为迫切	

　　从各维度的影响程度来看,前倾因素影响较小,需要因素的影响最大,使能因素也产生了显著的影响。从具体影响因素来看,年龄、受教育程度、居住地、家庭结构、健康状况、抑郁情绪等因素对养老服务需求有显著影响。老年人的健康状况对居家养老服务需求影响显著。通常情况下,老年人

的健康状况越好，对居家养老服务需求的迫切性越低；健康状况越差，对居家养老服务的需求越大。非农业户籍、子女数量较少、独居、空巢、家庭经济状况较好的老年人对居家养老服务的需求较大。老年人收入越高、受教育水平越高，对文化娱乐服务的需求越强烈，非务农的老年人比务农老年人对文化娱乐的需求更高。农村老年人出钱购买居家养老服务的意愿不强，价格是影响农村老年人购买居家养老服务最为关键的因素。

（三）分层分类的内容

综合需求、整体、政策、权责、场景等视角，兼顾需要与需求、意愿与能力，可将养老服务需求分为兜底性需求、普惠性需求和自主选择性需求等三大类，以身体状况、经济状况为重点区分项并兼顾城乡和年龄。其中，兜底、普惠和自主选择三个层次的内涵较为综合，不仅限于保障对象的经济水平，还包括老年人基本生存所需的照料服务。通过兜底、普惠和自主选择三个层次的划分，可对家庭、政府、市场三类服务供给主体的责任进行初步界定。兜底性服务主要由公共部门提供或予以经济补贴支持；普惠性服务以政府为主导，带动和鼓励市场主体共同参与，政府通过各类服务和补贴直接和间接促进养老服务的提供；自主选择（高质量）服务为一般性养老服务或质优价高的服务，主要由市场规律发挥作用，政府则减少干预，仅在其中扮演监管者的角色。分类依据为当前老年人主要面临的各维度风险和脆弱性挑战，具体体现为经济风险、生理风险、家庭结构风险、特殊因素风险以及年龄风险。如表3所示，包含需求层次和脆弱性种类两个维度的列表对当前重点养老服务需求以及已有政策进行列示说明。

由表3可以看到，兜底性政策主要面向经济困难和生理风险严重影响基本生存的群体，普惠性政策对于各类风险都提供了一定程度的保障，基本实现对于各维度风险和脆弱性的全面覆盖，自主选择（高质量）政策主要面向收入水平较高老年人的非基本、个性化养老需求，这部分需求主要通过市场主体提供。但目前有效市场和有为政府结合不够充分、城乡养老服务需求不平衡、农村养老服务设施的服务能力不高等问题依然限制养老服务体系的

表 3　养老服务需求分层分类

分层		兜底性	普惠性	自主选择（高质量）
经济困难	特困	特困、低保老年人（基本生存需求）	低收入、部分一般经济条件老年人（基本生活需求）	中高收入生理困难对象（高质量照护与医疗需求）
	低保			
	低收入			
生理困难	中度失能失智	经济困难（特困、低保、低收入）的生理困难老年人（基本的生存、医疗与照护需求）	一般经济条件家庭生理困难对象（一般性的医疗与照护需求）	
	重度失能失智			
	中度残疾			
	重度残疾			
	患（重）病			
	职业病			
特殊因素	农村老年人	经济困难的特殊老年人（基本生存和服务需要）	一般经济条件的特殊老年人（一般性的特定服务需要）	中高收入的特殊老年人（高质量的特定服务需求）
	优抚优待			
	流浪乞讨老年人			
	特殊地域或身份老年人			
家庭结构	计划生育特殊家庭独居空巢留守	经济困难的特殊家庭结构老年人（基本服务需要）	一般经济条件的特殊家庭结构老年人（一般性的特定服务需要）	中高收入的特殊家庭结构老年人（高质量的特定服务需要）
年龄增长	60周岁及以上	经济困难的老年人（基本生存和服务需要）	一般经济条件的老年人（一般性生活和服务需要）	中高收入的老年人（高质量的生活和服务需要）
	70周岁及以上			
	80周岁及以上			
	100周岁及以上			

可持续发展。已有政策和服务涉及民政、卫生健康、医保、财政等多个部门，亟须根据需求分层分类结果，明确回应需求政策的责任主体和关联部门，协调主体关系形成制度设计合力。

在具体实践中，基本养老服务清单的重点是面向基本服务对象的兜底性为老服务，具体是指由政府为特困供养老年人、最低生活保障老年人、经济困难长期生活不能自理老年人、农村留守老年人、计划生育特殊家庭老年人等提供基本生活保障的服务，包括集中居住照料、资金补贴、上门服务、探访关爱等。根据第五次中国城乡老年人生活状况抽样调查报告，2021年，我国城镇老年人占54.0%，农村老年人占46.0%，农村老年人中空巢的占61.9%；0.4%的老年人有计划生育家庭特殊扶助金。[①] 截至2023年末，全国城市最低生活保障老年人142.4万，全国农村最低生活保障老年人1294.3万。全国城市特困老年人23.0万人；全国农村特困老年人344.4万。[②]

因养老服务兜底保障对象在经济条件和自理能力方面存在困难，在实践中需重点关注其基本生活情况，加大在安全、照料和经济方面的支持。下一步，需要根据《老年人能力评估规范》国家标准，科学合理判断兜底保障老年人养老服务需求，重点加强失能（认知障碍）老年人照护能力，加快居家和社区养老服务及农村养老服务发展，调整中央预算内投资，支持各地老年养护院、社会福利院、农村敬老院等设施提质增效，加强养老服务人才队伍建设，培育发展为老服务志愿者队伍，增强基本养老服务兜底保障能力。

四　基本养老服务体系发展中存在的主要问题

（一）财政资金支持不够

养老服务经费不足是各省普遍面临的问题，随着老龄化和高龄化程度加

---

① 《第五次中国城乡老年人生活状况抽样调查基本数据公报》，https://m.chinafpa.org.cn/tzgg/202410/t20241025_ 19389.html，最后访问日期：2024年11月23日。

② 《2023年度国家老龄事业发展公报》，https://www.gov.cn/lianbo/bumen/202410/content_ 6979487.htm，最后访问日期：2024年11月23日。

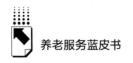

深，高龄津贴、养老服务补贴、失能护理补贴等面向重点群体的服务项目需求进一步增加，财政资金将面临更大挑战。除面向老年人的传统补贴制度外，在重点服务对象需求导向下的各类服务也需要资金激励市场主体加入，如探访服务目前主要由社区工作人员、村干部等基层人员无偿承担，加重了基层工作压力，且服务的可持续性和专业性都缺乏保障，需要财政资金支持，以提供更加专业化的人员及相关服务。

（二）服务对象底数不清

基本养老服务统计机制尚未建立，在民政系统内部，对象分类、能力状况、服务标准、服务项目以及财政投入等信息没有统一的自下而上的统计填报系统，救助、殡葬、残疾、养老等涉及老年人的信息尚未实现数据互通。在部门之间，基本养老服务对象的养老保险、健康体检等信息没有实现互通共享。由于信息共享机制不健全，民政部门在争取财政支持时缺少依据，老年人年龄的变化、死亡、户口迁移等，也有可能导致保障不够及时不够到位等问题。

（三）养老供需匹配不精准

地方面临较为突出的供需对接不充分问题，集中体现在普惠型养老机构床位供给的资源倒置和居家养老服务供给无法满足需求等方面。机构养老主要面向生活完全不能自理的重度失能人群以及各类重点困难群体，大部分老年人在具有一定生活自理能力的情况下，更倾向于选择居家养老方式。但当前居家养老服务和上门服务发展处于起步阶段，尚未形成覆盖照护、助餐，医养康养一体化普惠型的服务保障供给体系，失能失智的老年人大多依靠家庭成员或者保姆提供日常照护。居家养老服务相关的养老产业发育不充分，市场主体小、散的情况突出。

（四）能力评估机制不健全

顶层设计方面，当前老年人能力评估没有实施细则，评估标准涉及多个部门，不同部门之间如何互认、评估机构资质如何认定、评估经费如何拨付等均缺乏政策依据。老年人能力综合评估作为基本养老服务供给的重要依据，目前与失能相关的评估标准包括《老年人能力评估规范》国家标准、残联的残疾人等级评估、卫生健康委的老年人健康体检和护理需求评估，以及医保部门的失能等级评估等，各类标准之间存在交叉内容，不同标准间的政策衔接、指标互认、结果互认和信息共享等方面存在模糊空间，增加了老年人能力评估的行政成本。评估队伍建设方面，当前老年人能力评估的师资骨干队伍尚未建立、评估经费未正常纳入财政预算、评估机构监管不到位、评估人员未纳入部分省级人力资源和社会保障部门职业资格鉴定的范围。

（五）养老服务人才短缺

服务人员是养老服务供给的直接主体，但当前养老服务人才队伍建设亟待加强。一是社会尚未形成有利于养老服务发展的职业发展体系，人们对养老服务相关工作认可度较低。二是人员薪酬水平的市场竞争力较低，缺乏明确的职业晋升通道，降低了劳动者选择养老服务相关专业学习和工作的意愿。三是各职业院校对养老服务与管理等相关专业的重视程度不足，在专业宣传以及教育体系发展方面投入不足，尚未形成规范统一的理论实践知识体系。四是对从事养老服务工作的人员的激励机制不健全，仅部分经济发展水平较高的省份有能力提供从业者岗位补贴，总体而言在职业薪酬水平低的情况下，其他激励手段的缺位将导致已有从业者退出养老服务领域。五是养老服务基层工作力量普遍不足，多数县级民政部门没有专职从事养老服务的工作人员。

五 完善养老服务体系的政策建议

（一）加大基本养老服务财政支持力度

将基本养老服务清单项目纳入中央和地方财政事权和支出责任，明确中央和地方财政事权分配，对中西部欠发达地区和东北地区给予适度倾斜。广泛开展政府购买基本养老服务。鼓励和引导企业、社会组织、个人等社会力

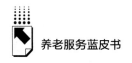
量依法通过捐赠、设立慈善基金等方式，为基本养老服务提供支持和帮助，探索"个人出一点，企业让一点，政府补一点，集体添一点，社会捐一点"的多元筹资机制。

（二）推动落实老年人能力评估标准

推进《老年人能力评估规范》国家标准实施宣贯，避免服务不足或过度服务。出台评估实施细则，加强民政、卫生健康、医保、残联等部门老年人相关评估制度的互认衔接，建立老年人能力综合评估经费保障机制，明确人员资质，推动各地分步骤科学开展老年人能力评估，因地制宜、精准施策。充分借助民政部社会福利中心"老年人能力评估"微信小程序等信息化手段。推动老年人能力评估师资骨干队伍建设，为各地建立师资骨干队伍提供支持保障，同时将相关的经费纳入财政预算。

（三）加强基本养老服务体系建设

科学研判未来我国人口老龄化、人均预期寿命提升等发展趋势，根据经济社会发展水平、财力状况等因素及时研究，动态调整国家基本养老服务清单，逐步拓展基本养老服务对象和内容。推动基本养老服务与其他基本公共服务有机衔接，推动社会保险、社会救助、社会福利、慈善事业、老年优待等制度资源优化整合。加强经济困难的高龄、失能等老年人补贴，特困老年人供养，低保老年人失能照护，公办养老机构兜底服务等保障性工作。优化基本养老服务资源配置，强化相关重大工程和重要政策对基本养老服务的支撑。

（四）加强服务对象数据共享和分析统计

利用"金民工程"，在民政系统内部率先形成自上而下布置、自下而上提供统计信息的报告制度，将国家和地方养老服务清单中涉及对象分类、资金投入、服务提供、补贴标准等的信息汇总联网，并与民政系统内婚姻登记、殡葬、残疾、老年人能力评估等子系统实现互通，推动基本养老服务对象信息、服务保障信息统一归集、互认和开放共享，实现基本养老服务对象精准识别和动态管理。立足我国养老服务行业发展现状，从养老服务的载体、参与养老服务的主体、养老服务的支撑要素入手，联合相关部门建立健全基本养老服务统计分类机制。

（五）推动省市级基本养老服务清单落实

落实《国家基本养老服务清单》，会同相关部门为特困老年人、低保老年人、计划生育特殊家庭老年人、残疾老年人、生活无着的流浪乞讨老年人等提供物质帮助、照护服务、关爱服务等多项基本养老服务。民政部制定部门分工方案，督促指导各省级民政部门切实推动基本养老服务覆盖全体老年人。2020年，财政部将基本养老服务纳入中央本级政府购买服务范围。[1] 各地也普遍结合实际将基本养老服务纳入本地区政府购买服务范围，聚焦短板和问题，民政部联合财政部等实施居家和社区养老服务改革试点、居家和社区基本养老服务提升行动项目、特殊困难老年人基本养老服务救助示范项目等，探索保障城乡经济困难家庭基本养老服务需求的模式和机制。

（六）丰富服务内容，壮大服务力量

在为特殊困难老年人开展家庭适老化改造、提供失能照护补助、建设家庭养老床位、提供老年助餐服务的基础上，建议鼓励通过地方财政配套资金以及撬动社会资本等方式，结合家庭经济收入和实际照护情况，引导针对失能、高龄等老年人提供阶梯式补贴，根据老年人及家属需求提供精准化的服务，推动发展养老事业和养老产业。推进县（市、区）、乡镇（街道）、村（社区）三级示范性居家和社区养老服务网络建设，在有需求和有条件的城市住宅小区（片区）延伸设立居家养老服务点，探索"社区+物业+养老"服务模式。通过多种形式稳步开展助餐服务，省财政对助餐机构和实际用餐

---

① 《关于印发中央本级政府购买服务指导性目录的通知》，https：//www.gov.cn/zhengce/zhengceku/2021-01/08/content_ 5578071. htm，最后访问日期：2024 年 11 月 23 日。

老年人进行分类补助。鼓励各地酌情将资助困难老年人参加基本医疗保险、计划生育家庭特别辅助金、老年人意外伤害保险，以及向困难老年人提供的司法救助、进入文化旅游设施优待、免费乘坐城市公共交通工具、户口迁移等服务纳入基本养老服务清单。加强养老服务人才队伍建设，推动实施大中专毕业生养老从业人员一次性奖补政策落地，加大养老服务专业技术人员培养培训。充分发挥国有企业参与基本养老服务体系建设的作用，引导地方国有资本积极培育发展以普惠养老服务为主责主业的国有企业，支持有条件的地区组建国有养老相关集团公司。

（七）加强养老服务工作保障

一是加强基层工作力量，开展基本养老服务评估督查。将基本养老服务纳入"三农"工作和乡村振兴战略、各地政府绩效考核等工作中重点推进，结合各级机构改革工作，通过组建养老服务指导（发展）中心、统筹民政基层力量、"三社联动"、购买服务等多种方式，加强养老服务工作力量。全国大部分省份成立了养老服务有关事业单位，建议配齐省市两级养老服务有关事业单位，与民政部门形成合力推进养老服务工作。二是升级全国养老服务信息系统，充分利用信息化手段实现养老服务的互联互通。依托民政部养老服务信息系统、地方养老信息系统或养老服务综合平台共享数据、整合资源，加强协同、赋能基层，开展委托代办、线上申请审核等便民服务，实现数据赋能便利化、供需对接精准化、服务监管智慧化，逐步推进实现基本养老服务数据统计、机构监管、服务链接的"一张网"管理。三是加大宣传力度。各级民政部门要积极宣传基本养老服务分层分类理念，形成分层分类在各级政策制定部门的共性认识，保证分层分类理念贯彻的一致性和统一性。同时，指导各级民政部门依申请全面开展老年人能力综合评估，作为老年人享受基本养老服务的依据，推动老年人能力评估结果跨部门、跨区域的互认。树立地方探索基本养老服务分层分类实践典型，多渠道向社会公众进行政策宣传和政策解读。

B.3
2024年居家和社区养老服务发展报告

赵 洁 王金浩 张航空*

摘 要： 随着我国人口老龄化程度持续加深，居家和社区养老成为我国老年人养老的主要选择。党的十八大以来，为进一步发展居家和社区养老服务，培育社区养老服务机构，我国进行了积极探索。本报告通过对政策沿革的梳理发现，"十三五"期间国家投入50亿元支持试点地区开展"居家和社区养老服务改革试点项目"；"十四五"以来，民政部、财政部投入中央资金支持开展"居家和社区基本养老服务提升行动项目"，为经济困难的失能、部分失能老年人建设家庭养老床位、提供居家养老上门服务，并支持各地开展老年助餐服务。这些举措有效调动政府、社会、家庭等多方力量参与，在养老事业和养老产业协同发展、养老服务人才队伍建设、社会力量参与居家和社区养老服务、社区养老服务设施建设推进等方面取得进展。目前，该领域仍存在政策衔接不畅、财政投入与人口老龄化趋势相比不匹配、农村居家和社区养老存在短板、居家和社区养老服务监管力度不够等问题。为此，我们建议将居家和社区养老服务体系纳入当地社会发展规划、加大预算内投资支持力度、强化社区养老承托作用、加强养老机构专业支撑、加快发展农村养老服务、补足设施配建短板、加强居家和社区养老服务监管等，推进居家和社区养老高质量发展，提升老年人的获得感、幸福感和安全感。

关键词： 居家和社区养老 设施建设 医养结合

---

* 赵洁，民政部社会福利中心调研宣传部主任，主要研究方向为养老服务规划政策研究；王金浩，民政部社会福利中心调研宣传部干部，主要研究方向为居家和社区养老、养老产业等；张航空，中国人民大学人口与健康学院老年学研究所副教授。主要研究方向为养老服务、老龄政策、老龄经济学。

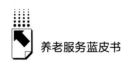

一 居家和社区养老服务政策历程

在中国进入老龄化社会之前，居家和社区养老服务就开始受到关注。1994年发布的《中国老龄工作七年发展纲要（1994—2000年）》提出"逐步形成以社区为中心的生活服务、疾病医护、文体活动、老有所为四大服务体系"。1996年发布的《中华人民共和国老年人权益保障法》提出"发展社区服务，逐步建立适应老年人需要的生活服务、文化体育活动、疾病护理与康复等服务设施和网点"。到了2000年，中国在即将进入老龄化社会之时，出台了两项里程碑式的政策文件。2000年2月发布的《关于加快实现社会福利社会化的意见》提出养老服务供给在供养方式上坚持以居家为基础、以社区为依托、以社会福利机构为补充的发展方向。2000年8月发布的《中共中央 国务院关于加强老龄工作的决定》提出了"建立家庭养老为基础、社区服务为依托、社会养老为补充的养老机制""加快社区老年服务设施和服务网络建设，努力形成设施配套、功能完善、管理规范的社区老年服务体系"。

进入老龄化社会之后，居家和社区养老服务成为基础和依托。2001年发布的《中国老龄事业发展"十五"计划纲要》在任务部分提出"初步形成以社区为依托的老年照料服务体系，提供全方位、多层次的服务"和"建立社区为老服务的有效管理体制和服务队伍"，在措施部分提出了"大力发展社区老年照料服务"。2006年发布的《关于加快发展养老服务业的意见》提出"鼓励发展居家老人服务业务"。2008年发布的《关于全面推进居家养老服务工作的意见》，不仅首次提出居家养老服务的概念，而且还是首个以居家养老服务命名的政策文件。这份文件要求在社区层面普遍建立居家养老服务机构、场所和服务队伍，从发展规划、政府投入、优惠政策、服务网络、队伍建设、组织培育、管理体制和工作领导等8个方面提出了具体要求。2011年发布的《中国老龄事业发展"十二五"规划》提出"建立以居家为基础、社区为依托、机构为支撑的养老服务体系"，明确了居家和社区服务在养老服务体系建设中的地位。该文件在老龄服务部分提出"重点发展居家养老服务""大力发展社区照料服务",同时提出了具体的目标。同年发布的《社会养老服务体系建设规划(2011—2015年)》明确了居家养老服务和社区养老服务的功能定位、建设任务。

2013年中国迎来了养老产业发展元年,《国务院关于加快发展养老服务业的若干意见》提出了到2020年的建设目标,即全面建成以居家为基础、社区为依托、机构为支撑的,功能完善、规模适度、覆盖城乡的养老服务体系。更加值得关注的是,文件同时提出一系列支持政策,包括投融资政策、土地供应政策、税费优惠政策、补贴支持政策、人才培养和就业政策。2014年开始,涉老部门政策文件密集发布,如2014年发布的《商务部关于推动养老服务产业发展的指导意见》《关于加强养老服务设施规划建设工作的通知》《关于推进城镇养老服务设施建设工作的通知》《关于加快推进养老服务业人才培养的意见》等。

2016年以来,居家和社区养老服务进入快速发展阶段,财政部和民政部推动多批居家和社区养老服务改革试点,试点地区在居家养老服务培育与供给、设施供给、人才培养、农村居家和社区养老服务、养老服务标准化、规范化等方面取得诸多成绩。2021年以来,财政部和民政部又推动了多批居家和社区基本养老服务提升项目,强化居家养老服务和设施建设。同时,国家在设施建设、人才培养、土地使用、金融支持、税收优惠等方面出台诸多政策文件。从战略层面,2020年积极应对人口老龄化上升为国家战略。为了进一步推动实施积极应对人口老龄化国家战略,时隔21年,再次以高规格发布《中共中央　国务院关于加强新时代老龄工作的意见》。

二　居家和社区养老服务发展成就

(一)服务制度框架不断完善

居家和社区养老服务形成了以法律为纲领、国务院政策文件为基础、部门专项政策和标准为支撑的制度体系框架。1996年以来,全国人大常委会分别在2009年、2012年、2015年和2018年四次对《中华人民共和国老年人权益保障法》进行修订、修正。中共中央和国务院先后发布《关于加强新时代老龄工作的意见》《国务院办公厅关于发展银发经济增进老年人福祉的意见》等促进行业发展的政策,先后制定"十二五""十三五""十四五"养老服务体系专项规划。各部委围绕土地使用发布了《自然资源部关于加强规划和用地保障支持养老服务发展的指导意见》《养老服务设施用地指导意见》等政策文件,出台了《关于养老、托育、家政等社区家庭服务业税费优惠政策的公告》等税收优惠政策,围绕金融支持出台了《关于金融支持养老服务业加快发展的指导意见》《关于开发性金融支持社会养老服务体系建设的实施意见》等政策文件,围绕设施建设出台了《关于推进城镇养老服务设施建设工作的通知》《关于支持整合改造闲置社会资源发展养老服务的通知》等政策文件,发布了《关于加强养老服务人才队伍建设的意见》等人才培养政策。与此同时,还发布了《居家养老上门服务基本规范》《老年人助浴服务规范》《老年人居家康复服务规范》等国家和行业标准。

(二)服务体系建设成效明显

在居家和社区养老服务设施建设方面,截至 2023 年末,全国共有各类养老机构和设施 40.4 万个,养老床位合计 823 万张。其中,注册登记的养老机构 4.1 万个,床位 517.2 万张(护理型床位占比为 58.9%);社区养老服务机构和设施 36.3 万个,床位 305.8 万张。在老年人福利补贴方面,截至 2023 年末,享受高龄津贴的老年人 3547.8 万人,享受养老服务补贴的老年人 621.4 万人,享受护理补贴的老年人 98.5 万人,享受综合补贴的老年人 66.7 万人。全国共支出老年福利资金 421.7 亿元,养老服务资金 223.2 亿元。[①]

(三)服务市场活力有效激发

2012 年发布的《民政部关于鼓励和引导民间资本进入养老服务领域

---

① 《2023 年度国家老龄事业发展公报》,https://www.gov.cn/lianbo/bumen/202410/content_6979487.htm,最后访问日期:2024 年 12 月 15 日。

的实施意见》，鼓励民间资本参与居家和社区养老服务、举办养老机构或服务设施、参与提供基本养老服务、参与养老产业发展。该文件在土地使用、建设补贴、运营补贴、营业税、用电、用水、用气、用热同价、自主定价等方面，要求落实优惠政策。同时，该文件加大对民间资本进入养老服务领域的资金支持力度，加强对民间资本进入养老服务领域指导规范。2017年发布的《关于加快推进养老服务业放管服改革的通知》，明确提出加大简政放权力度，强化监督管理能力，提升政府服务水平。为了促进养老服务消费，2019年发布的《民政部关于进一步扩大养老服务供给　促进养老服务消费的实施意见》提出全方位优化养老服务有效供给、繁荣老年用品市场、加强养老服务消费支撑保障、培育养老服务消费新业态、提高老年人消费支付能力、优化养老服务营商和消费环境。其中，培育养老服务消费新业态部分明确提出实施"养老服务+行业"行动，支持养老服务与文化、旅游等行业融合发展；打造"互联网+养老"服务新模式，精准对接需求与供给。优化养老服务营商和消费环境部分提出全面建立开放、竞争、公平、有序的养老服务市场。

（四）服务综合监管持续强化

2019年民政部印发的《养老服务市场失信联合惩戒对象名单管理办法（试行）》，明确了养老服务机构和从业人员在九种情形下被列入联合惩戒对象名单，确定了联合惩戒对象名单应该包括哪些信息，对联合惩戒对象名单实行动态管理，并规定了养老服务机构和从业人员进入联合惩戒对象名单以后，在五个方面给予惩戒措施。2020年发布的《国务院办公厅关于建立健全养老服务综合监管制度促进养老服务高质量发展的意见》提出了监管重点，包括质量安全监管、从业人员监管、涉及资金监管、运营秩序监管、突发事件应对；明确了监管责任，包括强化政府主导责任、压实机构主体责任、发挥行业自律和社会监督作用；同时要求创新监管方式，包括加强协同监管、加强信用监管、加强信息共享、发挥标准规范引领作用。2021年发布的《民政部　市场监管总局关于强化养老服务领域食品安全管理的意见》

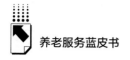

提出在全面履行主体责任、强化监督管理责任、大力推进社会共治等方面强化食品安全管理。

（五）服务要素保障不断加强

在组织保障方面，2019 年印发的《国务院办公厅关于同意建立养老服务部际联席会议制度的函》，提出由民政部牵头建立养老服务部际联席会议制度。部际联席会议制度建立后，地级市和县（区）层面也逐步建立了联席会议制度。财政部和民政部在"十三五"期间实施的居家和社区养老服务改革试点验收标准之一是"设立市委书记或市长牵头的领导小组"或者"设立副市长牵头的领导小组"；在"十四五"期间实施的居家和社区基本养老服务提升行动项目验收标准之一是"成立由地市级领导牵头的养老服务领导小组，推动实施居家和社区基本养老服务提升行动项目"。在人才保障方面，2019 年，人力资源和社会保障部与民政部联合发布《养老护理员国家职业技能标准（2019 年版）》，进一步细化了职业技能等级，完善了职业能力要求，同时放宽了入职条件、缩短了职业技能等级的晋升时间、拓宽了养老护理员职业发展空间。2020 年，人力资源和社会保障部等 5 个部门联合发布《关于实施康养职业技能培训计划的通知》提出要在 2020～2022 年培养培训各类康养服务人员 500 万人次以上。为了强化养老服务人才培训，2020 年民政部办公厅印发了《养老院院长培训大纲（试行）》和《老年社会工作者培训大纲（试行）》。2021 年民政部联合人力资源和社会保障部在江苏省南京市举办全国养老护理职业技能大赛，2024 年的全国民政行业职业技能大赛中设置了养老护理员竞赛项目。2023 年民政部等 12 个部门联合发布《关于加强养老服务人才队伍建设的意见》，从拓宽人才来源渠道、提升人才素质能力、健全人才评价机制、重视人才使用管理、完善人才保障激励措施等方面提出了具体的建议。2024 年，人力资源和社会保障部办公厅与国家医保局办公室联合发布《健康照护师（长期照护师）国家职业标准（2024 年版）》，对长期照护师的职业技能等级、职业培训要求、职业道德等进行规范。

三　居家和社区养老服务典型经验

（一）初步建立多元资金投入渠道

2008 年发布的《关于全面推进居家养老服务工作的意见》就已经提出鼓励和支持社会力量参与、兴办居家养老服务业。2012 年印发的《民政部关于鼓励和引导民间资本进入养老服务领域的实施意见》明确提出鼓励民间资本参与居家和社区养老服务。"十三五"期间财政部和民政部开展的居家和社区养老服务改革试点和"十四五"期间财政部和民政部开展的居家和社区基本养老服务提升项目，考核指标之一是地方是否进行资金配套投入。与此同时，在试点和提升项目实施过程中，相关的养老服务企业也进行了相应的资金投入。总的来看，居家和社区养老服务形成了中央资金撬动、地方资金配套投入、养老服务企业积极响应的格局，政府资金撬动效应明显。

（二）多措并举提升家庭养老能力

在家庭养老条件改善方面，通过建设家庭养老床位提升家庭养老能力。"十三五"期间以南京为代表的部分城市开始探索家庭养老床位建设，"十四五"期间，财政部和民政部陆续选择 4 批 184 个地区开展居家和社区基本养老服务提升项目，项目地区的主要任务是给经济困难的失能、部分失能老年人家庭建设养老床位，开展居家上门服务。在家庭照护者培训方面，通过技能培训提升家庭养老能力。"十三五"期间，财政部和民政部开展的居家和社区养老服务改革试点项目，考核要求之一是"制定政策巩固发挥家庭养老功能"，改革试点过程中部分试点地区如广东省深圳市将"家庭护老者"能力提升与关爱计划列为民生实事项目。《"十四五"国家老龄事业发展和养老服务体系规划》提出"将家庭照护者纳入养老护理员职业技能培训等范围"。北京在《北京市加快推进养老服务人才队伍建设行动计划（2023 年—2025 年）》中提出 2025 年前培训 1 万名失能老年人家庭照护人员的目标。

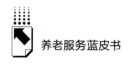

（三）外引内培助推多元供给格局形成

受到经济发展阶段、人口老龄化水平、老年人养老服务观念等因素的影响，各地可以提供养老服务的企业和社会组织发展存在较大的差异。"十三五"期间，财政部和民政部开展的居家和社区养老服务改革试点要求引进品牌化、连锁化、专业化的居家和社区养老服务机构，培育具有全托、日托、上门服务等综合功能的本土社区养老服务机构。在考核的引导下，部分试点城市进行了有益的探索。如安徽省马鞍山市利用区域优势，与周边的长三角城市和品牌企业签订战略合作协议，引入专业力量，实现居家和社区养老服务机构的品牌化、连锁化运营。与此同时，马鞍山市还培育了具有本土特色的"马上送福""小马家护"特色养老服务品牌团队。

（四）养老机构专业服务辐射居家社区

"十三五"期间，财政部和民政部开展的居家和社区养老服务改革试点项目，考核要求之一是"50%以上的公办养老机构开展向居家和社区养老延伸服务"。试点城市江苏省南通市发布《关于推进全市养老机构开展居家和社区养老服务的若干意见》，养老机构发挥专业优势，提供社区居家养老服务，形成"链式养老"服务。南通市的"链式养老"服务模式入选民政部和财政部开展的居家和社区养老服务改革试点工作优秀案例。除此以外，重庆市在全市范围内推行"中心带站"联网运营模式。支持养老机构以乡镇街道养老服务中心为枢纽，利用资源优势带动辖区内 6 ~ 10 个社区养老服务站，延伸养老机构专业化服务到社区、进家庭，打造"中心带站"联合体216 个，整合社区养老服务站 2728 个，推动形成街道社区"一网覆盖、一体服务"联网运营模式。

（五）盘活闲置资源助力设施建设

2011 年印发的《社会养老服务体系建设规划（2011—2015 年）》首次提出将闲置房屋用于养老服务。2013 年印发的《国务院关于加快发展养老服务业的若干意见》提出可将闲置的公益性用地调整为养老服务用地。"十三五"期间，财政部和民政部开展的居家和社区养老服务改革试点过程中，试点任务之一是保障养老服务设施供给。各地在具体的实践过程中，涌现出许多优秀案例。在这些优秀案例中，充分整合闲置厂房、学校、办公楼等资源，用于建设居家和社区养老服务设施。

（六）推动居家和社区养老服务人才队伍建设

人才队伍建设一直都是养老服务体系建设过程中的难点和痛点，为推动居家和社区养老服务人才队伍建设，各地涌现出许多典型做法，主要体现在以下几个方面。一是通过学校教育拓宽人才培养渠道。2020 年老年学专业列入普通本科专业目录，截至 2023 年，开设养老相关专业的本科院校超 40 所、专科学校超 300 所。二是通过产教融合提升高校毕业生的实践能力。部分高校与养老服务企业签订订单式培训合同，企业全程介入学生的培养过程，通过强化学生的动手能力，实现了供需对接。三是通过给予一次性入职奖励鼓励高校毕业生从事养老服务工作。各地根据高校毕业生的学历层次，在学生毕业并从事养老服务工作一定年限后，给予额度不等的一次性入职奖励。[①] 四是通过给予岗位补贴留住养老服务人才。部分省份根据养老服务人才从事工作年限，建立了与工作年限挂钩的岗位补贴制度。五是通过护理岗位奖励津贴鼓励养老护理员考取职业技能等级证书。北京市对考取初级护理员（五级）等级、中级护理员（四级）等级、高级护理员（三级）等级、技师（二级）等级、高级技师（一级）等级的养老护理员，每人每月分别给予 500 元、800 元、1000 元、1200 元和 1500 元的护理岗位奖励津贴。六是打造养老服务人才培养基地。部分省份如安徽省、福建省，出台专门的政策文件，从养老机构、高校中遴选养老服务人才培养基地，给予一定的经费支持。七是开展养老护理职业技能大赛，实现"以赛代练"。2021 年民政部

---

① 《山西将对养老服务从业人员发放入职奖励》，https://www.mca.gov.cn/n152/n166/c1662004999979993782/content.html，最后访问日期：2024 年 12 月 15 日。

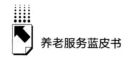
联合人力资源和社会保障部在江苏省南京市举办全国养老护理职业技能大赛，起到了良好的示范效果，许多省份和地级市常态化开展养老护理职业技能大赛，部分县（区）也开展了养老护理职业技能大赛。

（七）因地制宜开展特殊困难老年人的探访关爱

2022 年民政部等 10 个部门联合发文《关于开展特殊困难老年人探访关爱服务的指导意见》，要求各地通过定期上门入户、电话视频、远程监测等方式，建立探访关爱服务机制、丰富探访关爱服务内容、充实探访关爱服务力量、提升探访关爱服务质量效率、做好探访关爱服务应急处置。从地方实践来看，各地进行了政策创新。一是细分人群，采取差异化服务方式。山东省把特殊困难老年人分为重点人群、次重点人群和一般人群，对不同人群采取差异化的服务方式。根据居家安全风险程度，江苏省把特殊困难老年人分为A、B、C 三类人群，不同人群给予不同的探访关爱频次。北京市把老年人分为独居老年人、空巢老年人、留守老年人、失能老年人、重残老年人、计划生育特殊家庭老年人以及其他情况。二是细化部门责任。云南省明确民政部门、财政部门、人社部门、教育部门、住房城乡建设部门等各部门的职责，为特殊困难老年人提供精准服务。三是做好服务转介。对于探访关爱过程中获取的服务需求信息，北京市明确了相关信息应转介到不同的机构，如城乡特困老年人、计划生育特殊家庭老年人的服务需求信息应当转介至居住地街道（乡镇），其他特殊困难老年人的服务需求信息应当及时告知老年人的探访关爱第一联系人，遇危及老年人生命安全的突发情况，应第一时间联系老年人的探访关爱第一联系人或其他家庭成员。四是与其他老龄政策融合。上海市在探访关爱的过程中，利用养老顾问的专业优势，提供养老咨询服务；依托"老伙伴计划"，为老年人提供志愿服务；借力家庭医生签约服务，提供健康监测服务和慢病管理；发挥街道（乡镇）社会工作服务站（点）的专业优势，提供专业服务；社区民警在开展防诈骗等工作过程中提供关爱服务；利用物业的就近优势，开展探访关爱服务。

（八）智慧养老赋能居家和社区养老

"十三五"期间，财政部和民政部开展的居家和社区养老服务改革试点任务之一是推动智慧养老；财政部和民政部在"十四五"期间实施的居家和社区基本养老服务提升行动项目，也要求项目地区给服务对象提供智能化产品。总的来看，智慧养老通过以下几种途径赋能居家和社区养老。一是建设智慧养老信息平台，"十三五"期间各省份、地级市甚至区县陆续建设了平台。二是网络平台建设，民政部上线全国养老服务信息平台。以北京和上海为代表的城市，分别建设了北京养老服务网、上海养老网等网络平台，把居家养老服务组织的相关信息在网上公示，实现服务的精准对接。三是给老年人发放和安装养老智能产品，基于不同的应用场景，给符合条件的老年人发放智能手环、老年陪护机器人、烟感报警器、毫米波雷达智能产品等。

四　存在的不足

一是顶层设计尚需完善。存在政策之间衔接不畅、政策迭代过快、零散化等现象，影响供需匹配度甚至存在资源错配，亟须提升整体性，促进供需资源精准匹配。

二是资金支持有待加强。财政投入增幅相较于老年人群体规模增长幅度过小。中央资金支持规模有限，地方配套资金不足或未形成常态化机制。受限于投资回报周期较长，社会资本介入意愿不强。家庭支付能力不足，购买养老服务和用品意愿不强。

三是服务供给格局需要优化。居家养老服务、社区养老服务和机构养老服务存在不连续、不协调、不适配等问题。居家和社区养老服务网络需加快建设。居家养老服务政策需进一步健全。社区承托作用需进一步凸显。机构专业支持力度需进一步加强。

四是农村养老短板亟须补齐。农村地区大部分养老院设施简陋，服务质量参差不齐。养老金待遇普遍偏低，家庭支付养老能力不足。文化娱乐设施

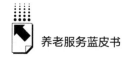

匮乏，基层老年自治组织不够完善，导致老年人精神文化生活相对单调乏味。因中青年群体外出务工，家庭空巢化现象严重。家庭照护力量较弱，机构专业人员不足，照护资源短缺。

五是医养康养结合不足。医养结合政策衔接需要进一步完善。医护人员在养老机构内设医疗机构或上门为老年人提供医疗服务时，无法享受与医院坐诊时同等的职称评定、津补贴、收费标准等待遇。医养结合工作缺乏长期稳定的资金保障体系。医疗卫生机构为老年人提供的就医、保健绿色通道服务不足。医疗卫生机构与养老服务机构签约，收取签约费和上门服务费较高，养老服务机构压力大，影响签约积极性。评估标准、结果互认互通需要进一步加强协调。居家和社区养老服务人员专业化程度不高，难以满足老年人日益增长的医养康养需求。

六是养老服务设施规划进度滞后。资金、土地、人才等关键性生产要素供给不足。新建小区的选址不符合配建要求。老旧小区具备改建条件的地块、设施不足。产权交付不明晰，流程复杂。

五　关于居家和社区养老服务发展的建议

一是完善政策规划和衔接。将居家和社区养老服务体系建设纳入当地经济社会发展规划。建立政策协同和定期评估机制，完善目标任务落实评价机制。推动形成各级党委统一领导、民政部门负责牵头、各有关部门按照职责积极支持、高效联动的工作格局。

二是加大资金投入与保障力度。完善财政支出科目。加大预算内投资支持居家和社区养老服务项目建设力度，建立与人口老龄化情况相适应的中央财政保障机制。各地根据实际情况，建立稳定的养老服务经费投入机制。支持地方设立养老服务产业发展基金。加快布局银发经济产业园区。社会服务机构性质的养老服务机构比照小微企业享受同等优惠扶持政策。符合条件的适老化改造机构可享受社区养老服务相应税收优惠。将居家和社区养老服务纳入REITs（不动产投资信托基金）试点优先支持范围。支持国有企业参与养老服务项目建设。将居家和社区照护服务相关项目纳入长期护理保险报销范围并适当加大支持力度。加大对经济困难失能老年人照护服务的补贴支持力度。

三是积极发展巩固居家养老服务。政府引导、市场培育提供居家养老服务的专业化机构，在助餐、助洁、助医、助行等方面提升专业化水平。对特殊困难群体提供兜底性基本养老服务保障。推进居家适老化改造和智能化改造。鼓励对家庭照护者开展照护培训，提供心理慰藉服务，有条件的地区可探索建立补贴制度。通过人防、物防、技防，利用智慧化手段开展老年人居家安全动态监测和风险防范。

四是强化拓展社区养老依托作用。探索创新多样化社区养老服务模式。有效利用社区资源，提供喘息服务、康复训练、辅具租赁等服务。完善公共设施无障碍改造及养老服务设施配套建设。通过设立养老服务顾问（站、点）及智能辅助设施，为老年人提供便捷高效的政策咨询、制定推荐服务建议清单、办事指南等服务，进一步优化养老服务资源配置，提升服务供应质量，提高专业服务精准度。完善社区公共文化体育设施建设，常态化开展老年教育、志愿服务、文体娱乐等活动。提供暖心有力的社会支持网络。

五是加强机构养老服务专业支撑。发挥机构设施设备齐全、人才专业化程度高等优势，聚焦特殊困难失能失智老年人群体刚需，完善集中照护服务。落实养老机构优惠扶持政策。优化机构床位设置，增加护理型床位占比。鼓励规模化、连锁化机构运营，给予运营补贴、一次性建设补助、税收优惠、用地支持等政策保障。支持有条件的机构进行认知障碍早期筛查，设立认知障碍照护专区。分层分类保障老年人普惠性、个性化需求。鼓励符合条件的机构开展家庭照护者培训。

六是加快发展农村养老服务。鼓励培训合格的本地劳动力上岗从业。培育本地提供居家上门养老服务的专业机构。加强为老志愿服务、互助养老体系建设。加快智慧养老系统和智能照护设备的研发与使用。开展县域养老服务体系改革创新。有条件的地区探索盘活闲置农房和闲置宅基地，提供质量有保证的普惠性养老服务。

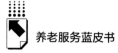

七是促进医养康养相结合。加强护理型床位建设，着力提高对失能老年人的长期照护、服务转接等一体化、连续性、专业化照护服务能力。引导养老机构通过与医疗卫生机构毗邻建设、签约合作等方式提供失能老年人急需的医疗服务。探索推进家庭养老床位、家庭病床联动。加强签约家庭医生履约服务，向行动不便的老年人提供上门诊疗、身体检查、长期处方、协助转诊等医疗服务，实现特殊困难老年人签约全覆盖。

八是补齐养老服务设施配建短板。制定养老服务设施空间布局和建设规划。强化用地保障。落实新建居住区养老服务设施配建"四同步"要求，推动城市居住区按标准同步配套建设养老服务设施。已建成居住区未达标的，通过购买、租赁、置换等方式渐进式补齐。集中解决规划调整、土地房屋使用性质变更、消防改造和审验等问题。建立与我国经济社会发展相匹配、人口老龄化状况相适应的方便可及、功能复合、覆盖城乡、层次多元的养老服务设施体系。

B.4

2024年医养整合照护服务发展报告

康琳　王燕妮　刘晓红　朱鸣雷*

摘　要： 医养结合的核心是以人为本，协调整合多学科跨机构资源，提供老年人所需的照护服务，高效实现人们在长寿社会中的健康生活。世界卫生组织（WHO）2015年提出健康老龄化（healthy ageing）概念。我国从2016年开始的国家级试点工作推动了全国范围内医养结合模式的探索，而自2020年启动的全球首批老年整合照护（ICOPE）试点则基于老龄社会人口整体健康需求出发，对世界卫生组织提出的前沿社区居家医养结合模式（也称"医养整合照护"）进行了本地化创新，从模式实施规范、人才队伍能力建设、对老年人群健康改善和医疗花费节约、各方满意度提升等方面积累了数据，初步具备了规模化推广的循证依据和实施路径，正在为更多的地方政府、医疗和康养机构、社区居家养老服务团队所采纳，并将通过更大范围内的研究和实践，为医养结合政策制定、人才建设和产业发展奠定坚实基础。

关键词： 医养结合　老年整合照护　健康老龄化

---

* 康琳，医学博士，中国医学科学院北京协和医院老年医学科主任，研究生导师，主要研究方向为营养不良、衰弱、肌少症、记忆问题的生活管理及干预，老年围术期管理、多种复杂慢性疾病共同诊治等；王燕妮，医疗卫生管理博士，无锡市医疗健康集团康养事业部总经理，主要研究方向为健康老龄化、医养整合照护模式及人才队伍建设、失能失智预防及康复护理的干预机制及结果分析；刘晓红，医学博士，中国医学科学院北京协和医院老年医学系主任，博士生导师，主要研究方向为老年人整合照护、营养不良、老年人共病管理等；朱鸣雷，医学博士，中国医学科学院北京协和医院老年医学科主治医师，主要研究方向为常见老年病的诊治、老年综合征的鉴别、老年人功能状态的评估和康复指导。

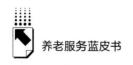
一 医养整合照护服务总体发展状况

（一）医养整合照护符合时代背景和政策要求

我国"医养结合"或"医养融合"所体现的是根据国情将整合照护（integrated care）这一国际发展趋势和服务模式本地化落实的过程。随着我国人口老龄化程度加深和人均预期寿命不断提高，2019 年发布的《国家积极应对人口老龄化中长期规划》已进入实施中期（2023～2035 年），其中一项重要的工作任务就是打造高质量的为老服务和产品供给体系。[1] 作为健康中国建设中"综合、连续的老年健康服务体系"的一部分，"医养结合"正是国家对构建多层次养老服务体系的要求。国务院 2013 年出台的《关于加快发展养老服务业的若干意见》[2] 和《关于促进健康服务业发展的若干意见》[3] 对养老服务和医疗卫生服务结合提出了明确要求，既要为居家和社区养老的老年人提供健康管理等公共服务，也要为入住养老机构的老年人，特别是慢性病老人、恢复期老人、残障老人以及绝症晚期老人提供养老和医疗相融合的服务。在我国 2015～2018 年陆续颁布的相关政策文件中，明确了医养结合发展的阶段性目标和任务，对于国家和地方开展医养结合试点工作提供了政策支撑。其中包括《关于鼓励民间资本参与养老服务业发展的实施意见》（民发〔2015〕33 号）、《全国医疗卫生服务体系规划纲要（2015—2020 年）》（国办发〔2015〕14 号）、《中医药健康服务发展规划（2015—2020 年）》（国办发〔2015〕32 号）、《关于进一步规范社区卫生服务管理和提升服务质量的指导意见》（国卫基层发〔2015〕93 号）、《中医药发展战略规划纲要（2016—2030 年）》（国发〔2016

---

① 《中共中央　国务院印发〈国家积极应对人口老龄化中长期规划〉》，https：//www. gov. cn/zhengce/2019－11/21/content_5454347. htm，最后访问日期：2024 年 12 月 15 日。

② 《关于加快发展养老服务业的若干意见》，https：//www. gov. cn/zhengce/content/2013－09/13/content_7213. htm，最后访问日期：2024 年 12 月 15 日。

③ 《关于促进健康服务业发展的若干意见》，https：//www. gov. cn/zhengce/content/2013－10/18/content_6067. htm，最后访问日期：2024 年 12 月 15 日。

15 号）、《关于做好医养结合服务机构许可工作的通知》（民发〔2016〕52 号）、《医养结合重点任务分工方案》（国卫办家庭发〔2016〕340 号）、《关于遴选国家级医养结合试点单位的通知》（国卫办家庭发〔2016〕511 号）等。2016~2022 年我国在 90 个单位开展了国家级医养结合试点工作，陆续出台的支持政策文件包括《关于做好医养结合机构审批登记工作的通知》（国卫办老龄发〔2019〕17 号）、《关于深入推进医养结合发展的若干意见》（国卫老龄发〔2019〕60 号）、《关于印发医养结合机构服务指南（试行）的通知》（国卫办老龄发〔2019〕24 号）、《关于印发医养结合机构管理指南（试行）的通知》（国卫办老龄发〔2020〕15 号）、《关于印发医疗卫生机构与养老服务机构签约合作服务指南（试行）的通知》（国卫办老龄发〔2020〕23 号）、《关于进一步推进医养结合发展的指导意见》（国卫老龄发〔2022〕25 号），逐步形成区域性示范项目和多样化的实践模式，鼓励多主体积极参与，共同发展高质量的医养结合服务。[1]

2021 年，我国《"十四五"国家老龄事业发展和养老服务体系规划》提出把"积极应对人口老龄化"作为国家战略，"把积极老龄观、健康老龄化理念融入经济社会发展全过程"，推动老龄事业和产业协同发展，并进一步强调了推进医养结合服务，以及健全卫生健康部门与民政部门等各部门协调配合机制的重要性。[2] 2023 年国家卫生健康委、国家中医药局、国家疾控局联合颁布的《关于印发居家和社区医养结合服务指南（试行）的通知》（国卫办老龄发〔2023〕18 号）更是对居家和社区医养结合服务机构、人员、服务内容及流程提出了明确规范和要求。

世界卫生组织（WHO）2017 年发布的《老年人整合照护（ICOPE）：针对老年人内在能力减退的社区干预措施指南》及相关实施框架、照护路径等工具，将整合照护（integrated care）确定为优化老年人功能、提高生活

---

[1] 《关于推广医养结合试点工作典型经验的通知》，https://www.gov.cn/zhengce/zhengceku/2023-03/17/content_5747306.htm，最后访问日期：2024 年 12 月 15 日。

[2] 《"十四五"国家老龄事业发展和养老服务体系规划》，https://www.gov.cn/zhengce/content/2022-02/21/content_5674844.htm，最后访问日期：2024 年 12 月 15 日。

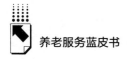

质量的核心模式。① 其中整合型的"care"包括了医护照料，正是在中国提出的医养结合。

（二）医养整合照护对实现积极健康老龄化的意义凸显

2020 年底，联合国《2020—2030 年健康老龄化行动十年计划》将实施老年整合照护（ICOPE）列为全球实现健康老龄化目标的四项核心行动内容之一（另外三项分别涉及消除年龄歧视、打造宜居环境和发展长期照护)。②

ICOPE 正是我国老龄健康工作所对应的国际发展趋势中最前沿的社区和居家医养结合模式，因此也称为"医养整合照护"，包含了从顶层设计、政策引导、支付机制、服务能力建设到目标指标管理的各个方面，是对老龄健康进行全盘考虑、综合设计、持续落实的过程。医养整合照护既涉及老年医学、康复、营养、心理、安宁缓和医疗等多学科、全周期的"医"，旨在将针对老年人的健康管理从疾病诊疗转向功能维护，减少不必要的多专科反复就诊，以维护功能，减少不良事件发生，延长居家生活时间；也涉及各种场景下专业护理和生活照料的全方位多层次"养"老服务，旨在减轻照护负担，提高老年人和家庭成员的生活质量。探索这一新模式的意义在于帮助老年人和家庭便捷地获得连续、可及、全面、有效的医护照料服务，同时在国家和社会层面，该模式可以促进优质医疗资源的合理分配、降低家庭和社会的医疗负担和支出、增加医疗满意度及医患信任度。该模式是从不同角度解决健康老龄化痛点和难点、符合价值医疗的优选方案之一。

（三）医养整合照护已具备进一步推广的循证依据

在全球根据 ICOPE 指南开展整合照护试点的国家中，我国由北京协和医院老年医学科和青松康复护理集团牵头，19 家综合医院、194 家社区机构

---

① 《老年人整合照护（ICOPE）：针对老年人内在能力减退的社区干预措施指南》，https：//www.who.int/zh/publications/i/item/9789241550109，最后访问日期：2024 年 12 月 15 日。

② 《2020—2030 年健康老龄化行动十年计划》，https：//www.who.int/zh/publications/m/item/decade-of-healthy-ageing-plan-of-action，最后访问日期：2024 年 12 月 15 日。

联手，2148 名老年人参与，不仅率先完成了整合照护指南和路径的本地化，还是首批完成第一阶段试点、发表相关数据分析的国家之一。[①] 试点数据表明，通过预算支出和服务双打包的方式面向失能失智风险人群开展医养整合照护，给以后将医疗保险、安宁疗护险、长期照护险等多个险种按项目支付的碎片化付费方式整合为按人头总额预付费提供参考数据，将能同时实现健康状况、满意度的提高和医疗资源的节约。[②]

有了第一阶段试点建立的基础，在世界卫生组织西太平洋地区的指导下，由北京协和医院老年医学科、青松康复护理集团、北京协和医学院卫生健康管理政策学院联合发起的"医养整合照护 ICOPE 第二阶段中国试点（ICOPE-CP2）"也已在进行中，北京、昆明、连云港、大庆、大连、广州、深圳、重庆、杭州等 9 个地区分别根据本地具体情况开展试点工作，预计于 2025 年形成进一步推广医养整合照护模式的实践报告。

二 医养整合照护服务试点发展状况

（一）第一阶段试点成果

1. 学术成果

2022 年，我国医养整合照护试点的初步成果已被收入世界卫生组织《老年整合照护实施试点：第一阶段成果报告》《中国整合式卫生医护体系发展报告（2021~2022）》《医养结合——老年整合照护的理论与实践》等文献中。2024 年，牛津学术期刊 Age and Ageing 刊发了题为《世界卫生组织老年整合照护（ICOPE）在中国的实施和影响：一项随机对照试验》的论文。

---

① 《协和老年医学科医养整合照护服务模式初显成效》，https://mp.weixin.qq.com/s/1N-i8icAooYJXl2xSrj5hw，最后访问日期：2024 年 12 月 15 日。

② WHO, Integrated Care for Older People（ICOPE）Implementation Pilot Programme, 2022, https://www.who.int/publications/i/item/9789240048355; Y. Wang, et al., "Implementation and Impact of the World Health Organization Integrated Care for Older People（ICOPE）Program in China: A Randomised Controlled Trial," *Age and Ageing* 53.1（2024）: afad249.

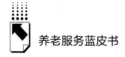

2. 模式成果

中国试点首次完整实施了整合照护从筛查、评估、照护方案制定与实施到转诊、照护者支持和社区参与的全过程。试点研究的主要目的，一是验证在我国实施整合照护的可行性，二是评价整合照护模式对老年人相关健康指标和医疗卫生资源利用情况的影响。

我国试点研究方案的设计，采用了随机分组对照试验（RCT）的方法，将参加整合照护试点的老年人分为干预组（即通过社区和居家服务机构完整实施医养整合照护）和对照组（即在完成筛查、评估和照护方案制定后，仅提供方案解读、健康宣教，而不额外增加服务），经过为期 6 个月的模式试点，对比两组的情况，探讨世界卫生组织老年整合照护方案在经过本地化应用后，是否更有助于改善老年人群的身心健康水平，管理其失能失智风险，促进健康老龄化目标的实现。①

3. 人才成果

我国医养整合照护试点的一大亮点，是通过大量培训基层医护人员成为"整合照护师"，由他们完整地在居家和社区场景中开展风险人群筛查、综合评估、制定并实施整合照护方案、跟踪转诊、提供照护者支持等工作。在试点中，试点单位不仅对参加试点的老年人进行了有针对性的分层管理，也为各级医疗机构不同医护团队成员实现高效的分工协作提供了"整合照护师"这个融合了医疗机构内"个案管理师"（case manager）和一些发达国家"照护管理师"（care manager）职能的新角色。而综合医院老年医学团队通过线上咨询、线上培训等方式发挥赋能指导作用，构建老年医学分级服务网络。这样形成的人才梯队和赋能协作模式，有助于降低老年患者出院后再住院率等指标，改善老年人群的身心功能，提高其生活质量。

4. 干预效果

由于在疫情发生期间开展试点时入组老年人情况受到客观因素影响，随

----

① 董家鸿主编《中国整合式卫生医护体系发展报告（2021~2022）》，社会科学文献出版社，2022，第215~228页。

机分组不完全，我国对试点数据采用了倾向性评分匹配（Propensity Score Matching，PSM）的统计分析方法，确保选取的对照组和干预组样本基线数据在各方面基本平衡。从图 1 可见，第一阶段的试点，首先证明在我国居家和社区养老服务中开展医养整合照护（ICOPE）的方法是可行的。其次，从该模式对老年人健康结局指标的影响趋势来看，接受医养整合照护的老年人在活力（营养）、行动能力、心理健康等方面均呈现出具有统计学意义的更大改善，这一点对存在较高失能失智风险的人群更加明显。[1]

5. 数据成果

在医养整合照护（ICOPE）模式下，无论是服务对象（老年人）还是服务提供者（医护人员）都表现出较高的满意度。数据显示，99%的老年人对医养整合照护服务感到满意，93%的医护人员对经过培训后开展医养整合照护的工作表示满意。[2]

在对医疗卫生和养老服务资源利用情况的影响方面，第一阶段试点数据也初步表明，采用医养整合照护模式有助于降低老年人就医频率、减少非必要重复入院和整体医疗花费，而对失能失智风险的预防和延缓，还能大大减轻未来长期照护费用的压力。

即便考虑到试点开展期间社区疫情防控工作带来的影响，按照第一阶段试点经费和数据，结合 2017~2019 年试点牵头单位开展院内外连续医疗整合照护的跟踪研究结果推算，每个全职整合照护师也可以管理 25~50 位失能失智程度或风险不一的老年人。每位老年人每年投入 3500 元预算，即可在明显改善老年人健康状况、减少残疾、提升医养服务满意度的同时，减少 7.7%的就医次数，避免 38%~51%的重复入院，降低 14.3%的医疗花费。[3]

---

[1] Y. Wang, et al., "Implementation and Impact of the World Health Organization Integrated Care for Older People (ICOPE) Program in China: A Randomised Controlled Trial," *Age and Ageing* 53.1 (2024): 1-10.

[2] 《ICOPE 医养整合照护试点研讨会议速报》，https://www.sohu.com/a/754851188_ 264916，最后访问日期：2024 年 12 月 15 日。

[3] 胡琳琳、王懿范编著《医养结合——老年整合照护的理论与实践》，中国协和医科大学出版社，2022，第 148~161 页。

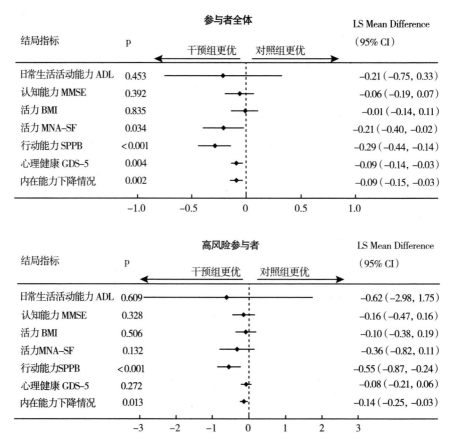

图1　医养整合照护中国试点（第一阶段）中不同人群身心功能变化情况

资料来源：Y. Wang, et al., "Implementation and Impact of the World Health Organization Integrated Care for Older People（ICOPE）Program in China：A Randomised Controlled Trial," *Age and Ageing* 53. 1（2024）：1~10.

6. 科研创新

第一阶段试点除了有中央财政支持的居家和社区养老服务改革试点项目经费（CYCG-20-1401）支持，还得到了中央高水平医院临床科研业务费资助（2022-PUMCH-B-129）。作为后者科研成果之一的"协和衰弱-肌少症智慧评估与干预系统"，正在成为社区和机构场景推进医养整合照护模式、落实医养康养相结合的创新示范，也成为社区及机构医养结合的提质增效利器和工作抓手。① 此外，中央高水平医院临床科研专项（2022-PUMCH-B-132）还验证了老年人内在能力具体的评估方法及评估流程，并在试点的基础上，初步建立完善了整合照护服务应用于社区医养结合场景的工作流程。

（二）前期试点中发现的问题

不论是国家级医养结合试点，还是基于 ICOPE 的医养整合照护第一阶段试点，都贡献了宝贵的经验，在实践中凸显了进一步推动这一模式高质量发展所需要解决的问题，主要包括以下方面。②

1. 不同主体对目标理解不清，缺乏统一标准

养老服务和医疗卫生服务结合，既要为居家和社区养老的老年人提供健康管理等公共服务，也要为入住机构的老年人提供养老和医疗相融合的服务，核心是以人为本，提供多学科、跨机构协调整合型的服务，其目标应该是为所有人进入长寿阶段之后享受高质量的生活提供支持。然而，由于实践中医养结合常常被理解为不同机构都需要同时建立医疗和养老服务设施，且医疗、养老、护理等不同机构原有的设立宗旨和要求不同，医养结合反而无法统一建设标准和评价指标，难以得到高质量发展。

2. 体系内和体系之间协同有限，服务不连续

不论是养老服务在居家—社区—机构之间的转接，还是各级医疗卫生机构之间的转诊，都还没有形成信息共享、无缝衔接的体系。而医、养不同体系之间的互转则更是缺少畅通的渠道和机制。这导致了不同场景下同时需要医疗、康复、护理、生活照料等各类服务的老年人所面对的是一个千头万

---

① 张宁、曲璇：《2024 老年健康宣传周系列（三）｜深入推进医养结合建设：民政部调研北京协和医院老年医学工作座谈交流会》，https：//mp. weixin. qq. com/s/jVsN4_ m24ivOB 4HSX1HX1A，最后访问日期：2024 年 12 月 15 日。

② 国家发展改革委城市和小城镇改革发展中心：《加快解决医养结合短板问题助推城市健康养老服务体系建设——基于北京、上海、南京、南通的调研思考》，https：//www. ndrc. gov. cn/wsdwhfz/202311/t20231115_1361959. html，最后访问日期：2024 年 12 月 15 日；Y. Wang, et al. , "Implementation and Impact of the World Health Organization Integrated Care for Older People（ICOPE）Program in China：A Randomised Controlled Trial," *Age and Ageing* 53. 1（2024）：1-10.

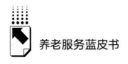

绪、碎片化的服务体系，每一次就诊或寻求服务都要了解和适应新的流程，服务体验和质量很难令人满意。

3. 人才知识结构单一，整合模式缺少激励机制

前期医养结合试点中经常被提及的人才短缺问题，归根结底是精细化分工导致的服务能力不足。针对老年群体较为复杂的健康状况和需求，医养结合模式需要懂得以人为本、能识别和解决复杂问题的新型人才，以及鼓励其不断提升整合式照护服务能力、改善服务效果和体验的支付及奖励制度。目前亟待加强的不仅是人才队伍的能力建设，如复合型人才的培训认证体系、上升通道，为一线服务队伍赋能的信息化工具等，还有针对整合式医护照料服务及其效果的支付和奖励等激励机制。

（三）第二阶段试点方案

医养整合照护第一阶段试点的成功，为中国积极应对老龄化探索出了适合我国国情的新机会和新模式，为后续健康老龄化的推进打下了良好的基础，得到了广泛的关注。而试点中发现的问题，也为不断完善后续方案提供了启示。随着各地逐渐认识到医养整合照护的意义和价值，更多地区正在采纳这一模式的标准化试点方案，进行本地化试点。[①]

1. 试点目的

全国多中心开展医养整合照护（ICOPE）试点项目，计划对健康老龄化的服务体系进行具有前瞻性、可持续性的顶层设计，并计划在基本维持现有资金支持水平的情况下，以创新方式探索相关工作模式，保障老年人的健康和照护需求及时得到满足。

通过有效整合医养结合资源，第二阶段试点将探索完成国际先进模式的本地化创新；以实现老年人需求为导向，服务连续性管理；全面评估老年人健康干预的需求，评估整合照护资源的可及性，以老年人及其家属和服务团

---

① 《ICOPE医养整合照护试点研讨会议速报》，https://www.sohu.com/a/754851188_264916，最后访问日期：2024年12月15日。

队的满意度以及卫生经济学指标为评判标准；初步建立适合国内不同地区城市社区整合照护的流程方案；将社区居家养老服务和高龄、衰弱、患有慢性疾病的老年人对医疗保健服务的刚需有效结合，最终建立成熟、规范、可复制、可持续的医养结合服务新模式。

2. 试点方法与服务设计

目前试点采用前瞻性随机对照方法。具体服务设计遵循经过本地化的医养整合照护路径，从目标人群的筛查，到针对失能失智中高风险人群的综合评估，到个性化整合照护目标和照护方案的制定，再到方案实施过程中的持续评价和动态调整，都在充分结合各地已有资源和服务协调能力的基础上进行。

考虑到在经济发展水平和医疗服务能力不同的地区推广医养整合照护的可行性和费效比，试点中涉及医疗服务的部分，除了必要情况下向老年专科医疗转介，尽可能推荐可及的、及时的远程服务，特别是线上咨询。

3. 试点样本量及统计方法

（1）样本量计算

试点项目为 ICOPE 干预流程的本地化应用项目，并非严格的科研项目，项目在全国多中心调查随访至少 3000 例的老人，干预 1000 例以上，干预组和对照组样本比例为 1∶2。

（2）统计学方法

采用 SPSS 22.0 软件建立数据库，并进行统计分析。

将干预组与对照组基线数据进行倾向性评分匹配，比较两组不良健康结局（全因死亡、跌倒、功能下降）发生率，生活质量变化（自身对照、两组比较）。

$p<0.05$ 表示差异有统计学意义。

4. 参与者入组和排除标准

（1）参与者入选标准

①自愿参与调查、随访，并接受相关医护服务的。

②年龄在 65 岁及以上。

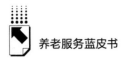

③健康状况稳定或处于慢性疾病稳定期（近期不需要住院或临时去医院就诊的）。

（2）干预组及对照组入组标准及入组方法

①在符合"研究对象入选标准"的 3 条基础上，FRAIL 衰弱评分 1 分及以上，或 ADL 评分不是满分（<6 分，但≥2 分）可进入研究。

②老人已经处于重度失能失智状态（需要有人长期照护、ADL≤2 分），则不符合干预入组条件，需评估照护需求、照护者负担等情况，可进入针对照护者的服务项目。

（3）随机分组

建立随机数字表（1~2000 随机排序），由专人（只负责告知数字）掌管，符合入组条件的老年人，按照随机数字表的顺序获得随机数字。随机数字除以 3，为整数，余数为 1 的为对照组，余数为 2 的为干预组。

（4）排除标准

入选时老年人处于疾病急性期需住院治疗的（如感染发热、慢性病急性加重、手术等）——待急性疾病稳定后，可重新评估需求入组。如老人入组后出现急性问题，仍按照常规医疗流程就诊，待急性问题解决并返回社区后，可继续评估进行问题的干预。

5. 试点流程

（1）数据采集及观察指标

①纳入符合入组标准的老年人，记录其人口学特征。

②内在能力评估：根据世界卫生组织老年整合照护内在能力的五个维度，每个维度受损计 1 分，任一维度受损均定义为内在能力下降。

③躯体功能评估：握力，步速（GS），3 米起立行走试验（TUGT），五次起坐试验（FRSST），简易躯体功能测试（SPPB）。

④日常生活活动能力（ADL）评估。

⑤共病评估：采用 Charlson 共病指数和老年疾病累积评分量表评估。

⑥衰弱：采用 Frail 衰弱表型量表。

⑦用药情况：包括用药数量及种类。用药数量≥5 种定义为多重用药。

（2）干预方法

干预组干预计划：

①建立整合照护团队：包括整合照护师（或经过培训的健康管理师/个案管理师）、社区医生/主管医生、康复师、营养师、社工等。

②整合照护师负责老人评估、协调整合照护团队组织教育及监督随访，根据社区医生提出的要求，协调上级老年医学团队转诊、远程咨询等。

③干预组服务的医护人员培训：①整合照护师培训，包括研究流程介绍、老年综合评估、内在能力评估等；②整合照护团队制定多维度干预措施的相关课程培训。

对干预组内在能力下降的人群制定整合照护计划的原则：由整合照护师统一安排制定整合照护计划，并组织、协调、落实、监督相应的干预措施。

对照组干预计划：

对照组，在完成老年综合评估后，由未参加干预组服务的社区医生/主管医生，根据评估结果，给予相关健康宣教。

（3）随访

随访时间：6个月，12个月。

通过电话、家庭医生访视、病案系统查阅进行随访，记录 ADL 评分，Frail 衰弱量表得分，不良健康结局等。内在能力下降的干预研究队列在第6个月评估内在能力。干预组和对照组在第12个月做基线评估内容复评。

6. 试点的获益及风险

（1）试点获益

通过探索、验证整合照护的方案流程，将社区居家养老服务和高龄、衰弱、患有慢性疾病的老年人对医疗保健服务的刚需有效结合，可以建立成熟、规范、可复制、可持续的医养结合服务新模式。

对于接受服务的老年人，可以在现有的资源条件下更好地维护功能状态，维持健康水平，提高医护服务的质量与效率。

（2）试点风险

研究是针对慢性病稳定的社区老年人群，不涉及急性疾病的治疗。

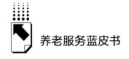

在干预组，研究对相应的健康服务进行整合，由专人作为"管家"来为老年患者安排相应的服务，服务内容均为成熟的医疗、康复措施，不涉及新药物、新器械的使用，不会增加额外的风险。

在对照组，由医生根据老年患者评估结果给予健康指导，不会对老年患者的已有的健康服务有任何的限制，也不涉及新药物、新器械的使用，不会增加额外风险。

7. 试点的质量控制

试点项目实施前做好人员培训，指定专人负责。

要求各参加单位严格按照研究设计要求进行病例选择、分组、治疗和随访。实行文件化管理的方法，使用科研记录本详细、准确、客观记录研究数据，保证数据真实性、完整性、可靠性和可比性。试点数据统计科学，研究报告撰写真实严谨，研究资料最后妥善归档保存。

各分中心设置专人，定期检查课题实施情况，数据保管情况等。并定期向牵头单位汇报。

8. 试点数据管理及保密措施

（1）试点数据的保密措施

试点结果在学术刊物上发表时不得泄露任何可识别患者个人身份的信息。

各个试点参与单位负责保存试点的 CRF 表及其他全部记录，不得将患者隐私信息泄露给无关人员；上传牵头单位的电子数据信息需在脱敏后（隐去个人信息，如姓名、身份证号、住址、联系方式等）再统一上交至项目牵头单位用于科研分析。

试点设专人负责数据传递、管理，数据文件需压缩加密后再进行传递。

（2）试点数据的管理措施

各分中心设专人负责数据的管理。

（四）各地试点进展

目前我国多中心开展老年整合照护试点的工作正在各地牵头单位和地方

政府的支持下稳步推进。

1.云南省昆明市

试点牵头单位：昆明医科大学。

昆明地区是试点进展较快的地区之一，试点方案率先通过地方伦理审查，在2023年初便召开了"昆明市官渡区社区居家养老医养结合试点暨世界卫生组织老年整合照护（ICOPE）昆明试点项目合作启动暨整合照护师培训会"，将世界卫生组织整合照护ICOPE融入政府主导的医养结合试点工作，以本地化模式赋能试点团队，一步一个脚印推动试点进入正轨。目前昆明试点进入平稳运行阶段，区域内已形成融合了预防、临床、管理、社会学等多学科师生和实践能手的分层团队，目标老人满意度超过95%，自评健康感受良好。

分析表明，接受医养整合照护服务使老年人的营养、运动、认知、心理健康和疼痛管理都有提升或改善，尤其是在高龄老人的认知和营养方面。同时，采用医养整合照护模式后老年人的直接医疗总负担、医保支付费用、自付部分费用比起试点干预前均有显著降低，而间接医疗总负担、看护费、营养费、其他非医疗类费用均值也都有所降低。

根据昆明试点的阶段性评价，在现有系统环境下，试点项目运行存在较多的环境优势，例如：当地政府的区域性政策支持、先进的ICOPE整合照护理念的嵌入、区域内相对丰富的养老资源、相对完善的基础设施、基本功能具备的智慧养老平台以及区域内前期具有一定基础的社会服务工作等。同时存在以下需求亟须通过系统性优化和完善加以回应，例如：试点项目后续的资金及政策的接续、较为完善和系统的社会保障制度、医疗保险制度、激励制度、服务的匹配深度和标准以及法律保障及制度建设等。

昆明试点已经在相关制度建设方面起到了推动作用，社会效益显著，在老年人生命质量提升、多维健康结局的改善、老年人重回社会以及家庭和减轻社会照护负担的方面均起到了促进作用。

2.江苏省连云港市

试点牵头单位：连云港市第一人民医院。

2023年5月底，"老年整合照护全球试点项目连云港试点区交流会"在

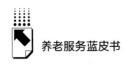

牵头单位连云港市第一人民医院高新院区召开，医院领导、世界卫生组织西太平洋地区官员及健康老龄化工作组专家与连云港市民政部门领导、参与试点各级医疗机构负责人共同见证了试点在连云港的落地启动。

试点获得了来自地方民政、卫健、科技部门的支持，整合了两个市级课题项目、一个省级课题项目的资源，形成了政府推动、各级机构紧密合作的局面。连云港开展本地化整合照护试点的初步经验也在国际交流中得到国家卫生健康委、世界卫生组织西太平洋地区老龄健康部门和各成员国代表的广泛认可。同时，由连云港市老年健康服务指导中心、连云港市第一人民医院和江苏省整合医学研究会于2024年2月联合举办的"2024健康老龄化和老年综合评估技能培训"，以"医养整合照护助力老年全面健康"为主题，就老年整合照护与健康老龄化、老年整合照护试点情况与研究进展、老年整合照护与老年医学科建设、老年综合评估、整合照护评估和照护技能等方面展开深入交流和讨论。目前试点基于本地化开发的老年健康和照护综合评估系统，正在为2000名居家-社区-机构不同医养场景的老年人进行评估、制定整合照护方案和实施干预。

3. 黑龙江省大庆市

试点牵头单位：大庆油田总医院。

在大庆油田总医院老年医学科的积极组织和医院管理层大力支持下，来自多学科团队及合作社区卫生服务中心的共81人参加了整合照护师培训，其中74人通过考核，并开始按照整合照护评估与照护路径进行本地化试点工作。牵头单位将ICOPE整合照护工作与党建相结合，充分调动各参与团队的积极性，试点实施渐入佳境，进展顺利。经过培训考核的整合照护师团队迅速投入评估入组工作中，目前已完成对照组和干预组老人的综合评估，正在进行干预阶段的定期随访和复评。入组老年人对医养整合照护团队给予的关注和干预指导的接受意愿很高。

4. 北京市

试点牵头单位：中国医学科学院北京协和医院。

在第一阶段试点的基础上，北京地区第二阶段试点的重点是打通居家-

社区照护与医疗机构之间的连接壁垒。项目团队与社区养老服务机构"小棉袄爱老"合作，于2023年12月至2024年2月完成了标准化操作流程设置、各社区项目对接说明、了解社区居民年龄分布、评估操作培训等前期准备工作，随后完成了19个社区的对接和沟通，在10个社区开展项目说明及健康讲座10场。目前已有40名社区工作人员经过培训成为整合照护师，203位老年人接受医养整合照护服务。医疗团队除了为参与项目的老年人提供日常健康咨询解答，还为急需就诊的老人提供了绿色通道，专业方便快捷地满足老年人的专科就诊需求。

5. 广东省广州市

试点牵头单位：中山大学附属第一医院。

项目团队共12人完成2023年国家级继续医学教育"整合照护管理技能培训"，并于2023年7月举办广东省老年综合评估与老年整合照护（ICOPE）培训班。目前，试点方案已通过地方伦理审查，项目团队正在联系番禺区、黄埔区内各社区，结合当地情况设计实际操作方案，积极推动ICOPE项目在当地的开展。

6. 重庆市

试点牵头单位：重庆医药高等专科学校附属第一医院。

当地项目团队与当地政府部门、社区等进行了多次沟通，与当地养老机构、社区医院建立联系，获得多家相关机构的支持。目前试点方案已通过地方伦理审查，选定南岸区作为试点社区，进行老人的招募，目前已经开始进行初筛。

7. 辽宁省大连市

试点牵头单位：大连市友谊医院。

大连市友谊医院团队借助区域老年医学中心建设的契机，结合政府民生工程项目设计了试点在大连推进的方案。

大连市试点团队针对项目进行了内部培训，和一些当地医院、社区进行了一些宣传；院内已立项，试点方案已通过地方伦理审查，下一步计划启动人员培训。

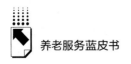
此外，浙江杭州（试点牵头单位：浙江大学医学院附属第一医院）、深圳（试点牵头单位：深圳市人民医院）的项目伦理审查均已通过，都正在与本地政府、社区、养老服务行业机构单位共同推进实施工作。

（五）学科与人才建设

1.学科建设

根据北京协和医院十多年来将临床实践与创新研究、学科建设相结合的经验，老年医学的发展要和居家、社区以及机构的康养服务团队形成以人为本的连续、整合模式。对于慢病稳定的高龄社区老年人，整合照护所关注的内在能力对不良结局的预测价值优于衰弱、共病。在社区卫生服务中，应以维护功能为重点。内在能力各维度中，活力和认知维度受损与全因死亡风险增加独立相关，而运动维度受损与跌倒风险增加独立相关。对内在能力下降进行严重程度分级，有利于对社区老年人进行风险分层管理，更符合价值医疗。全人群全周期的医养整合照护不仅适用于居家-社区场景，更应该作为养老社区和康养机构的服务重点。①

2023 年 8 月召开的"协和-霍普金斯老年医学论坛 2023"上，分论坛"老年整合照护——维护内在能力，助力学科建设"为线下和线上参会代表详细介绍了整合照护和目前各地试点开展的相关内容，就医养整合照护路径本地化的方法进行深入讨论和案例演练，吸引了数百名来自全国各地的整合照护研究者、实践者、政策推动者共同参与。

来自医养整合照护试点牵头单位和专家组的演讲嘉宾分别从不同学科的角度进行了分享，例如从慢病诊疗与管理的角度，探讨了社区老年慢病患者的管理内容、整合照护评估与管理的路径、医护照料的连续性-转诊三个方面；从老年医学学科建设角度，对规模预测、院内外连续医疗整合照护模式、ICOPE 的标准化与智能化、科研创新机遇、支付机制与管理重点进行

---

① 路菲、刘晓红：《老年人内在能力实践研究进展》，《中国临床保健杂志》2023 年第 2 期；S. Liu，et al.，"Trajectory and Correlation of Intrinsic Capacity and Frailty in a Beijing Elderly Community," *Frontiers in Medicine* 8（2021）：751586。

剖析；从老年医学与多学科交叉融合发展的角度，介绍了如何对标国内最优老年医学建设模式，打造集医疗、护理、科研、教学、预防、管理及政策制度功能于一体的重大疾病防治和健康管理的核心机构；从医护人才老年整合照护能力建设的角度，介绍了老年整合照护模式中的角色与能力建设、老年整合照护人才培养课程设计，并分享了医护人才整合照护能力建设实践经验；从扩大整合照护试点，助力老年医学体系建设与发展的角度，深入讲解了老年人群特点及疾病特点、社区老年人照护模式的构建。

结合具体失能风险的整合照护路径本地化，专家们还分别从不同专科的角度进行了分享，涉及老年听力损失的现状、评估、照护、预防，口腔健康对全身健康的影响、指标、相关政策、整合照护路径建议，改善和维护老年运动能力的运动测试和运动处方，社区认知障碍老人的筛查及管理等内容。

2024年1月，由北京协和医院老年医学科、北京协和医学院卫生健康管理政策学院组织召开的ICOPE医养整合照护试点阶段性进展研讨会上，来自各地试点牵头及参与单位、支持单位与合作伙伴的专家以线上加线下的方式参会，同步了试点开展至今的各方面进展，学习了全国多中心试点实施过程中来自部分先进地区的经验，探讨了目前普遍面临的挑战，并对后续试点的开展和相关研究、交流工作提出了共同的期望。

2. 人才队伍能力建设

为人才赋能是推进医养整合照护模式的首要任务，也是开展试点的必备条件。

在第一阶段试点中，牵头单位通过与213家医院、社区卫生服务中心、养老服务驿站等机构的合作对接，完成行业内共计22705人的整合照护理念普及，[1] 超过5300人次的从业人员整合照护服务模式宣教，对431名参与试点实施工作的医护人员开展系统化和有针对性的医养整合照护培训，[2] 共完

---

① 《"京惠保"定向新增功能，参保老人可获医养整合照护服务》，https：//finance. sina. cn/ 2021-11-26/detail-ikyakumx0403433. d. html，最后访问日期：2024年12月13日。

② 《ICOPE医养整合照护试点研讨会议速报》，https：//www. sohu. com/a/754851188_ 264916，最后访问日期：2024年12月15日。

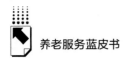

成必修课程 2586 学时，试点培训时长累计达 7974 学时，培训过程中均有督导师实时跟进，进行专业问题答疑。① 同时，试点项目组还积极支持参与试点工作的专家团队和教育机构开展医养整合照护相关研究与培训，为下一步试点的工作延续与推广积累资料和人才。②

中国老年学和老年医学学会（CAGG）护理和照护分会主持的国家继续医学教育学分项目获批后已连续开展三年。目前已经完成该项目培训的整合照护人才已超过 3000 人，覆盖了全国 25 个省（自治区、直辖市）。③

在目前第二阶段全国多中心试点以及试点之外开始进行整合照护研究和实践的地区，更多的相关从业者参与到整合照护人才的培训中来，对整合照护能力建设提出了需求。结合前期整合照护试点中的需求调研、培训开展经验和专家意见，提出整合照护人才梯队的建设和相应培训体系设计应当包括面向更广泛人群的继续教育培训、面向专业人员的分阶层专业培训，以及面向管理和科研等职能的高级研修班这三层框架，并根据不同人才承担的整合照护工作角色和任务不同，分为初/中/高三个级别，分别对应设计不同的培训内容和学成后的分工。

三 开展医养整合照护的政策建议

随着国家进步和经济发展，我国人口结构发生前所未有的变化，已经来到老龄社会和长寿时代，高龄、共病、失能失智老年人群的医疗和照护负担日益加重，严重威胁到社会发展。建立适合中国国情的现代医养整合照护体系迫在眉睫。结合前期试点中发现的问题，建议我国下一阶段医养结合工作从以下方面着手。

---

① 《健康照护师（长期照护师）》，https：//www. nhsa. gov. cn/module/download/downfile. jsp？class id =0&filename=586e3b6ea50148b587fe5043e1d7a0c8. pdf，最后访问日期：2024 年 12 月 13 日。
② 胡琳琳、王懿范编著《医养结合——老年整合照护的理论与实践》，中国协和医科大学出版社，2022，第 148~161 页。
③ 《第三届 CAGG 护理和照护分会学术年会》，http：//www. cagg. org. cn/index. php/portal/article/index/id/886/cid/7. html，最后访问日期：2024 年 12 月 13 日。

一是厘清目标统一标准。医和养的共同目标都是高质量的老年生活，医养整合照护正是为了预防和减少影响老年人生活质量的失能失智问题。有了对目标的共识，才能构建对服务而非服务机构的标准，破解建设标准和评价指标方面的难题。整合照护是以人为本，将医疗、康复、护理和养老等全社会资源协调整合起来的一种工作思路和体系建设方法，是优化老年人身心功能、提高其生活质量的先进模式。

二是设立协调整合机构。在现有的医疗和养老机构之外，成立可以协调整合各方面服务资源的中间机构，以老年人和家庭为中心，构建无缝衔接、双向连续的医养整合照护模式，对整合式医护照料结果和体验负责。同时依托我国信息化、大数据发展水平较高的优势，为日益增加的老年人群建立完整、准确、动态更新的健康档案，在严格的信息保密前提下，由提供医疗卫生与照护服务的各方共享，落实以人为本的价值医疗和照护模式。

三是整合支付资源。与年轻社会一般将医疗卫生、长期照护作为财政"支出"不同，老龄社会可以通过全人群、全生命周期健康模式，对"人力资本"进行"投资"增值。鼓励建设以重建和维护个体自我照顾能力为目标的居家-社区老年健康服务体系。医保通过调整支付方式这一经济杠杆，让医疗和医药以价值为导向实现协同，真正达成"三医联动"。把目前花在老年人身上的医疗卫生、长期护理、高龄津贴、养老助残等各方面经费统筹起来，围绕老年健康服务体系的建设算总账，吸引和鼓励各级服务人才参与到医养整合照护模式的实践中，激励多学科、跨机构的服务队伍不断改进照护方法，提升照护质量。

四是发展全科、整合型人才队伍。把基层医疗、康复、护理、照护、社会工作等不同背景的专业人员培训成可以在一线进行风险人群评估、干预方案制定与执行的人才，并以智能化信息化平台系统为其开展工作提供支持，赋能已有的相关专业服务人才，可持续地解决照护人力短缺的问题。

五是对发生功能障碍的风险人群进行主动、简便易行的筛查和识别，对其失能失智的风险采取科学方法进行干预，从而预防、延缓和减少照护依赖。

B.5

2024年智慧养老发展报告

王睿卿 *

摘　要： 本报告旨在分析我国智慧养老发展现状、特征及存在的问题，进一步推动我国智慧养老高质量发展。我们通过实地走访和文献分析，在北京、上海、天津、广东、湖南等地展开了智慧养老创新和应用情况的调研。调研表明，我国智慧养老处在发展初期，各省市皆有创新工作，但在技术研发、信息化标准、权威性信息平台等方面存在不足和缺失，养老市场发育不充分，专业人才储备不足，各地工作交流不紧密。为应对上述问题，本报告从建立健全智慧养老体制机制，完善推广官方信息平台，加强优秀经验宣传及专业人才队伍建设，充分开发智慧养老服务市场等方面提出发展建议。本报告对我国智慧养老未来发展提供了参考，并为制定相关行业标准提供了科学依据。

关键词： 智慧养老　高质量发展　养老服务

　　人口老龄化已成为我国所面临的最突出的经济社会问题。截至2023年底，我国60岁及以上人口达到2.9亿人，占总人口的21.1%，[①] 我国正式进入中度老龄化阶段，积极应对人口老龄化形势日益严峻。加快深度融合应用互联网、大数据、人工智能等新一代信息技术的智慧养老服务发展，构建以信息化、智能化为引领的养老服务体系，大幅度提高养老机构中和居家养

---

* 王睿卿，民政部社会福利中心信息化服务部副主任，高级工程师，主要研究方向为智慧养老。组织研发建设"养老通"（官方版）、《老年人能力评估规范》国标应用信息系统。

① 《2023年度国家老龄事业发展公报》，https://www.gov.cn/lianbo/bumen/202410/content_6979487.htm，最后访问日期：2024年12月15日。

老模式下服务人员的效率，大幅度缩短"失能生存期"，并让老年人借助辅具和其他科技手段尽可能保持独立，大幅度减少老年人对服务人员的需求、降低老年人对服务技能的要求，是我国养老事业和产业发展的必经之路。

本报告建立了分析智慧养老的基本框架，对我国智慧养老发展的状况、特点和问题进行了分析，并提出了相应的政策建议。

一　智慧养老的概念与分类

智慧养老可以简单理解为养老服务与管理的信息化和智慧化，是以互联网、物联网、云计算、大数据、人工智能等为代表的现代信息技术和以材料科学、新能源、生命科学等为代表的新一轮科技革命与"健康老龄化、积极老龄化"等新型养老理念相结合的产物。

从产业的角度看，狭义的智慧养老产业是指与养老服务及管理相关的各类网络平台、硬件产品、数据资源、人工智能与服务平台的集合。从目前应用的产品形态来看，大体包括如下几类。一是养老机构服务与管理平台。提供集中供养服务的各类养老机构所应用的信息化系统，包括入住管理、评估、照护管理等功能。二是社区居家服务与管理平台。提供社区和居家的养老服务机构所应用的信息化系统，包括站内各类服务、上门服务的管理等功能。三是综合服务与管理平台。各级政府开展养老服务管理所应用的综合信息化系统，包括服务对象、服务资源、服务质量、专项计划等的综合管理，同时面向老年人及居民，提供信息公开、供需对接、便捷服务等功能的各类市场化的提供信息服务、供需对接和交易的平台。四是专业应用的平台。包括老年人能力评估、家庭养老床位、居家适老化改造、辅具租赁、养老助餐、志愿服务管理等专项业务的服务与管理平台。五是智能硬件和人工智能应用。基于各类智能硬件和人工智能技术的各类养老服务系统和平台，可以是直接面向用户端，也可以是面向政府端和市场端提供服务，也包括其中的专业数据处理和通用大模型企业。

广义的智慧养老产业是以现代信息技术为基础的、以老年人群为目标用户

的各类产品和服务企业的集合，既包含狭义的智慧养老的内容，也包含那些在原有的面向老年人群提供的各类产品和服务之上叠加或嵌入信息化相关内容的产业，例如，原来生产拐杖的企业在产品中增加定位、紧急呼叫、网络收音机等功能。基于这些新增功能，企业可以进一步提供原有拐杖所没有的功能，例如根据老年人连续定位和网络收音机的数据对老年人生活习惯的改变做出研判，识别风险并关联服务，从而形成新的服务。最终，信息技术作为一种基础性技术，将完全融入各类老年产品和服务之中，形成全新的产品和服务。

从服务人群和经营业态来看，智慧养老也可分为长期照护服务和非长期照护服务两类。两类服务形态具有明显的差别，长期照护服务的业态一般分为机构养老、社区养老和居家养老，非长期照护服务可以理解为针对活跃老年人的服务，两者都涉及生活、健康、休闲、安全等各行各业。从产品的销售形态看，不论是长期照护服务，还是非长期照护服务，均可分为店铺销售和网络销售。

二　智慧养老发展阶段的总体判断

从技术创新的一般规律来看，一个创新会经历创新者、早期采用者、早期大众采用者、晚期采用者和迟缓采用者等几个阶段，并在早期大众采用者阶段形成相对稳定的主导性技术和产业形态。世界范围内，智慧养老虽然已经经过近三十年的发展，但是总体上均仍然处于由创新者向早期采用者过渡的阶段，技术和产业成熟度都很低，离主导性技术的形成还有较远的距离，因此市场上也没有专业经营智慧养老服务的大型企业或产业集群。

从信息化一般演化模型来看，在世界范围内，智慧养老目前都还处在起步阶段。不过经过十多年的发展，很多智慧养老相关技术和产品已经接近市场化应用，市场规模和配套产业也有了长足的发展，智慧养老处在大规模应用的前夜。从市场上产品形态来看，智慧养老的发展正处在信息化向智慧化过渡的阶段。如图 1 所示，在过去的十几年中，智慧养老发展的主线是信息化，目标是提高服务效率、降低成本和提高服务质量，离创造全新服务和养老模式的质变阶段或智慧化阶段，还有较远的距离。智慧化阶段需要大模型与人工智能、服务机器人、基于物联网的老年用品与辅具产业的成熟，也需要服务组织、商业模式和相应政策制度的创新，以及代际更替。在此基础上，智慧养老才有可能真正得到创新和普及。

人工智能的发展，特别是以 ChatGPT、Sora 为代表的通用大模型的问世，使服务机器人进入家庭，也使"老年人+机器人""老年人+机器人+服务人员"的养老服务模式具备了可行性。另外，基于物联网、边缘计算等技术的老年用品和辅具也逐步走向成熟，正在推动智慧养老快速进入"智慧化"阶段。

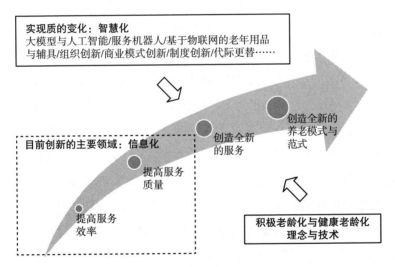

图1　智慧养老创新的动态性及演化路径

资料来源：作者自制。

三　我国智慧养老发展的总体状况

（一）我国智慧养老促进政策的演进

2010年以来，为促进智慧养老发展，中央不断加强顶层设计，持续深化扶持政策。2010年，互联网和电话呼叫的为老服务模式出现，全国老龄办提出养老服务信息化概念，国务院在中国老龄事业发展"十二五"规划中提出要"加快居家养老服务信息系统建设，做好居家养老服务信息平台试点工作"。2011年，《社会养老服务体系建设规划（2011—2015年）》提出要加强养老服务信息化建设，在养老机构建成以网络为支撑的机构信息平台等。2012年，全国老龄办提出"智能化养老"概念。2013年，国务院印发的《关于加快发展养老服务业的若干意见》提出地方政府要支持企业和机构创新居家养老服务模式，建设居家服务网络平台，并加快推进面向养老机构的远程医疗服务试点。2014年，民政部办公厅《关于开展国家智能养老物联网应用示范工程的通知》提出要建设养老机构智能养老物联网感知体系及智能养老服务物联网技术标准体系。

2015年后，在社会力量纷纷入局智慧养老发展的背景下，中央逐步加大了应用试点和示范建设的支持力度。2015年，国务院《关于积极推进"互联网+"行动的指导意见》明确指出将促进智慧健康养老产业发展作为重点行动，并提出多个方面的意见。2016年，《民政事业发展第十三个五年规划》第一次在政府文件中提出"智慧养老"的概念，支持企业和机构运用智慧手段提高养老服务能力。同年，国务院办公厅《关于全面放开养老服务市场提升养老服务质量的若干意见》提出发展智慧养老服务新业态，推动智能硬件开发和运用，推进养老服务信息共享。2017年，工业和信息化部、民政部、国家卫生计生委发布《智慧健康养老产业发展行动计划（2017—2020年）》，开始在全国范围内建立智慧健康养老示范基地并制定智慧健康养老产品及服务推广目录。2018年，民政部《"互联网+民政服务"行动计划》提出推动互联网与养老服务深度融合，加强涉老数据整合和运用。2019年，国务院办公厅《关于推进养老服务发展的意见》提出制定智慧健康养老产品及服务推广目录，建设一批"智慧养老院"。

2020年，党的十九届五中全会把积极应对人口老龄化上升为国家战略，智慧养老的发展远景和目标逐渐明确。此前早在2019年，中共中央、国务院就已经印发了《国家积极应对人口老龄化中长期规划》。2021年，中共中央、国务院发布了《关于加强新时代老龄工作的意见》，中央层面出台的智慧养老政策日益增多和明确。同年，《中华人民共和国国民经济和社会发展第十四个五年规划和 2035 年远景目标纲要》明确提到，鼓励社会力量参加"互联网+公共服务"，完善养老服务体系，开发适老化技术和产品，培育智慧养老等新业态；《"十四五"国家信息化规划》明确提出实施"智慧养老服务拓展行动"，到 2025 年，老年人运用智能技术困难问题得到解决，养老服务体系数字化、智能化水平显著提升，智慧养老市场得到长足发展，产业生态更加健康完整。同年，工业和信息化部发布的《关于切实解决老年人运用智能技术困难便利老年人使用智能化产品和服务的通知》要求推进智能辅具、智能家居、健康监测、养老照护等智能化终端产品在示范街道（乡镇）、基地中应用，落实"十四五"时期智慧健康养老产业发展政策；工业和信息化部、民政部、国家卫生健康委 3 个部门发布《智慧健康养老产业发展行动计划（2021—2025 年）》。同年，国务院《"十四五"国家老龄事业发展和养老服务体系规划》提出推广智慧健康养老产品应用，推动"互联网+养老服务"发展，发展面向居家、社区和机构的智慧医养结合服务，为智慧健康养老领域培养专业人才；同年，国务院《"十四五"数字经济发展规划》提出要充分运用新型数字技术，强化养老等民生领域供需对接。2022 年，国家标准化管理委员会、民政部、商务部联合发布的《养老和家政服务标准化专项行动方案》提出探索研制导航定位、大数据和人工智能等新技术在养老服务业的应用规范。2023 年，工业和信息化部、教育部、公安部等 17 个部门发布的《"机器人+"应用行动实施方案》，明确提到将机器人技术用于养老领域，推动机器人融入养老服务不同场景和关键领域，提升养老服务智慧化水平。同年，国家数据局等 17 个部门联合印发的《"数据要素×"三年行动计划（2024—2026 年）》强调以数据要素为核心，通过数据的整合和应用，推动养老服务的数字化、智能化，提高服务效率和质量，为智慧养老提供了前瞻视野。2024 年，国务院办公厅印发的《关于发展银发经济增进老年人福祉的意见》强调发展银发经济，推动智慧养老产业的发展。

（二）我国智慧养老发展的总体情况

我国智慧养老还处在发展初期，需求主要集中在养老信息化方面，推动

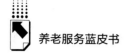
力主要是政府采购，智慧养老项目集中于北京、广东、浙江等省份的一线城市和其他获得国家居家养老试点、长期护理保险试点、辅助器具试点资格等因而有经费保障的地区。

行业无龙头企业，极少数的几个"新三板"和上市企业，与其他行业的龙头企业相比，企业规模也很小。在中国政府采购网上（见图2），以"智慧养老"为关键字搜索中标公告，2017~2023 年共有项目 259 个，其中公示中标金额的项目 179 个，合计金额 75496 万元，平均每个项目约 421 万元，中标金额超过 1000 万元的项目仅有 10 个。

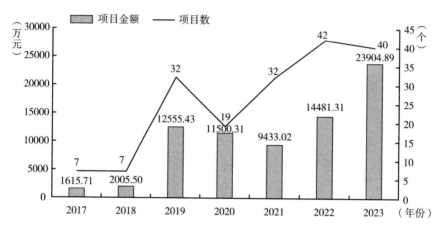

图 2　2017~2023 年全国公开招标的智慧养老项目情况

资料来源：中国政府采购网。

由于进入门槛低和市场分割细，智慧养老市场或产品供给主体众多，除了专业研发养老系统的企业外，主业是智慧城市、医疗、健康管理、安全等的系统集成企业和电信运营商也纷纷进入市场。因为相互模仿及政府养老服务体系建设需求和企业多业态运营需求的引导，头部的信息化产品供应商大多数会同时具有多种产品（对外一般宣称拥有全业态解决方案），但因运营管理技术本身不成熟，系统的业务流程形不成闭环，系统功能的合理性、用户友好性差，很多功能只是要求一线服务人员和管理人员录入数据的表单，一线服务人员和管理人员使用积极性不高，系统实施和推广成本较高或大部分功能被废弃。由于养老服务信息化产品供应商本身生存状况较差，研发投入不够，大数据分析、人工智能大多数只是表面的统计和展示，技术含量低。

随着各地国有企业的入场和前期入场的养老服务机构进入扩张期（运营经验有了一定积累，运营模式逐渐形成），管理复杂度大幅度提升，运营方面的信息化需求在快速增加，整个行业处在洗牌阶段，产品可用性高和技术含量高的企业会迅速占领市场，形成明显的竞争优势，并逐步形成行业的主导产品和技术。

此外，在硬件方面，智慧养老目前也处在起步阶段，硬件缺乏芯片级创新。不过基于物联网、边缘计算等技术的辅具和老年用品产业进入发展的快车道，这些领域竞争日益激烈。在人工智能方面，除了北京和云南提出要研发养老行业大模型外，各地区民政和科技部门均还未提出相关的概念和理念，但研发大模型面临的问题是如何快速实现养老服务与管理信息化，获得相应的数据资源。在投资方面，目前智慧养老产业的发展与社会投资预期仍有较大差距，商业模式不清晰，大多社会资本还在观望之中，对产业发展的支撑作用有限。

四　智慧养老发展面临问题

在具体调研过程中发现，各地在智慧养老发展方面取得成效的同时，由于仍处在智慧养老发展初期，以信息平台建设为主，不可避免地面临以下问题。

（一）智慧养老技术研发不足

随着老年人规模的扩大以及人群的代际更替，居民的养老需求在全面释放同时也在不断发生变化。养老领域应用新技术的潜力巨大，需要加大研发力度、鼓励相关企业持续创新，以丰富市场供给、满足居民多样化的养老需求。同时有些新技术新产品使用成本过高，且使用难度较大，使得老年人望而却步，减少了潜在的用户群体。

养老服务蓝皮书

（二）国家级养老信息化标准缺失

智慧养老行业发展至今，尚未出台统一的行业标准，也未实行有效的行业监管，针对养老服务信息平台如何建设、服务提供商如何加入、信息技术与养老服务怎样融合、信息保密规则怎样确定等许多问题，尚未形成良好的制度保障与监督机制。智慧养老服务质量参差不齐，行业内难以形成良性竞争与激励机制，导致智慧养老产业链难以建立和完善。各地养老服务信息化建设存在数据格式不一致、信息共享标准不统一等问题，信息孤岛问题严重，导致服务信息碎片化，影响了养老服务质量的提升，限制了智慧养老的整体发展。

（三）缺少具有权威的全国性养老信息平台

智慧养老工作涉及多个服务提供者和多个环节，目前缺少一个统一的全国性信息平台来整合或协调养老服务，导致出现信息无法交互和服务断层的问题。此外，权威性养老信息平台的缺乏，也导致了老年人和其家庭难以获取全面、可信、准确的养老信息，增加了家庭选择养老服务的难度。

（四）各地智慧养老工作经验的交流不够紧密

一是虽然许多养老机构、科技公司等在智慧养老实践中取得了一定的成果和经验，但由于缺乏推广和宣传，这些经验无法被其他创新主体了解。缺乏组织宣传不仅限制了经验交流的范围和深度，也影响了整个行业的发展。二是在智慧养老领域，虽然各地举办了一些会议，但效果并不明显。一方面会议通常只是短暂的交流，无法真正深入讨论和分享经验；另一方面会议后缺乏有效的跟进和实施，导致交流的成果无法得到实质应用。

（五）智慧养老人才需求缺口大

研究发现我国养老服务人员存在较为严重的结构性短缺问题，数量和质量均不达标。一是老年人数量快速增长，对养老服务的需求量也随之增加，具有心理疏导和医疗护理资质的专业优秀养老服务人员比较少。二是缺乏掌握智能化产品尤其是智慧养老服务专门产品使用方法的复合型人才，这类复合型人才在传统照护基础上还要懂得网络信息管理、智能终端操控应用、数据处理等。

（六）智慧养老服务市场发育不充分

目前智慧养老产业的发展以政府购买为主，企业负责运营，多元化投资渠道尚未建立。市场上的产品主要是少数健康监测设备，缺乏对老年人多元化需求的综合性产品和服务。智慧养老主要集中在城市和部分发达地区，对于偏远地区和贫困地区的老年人来说，几乎无法触及。智慧养老服务场景也仅限于居家养老和社区养老，对于机构养老的服务拓展模式不足。

五 进一步促进智慧养老发展的建议

（一）加强智慧养老相关科研工作

研究制定智慧养老的服务标准、操作规范，并建立更新机制，引导和规范这一领域科技创新和产业发展的方向。吸引科研机构和企业在社区建立实验基地，为深入研究老年人需求、完善智慧养老服务体系提供平台，推动科研与实践结合，促进新技术的开发和应用。从老年人的实际需求出发，并且在研发过程中引入服务工程领域先进方法，引导老年人参与到产品和服务的研发中来，提高产品的可用性和用户的黏性。

（二）制定养老信息化国家标准

加大养老信息服务标准化工作力度，组织编制一批养老信息化建设急需的标准，如养老服务信息化平台建设规范、养老服务与管理信息系统建设规范。为实现不同系统之间的互联互通，须制定统一的技术标准，包括数据接口规范、交换格式等，同时确保敏感信息得到有效的保护。逐步推动标准的实施和推广，引导各地区和机构按照标准进行信息化建设，全面提升养老服务规范化水平。

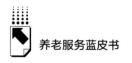

（三）完善和推广"养老通"（官方版）统一信息平台

为深入贯彻落实党的二十大提出的"实施积极应对人口老龄化国家战略，发展养老事业和养老产业"精神，民政部社会福利中心自主研发"养老通"（官方版）微信小程序，已在海南省、安徽省、湖南省、青海省、天津市、黑龙江省、甘肃省等地区落地，成效初显。下一步应继续完善功能，打造国家层面具有权威性的养老信息平台，推动信息及时更新和数据共享，并向全国推广和宣传，提供更有针对性的服务。

（四）开展智慧养老案例征集活动

积极向全国养老系统、养老行业广泛征集、评选养老信息化系统典型案例，助力"互联网+监管"应用。同时，建立国家级智慧养老典型案例库，定期举办智慧养老论坛，通过线下线上论坛，推动各方主体分享案例资料、组织专题研讨、交流经验、寻求合作伙伴等，促进更多的合作和创新。

（五）开展智慧养老人才培养和评价工作

加大培养智慧养老人才的力度，鼓励高职院校和培训机构设立智慧养老相关专业，建立多元化的智慧养老人才评价机制。鼓励养老领域政校企、科技、金融、媒体等合作，吸引优秀的人才加入养老服务行业。

（六）加快完善智慧养老服务市场

组织企业和养老机构参与养老产品和服务的标准制定。拓宽市场准入的途径，提高社会和企业参与养老服务投资和供给的积极性，从而形成政府、企业、社会多元化投入机制。鼓励加大研发力度，持续创新，以丰富市场供给，满足居民多样化的养老需求。政府和养老企业要加大宣传力度，努力提升智慧养老服务市场的知名度，让老人在享有智慧养老服务时，真正感受到时代的进步和科技的力量。

B.6
2024年养老服务体系与长期护理保险协同发展报告

张文娟　梅　真*

摘　要：　长期护理保险制度建设是我国完善基本养老服务体系、促进健康养老服务产业发展的重要途径。将保险筹集的资金顺利转化为失能老人所需的长期照护服务，是养老服务与长期护理保险协同发展的关键。在试点过程中，养老服务保障了长期护理保险制度的顺利实施，长期护理保险则进一步促进了养老服务的发展。当前，养老服务体系与长期护理保险的协同发展存在服务供给数量和质量无法满足需求、监管困难、服务均衡性难以保障等问题。未来，促进两者协同发展应在四个方面着重发力：第一，巩固多元协作，增强服务供给；第二，以需求为导向，提高服务质量；第三，强化跨部门协作，引入第三方监管力量；第四，优化资源配给结构，推进均衡发展。

关键词：　养老服务体系　长期护理保险　协同发展　长期照护服务

一　长期照护成为养老服务体系建设重点

（一）失能、失智老年人口规模持续扩大

自2000年正式进入老龄化社会以来，我国人口老龄化程度不断加深。

---

*　张文娟，管理学博士，中国人民大学老年学研究所教授、博士生导师，主要研究方向为老龄健康、老龄社会及相关政策分析；梅真，中国人民大学人口与健康学院博士研究生，主要研究方向为老龄社会政策与养老服务。

国家统计局数据表明，2023 年末我国 60 岁及以上人口占比达到 21.1%，[①] 正式迈入中度老龄化社会。2024 年的联合国人口展望数据预测，我国预计将于 2034 年进入重度老龄化社会，从中度老龄化社会发展为重度老龄化社会预计仅需要 11 年时间；老年人口规模将在 21 世纪中叶前保持增长趋势，并于 2054 年达到 21 世纪峰值，老年人口接近 5.13 亿人。[②] 同时，高龄老年人口的增长态势不断加强，2020 年我国 80 岁及以上的老年人口达到 3580 万人，占总人口的 2.54%，[③] 预计将于 2035 年超过 5%，并在 2050 年再翻一番。[④] 随着高龄老年人口比重迅速上升，我国需要长期照护服务的老年人口规模亦在不断增加。其中，失能老年人口预计每年增加 100 万人左右，将由 2020 年的 2485.2 万人扩大至 2050 年的 5472.3 万人；[⑤] 届时，患有认知障碍的老年人口也将达到 2898 万人，[⑥] 家庭和社会承担的老年照护负担持续加重。

（二）养老服务体系面临的挑战

党的十八大以来，中央加快健全居家社区机构相协调、医养康养相结合的养老服务体系和健康支撑体系，养老服务供给能力与服务质量不断提升。然而，相较于普通老年人，失能、失智老年人对养老服务有更高的要求，不

[①] 《中华人民共和国 2023 年国民经济和社会发展统计公报》，https://www.stats.gov.cn/sj/zxfb/202402/t20240228_1947915.html，最后访问日期：2024 年 11 月 24 日。

[②] 《2024 年世界人口展望》"中方案"预测，2034 年中国 60 岁及以上人口占比为 30.06%。参见 World Population Prospects 2024，https://population.un.org/wpp/Download/Standard/Population/，最后访问日期：2024 年 11 月 24 日。

[③] 《2020 年中国人口普查年鉴》，https://www.stats.gov.cn/sj/pcsj/rkpc/7rp/zk/indexce.htm，最后访问日期：2024 年 11 月 24 日。

[④] 《2024 年世界人口展望》"中方案"预测，2050 年高龄老人占比为 10.48%。参见 World Population Prospects 2024，https://population.un.org/wpp/Download/Standard/Population/，最后访问日期：2024 年 11 月 24 日。

[⑤] 聊少宏、王广州：《中国老年人口失能状况与变动趋势》，《中国人口科学》2021 年第 1 期。

[⑥] 《〈认知症老年人照护服务现状与发展报告〉——中国认知症老年人照护服务需求快速增长》，http://world.people.com.cn/gb/n1/2021/0512/c42354-32101116.html，最后访问日期：2024 年 11 月 24 日。

仅需要基本的生活照料服务，还需要维持机体功能或认知干预的医疗护理服务，专业化的社会照护服务在其中发挥关键作用。我国大多数养老服务机构仅能提供日常照料服务，并且部分养老服务机构为了规避风险或因缺少医护服务能力，较少将失能、失智老年人纳入服务对象中，使得社会养老服务资源无法有效地服务于这一特殊老年群体。同时，农村养老服务资源严重匮乏、居家和社区养老服务发展滞后等问题，① 导致长期照护服务存在供需总量和供需结构失衡的问题，② 限制了照护服务的发展，迫切需要政府在政策支持上寻求新的突破。

（三）亟待建立长期照护保障体系

在新时代背景下，推进失能老人基本养老服务的均等化已经成为我国实现共同富裕的着力点之一。我国长期重点关注困难失能人群的照护救助保障，这种具有兜底性质的照护救助制度不宜扩大福利水平和范围，否则会给政府财政造成巨大负担。2016 年，习近平总书记明确指出，要建立相关保险和福利及救助相衔接的长期照护保障制度，③ 强调了社会保障体系建设协同高效的理念。同年，我国从国家层面探索建立长期护理保险制度（简称"长期护理保险"），旨在通过社会互助共济方式筹集资金，解决失能老人照护服务费用的问题。长期护理保险制度是我国长期照护保障体系的重要部分，不仅有效减轻了长期照护失能老人的经济负担、降低医疗费用开支，还为失能老人基本养老服务提供了稳定的资金，进一步提高了社会养老服务的购买能力和意愿，有效促进了长期照护服务与保险之间的协同发展，推动老龄社会健康服务方式转变，助力康养服务产业化发展。

---

① 陈功、赵新阳、索浩宇：《"十四五"时期养老服务高质量发展的机遇和挑战》，《行政管理改革》2021 年第 3 期。
② 马嘉蕾、高传胜：《老年人长期照护服务的需求生成、供需失衡与治理思路——以江苏省为例》，《云南民族大学学报》（哲学社会科学版）2022 年第 6 期。
③ 《习近平：推动老龄事业全面协调可持续发展》，http://news.cctv.com/2016/05/28/ARTISCotR0z8qYtmHYCa0rQ4160528.shtml，最后访问日期：2024 年 11 月 24 日。

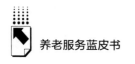

二 长期护理保险制度建设情况

（一）探索建立长期护理保险制度

国家长期护理保险试点启动前，我国人口老龄化程度较深的几个城市——上海、青岛、南通、长春等率先破解照护服务的难题，自主探索了长期护理保险制度建设。2012 年，青岛探索解决重度失能人员的护理保障问题，在全国范围内率先试行长期医疗护理保险制度。2013 年，上海启动高龄老年人医疗护理计划试点，并在此基础上，延伸发展了长期护理居家服务。2015 年，南通建立了"医养结合、医护结合"基本护理保险制度；同年，长春探索衔接失能人员的生活照料护理与疾病治疗，推行失能人员的医疗照护保险。

在地方试点经验的基础上，结合经济发展水平和老龄化发展趋势，2016 年，人力资源和社会保障部办公厅发布《关于开展长期护理保险制度试点的指导意见》（人社厅发〔2016〕80 号），明确在 13 个城市、山东和吉林两个重点联系省份正式启动国家级长期护理保险试点。2020 年，国家医疗保障局联合财政部印发《关于扩大长期护理保险制度试点的指导意见》（医保发〔2020〕37 号）（以下简称"37 号文件"），在原有基础上增加 14 个试点地区，试点范围扩大至 49 个城市（区）（见表 1）。

表 1　长期护理保险国家级试点分布情况

批次	试点城市（地区）
第一批 （35 个）	齐齐哈尔、承德、上海、南通、苏州、宁波、安庆、广州、荆门、成都、重庆、石河子、上饶、山东 16 市（青岛、济南、潍坊、淄博、枣庄、东营、烟台、威海、济宁、泰安、日照、临沂、德州、聊城、滨州、菏泽）、吉林 6 市（长春、吉林、通化、松原、梅河口、珲春）
第二批 （14 个）	北京市石景山、天津、晋城、呼和浩特、开封、盘锦、湘潭、福州、南宁、昆明、汉中、甘南藏族自治州、黔西南布依族苗族自治州、乌鲁木齐

资料来源：根据国家公布的长期护理保险试点城市名单整理得到。

作为一项新的社会保险制度，长期护理保险旨在"为长期失能人员的基本生活照料和与基本生活密切相关的医疗护理提供资金或服务保障"[①]。在中央统一部署下，我国长期护理保险制度通过保险筹资解决失能老人照护服务的资金问题，强调保障基本、低水平起步，通过多渠道筹资，实现风险共担，并坚持统筹协调，协同推进健康产业和服务体系的发展，培育专业的长期照护服务市场，提升养老服务供给能力。

（二）试点地区的服务给付模式

在长期护理保险制度实施中，各试点地区基本形成机构照护、居家上门和居家自主照护三种服务给付模式，并各有优劣。

机构照护服务模式是指失能参保人选择入住定点医疗机构或养老机构，由这些机构提供连续的综合性长期照护服务，并由长期护理保险基金按比例或者全部承担费用。定点机构能集中资源，拥有专业的护理人员和设施设备，照护专业化水平最高，但是，也存在较高的建设和运营成本，导致社会服务成本最高。在这种模式下，长期护理保险基金提高了失能参保人选择机构服务的能力和意愿，为养老机构提供了稳定的服务需求方，一定程度上降低了机构经营的不确定性。

居家上门照护服务模式是指政府使用长期护理保险基金统一向定点机构购买服务，由机构派遣专业护理人员上门提供综合性长期照护服务。这种模式不仅满足了老人"就地安养"的需求，更容易被接受，而且服务成本较低，是我国长期照护服务发展的方向。然而，居家上门服务过程监管困难，医疗护理服务难以真正落地，服务专业化水平较低。

居家自主照护服务模式是指政府向失能者家属提供现金补贴，在定点机构的指导下，家属为失能者提供服务，因此也被称为"亲情照护"或者"现金给付"。这种模式不仅认可了家庭照护的劳动价值，还弥补了正式照

[①] 《人力资源社会保障部办公厅关于开展长期护理保险制度试点的指导意见》，https://www.gov.cn/xinwen/2016-07/08/content_ 5089283.htm，最后访问日期：2024 年 11 月 24 日。

护服务资源不足和偏远、农村地区服务可及性差的问题。然而，家属提供的服务水平较低，亲情护理也难以实现服务质量的控制和监管。

目前，我国49个国家级长期护理保险试点地区普遍摒弃了单一的居家自主照护或者机构照护服务模式，致力于建设多元化的照护服务递送渠道，不仅拓展了失能者家庭的选择空间，也为长期照护服务机构的发展提供了机遇，大幅提升了照护服务的供给能力。

（三）长期护理保险的制度成效

我国长期护理保险制度框架基本确立，并规范统一评估管理，新增了长期照护师职业工种，长期护理保险体系不断完善。从试点实践情况来看，长期护理保险的社会和经济效益已经逐步显现。

一是试点范围和覆盖人群不断扩大。多数城市将试点范围向偏远、农村地区扩展，开始探索农村的照护服务供给方式；并逐步扩大覆盖人群，将中、轻度失能人群和失智人群纳入保障范围，扩大了社会养老服务需求。2023年，我国参加长期护理保险的人数已达到1.83亿，超过134.29万的失能失智人员享受待遇，支出基金约118.56亿元。[①]

二是推动养老和长期照护服务产业发展。通过政府购买、财政补贴等形式，试点地区大力支持长期照护服务发展，并创造大量护理服务岗位，促进健康养老服务人才队伍的培养。2023年底，我国已有8080家长期护理保险定点服务机构和30.28万护理服务人员。[②]

三是优化医疗、养老护理服务资源的配置。通过长期护理保险提供的护理服务可以缓解医疗系统压力，节约医保资金，优化医疗资源和资金配置。相关研究表明，长期护理保险提供的居家上门照护服务会减少医疗资源使用，使住院费用和医保支付费用分别下降10.5%和10.3%，向居家护理投

[①] 《2023年全国医疗保障事业发展统计公报》，https：//www.nhsa.gov.cn/art/2024/7/25/art_7_13340.html，最后访问日期：2024年11月24日。

[②] 《2023年全国医疗保障事业发展统计公报》，https：//www.nhsa.gov.cn/art/2024/7/25/art_7_13340.html，最后访问日期：2024年11月24日。

入 1 元,将节约 8 元的医保基金。[①]

四是有效减轻失能家庭的经济负担并改善失能老人的健康状况。国家医保局数据显示,长期护理保险的年人均减负约为 1.4 万元。[②] 长期护理保险提供的专业化照护服务有助于改善失能老年人的健康状况,缓解群体间的健康不平等,[③] 进而实现共享发展改革成果。

三 养老服务体系与长期护理保险协同发展的现状

(一)养老服务保障长期护理保险制度顺利实施

37 号文件提出,"长期护理保险基金主要用于支付符合规定的机构和人员提供基本护理服务所发生的费用"[④]。要想达成将长期护理保险基金顺利转化为照护服务这一目标,紧密依托社会养老服务资源是不可或缺的一环。

一方面,养老服务的充足供给确保失能老年人能普遍获得照护服务;另一方面,养老服务的专业化和规范化程度直接影响着长期护理保险服务给付的效果,进而影响长期护理保险制度的可持续发展。此外,通过建设包含职业资格认证、教育培训等制度机制的成熟的养老服务行业人才队伍建设体系,可以提高长期照护师服务水平,提升长期护理保险服务的效率和满意度,为制度实施保驾护航。因此,长期护理保险制度的成功实施,离不开健全、高效、覆盖广泛的养老服务支持体系。

---

① 王贞、封进:《长期护理保险对医疗费用的替代效应及不同补偿模式的比较》,《经济学》(季刊)2021 年第 2 期。

② 《国家医保局举行 2023 年下半年例行新闻发布会》,https://www.nhsa.gov.cn/art/2023/9/22/art_14_11321.html,最后访问日期:2024 年 11 月 24 日。

③ 朱铭来、康琢:《长期护理保险能够缓解健康不平等吗?——来自 CHARLS 数据的证据》,《保险研究》2024 年第 4 期。

④ 《国家医保局 财政部关于扩大长期护理保险制度试点的指导意见》,https://www.gov.cn/zhengce/zhengceku/2020-11/05/content_5557630.htm,最后访问日期:2024 年 11 月 24 日。

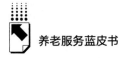

在养老服务市场高度发达的试点地区，享受长期护理保险待遇的参保人及其家庭可以充分利用保险资金，获得充足且专业化水平较高的照护服务。以养老和医疗服务资源丰富的上海市为例，2023年底上海共有6531所卫生机构、459家社区综合为老服务中心和700家养老机构。[①] 在这些健康养老服务资源的支持下，上海的长期护理保险试点成效显著，目前共有1240家定点服务机构，5.6万名从事长期护理保险服务的护理员，每月为约40万名失能老人提供照护服务保障。[②]

（二）长期护理保险制度促进养老服务发展

1. 长期护理保险中的养老服务

长期护理保险涉及参保筹资、失能评估、待遇给付和监督管理等环节，是一项复杂的系统工程。在参保筹资环节，长期护理保险通过社会互助共济的方式，多渠道筹集资金，分担长期照护服务费用支出所带来的财务压力，为养老服务产业提供了庞大的资金流。在失能评估环节，基于资金使用效率和可持续发展的考量，长期护理保险要求对申请保险待遇的参保人进行严格的失能评估。目前我国已形成统一的评估标准、规范的评估流程，培养了一批专业的评估人才，这为养老服务提供了精准、可见的服务需求。在待遇给付环节，政府通过长期护理保险基金统一向养老服务市场或非正式照料者购买服务，连接着失能老人养老服务的需求方与供给方。在监督管理环节，为了确保基金安全有效，长期护理保险引入第三方服务监管机制，要求养老服务市场提供专业的长期照护服务，并明确照护服务技术管理规范。

2. 长期护理保险对养老服务发展的促进机制

在长期护理保险制度建设中，国家明确"积极推进长期护理服务体系

---

① 《2023年上海市国民经济和社会发展统计公报》，https://tjj.sh.gov.cn/tjgb/20240321/f66c5b25ce604a1f9af755941d5f454a.html，最后访问日期：2024年11月25日。

② 《长护险制度建设进入关键期 专家学者在沪建言献策》，https://www.shanghai.gov.cn/nw4411/20240528/d8dbc9cb79b6477ea64a94f8d895112d.html，最后访问日期：2024年11月25日。

建设""促进长期护理服务产业发展"等工作任务。通过减轻失能老人的照护经济负担、降低服务运营商的经营成本，长期护理保险为失能老人的基本养老服务体系建设提供了必要的经济保障。更重要的是，该制度利用集中采购服务的规模效应，促进了养老服务整体的结构优化、效率提升和服务质量改善。

一方面，长期护理保险的实施涉及医保、民政和卫健等多部门及社会组织的协调合作，推动了养老与医疗资源的整合，有利于协同推进长期照护服务体系建设。另一方面，面对服务供给不足、发展不协调的问题，长期护理保险激活了潜在的照护服务需求，为养老服务市场提供了广阔空间，并促进了居家上门护理和医养结合服务发展，在农村地区探索了适宜的服务供给方式。以第二批试点地区的黔西南州为例，该地区的养老服务起步时间较晚，长期护理保险试点实施以前，当地养老服务供给严重不足。随着试点工作的推进，黔西南州采取培育当地照护机构、引进外部连锁服务机构的措施，培育了一批养老服务机构，并在当地培养了一支专业养老服务队伍，社会养老服务体系得以加速发展。

此外，长期护理保险作为失能老人基本养老服务的最大购买方，能通过失能评估、设置服务清单等方式，促进养老服务精准化、专业化发展，推动养老服务供需双方更加精准地匹配。老年人的失能是一个长期恶化退行的过程，通过照护机制补偿功能缺陷，可以减少照护需求。[1] 因此，长期护理保险通过购买从早期预防到后期康复的连续性长期照护服务以减缓失能老人活动能力的下降，包括预防、保健、护理、辅助器具和家庭支持等一系列服务。各试点地区结合制度设计初衷和地方特色，提供了不同类型的照护服务，上海以长期护理保险为抓手，大力发展养老服务行业，主要提供涵盖基本生活照料和与之密切相关的医疗护理服务项目，极大地丰富了当地的养老服务内容。

---

[1] WHO, World Report on Ageing and Health, https://www.who.int/publications/i/item/9789241565042, 最后访问日期：2024年11月25日。

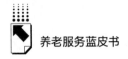

总之，长期护理保险制度建设为养老服务突破现有障碍、实现高质量发展提供了有力的支撑。

四　养老服务体系与长期护理保险协同发展面临的挑战

（一）长期照护服务供给能力不足

随着社会经济的发展，我国家庭规模逐渐缩小、养老服务功能衰弱，[①]非正式照料服务正成为一种稀缺资源。扩大社会养老服务供给已经成为健全基本养老服务体系、发展长期照护服务业的关键，也是我国保障失能人员基本生活权益的重要途径。

近年来，我国采取加快推动医养结合、启动长期护理保险试点等一系列措施，促进长期照护服务发展。长期照护服务涉及养老服务和医疗服务两个系统，现有相关政策之间缺乏宏观上的系统整合，以致照护服务发展存在重重困难，无法充分发挥政策优势。同时，照护服务属于投资高、周期长、回报率低的劳动密集型产业，社会力量进入该行业的意愿偏低，市场化发展滞后，[②]导致我国长期照护服务供给能力严重不足，供给总量难以满足日益增长的失能老人照护服务需求，进而影响了长期护理保险资金使用效率。2023年末，我国共有 40.4 万个养老机构和设施，823 万张养老床位；[③]约有 4400万的失能和部分失能老年人口，对养老护理员的需求超过 600 万，然而仅有50 余万名养老护理人员。[④]

---

① 黄健元、常亚轻：《家庭养老功能弱化了吗？——基于经济与服务的双重考察》，《社会保障评论》2020 年第 2 期。

② 王莉、余璐：《我国长期照护服务供给：市场化政策、实践与反思》，《中州学刊》2021 年第 7 期。

③ 《〈2023 年度国家老龄事业发展公报〉显示　养老服务人才培养力度加强》，https://www.gov.cn/lianbo/bumen/202410/content_ 6979486. htm，最后访问日期：2024 年 11 月 25 日。

④ 《我国养老护理员供给缺口高达 550 万人》，https://baijiahao. baidu. com/s？id = 17763 03917714856166&wfr=spider&for=pc，最后访问日期：2024 年 11 月 25 日。

（二）长期照护服务质量需进一步提升

我国现有的医养结合服务发展水平较低，医疗服务行业以疾病治疗为主，拓展养老服务功能的积极性不高，医养结合产品有限；养老服务行业精细化发展水平偏低，主要提供基本的生活照料服务，服务内容单一，难以满足失能老人对护理服务的需求。截至 2023 年末，全国具备医疗卫生机构资质并进行养老机构备案的医养结合机构共有 7800 多家，机构床位总数 200 万张，医养签约合作 8.7 万对。① 《2018—2019 中国长期护理调研报告》表明，中、重度失能老人所需的医疗护理服务供给不足，② 无法为长期护理保险服务的开展提供服务支撑。

由于薪酬、社会保障和职业认可度的问题，护理服务行业人才队伍建设缓慢。护理员队伍面临人手不足、性别年龄结构不合理、专业化程度低和流动性过强等问题。管理、护理、医疗和社会工作等专业人才严重短缺，影响护理机构资源利用率和管理效率。此外，我国超过 70% 的长期护理保险试点地区采取了现金给付模式，严重依赖亲情护理来弥补社会服务资源的短缺，但非正式照料者大多缺乏专业的照护知识，无法为有护理需求的老人提供专业的护理服务。以上这些问题导致失能老人所需的专业护理特别是社区专业护理资源匮乏，严重影响长期护理保险资金的使用效率。

（三）长期照护服务监管困难

服务监管是提高长期护理保险资金使用效率、提升长期照护服务质量和维护失能老人基本权益的重要举措。居家和社区护理是长期护理保

---

① 《200 万张床位！医养结合更好守护"夕阳红"》，https：//www.gov.cn/lianbo/bumen/202405/content_ 6951388. htm，最后访问日期：2024 年 11 月 25 日。

② 《新华财经 | 报告显示中度及重度失能老人面临较大服务和保障缺口》，https：//baijiahao. baidu. com/s？ id=1671538245106036350&wfr=spider&for=pc，最后访问日期：2024 年 11 月 25 日。

险制度倡导的发展方向，但也是当前照护服务体系中专业性最差和供给力量最薄弱的环节，分散的服务递送方式也极大地增加了服务过程的监管难度。此外，长期护理保险制度普遍采取现金给付的支持方式，但难以对亲情护理的服务质量实现控制和监管，服务的内容、质量和时长均无法得到保证。当前各试点地区探索通过线上和线下多种技术手段，对照护服务过程进行全程监控和管理。但是，各地在监管的投入和力度方面存在很大的差异，并缺少相关法律法规的支撑和约束。一方面，专门的工作团队和工作机制很难形成，监管的常态化和规范化难以保证；另一方面，监管方亦无法对服务过程中存在的欺骗行为进行依法问责，随着长期护理保险待遇水平的提高，收益和成本的不对等会进一步诱发此类行为的发生。

（四）长期照护服务的均衡性难以保障

区域、城乡发展不均衡一直是我国社会发展的难题。在地区资源禀赋、经济发展条件和地方财政能力的影响下，我国东部沿海地区养老服务行业发展迅速，养老机构扩张迅速，提供的服务质量也远高于其他地区。[①] 同时，在城镇化的影响下，我国农村劳动力向城镇流动，农村地区的人口老龄化问题严重，失能率远高于城镇地区，[②] 但是城镇地区在医疗卫生服务资源、物质生活条件和健康意识方面的情况都普遍好于农村地区，加上养老机构因招工难、盈利有限等因素不愿涉足农村市场，导致农村地区的专业养老服务供给匮乏，已成为我国养老服务体系发展的难点。我国试点地区普遍将长期护理保险覆盖至城镇地区，长期护理保险基金进一步推动了城镇照护服务行业发展，农村地区缺少长期护理保险的政策支持，照护成本较高。这加剧了城乡养老服务的不平等，不利于基本养老服务的均等化。

[①] 吴鹏、刘慧君：《健康老龄化服务效能的区域差异分析：来源分解与驱动力量》，《云南民族大学学报》（哲学社会科学版）2023 年第 5 期。

[②] 孙鹃娟、吴海潮：《我国老年人长期照护的供需特点及政策建议》，《社会建设》2019 年第 6 期。

五 促进养老服务体系与长期护理保险
协同发展的建议

（一）巩固多元协作，增强服务供给

长期护理保险不仅是筹集资金的保险制度，亦是基本社会养老服务的需求方和购买方。要想实现长期护理保险制度的设计目标，需要在政府主导下，形成市场、家庭、社会等多元供给格局，培育和发展健康养老服务产业，为失能老人提供充足的照护服务。

1.政府统筹规划，促进整合发展

从国家层面对相关制度的衔接、资源的统筹利用做出制度性的安排，促进各项福利资源的整合。医保部门作为长期护理保险资金的筹集方，需要有意识地主动促进政策协同与资源共享，牵头建立跨部门协调机制。在失能评估环节，纵向层面在国家标准基础上加快地方标准转换，横向层面实现评估结果的跨部门互认。积极探索跨部门的数据共享机制，推动相关业务数据向市级大数据中心归集，减少资源浪费、提高服务效率。

2.形成市场、家庭、社会等多元供给格局

一是充分发挥市场在资源配置中的决定性作用。动员社会力量参与服务供给，加大财政投入与激励机制，持续撬动社会资源，培育照护服务市场。还要重视失能老人的主体作用，逐步扩大覆盖范围、提高保障水平，提升老年人支付社会养老服务的能力。二是降低社会组织加入照护服务行业的准入标准。通过政策支持、降低成本、减免税收、提供场地和人才培训等措施，为提供照护服务的社会组织拓展生存空间。三是加强对家庭非正式照护的支持。通过资金补贴、提供喘息服务、技能培训等方式切实减轻家庭成员的照护服务负担，但是也要慎重对待亲情照护服务，防止其分散长期护理保险对社会服务的购买力。

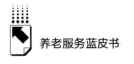

（二）以需求为导向，提高服务质量

随着人口老龄化态势日益加剧，长期照护服务需求不断增加，需建立以老年人为核心的长期照护服务体系，充分考虑老年人的群体需求和个体偏好，提高照护服务质量，满足他们对专业化照护服务的需求。

1. 持续推进照护服务需求的评估

围绕老年人的照护需求，对老人及其家庭进行全面评估，明确老人的具体需求、居住环境、家庭成员支持情况和居住偏好等信息，制定个性化的服务方案。在此基础上，动态监测失能老人长期照护服务的供需匹配信息，根据失能老年群体增长的服务需求细化和完善服务项目内容，做到精准识别和匹配，进一步完善普适性与个性化相结合的长期照护服务体系。

2. 进一步推动医养结合服务发展

长期照护服务主要包括生活照护和医疗护理，需加强对健康养老服务资源的全面整合开发。提升医疗机构开展护理服务的积极性，深入推进基层医疗卫生机构综合改革，引导和鼓励更多基层医疗卫生机构参与提供护理服务。推进养老服务市场健康概念融入，充分挖掘失能老人需求，丰富养老服务产品类型。同时，健全健康养老服务支持体系，通过政策支持、财政补贴、建立规范等方式，加强健康养老服务人才队伍建设，进一步推动医养结合服务发展。

（三）强化跨部门协作，引入第三方监管力量

现有的监管手段无法保障照护服务的规范性和专业性，难以保证护理员上门服务的有效性，建议持续推进照护服务行业的"放管服"改革，加快建立健全照护服务监管制度，形成高效规范、公平竞争的健康养老服务市场。

1. 强化跨部门协作

为规范服务、完善照护服务监管体系，建议医保局进一步协调人社、卫健等相关政府部门，整合服务监管资源，适时统一建立对机构、社区居家和

亲情照护的服务监管体系。同时，商保经办机构应建立对护理服务机构的考核办法，建立照护服务质量评价机制、运行分析和日常巡查机制等管理制度，借助网络系统开展实时在线监管、随机抽查巡访、满意度调查等活动，加大对护理服务过程和质量的跟踪管理。

2.引入第三方监管力量

居家和社区照护服务过程难以监管的一个重要原因是在失能老人、定点服务机构和经办机构之间缺少第三方监管力量。这个第三方不仅能收集失能老人的护理服务需求，为其匹配合适的各种福利资源，还可以将失能老人的服务诉求和当前的状态及时反馈给服务机构、经办机构，实现对服务方案的优化和服务质量的监管。在有条件的地区，鼓励参照日本的独立经理人制度，探索尝试将基层社会工作力量作为独立的第三方引入长期护理保险的运行体系，实现对评估结果、服务过程的有效监管，以及协助完成服务方案的动态调整，提高资金利用效率。

（四）优化资源配给结构，推进均衡发展

在共同富裕的目标下，优化服务资源配给结构、推进照护服务均衡发展已经成为我国健全社会保障制度的重要手段。

1.制定差异化发展策略

考虑不同区域间失能老人经济水平、健康状况，以及当地财政水平的差异，制定差异化的发展策略。在经济较为发达的东部地区，发展重点应放在激活市场活力、鼓励民营部门投入长期照护服务领域上，通过引入市场竞争提升服务品质和效率，同时利用先进的技术和管理模式创新服务供给。中西部地区则应侧重强化政府主导作用，通过给予更多的财政、税收、补贴等支持，加大对公办养老机构和基层医疗卫生组织的支持力度，确保兜底性养老服务保障对象获得基本的照护服务；还应当重视家庭照护功能，通过政策引导和社会支持，帮助家庭照护者提升照护能力，减轻家庭照护者负担。这种差异化策略不仅匹配了区域间自然存在的发展不平衡现象，而且能通过精准施策，促进各个地区根据自身实际情况，发展最适合本地的长期照护服务

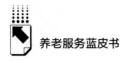

模式。

2.实现偏远、农村地区内生服务供给

从长远来看，随着社会保障城乡统筹的推进，长期护理保险亦将实现城乡全覆盖，培育和发展偏远、农村地区的护理服务体系势在必行。针对偏远、农村地区照护服务基础薄弱和资源匮乏的情况，可采取以下两点措施。一是培育基层社区和乡镇卫生院（室）和民营护理机构，发挥长期护理保险的"支付杠杆作用"，通过资金支持和政策扶持，提高其服务积极性。二是面向农村剩余劳动力，开展照护技能专业培训，让他们掌握照护服务技能后就地就近提供服务，不仅有利于提高照护服务的地理可及性，还有利于促进农村居民就业本地化。

B.7
2024年养老服务设施建设和适老化改造报告

王羽 刘浏 尚婷婷 赫宸*

摘　要： 近年来我国老龄化进程深度发展，养老服务设施建设和适老化改造日益成为提升老年人生活品质的重要工作。针对有关情况，各级政府出台了相关制度和政策支持养老服务设施建设和适老化改造，并通过发布标准规范对有关工作作出了具体技术要求。本报告依据对老年人居住环境需求的一系列调查和研究，提出了安全性、支持性和健康性三层需求理论，并分析了该三层需求对老年人人居环境建设提出的具体要求。在此基础上，本报告分别分析了当前养老服务设施建设和适老化改造的情况，提出建设技术体系的思路，并对有关经验做法进行了总结，结合理论与实际，提出值得借鉴的建设方法。最后，本报告对有关现状进行总结，提出发展产品研究、推动环境评价、加强政研产结合等三项建议。

关键词： 养老服务设施　适老化改造　居家养老

---

* 王羽，博士、研究员，中国建筑设计研究院有限公司适老建筑实验室主任、住房和城乡建设部适老建筑与环境重点实验室执行主任、中国建设科技集团中央研究院养老设施与适老居住环境研究中心副主任、中国老年保健协会老年人健康环境专业委员会秘书长，主要研究方向为适老健康环境设计与研究；刘浏，工程师，中国建筑设计研究院有限公司适老建筑实验室科研人员，主要研究方向为适老建筑设计与研究；尚婷婷，工程师，中国建筑设计研究院有限公司适老建筑实验室科研人员，主要研究方向为适老建筑设计与研究。赫宸，工程师，中国建筑设计研究院有限公司适老建筑实验室科研人员，主要研究方向为适老化建筑设计与研究。

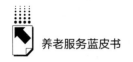

中国的老龄化速度和规模在全球范围内都居于前列。截至 2023 年末，全国 60 周岁及以上人口 29697 万人，占总人口的 21.1%。①

近年来，我国社会正在经历两个并行的重要转变：快速的老龄化与迅猛的城镇化。随着老年人口比例的不断攀升以及城镇化速度的加快，如何妥善解决老年人的养老问题，已经成为社会发展的一个重要议题。为了应对这一挑战，养老服务设施的建设和对居民住宅进行的适老化改造，已经成为满足老年人多样化养老需求的关键工程。

尽管如此，中国在养老服务设施的建设方法、建设标准以及管理模式等方面，还存在许多亟待解决的问题。这些问题不仅影响了养老服务设施的可持续发展，也限制了其服务质量和效率。同样，居家适老化改造也面临着一系列挑战，如改造工作的精准性和系统性不够、市场上适老产品的种类和质量不足等，这些都直接影响了老年人的生活质量。

在中国不断推进城镇化的背景下，如何高效利用城市资源，促进养老服务设施建设的革新和居家适老化改造的革新，提高养老服务的效率和质量，已经成为社会面临的一项紧迫任务。这不仅关系到老年人的福祉，也关系到社会的和谐稳定和可持续发展。因此，积极探索和实践新的建设模式、标准制定方式、管理方法，以及研发和推广适合老年人的产品和服务，对于解决这一问题至关重要。

一 养老服务设施建设和适老化改造的制度与政策

（一）制度框架基本建成

近年来，我国高度重视涉及养老服务的法律法规和政策制定，有关文件对养老服务设施建设和适老化改造作出了具体要求。第十三届全国人民代表

---

① 《2023 年度国家老龄事业发展公报》，https://www.mca.gov.cn/n156/n2679/c1662004999980001751/attr/360830.pdf，最后访问日期：2024 年 12 月 10 日。

大会常务委员会第七次会议修正《中华人民共和国老年人权益保障法》，为老年人人居环境建设提供法律支撑。国务院陆续颁布了一系列综合性的政策，旨在全面放宽养老服务市场准入、推动养老服务的发展以及促进养老服务消费。国务院印发的《"十四五"国家老龄事业发展和养老服务体系规划》明确"十四五"时期的有关要求和目标。相关部门在土地利用、税收减免、金融扶持、基础设施建设、人才培养、科技进步等领域，制定并实施了一系列具有操作性的政策和措施。同时，我国也确立了国家和行业层面的设施建设、服务质量、服务安全、等级评定等标准。目前，我国在养老服务设施和适老化改造方面，初步确立了以法律为纲领、国务院政策文件为基础、部门专项政策和标准为支撑的制度体系，为新时代养老服务发展提供了法治保障、规划指引、技术支撑。此外，民政部还推动了养老服务部际联席会议制度的构建，进一步加强对养老服务工作的领导，强化统筹协调，形成养老服务工作合力。

（二）养老服务设施相关政策

养老服务设施作为构建养老服务体系中的重要一环，国家多次通过有关文件对其涉及的规划建设作出具体要求。2014年，民政部等4个部门发布的《关于推进城镇养老服务设施建设工作的通知》明确要求加强居家和社区养老服务设施建设，新建住宅小区应确保居家和社区养老服务设施与住宅同步进行规划、建设、验收和交付使用；对于规模较大的住宅开发项目，居家和社区养老服务设施的布局可适度分散，而规模较小的住宅开发项目则宜在邻近区域集中配置；对于已建成的住宅小区，应通过资源整合、购置、租赁、腾退、置换等手段，确保配置适当面积的居家和社区养老服务设施，并满足建设及使用标准。国务院也多次发布了国家老龄事业发展规划。2021年国务院印发的《"十四五"国家老龄事业发展和养老服务体系规划》明确提出，到2025年，养老服务床位总量达到900万张以上；新建城区、新建居住区配套建设养老服务设施达标率达到100%；养老机构护理型床位占比达到55%。国务院有关部门积极贯彻落实《国务院加快发展养老服务业的若干意见》和有关发展和规划，发布了相关文件和标准，对养老设施建设

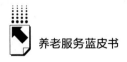

提出具体要求。住房城乡建设部、民政部等部门联合印发的《关于加强养老服务设施规划建设工作的通知》，民政部、国家发展改革委、住房城乡建设部等部门联合印发的《关于推动城市居住区养老服务设施建设的通知》等政策文件，部署开展城市居住区配套养老服务设施专项治理、完整社区建设试点等工作，推动配建补齐社区养老等服务设施；在新开发的住宅区域，监督并指导各地严格执行养老服务设施的配套建设标准；对于已有的住宅区域，指导各地在进行社区完善和城市更新项目时，根据当地实际情况，补充和完善养老服务设施的建设。

在政策指引下，有关部门也针对养老服务设施发布了设计和安全标准。住房城乡建设部发布的《社区老年人日间照料中心建设标准》《城镇老年人设施规划规范》等标准规范规定了老年人社会福利设施级别和分类；《城市居住区规划设计标准》对养老院、护理院、托老所等提出了配建要求；《建筑设计防火规范》将独立建造的一、二级耐火等级老年人照料设施的建筑高度放宽至 32 米，并对老年人照料设施的防火安全要求进行了补充完善。2023 年，民政部出台《养老机构重大事故隐患判定标准》并实施全国养老服务监管效能提升年活动，各地排查整治养老机构各类安全隐患 6192 处。

（三）适老化改造相关政策

近年来，适老化改造的相关工作要求逐渐受到有关部门的重视。《国务院关于加快发展养老服务业的若干意见》提出了实施社区无障碍环境改造的要求，各地应遵循无障碍设施工程建设的相关标准与规范，积极推进并扶持老年人家庭无障碍设施的改造，加速推进与老年人日常生活紧密相关的公共设施，如坡道、电梯等的改造进程。2021 年，中共中央、国务院发布的《关于加强新时代老龄工作的意见》提出各地要将无障碍环境建设与适老化改造纳入城市更新、城镇老旧小区改造、农村危房改造以及农村人居环境整治提升的统筹规划中；同时，鼓励具备条件的地区为经济困难的失能、残疾、高龄老年人家庭提供无障碍和适老化改造服务，配备生活辅助器具，安装紧急救援设施，并开展定期探访工作。国务院印发的《"十四五"国家老龄事业发展和养老服务体系规划》支持有条件的地区对分散供养特困人员中的高龄、失能、残疾老年人家庭实施居家适老化改造，配备辅助器具和防走失装置等设施设备；强调提升社区和家庭适老化水平和推动公共场所适老化改造。国务院有关部门也在中央政策的指引下出台了更加细化的具体要求。民政部、国家发展改革委等 9 个部门联合印发的《关于加快实施老年人居家适老化改造工程的指导意见》积极贯彻落实党中央、国务院部署要求，以需求为导向，推动各地改善老年人居家生活照护条件，为提升居家生活设施设备的安全性、便利性和舒适度，进而增强居家养老的服务品质，综合考虑了施工改造、设施配置以及老年用品的配备。该文件提出了居家适老化改造项目和老年用品配置的推荐清单，明确了 7 项基础类项目和 23 项可选类项目。此举旨在指导各地根据老年人多样化的需求，合理选择适合本地区的改造项目内容，并明确相应的财政补贴政策。商务部、国家发展改革委、住房和城乡建设部等 14 个部门联合发布的《推动消费品以旧换新行动方案》结合居家和社区基本养老服务提升行动，培养居家适老化改造的经营主体，促进更多家庭实施适老化改造。

居家适老化改造是需要体现丰富个性化需求的工程项目，有关部门就老年人亟待满足的基础性需求组织开展研究，发布了相关标准对技术要求作出规定。住房城乡建设部发布的行业标准《既有住宅建筑功能改造技术规范》对既有住宅建筑套内、公共部分、加装电梯等改造中的适老化改造要求作出了有关规定。2023 年，住房城乡建设部编制发布的《城市居家适老化改造指导手册》为城市老年人家庭的适老化改造提供了系统化、切实可行的方案及技术路线，以图文并茂的形式分别对"保底线"的基础类改造措施和"促品质"的提升类改造措施作出技术指引。

二　老年人的居住环境需求

随着年龄增长，老年人的身体机能与环境适应能力逐渐下降，经常面临各种各样的不便与困难。比如，难以独立如厕、难以站立沐浴、容易受到环境影响而生病、意外跌倒等。养老服务设施与居家环境是老年人生活的重要空间载体,其适老性直接关系到老年人的生命健康和生活品质。

近年来,我国多家科研院所、高校等机构,针对老年人对居住环境的需求以及老年人居住环境的建设技术开展了深入研究。在"十二五"期间,"中国院·适老建筑实验室"对全国 12 个城市的社区和社区养老服务设施进行调查研究,重点针对老年人居住情况进行了摸底调查,了解了老年人较为担心的安全问题(见图 1)。"十三五"期间,"中国院·适老建筑实验室"继续在全国范围开展老年人居家环境调研,调研按照全国五大建筑热工设计分区,兼顾地理区域分布,调查了全国 32 个城市、109 个小区的老年人居家环境情况,主要针对居家和社区环境的适老化改造需求和技术以及社区配套的养老服务设施对于老年人居家生活的支撑作用开展调查研究(见图 2、图 3)。

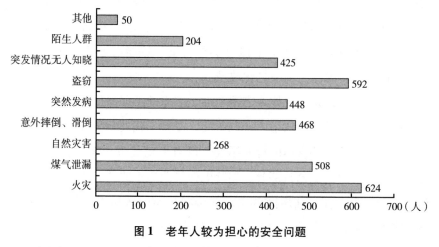

图 1　老年人较为担心的安全问题

资料来源:贾巍杨《社区适老性评价指标体系研究初探》,《城市规划》2016 年第 8 期。

通过对相关调研资料进行研究,可以看出老年人所需要的居住环境不仅应该是安全的,还应该是可靠的、便捷的、舒适的、健康的,在有效支持他们尽可能地自理生活的同时,可以帮助他们延长身体健康期与追求生活品质。因此,可以将老年人对居住环境的需求归纳为三个层次,分别是环境安全性需求、环境支持性需求、环境健康性需求。

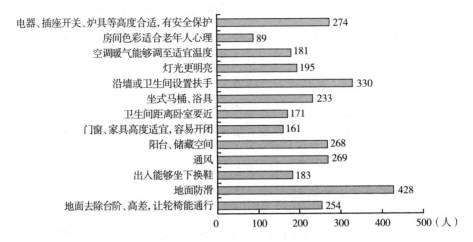

图2　老年人认为自家住房需要改进的设计和设施

资料来源：王羽、伍小兰、尚婷婷、赫宸《老年人居家养老环境需求分析及对策建议》，《老龄科学研究》2021年第1期。

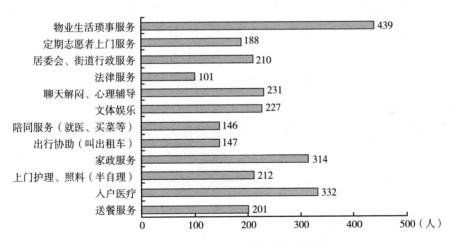

图3　老年人对各项社区养老服务的需求

资料来源：王羽、伍小兰、尚婷婷、赫宸《老年人居家养老环境需求分析及对策建议》，《老龄科学研究》2021年第1期。

（一）环境安全性需求

受到行动迟缓、视觉下降、感觉迟钝、记忆减退等生理机能的退行性变

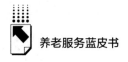

化以及高血压、心脏病、白内障、半身不遂等疾病的影响，老年人抵抗环境安全风险的能力有所下降，容易出现跌倒、烫伤、烧伤等安全问题。

环境安全性需求是老年人的刚性需求，尤其对于孤寡老年人、残疾老年人、认知症老年人等，环境安全性需求更是突出。环境安全性需求不仅涉及防跌倒、防烫伤、防中毒、防火、防盗等环境安全风险防范方面，还涉及安全风险的预警提示与应急处理方面，需要两者充分结合从而全方位保障老年人生活安全。

（二）环境支持性需求

弯腰困难够不到、抬腿困难易绊倒、肢体受限起坐难、视觉退化看不清、听力下降听不清等问题在老年人生活中十分常见，所以他们更加依赖环境提供的支持，以辅助他们尽可能地自理生活。尤其残疾老年人对提高居住环境支持性水平的需求更为强烈。比如，对于肢体残疾老年人，常存在轮椅与助行架等辅具的使用空间不足、难以取放物品等困难；对于视力残疾老年人，常存在难以使用家电、难以察觉地面障碍物等困难；对于听力残疾老年人，常存在信息摄取障碍与交流障碍，比如听不到门铃声、难以察觉突发情况等。

老年人对环境支持性的需求不仅包括辅助其尽可能自理生活或者发挥残存功能，还包括支持照护高效开展，例如为助餐、助洁、助浴、助行、康复训练等行为提供条件与辅助，从而减轻照护者的照护压力。

（三）环境健康性需求

研究表明，老年人的许多不适、亚健康状态甚至疾病都与环境有一定关系。比如，不恰当的照明会造成老年人昼夜节律失调；温度的变化会诱发心肌梗死或脑血栓等疾病。因此，老年人对环境健康性有突出需求，包括需要清新的空气，避免因空气悬浮物、硫化物、氮氧化物、挥发性有机物等空气污染物进入体内而引起疾病；需要健康的光环境，避免伤害皮肤与眼睛的同时，为良好的睡眠休息奠定基础，增强身体免疫力；需要可控的温湿环境，使老年人与环境达到平衡状态；需要舒适的声环境，避免因噪声而形成睡眠障碍与听力损伤等；需要尽可能减少电磁波辐射，避免产生免疫机能下降、钙质流失，以及耳鸣、头痛、身体疲惫等一系列不良反应；需要洁净的水环境，避免因不健康的饮用水而导致腹泻、呕吐等胃肠道不良反应；需要使用绿色的建材，避免建材中的有害物质在室内聚集而直接经由老年人呼吸道或皮肤进入体内，引起严重疾病；等等。①

老年人对环境健康性的需求除表现为需要通过水、空气以及声、光、热等环境因素促进其生理健康之外，还表现在通过环境中的感官类因素对老年人心理健康进行主动干预的方面。比如，将绿色植物引入室内、营造温馨淡雅的居住环境风格等。

三 养老服务设施建设的现状与对策

养老服务设施是指专门为老年人提供长期或短期居住、生活照料、医疗护理及康复服务的场所。根据服务内容和对象的不同，养老服务设施可以分为综合型养老服务设施、护理型养老服务设施和社区养老中心等。其中，综合型养老服务设施主要提供全面的生活照料、医疗护理和康复服务，适合自理、半自理和失能老年人；护理型养老服务设施主要针对失能、半失能老年人，提供专业护理和医疗服务；社区养老中心主要为社区内老年人提供日间照料、短期托老和基本医疗服务，旨在支持老年人居家养老。

（一）现状和问题

截至 2023 年第三季度，全国各类养老机构和设施总数达 40 万个、床位 820.6 万张。② 在注重数量增长的同时也应该更多地关注养老服务设施的建设质量。养老服务设施环境的质量不仅是保障老年人基本安全的底线，也是

---

① 王羽、伍小兰、魏维：《老年人健康环境建设》，《建筑技艺》2020 年第 10 期。
② 《全国各类养老机构和设施总数达 40 万个》，https://www.gov.cn/lianbo/bumen/202401/content_ 6925958.htm，最后访问日期：2024 年 11 月 24 日。

增强老年人幸福感和获得感、提升设施运营效率的重要支撑。但调查数据反映出养老服务设施环境建设还存在诸多不足，主要有以下几方面原因：一是缺乏前期研究，导致空间设计和产品配置等都不足以提供良好的服务支撑，一方面导致服务品质不高，另一方面也导致建设成本难以控制；二是对照护功能的支撑设计考虑不足，导致在建成后的运营中服务效率较低；三是智能化手段应用不多，从日常管理到健康监护，由于缺少智能化系统和产品的应用，设施的服务效率和质量仍有提升的空间。[①]

（二）技术和方法

建设高质量的养老服务设施，需要一系列关键技术的支撑和应用，以确保老年人在养老服务设施中的安全和便利，提升管理效率和服务质量，以及帮助老年人进行康复训练和心理健康维护。

适老化设计技术是养老服务设施建设的基础，确保老年人在日常生活中能够享受到安全和便利。其中包括空间无障碍设计、适老产品配置、适老物理环境营造等技术。空间无障碍设计可以保障老年人在设施中的活动范围以及可达性；适老产品配置为老年人的更多行为提供可靠而有效的支撑；适老物理环境营造可以使得养老服务设施的环境更加舒适宜人。

智慧运营技术是提升养老服务设施管理效率和服务质量的关键，通过技术应用实现对老年人的实时监控和健康管理，提高养老服务设施的服务水平和效率。其中包括智能监控系统、电子健康档案、远程医疗平台等技术。智能监控系统可以实时监测老年人的身体状况和行为活动，确保他们的安全；电子健康档案可以记录老年人的健康状况和医疗历史，为医疗服务提供参考；远程医疗平台可以实现老年人与医生的远程沟通，提供便捷的医疗服务。

康复护理技术是帮助老年人进行康复训练和心理健康维护的重要手段，

---

① 魏维、顾宗培、王羽、于一凡、蒋朝晖、王佳文：《面向未来·多元视角——新时代老年人宜居环境建设的发展趋势》，《建筑技艺》2020 年第 26 期。

为老年人提供个性化的康复护理服务，帮助老年人恢复身体功能和保持心理健康。其中包括康复机器人、物理治疗设备、心理辅导系统等技术。康复机器人可以帮助老年人进行肢体运动和康复训练，增强他们的身体功能；物理治疗设备可以提供物理治疗和康复服务，缓解老年人的疼痛和不适；心理辅导系统可以提供心理咨询和辅导服务，帮助老年人应对心理问题和情绪困扰。

（三）经验和对策

1. 通过场景模拟确定适宜空间布局，减少建设成本

养老服务设施的建立与完善，是关乎老年人生活质量与社会和谐的重要工程。然而，在这一过程中，高昂的建设成本已成为制约其发展的一个主要因素，同时也影响了服务的质量和多样性。为了破解这一难题，需要在养老服务设施的建设初期，就采取有效的措施来降低成本，同时确保建成后设施能够满足老年人的需求。利用足尺试验模拟和虚拟现实技术，来模拟养老服务设施的建设过程和老年人的使用场景，以预测和评估建设方案的可行性，从而在实际建设之前就找出可能存在的问题，并提前进行解决。这样，不仅可以避免在后期建设中出现重大失误，也可以减少因调整和改造带来的额外费用。另一方面，模拟试验能够更准确地确定养老服务设施的空间配置和动线设计，优化空间利用，提高使用效率。合理的空间设计可以确保老年人的活动路线简洁明了，减少不必要的行走距离，也使得养老服务设施更加高效。同时，科学的空间配置也有助于降低建设成本，因为合理的布局可以在不牺牲功能性的前提下，减少建筑的面积和使用材料，从而降低成本。此外，通过场景模拟还可以提前发现和解决潜在的问题，如消防安全、紧急疏散、光照强度等方面的问题。通过提前的模拟和评估进行有针对性的改进，可以使得养老服务设施在建设之初就尽可能地完善和优化。

部分养老服务设施建设单位也逐步开始利用模拟实验分析进行设计优化和成本控制，某企业委托研究单位对老年人在居室中的活动特征进行模拟分析，针对老年人居室的平面尺寸、空间布局、家具形式等内容进行了优化，

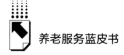

提出最小的平面尺寸序列、最优的家具配置清单，相关成果在其老年公寓项目中进行了应用。

2. 通过精细化设计，减轻照护压力

养老服务设施的精细化设计对于提高老年人的生活品质至关重要。这种设计不仅能够显著改善老年人的居住体验，使其生活更加舒适，也能够显著减轻护理人员的工作负担，提升工作效率。例如，设计者会深入研究并满足老年人对于公共空间"易达""可及""可享""可视"等的需求，通过这些细节的完善，建立起一个全面的无障碍室内环境。更进一步，设计者会充分考虑每一位入住老年人的身体状况和护理需求，通过精心设计的流线组织和部品布局，使得老年人的生活更加便捷，同时也使得护理工作更加高效（见图4）。

图4　某项目中护理站结合公共活动空间设计

为进一步做好服务支撑，各地也出台了相关文件作出具体要求，例如青海省制定出台的《青海省养老服务机构和养老服务设施星级评定管理暂行办法》和《青海省星级养老机构和养老设施奖励办法》，除服务要求以外，还特别针对设施环境对服务的支撑等内容提出细化评定指标，同时在全省范围内开展养老机构星级评定工作，以激发养老机构（设施）针对各项指标进行整改的积极性。[1]

3. 通过智慧化应用，提高服务品质

智慧养老系统的运用在现代养老服务领域扮演着至关重要的角色，它极大地丰富了养老服务的方式和内容，是推进养老服务现代化、提高服务水平

---

[1]　王利利：《我省养老机构（设施）星级评定工作圆满收官》，《青海日报》2018年12月11日。

的关键技术之一。智能化系统不仅能够提高养老服务的效率，使之更加高质、高效，还能增强服务的精准度，确保每一个服务环节都能够精确满足老年人的需求，更能够显著提升老年人的生活品质，让他们享受到更加舒适、便捷的生活，同时增强他们的安全感，让他们在晚年能够更加安心、放心。例如，借助智能穿戴设备和各种传感器，护理人员能够实时监测老年人的健康状况，包括心率、血压、血糖等生命体征，以及日常活动情况，从而及时掌握老年人的健康状况，预防潜在的健康风险。此外，通过远程医疗平台，老年人可以享受到专业的在线诊疗服务，包括远程会诊、在线问诊等，这对于那些行动不便或居住在偏远地区的老年人来说，尤为宝贵。同时，老年人还可以通过信息化医疗平台获得专业的健康咨询服务，这对于他们保持良好的生活习惯、预防疾病、提高生活质量具有重要的意义。全国范围内也逐渐有地方开始推行智能化技术在养老服务设施的应用，例如陕西省麟游县开展了智慧养老建设项目，重点建设了县级养老综合管理平台和智能照护系统、智能巡更系统、健康体检系统，配套建设视频监控系统、入侵报警系统、大屏显示系统等，实现了县本级养老机构与省、市民政智慧系统的融合对接和实时调度。

四 居家适老化改造的现状与对策

居家适老化改造是指通过对老年人居住环境进行设计和改造，提高老年人在熟悉的家庭环境中的生活安全性、便利性与舒适度，使他们能够享受到专业的社会化服务。根据改造内容和目标的不同，居家适老化改造可分为：基础类改造，如防滑处理、高差处理、配置护理床等；提升类改造，如配置适老家具、配置家居设备等。

（一）现状和问题

我国自2014年开始推动老年人家庭及居住区公共设施无障碍改造，截至2023年，针对需求最为迫切的特殊困难老年人家庭，全国范围内共完成了 148.28 万户的适老化改造。① 相关研究发现，老年人对于居家环境改造的需求旺盛、市场广阔，但是面临改造理念与技术落后、改造标准不统一、部品产品不适配等问题，具体体现在以下几方面：一是改造缺乏针对性，往往出现改造项目雷同，实际效果一般的情况，对每户老人的特殊需求考虑不全面；二是部品辅具配置技术不成熟，缺乏老年人专用的部品辅具，并且在配置上缺乏体系性技术指导；② 三是不重视物理环境改善，只强调空间改造和产品配置，对于室内舒适性和健康性缺乏考虑。以上问题导致居家适老化改造效果不佳和市场活跃度不足，老年人的实际需求还未得到充分满足。

（二）技术和方法

在我国人居环境高质量发展的要求下，千篇一律的适老化设计已然无法满足当下的建设与改造要求，需要精细化的空间设计与有效的部品配置来提升改造的有效性，避免二次改造与资源浪费，并通过精准改造满足老年人对美好生活的向往。

整体改造计划需要根据老年人及家人的健康状况、生活需求和改造预算等要求，有针对性地制定。明确当下需要改造的事项以及未来预期改造的事项，提高居家环境改造的可持续性，便于老年人在不同生命阶段享受到居家环境的支持作用。

套内空间关系与布局需要针对老年人生活方式与家庭情况进行灵活处理，提升空间适应性。比如，独居老年人希望利用家中闲置房间、热爱烹饪的老年人希望调整厨房空间大小、起身困难的老年人希望改善空间狭小的问题并更换卫生间部品等，通过空间的精细组织与有效利用，将大大提升老年人居住的安全性、便捷性、舒适性。

部品配置需要从经济性与构成系统性角度出发。基于老年人使用需求以及操作方式，结合空间大小形式、部品安装与布置条件，选择适宜的家具部

---

① 《民政部：2024 年将动态调整国家基本养老服务清单》，https://www.mca.gov.cn/zt/n2782/n2788/c1662004999979997241/content.html，最后访问日期：2024 年 11 月 24 日。
② 王羽、王祎然：《开展居家适老化改造要"对症下药"》，《建设科技》2023 年第 18 期。

品，在发挥家具本身使用功能的同时，促进老年人生活自理能力的维持与提高。比如，对于视觉障碍老年人可选择与墙面色彩对比度较高的入户门，而对于认知症老年人，为了避免其独自出门走失，可选择与墙面色彩对比度较低的"隐藏式"入户门。

（三）经验和对策

1. 重视改造前评估，提高改造有效性

在实施居家适老化改造的过程中，进行彻底的需求和环境评估尤为关键。这一做法的核心目的是通过专业的评估手段，深入地掌握老年人的生活方式、身体健康状况以及他们具体的生活需求。这样的评估可以帮助改造团队设计出符合老年人实际需求，能提升他们生活质量的改造方案。例如，可以依托专业团队的力量，对老年人的生活环境进行细致入微的检查和评估，以识别出可能存在的安全风险和隐患。接着，依据评估报告中所揭示的细节，制定出一套既科学又合理的改造计划，以此确保改造工作的开展能够有的放矢，进而提升和改善改造工作的效率和效果。

北京市民政局牵头起草了《关于进一步推进老年人居家适老化改造工程的实施意见》明确了建立居家适老化改造项目推荐清单、搭建居家适老化改造服务平台、规范居家适老化改造管理、加大居家适老化改造支持、加强居家适老化改造监管等重点任务。[①]

2. 重视辅具配置，提高空间适应性

在居家适老化改造的过程中，辅具的配置起到了至关重要的作用。对于老年人来说，这类辅助设备不仅能够极大地提高他们生活的便捷性，而且还能有效地增强他们独立生活的能力。比如，在家中安装扶手、坐便器升降装置、淋浴座椅等设备，可以极大地减少老年人在日常生活中跌倒和受伤的风险（见表1）。这些辅具的存在，使得老年人在家中行动更加自如，生活更加安心。此外，还应该根据老年人的具体需求，为他们配置一些可调节高度

---

① 安娜：《北京推进老年人居家适老化改造工程》，《中国社会报》2024年1月4日。

的家具和辅助器具。这样的配置，可以进一步提高居住空间的适应性和灵活性，使得老年人能够更加舒适地生活。① 总的来说，适老化辅具的合理配置，对于提高老年人的生活质量，保障他们的安全，具有非常重要的意义。

表 1　居家适老化改造产品体系及功能要求要点（节选）

类别	小类	功能要求要点
装饰材料	墙面材料	抗菌、净化空气、耐污性强或易擦洗、外观哑光、触感柔和
	地面材料	整体平整度高、耐磨防滑、隔音降噪、有一定弹性
家具类	床	床面高度、宽度、起身扶手、置物板、床面升降、底部留空、左右翻身、背/腿部升降
	衣柜	分区、挂衣杆、阻尼缓冲装置、自动开启装置、把手、感应照明
	床头柜	台面翻沿、明格、抽屉、锁具、把手、台面高度、移动功能
	沙发茶几	圆角、防侧翻性、方便撑扶、放置拐杖、头部侧倚、辅助起身
厨卫类	盥洗台	把手或把扶边部、水龙头出水方式及出水时间、高度可调性、轮椅腿部存放空间
	坐便器	助起需求及冲水按钮的位置及力度、结合智能马桶功能考虑增加老年人健康监测功能
	淋浴器	坐式淋浴需求、可调节淋浴头、操作的灵活性、恒温出水
	浴缸	安全性、扶手、防滑性能、采用步入式的形式、搭配辅具
门窗类	门	保温隔热、隔声、观察窗、方便操作、稳定性、防夹手、延时开闭
	窗	密封性、隔声、关窗辅助、手柄、操作力度、开启方式、开启角度
电气类	插座	插座安全性、设置高度、面板色彩、盲文或夜间提示
	开关	易操作性、易识别性、夜间提示以及与周围墙面色彩
辅具类	移动辅具	稳定稳固、小巧轻便、方便操作
	如厕辅具	抗菌、防滑、稳定稳固、可折叠收纳、方便操作
	洗浴辅具	抗菌、防滑、防潮、稳定稳固

　　山东省制定的《家庭适老化改造建议清单》和《家庭养老床位基本服务指导清单》是对部品辅具配置作出细化指引的积极尝试，清单明确列出了 16 种可选配设备及 7 项基础性养老服务项目，并特别强调了增强智能化

---

① 王羽、尚婷婷：《规范适老产品配置　健全硬件保障体系　助力养老服务标准化发展——〈居家与养老机构适老产品配置要求〉行业标准解读》，《中国民政》2024 年第 16 期。

与信息化监测、报警、呼叫终端设备的配置。[①] 同时，山东省将适老化改造整合进智慧养老服务平台，以提高居家养老服务的响应效率。

3.重视物理环境营造，提高环境健康性

物理环境的优化对老年人的身心健康产生着深远的影响。在居家适老化改造过程中，应该重点关注室内光照、通风、温度调控等方面的改善。比如，可以通过增加自然光和人工照明的手段，来提升室内的采光条件；通过优化通风系统，提高室内空气的质量；通过安装智能温控系统，保证室内温度的适宜。此外，还应该重视噪声的控制和地面的防滑处理，营造安全、宁静且舒适的居住氛围，进而提升老年人的生活品质与幸福感。在改善室内采光方面，不仅可以增加窗户的数量，增加自然光照射进室内的机会，还可以通过安装人工照明设备，如吊灯、壁灯等，来补充自然光照的不足（见图5）。在通风方面，可以通过优化窗户和门的布局，增加空气流通的通道，提高室内空气的新鲜度。在温度调控方面，智能温控系统可以根据室内外温差和老年人的身体需求，自动调节空调或暖气的运行，保持室内温度的恒定。[②] 在噪声控制方面，可以通过在墙壁和地板上安装隔音材料，减少外界噪声的传入。在防滑处理方面，可以在地面上铺设防滑地板或者安装防滑垫，防止老年人在行走时滑倒受伤。

图5 居家照明环境改造做法示意

---

① 柳文：《适老化改造提升老年人生活品质》，《经济日报》2024年2月27日。
② 王羽、赫宸、王晓朦：《不同居住模式下中老年人对于居家智慧养老的需求调查研究》，《上海城市规划》2024年第3期。

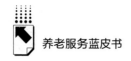

"十三五"期间中国建筑设计研究院结合国家重点研发计划课题成果，开展住宅适老化改造示范工程，截至 2021 年共完成 16 户改造工程。工程中涉及的具体措施除了基础的增加扶手、浴凳等部品，消除门槛等内容外，还重点针对提升外窗的密闭性与保温性，增加关键位置的照明，完善墙地面的保温、防潮、隔声性能等技术进行了应用实践。通过改造切实提升了住宅的适老宜居性，对相关技术体系进行了系统性验证。

五　结论与建议

当前，我国的养老事业正在不断进步，无论是养老服务设施的数量还是居家适老化改造的质量，都得到了显著的提高。在空间布局上，开始注重精细化管理，以满足老年人的需求；在环境建设上，强调健康化，让老年人能够在一个良好的环境中生活；在产品开发上，追求系统化，以便为老年人提供更加全面的服务；在参与主体上，鼓励多元化，让更多的人参与到养老事业中来。这些建设发展方向已经逐渐明晰，为我国的养老事业提供了明确的指引。

然而，技术应用不足、建设质量参差不齐等问题依然存在，建议在以下方面加大工作投入，进一步提升老年人生活质量。

一是加强适老化建筑环境产品的研究。产品是对建筑环境的有力补充，功能适宜、配置合理的产品能够大大提升建筑环境的适老化性能。但目前我国对于产品的研究投入与成果产出还相对较少，技术尚未形成体系化构架，产品尚未获得市场认可。因此，有关科研机构和企业应注重适老化建筑环境产品的研究工作，精细化产品功能需求，精准化技术指标要求，更好地发挥产品对于空间环境的重要支撑作用。

二是推动开展建筑环境适老化评价工作。目前我国尚无由政府主导的建筑环境适老化评价体系，因此也难以评估全国的建设情况和发展程度。建筑环境适老化建设是保障老年人人身安全的民生工作，应当建立评价和检查机制。一方面要鼓励和发现优秀建设案例，促进技术进步；另一方面更要指出不足和缺陷，要求整改整顿。

三是进一步加强政、产、研协同工作。适老化建筑环境建设发展的核心在于建立合理的政策制度和可持续发展的产业结构，科技研发应将这两个核心作为重要抓手，提供技术支撑。政策制定应加强对产业发展的研究和判断，并充分用好专业机构的技术研究成果；技术研发应以政策为指导，将技术向产业市场转化的效能作为主要目标，让技术研发有的放矢；产业发展应重视技术研发和积累，首先建立优质的产品和服务供应，借助政策支撑激活市场。

总体看来，我国的养老事业正在向着更好的方向发展，相信在不久的将来，我国的养老事业将取得更大的成就，让更多的老年人能够享受到更高质量、更有尊严、更加幸福的生活。

B.8
2024年养老机构老年人
心理健康状况报告

王大华　曹贤才*

摘　要： 了解养老机构老人的心理健康状况，是提升机构服务质量及建立和完善机构老人心理慰藉工作机制的重要前提。本报告采用问卷法调查两组独立样本，对机构老人的环境适应、抑郁情绪、焦虑情绪和生活满意度四个心理健康指标做了分析。总体上，机构老人在环境的心理适应、机构的管理适应、居住的环境适应三个方面表现较好，但在基本需求适应方面较差；焦虑情绪较低，生活满意度为中等偏上。婚姻状况、受教育程度、机构化程度、子女联系频率、入住前是否了解机构，以及自评健康状况都显著影响老人的心理健康水平。本报告据此提出主要建议：完善养老机构服务规范，重视抑郁情绪的预防和干预；健全"机构—家庭"协作保护机制，提升养老机构心理健康服务水平；关注脆弱群体，保障机构老人生活适应和获得感。

关键词： 机构老人　心理健康　机构环境适应　抑郁

一　背景与现状

（一）关爱老年人心理健康的政策背景

民政部和全国老龄办发布的《2023年度国家老龄事业发展公报》显示，

---

* 王大华，博士，北京师范大学心理学部教授、博士生导师，主要研究方向为老年心理健康评估与干预等；曹贤才，博士，天津师范大学心理学部系主任、讲师，主要研究方向为老年人数字生活与心理健康、成人依恋等。

截至 2023 年末，全国 60 周岁及以上人口为 29697 万人，占总人口的 21.1%；全国 65 周岁及以上老年人口为 21676 万人，占总人口的 15.4%。全国 65 周岁及以上老年人口抚养比为 22.5%。预计到 2040 年，我国 60 岁及以上老年人口数比例将升至 28%。[①] 随着人口老龄化程度加深，我国老年人群的心理健康问题也日益突出。

老年人的身心健康状况不仅关乎个人的生活质量、家庭的幸福感和获得感，也关乎整个国家和社会的发展水平。党的二十大报告提出要"重视心理健康和精神卫生"、要"发展养老事业和养老产业"。《"健康中国 2030"规划纲要》提出了"加强心理健康服务体系建设"的目标。2019 年 3 月，国家卫生健康委印发了《关于实施老年人心理关爱项目的通知》，并在全国试点开展老年心理关爱行动项目。2021 年 11 月中共中央、国务院印发的《关于加强新时代老龄工作的意见》，同年 12 月国务院印发的《"十四五"国家老龄事业发展和养老服务体系规划》，均明确要求开展老年痴呆防治和心理关爱行动，将老年心理关爱行动覆盖至所有县（市、区、旗）。

（二）加强养老机构心理健康服务的必要性

在我国，居家养老仍是主要的养老方式，但随着部分家庭养老功能弱化、养老观念转变，机构养老逐渐成为另一种重要的养老方式，对高龄或失能老人更是如此。"十三五"期间，养老服务体系不断完善，全国各类养老服务机构和设施从 11.6 万个增加到 32.9 万个，床位数从 672.7 万张增加到 821 万张，[②] 机构养老服务稳步推进。2021 年《"十四五"国家老龄事业发展和养老服务体系规划》对养老机构发展提出了新的要求，同时也强调提升养老服务中的心理健康服务水平，实施心理关爱行动。2024 年 1 月，国

---

① 《〈2023 年度国家老龄事业发展公报〉发布 截至 2023 年末，全国 60 周岁及以上老年人口 29697 万人，占总人口的 21.1%》，https：//www. mca. gn. cn/n152/n166/c16620049999800017 80/content. html，最后访问日期：2024 年 11 月 23 日。

② 《国务院关于印发"十四五"国家老龄事业发展和养老服务体系规划的通知》，https：// www. gov. cn/gongbao/content/2022/content_ 5678066. htm，最后访问日期：2024 年 11 月 23 日。

务院办公厅发布的《关于发展银发经济增进老年人福祉的意见》明确提出了增进老年福祉的若干建议，其中多处提到了养老机构对于积极应对人口老龄化的重要功能。

养老机构环境与一般居家环境存在明显不同。例如，养老机构中的老年人日常交往对象主要是同住老年人和机构工作人员；又如，养老机构有进出管理制度，是相对封闭的场域，与机构外人员和信息的交换频率较低；再如，机构中的老人更有可能接收到周围人患病或离世的消息。同时，养老机构在营养膳食、身体照护、参加文娱活动方面更有规律和保障。这些差异很可能导致老人在养老机构的生活适应和心理健康状况不同于社区居家老人，而目前关于养老机构老人心理健康的实证研究还比较缺乏。因此，非常有必要开展实证的调查研究，这对于完善养老机构服务规范，提升养老机构心理健康服务水平，保障机构老人生活质量和获得感有重要意义。

二　研究方法

（一）数据来源

本报告调查数据均为作者自行调查所得，共有 2 组独立样本。

样本 1：北京 5 家养老机构 322 位老人的心理健康数据。该样本重点考查机构老人心理健康状况和影响因素。样本年龄分布在 59~92 岁，其中男性 146 人，女性 176 人。平均年龄 76.3±6.5 岁，自评健康的平均等级为 3.41（5 点计分），处于中等水平。入住时间分布在 1~70 个月，平均入住时间为 30.40±16.18 月。16.8%的老人没有罹患慢性疾病，83.2%的老人罹患 1~14 种慢性疾病，其中罹患 1~2 种慢性疾病的占总人数的 60.4%。

样本 2：来自北京两家养老机构的 101 名老人（样本 2a）和来自社区的 1350 名居家老人（样本 2b）。该样本主要用于考查不同居住环境对老人心理健康的影响。

样本 2a：去除不完整数据获得有效数据 93 份。机构老人的年龄分布在 61~95 岁（平均年龄 79.78±7.86 岁），其中男性 42 名（占比 45.2%）。40%的老人文化程度在小学及以下，38.8%达到中学文化程度，21.2%具有大专及以上文化程度。72.05%的人婚姻状态为无配偶。该样本平均患有慢性疾病数目为 1.85±1.92 个。

样本 2b：去除不完整数据获得有效数据 1312 份。年龄分布在 61~96 岁，平均年龄为 71.76±7.06 岁，显著低于样本 2a（$t=-10.47$，$p<0.001$）。其中男性 528 名（占比 40.2%）。30.73%的老人文化程度在小学及以下，43.6%达到中学文化程度，25.67%具有大专及以上文化程度。22.68%的人婚姻状态为无配偶，比例显著低于样本 2a（$Z=-11.21$，$p<0.001$）。该样本平均患有慢性疾病数目为 2.42±2.17 个，显著高于样本 2a（$t=2.73$，$p<0.001$）。

（二）调查工具

1. 养老机构环境适应量表

该量表用于测量和评估老人在机构环境中的适应水平，共 13 个题目，分为四个维度：机构环境心理适应（指老年人在养老机构的内心安宁程度，例如在养老机构的心情比较愉快、不想烦心的事情、觉得养老机构比较安静等）；机构管理适应（指对机构管理和服务水平的适应程度，例如在机构中感觉户外活动比较自由，护工服务水平比较好，愿意参加机构组织的活动等）；机构居住环境适应（指老年人对养老机构的居住环境的适应程度，例如觉得居住条件比较好，觉得上下楼比较方便，对娱乐活动等比较满意）；基本需求适应（指在生理和安全方面的适应程度，例如适应机构的收费和服务水平，对饮食和医疗条件的适应等）。该量表采用 0~1 计分，总体内部一致性信度为 0.73。

2. 老年人抑郁量表

采用《老年抑郁量表 15 题版》（GDS-15）[1] 考察老年人近一周的心理

---

[1] 唐丹：《简版老年抑郁量表（GDS-15）在中国老年人中的使用》，《中国临床心理学杂志》，2013 年第 3 期。

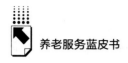
感受，专用于老年人抑郁的筛查。共 15 题，采用"是-否"作答，0~1 计分，该量表内部一致性信度为 0.75。在中国老年人中应用此量表时的筛查标准为：6 分及以上判断为有抑郁症状，8 分及以上被认为疑似抑郁症。

3. 老年人焦虑量表

采用《老年焦虑问卷中文版》（GAI-20）[1] 评估老人近一周的焦虑体验，共包含 20 道题，采用"是-否"作答，0~1 计分，总分越高，代表焦虑水平越高。该量表在中国社区老年人群中间隔一周的重测信度为 0.61，内部一致性信度为 0.94，与贝克焦虑量表（BAI）分数的相关为 0.58。在机构老人群体中得到的内部一致性信度为 0.87。分数大于等于 11 分判断为具有焦虑症状。

4. 生活满意度问卷

使用简版《生活满意度量表》，共 8 个题项，采用 0~1 计分，量表的内部一致性信度为 0.71。分数大于 5 分，表明生活满意度良好。

三 养老机构老人心理健康状况

在本报告中，机构老人心理健康状况的分析包括四个指标：机构环境适应、抑郁情绪、焦虑情绪、生活满意度。下面针对每一个指标，先做样本的总体情况分析，然后再根据年龄、性别、受教育程度、婚姻状况和入住时间等人口学变量做分组的对比和差异检验。结果发现，机构老人的环境适应总体良好，焦虑情绪水平不高，但抑郁症状检出率约为 25%~30%，约 60% 的机构老人生活满意度较好。此外，不同年龄、受教育程度、婚姻状况的机构老人在机构环境适应、抑郁情绪和生活满意度三个指标上存在差异，但没有发现性别上的差异。这些差异主要体现在以下方面。①随年龄增高，机构老人对基本需求的适应更为困难，尤其是 80 岁及以上老人，尽管如此，该组

---

① Y. Yan, et al., "Application of the Geriatric Anxiety Inventory-Chinese Version (GAI-CV) to Older People in Beijing Communities", *International Psychogeriatrics* 3 (2013): 517-523.

老人报告的生活满意度分数却是最高的；在抑郁症状检出率上，70岁及以上老人明显高于70岁以下老人。②受教育程度与心理健康指标的关系呈U形，小学及以下和大学及以上的老人心理健康水平更高，初中文化程度的老人状况最不乐观。③与配偶同住的老人心理健康状态最好；丧偶老人在基本需求适应方面面临挑战较大；离异老人抑郁状态最明显，且生活满意度最低。相较而言，70岁及以上、文化程度较低、离异的老人属于心理健康的脆弱人群，需要特别关注。

（一）机构环境适应状况分析

1. 机构环境适应总体良好，但基本需求适应的分数相对较低

样本1接受了机构环境适应量表的调查。机构环境适应包括四个方面：机构环境心理适应、机构管理适应、机构居住环境适应、基本需求适应。采用各维度均值表示四个方面的适应情况，分数越接近1表示适应程度越好。机构老人对机构环境的总体适应较好，其中环境心理适应、机构管理适应和居住环境适应三个方面得分都超过0.9，但在基本需求的适应维度仅得到0.5分。这说明老人住进机构后，在基本安全、饮食起居和医疗保障等方面陌生体验较强，或者期待高于现实情况，从而感受到明显落差。该结果提示，入住机构之后，老人很可能面临基本需求难以达到预期水平的问题；机构服务必须加强对老人基本需求满足的人性化和精细化水平。

2. 年龄、受教育程度、婚姻状况和入住时间影响机构环境适应

（1）随年龄增高，基本需求的适应更显困难

将调查对象分成三个年龄组：70岁以下（44人）、70~79岁（181人）、80岁及以上（97人）。如图1所示，从描述统计结果可见，在机构环境心理适应和机构居住环境适应两个方面，70~79岁组相对较低；机构管理适应方面，随年龄增加而呈现适应水平更高的趋势；在基本需求适应方面，反而随增龄呈现适应水平下降的趋势。与总体样本的分析一致，各年龄段都在基本需求适应方面表现最差。该结果提示，对高龄老人更应当关注基本生活和安全健康保障的服务质量。同时，环境心理适

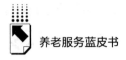

应与居住环境适应两方面得分和发展趋势几乎重合，说明二者之间可能
存在因果关联。

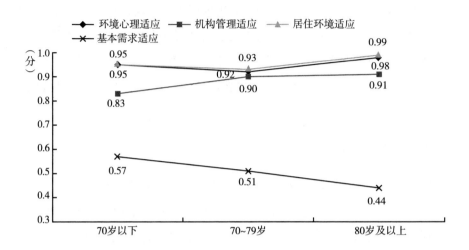

图1 不同年龄组的机构环境适应情况

（2）受教育程度在小学及以下和大学及以上的老人对机构环境的适应较好

依据受教育程度将调查对象分为小学及以下、初中、高中、大专、本科
及以上五个组，分别对机构环境适应的四个维度的得分进行描述统计和差异
分析。由图2可见，受教育程度与机构环境适应之间存在显著关联。受教育
程度达到大学以上的老人在环境心理适应、机构管理适应、居住环境适应三
个方面都表现最好；但受教育程度为小学及以下的老人在基本需求适应方面
表现最好。该结果提示，不同受教育程度的老人在机构居住时可能面临不同
的挑战；对于机构而言，面向不同受教育程度的老人提供服务时需要考虑到
不同的适应难点。

（3）丧偶和离异的老人对机构环境的适应面临更多挑战

对已婚同住、已婚不同住、离异和丧偶这四种婚姻状态的老人在机构适
应四个维度的得分进行描述统计，结果如图3所示。对于已婚老人而言，与
配偶同住的老人在各个方面明显都有更好的适应性。对于单身的老人而言，
丧偶的老人比离异的老人机构适应性表现更好一些，但在基本需求方面感受
最差。该结果提示婚姻状况明显影响老人在机构中的环境适应。不要忽视那

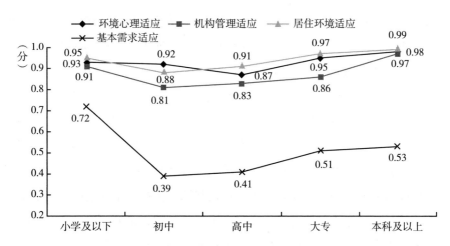

图2 不同受教育程度老人的机构环境适应情况

些有配偶但不同住的老人以及离异的老人，他们在环境适应的某些方面甚至可能遇到比丧偶的老人更大的挑战。

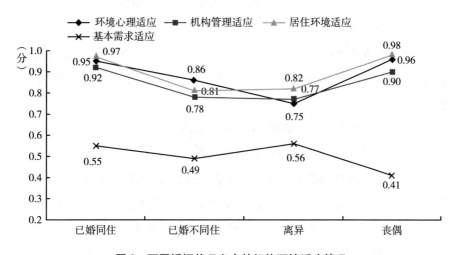

图3 不同婚姻状况老人的机构环境适应情况

（二）机构老人抑郁情绪状况分析

年龄、受教育程度和婚姻状况影响机构老人的抑郁情绪。①70岁及以

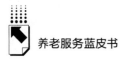
上机构老人抑郁症状显著。三个年龄组的抑郁情绪得分不存在显著差异，但抑郁症状检出率存在明显差异。70岁以下组抑郁症状检出率为15.9%，70~79岁组的检出率为27.1%，80岁及以上组的检出率为26.8%。相较而言，70岁及以上的机构老人抑郁症状更明显，而且远高于70岁以下组。②小学及以下和本科及以上两组老人抑郁情绪较低。受教育程度与抑郁情绪存在显著关联。小学及以下或者本科及以上的文化程度者，抑郁情绪最低，抑郁得分分别为3.63分和3.23分。初中文化程度老人的抑郁情绪得分最高，抑郁得分为7分。③离异老人抑郁情绪明显更高。不同婚姻状态的机构老人，抑郁情绪存在显著差异。离异老人的抑郁情绪最明显，高达8.38分。在已婚老人中，不与配偶同住的老人抑郁水平为5.9分，显著高于与配偶同住的老人的4分。

（三）机构老人生活满意度情况分析

1. 机构老人总体生活满意度略高于一般水平，近六成老人对生活感受良好

样本1的机构老人填写了生活满意度问卷，其结果显示机构老人生活满意度平均分为6.47±1.86分（满分为8分），得分大于6分的人数比例达到59%。说明，该样本中机构老人生活满意度整体较好，但仍有很大提升空间。

2. 年龄、受教育程度和婚姻状况影响生活满意度

（1）80岁及以上机构老人生活满意度更高

不同年龄组的机构老人在生活满意度分数上存在显著差异（$p<0.05$）。80岁及以上组的生活满意度得分为7.01分，显著高于70~79岁组的得分6.2分，但与70岁以下组的6.39分差异不具有统计显著性。

（2）受教育程度在本科及以上的机构老人生活满意度更高

受教育程度与机构老人的生活满意度存在显著关联（$p<0.001$）。各组之间两两比较均存在显著差异，不同文化程度五组老人当中，本科及以上受教育程度的老人的生活满意度最高，得分为7.27分；其次是小学及以下，得分为6.21分；分数最低的是初中受教育程度的老人，得分为5.19分。

（3）离异老人生活满意度最低

婚姻状况与生活满意度存在显著关联（$p<0.001$）。已婚且与配偶同住的老人生活满意度最高，得分为6.77分；其次是丧偶的老人，得分为6.46分；最差的是离异老人，得分仅为3.85分。

（四）机构老人焦虑情绪总体上处于较低水平

样本2a的机构老人接受了GAI-20量表对焦虑情绪的评估，总体平均分为1.08±2.37分，焦虑水平较低。以11分为临界值，焦虑症状检出率为2%。进一步考察年龄、性别、受教育程度、婚姻状况等变量对机构老人焦虑情绪的影响，结果发现，上述因素与焦虑水平的相关性均不显著（$p>0.05$）。

四 养老服务机构老人心理健康影响因素

本报告分别考查了机构化程度（包括是否居住在机构、入住机构时长）、子女联系紧密度、入住机构前是否了解机构、自评健康状况四个因素对机构老人心理健康的影响。主要发现如下。①居住在机构的老人比居住在社区的老人有更明显的抑郁情绪；入住时间15个月以内的老人对机构环境适应水平较低，抑郁情绪更强烈，生活满意度也更低。②子女探视频率更高的老人在基本需求的适应上更困难一些；子女探视和通话频率低于每月一次的老人，有更多的抑郁情绪和更低的生活满意度。③入住前对机构有了解的老人在机构环境适应方面更好，抑郁情绪也更少。④自评健康良好的老人对机构环境适应更好，抑郁情绪更低，生活满意度更高。

（一）机构化程度影响老人心理健康

1.居住在机构的老人比社区老人体验更多的抑郁情绪

为了排除个人背景因素造成的影响，将样本2a和样本2b进行严格匹配，挑选出 41 对人口学背景信息具有可比性的被试。这 41 对老人在性别、年龄、户籍种类、婚姻状况、文化程度上都是相同的（见表 1）。对两组样本的慢性疾病数目进行配对 t 检验，结果显示不存在显著差异 [$M_{机构}$ = 2.15；$M_{社区}$ = 1.71；$t\,(40) = -1.013$，$p>0.05$]。将抽取出的 41 个社区数据与原有的 1312 份社区数据进行对比分析，结果显示无论抑郁水平还是焦虑水平，抽取出来的样本都与总体无显著差异（$p>0.05$）。因此，抽取的社区样本在心理健康方面可以代表总的样本情况；同时抽取的社区样本与配对的机构样本在背景信息方面完全一致。对这两个匹配样本进行对比分析可以得到更为准确的结果。

表 1　41 对匹配样本的基本情况

分布特征		匹配对数	分布特征		匹配对数
性别	男	12	婚姻情况	已婚，与配偶同住	14
	女	29		已婚，不与配偶同住	0
年龄	60~64 岁	1		丧偶	27
	65~69 岁	3		离异	0
	70~74 岁	6		未婚	0
	75~79 岁	10	文化程度	不识字	12
	80~84 岁	12		私塾	0
	85~89 岁	7		小学	10
	90~94 岁	1		初中	6
	95 岁及以上	1		高中	5
户籍种类	农业	4		大专	6
	非农业	37		本科及以上	2

对表 1 显示的 41 对匹配样本的焦虑分数和抑郁分数进行了统计。配对样本 t 检验结果显示两组样本在焦虑水平上没有显著差异（$p>0.05$），但是抑郁水平仍然存在显著差异（$p<0.05$），机构样本抑郁分数（3.61±2.73 分）显著高于社区样本（2.39±2.10 分）。这说明，入住机构老人的抑郁水平高于社区居家老人。

2.机构入住时间15个月以内的老人抑郁情绪更高，生活满意度更低

根据样本1中322位老人入住机构时间（月为单位）的分布，以入住时间的平均数（30.40±16.18月）及正负1个标准差为分界点，将机构老人按入住时长分成4个组。分别是：<15个月（60人）、15~30个月（117人）、31~46个月（83人）、>46个月（62人）。对四组老人的机构适应各维度进行描述统计，结果见图4。总体上，入住时间越长，老人对机构环境适应越好，在15个月以后可以达到相对稳定的状态。

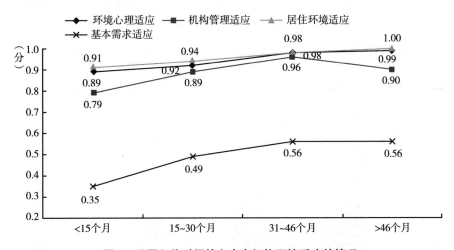

图4 不同入住时间的老人在机构环境适应的情况

利用样本1的机构老人数据，分析入住时间长短对抑郁和生活满意度的影响。通过单因素方差分析可以看出组间差异显著。在抑郁水平上，入住时间少于15个月的老人分数最高（平均得分5.33分），而在生活满意度分数上最低（平均得分5.53分）。

综上，可以看出：机构化的环境对老人的焦虑情绪影响不大，但会增加抑郁的风险；入住时间影响老人对机构环境的适应，总体上，入住越久，适应水平越好，尤其是在适应机构管理和基本生活需求两方面；15个月之后机构环境适应基本进入稳定状态，抑郁情绪会有所减弱，生活满意度有所提高。

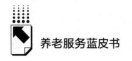

（二）子女联系紧密度影响机构老人的心理健康

1.子女联系更频繁的老人，在基本需求的适应方面挑战更大

首先对子女探视老人的频率进行分析，将探视频率分为四组：一周一次（105人）、两周一次（110人）、一月一次（91人）、更少（16人）。从图5可见，除了基本需求的适应，子女探视频率不同的老人在机构环境适应的其他三个方面基本相同。子女探视频率为一月一次或更少的老人，反而在基本需求的适应上表现略好一些。这个结果可能说明，子女比较关注老人的基本生活需求是否得到满足，若满足水平低，子女会愿意花时间看望老人；还有一种可能是，子女探视频率过高反而可能会妨碍老人对基本生活条件的适应。

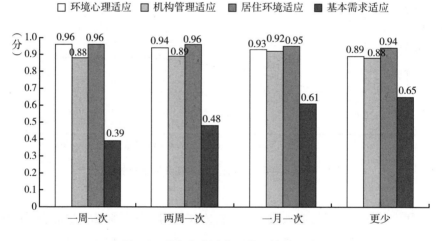

图5 子女探视频率与机构适应的关系

其次，对子女通话频率进行分析。共321人对此进行了作答，将通话频率也分成四组：1~2天一次（60人）、3~4天一次（109人）、1~2周一次（133人）、更少（19人）。从图6可见，子女通话频率低于2周一次的老人，对机构环境的心理适应和机构管理适应都更差一些，但在基本需求适应方面影响不大。这个结果说明，子女沟通的重要性在于能够帮助老人在心理上更好适应环境，也更容易适应机构的管理方式。

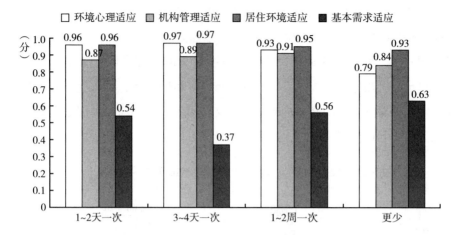

图6　子女通话频率与机构适应的关系

综合两方面分析可以看到，子女探视和沟通对机构老人环境适应起到的效果不尽相同。子女若与机构老人保持良好沟通，则对提升老人的心理适应和管理适应有帮助；若过多探视则可能不利于老人在基本需求方面的适应。

2. 子女联系不足每月一次的老人，抑郁情绪较高，生活满意度较低

从图7和图8可见，子女探访频率和沟通频率均与老人抑郁情绪和生活满意度显著相关。子女与机构老人之间的联系频率越低，老人的抑郁水平越

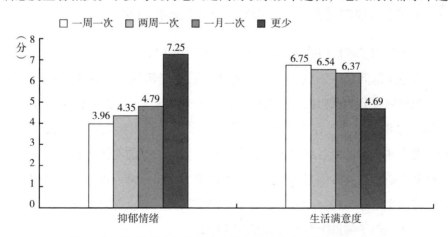

图7　子女探视频率与机构老人抑郁情绪和生活满意度的关联

高，生活满意度越低。尤其是对于探视频率低于每月一次、通话频率低于每2周一次的老人，他们的心理健康水平呈断崖式跌落。因此，若子女保持每月探望一次，每1~2周通话一次，对维护老人的心理健康有重要作用。该结果启示，机构应与老人的家属之间保持良好协同关系，一方面帮助子女或家属意识到保持联系的必要性和重要意义；另一方面调动和利用家庭资源帮助老人改善心理健康。

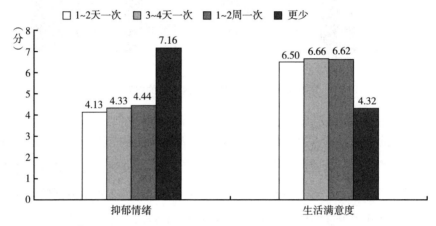

图8 子女通话频率与机构老人抑郁情绪和生活满意度的关联

（三）入住前是否了解机构影响老人的心理健康

1. 入住前了解机构的老人对机构环境的适应更好

样本1询问老人入住前是否了解所住的养老机构，共320人进行了作答，按照回答分为两组：是（263人）、否（57人）。从人数比例可知，本次抽样约82%的老人在入住前对机构有所了解。利用独立样本T检验比较两组老人在机构适应各维度上的得分情况，发现入住前对机构有所了解的老人在基本需求适应方面显著好于不了解的老人，在环境心理适应和机构管理适应方面也略好一些，而在居住环境适应方面与后者没有差别。

2. 入住前了解机构的老人抑郁情绪更低

入住前对该养老机构有所了解的老人，有更低的抑郁水平和更高的生活满意度。并且，相比于生活满意度，这种组间差异在抑郁水平上表现更明显。这说明，提前了解入住的机构可以让老人对机构产生较为合理的预期，并对即将遇到的环境变化提前做好生活准备和心理准备，这些预期和准备有助于老人适应和接纳新环境，从而降低失落感并减少抑郁情绪。该结果也启示，机构与家庭的协同工作应从老人入住前就开始。

（四）自评身体健康影响机构老人的心理健康

1. 自评健康良好的老人对机构环境的适应更好

样本1还询问了自评健康状况。图9显示，自评健康与机构环境适应的三个维度均存在显著关联，即环境心理适应（$p<0.01$）、机构管理适应（$p<0.001$）和基本需求适应（$p<0.01$），与居住环境适应（$p>0.05$）关联不明显。前三个维度表现出相同的趋势，即自评健康状况越好，老人的适应水平越高。

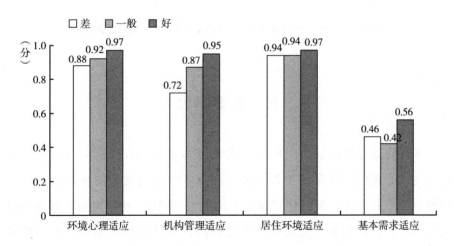

图9　机构老人自评健康状况与机构环境适应的关联

2. 自评健康状况差的机构老人抑郁情绪更高，生活满意度更低

图10显示，自评健康状况与机构老人抑郁情绪和生活满意度都存在显著关联（$p<0.001$）。自评健康状况越好的老人，抑郁情绪越少，生活

满意度越高。值得注意的是，自评健康状况差的老人抑郁情绪平均得分高达8.38分（高于临界值6分），生活满意度也低于5分。说明，自我感觉健康状况差是心理健康的重要风险因素，同时也说明身体健康与心理健康的紧密联系。

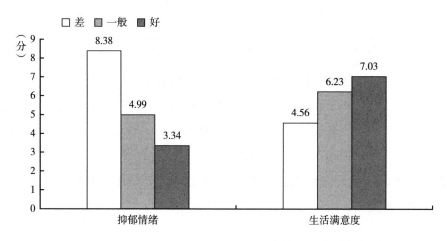

图10　机构老人自评健康状况与抑郁情绪和生活满意度的关联

五　对策建议

本报告通过对两组独立样本的机构老人进行调查和定量分析，发现机构老人心理健康状况主要存在如下问题。①机构老人的抑郁情绪是心理健康的主要问题，抑郁症状检出率为25%~30%。由于本报告样本的社会经济地位相对较好，受教育水平比较高，所以此检出率可能低估整体机构老人的抑郁状况。②机构老人的环境适应问题主要体现在基本需求满足方面，包括医疗、饮食、安全等。并且年龄越大，这种适应越困难。③机构中离异老人心理健康需要特别关注，他们的抑郁情绪更明显、生活满意度更低。④入住时间在15个月以内的老人更可能遭遇心理健康风险，他们的环境适应能力较弱、抑郁情绪更明显、生活满意度更低。

⑤入住前对机构不了解是入住后心理健康的风险因素。⑥子女与老人的联系频率带来的影响具有两面性：一方面，子女探视频率高可能意味着老人对机构基本需求适应存在困难；另一方面，子女沟通频率低可能会增加老人的抑郁情绪，降低老人的生活满意度。针对上述发现，为有效维护和促进机构老人的心理健康，提升养老机构的服务质量，本报告提出以下对策和建议。

（一）完善养老机构服务规范，重视抑郁情绪的预防和干预

应将专业化心理服务纳入养老机构服务规范。本报告揭示机构老人抑郁情绪较明显，且抑郁症状检出率约为 30%，抑郁水平显著高于居家老人。众所周知，抑郁是自杀的主要风险因素，因此必须高度重视抑郁情绪的预防和干预措施，将专业化心理服务纳入养老机构服务规范。具体可以从以下几方面展开。首先，机构管理者应重视老人抑郁问题，将心理健康服务纳入日常管理和考核评价体系中。其次，建立或共享专业的心理服务团队，包括心理健康管理者、心理咨询师、社会工作者等，为老人提供心理健康评估和动态监测，并根据评估结果，对机构老人提供分级的规范化心理服务。对于抑郁程度较轻的机构老人，开展心理健康科普宣传提升老人对抑郁情绪的重视，通过团体活动和互助小组帮助老人舒缓心理压力，增强心理韧性。对于有抑郁症状的老人，制定专业的心理干预方案，通过团体辅导和表达性艺术治疗活动进行干预。对严重抑郁情绪或疑似抑郁症的老人，要及时进行转接并做好危机预案。最后，定期开展对员工和家属的心理健康科普教育，让老人身边的人员都掌握基本的症状识别知识和助人技巧，在老人身边形成抑郁防护网。

（二）健全"机构—家庭"协作保护机制，提升养老机构心理健康服务水平

健全"机构—家庭"协作保护机制，是提升养老机构心理健康服务水平的重要举措之一。报告揭示，老年人在入住养老机构前对机构情况的了解

程度以及与子女之间的联系紧密程度，显著影响了他们对机构生活的适应能力、抑郁情绪和整体生活满意度。建立"机构—家庭"协作保护机制的核心在于实现信息的双向流动。养老机构可以通过定期与家属沟通，获取有关老年人性格特点、生活习惯和家庭背景的信息，这些信息对制定个性化护理计划至关重要。同时，机构应定期向家属反馈老年人在机构内的生活状态和心理健康状况，对于能够经常探视老人的家属，要常向家属了解老人在基本居住条件方面的需求，并适当提醒家属老人在适应机构环境方面的具体困难。这种双向沟通不仅有助于家属及时了解老年人的适应情况，也能让家属在心理支持和情感关怀方面发挥积极作用。本报告的结果显示，子女保持与老人的联系对维护老年人心理健康作用明显。养老机构可以定期邀请家属参与老年人的生活，增强老年人与家属之间的沟通。这不仅能增进老年人和家属之间的感情联结，还能使老年人在新环境中感受到更多的关爱和支持。针对那些无法定期探访的家属，养老机构可以利用现代科技手段，如视频通话、在线健康监测平台等，帮助老人保持与家属的密切联系。同时，为确保"机构—家庭"联络制度的有效实施，养老机构还应重视对员工的培训。员工作为日常照料和心理健康服务的直接提供者，必须具备良好的沟通技巧和同理心。通过专业培训，员工可以更好地理解老年人的心理需求，并以适当的方式向家属传递这些信息，成为机构和家庭之间的沟通桥梁。

（三）关注脆弱群体，保障机构老人生活适应和获得感

养老机构应在运营管理和心理健康工作中高度重视脆弱群体的需求，尤其应针对那些在机构环境中更容易出现心理问题的老年人制定并实施心理关爱策略。机构须深入了解脆弱群体的特点。本报告发现，70岁及以上老人出现抑郁症状的概率显著高于70岁以下老人；离异老人和受教育程度较低的老人生活满意度较低且更容易产生心理健康问题；身体健康状况较差的老人心理健康状况也令人担忧。因此，机构应根据这些特点，优化心理健康服务，确保关爱措施的有效性和针对性。

脆弱群体的心理健康问题通常源于三种基本心理需求的缺失：自主感、

能力感或价值感、关爱与情感联结。高龄老人可能因为需要更多的照护而失去自主感或价值感；离异老人可能因孤单而难以建立情感联结；身体健康较差的老人容易失去自主感和价值感；受教育程度较低的老人可能因自卑而感受不到他人的尊重和关爱。养老服务机构在关爱这些脆弱群体时，应结合他们的具体需求，设计相应的活动和关爱措施。例如，鼓励高龄老人参与日常生活的决策，增加自主感；为离异老人提供更多的社交机会，促进情感联结；为文化程度较低的老人设计易于学习的活动，增强自信心和成就感；为身体较差的老人提供适合的康复活动，帮助他们保持自主和健康。

重视机构环境对新入住老人带来的生活挑战和心理压力，帮助老人尽快进入环境适应的稳定期。本报告发现，入住 15 个月之内，老人环境适应和心理健康状况较差。可能的原因包括生活习惯、期望与现实的差距、新的人际关系等。养老机构的居住环境与老人原来的家庭环境差异较大，新环境的适应对老人而言需要时间和精力。尽管一些老人入住前对机构有所了解，但入住后的实际体验往往与预期有所不同，这也需要时间来调整心态。同时，与护理人员和其他老人的关系需要重新建立，这对老人来说是一个挑战。

因此，养老服务机构应积极采取措施，帮助老人尽快适应新环境，建立新的生活方式。首先，在基本需求方面加强对老人的支持，给予他们一定的生活自主权；其次，通过陪伴与沟通，帮助老人熟悉机构环境和服务；再次，允许老人对护理人员进行选择和调整；最后，促进老人之间的友谊，关注同龄人之间的关系，帮助他们融入新的社交圈子。通过这些措施，养老机构可以有效提升老人对新环境的适应能力和幸福感。

专 题 篇

B . 9
2024年养老事业和养老产业发展报告

赵 洁　王金浩　王 晶　张文博　曲嘉瑶*

摘　要： 随着我国进入老龄化社会，发展养老事业和养老产业、促进二者协同发展，已成为民政部门的重点业务方向。本报告从供需角度出发，尝试辨析养老事业和养老产业、老龄事业和老龄产业的内涵外延，以及这些概念与银发经济的关系。通过对我国养老事业和养老产业发展现状的梳理，本报告发现我国存在养老事业和养老产业的边界不清晰、支持发展的政策工具较少、供需不匹配、专业人才短缺、统计监测滞后以及尚未形成完整的产业链等问题。对此，本报告建议从顶层设计出发，加大资金特别是社会资本的支持力度，加强养老事业和养老产业数据统计体系建设，激发银发经济活力；

---

* 赵洁，民政部社会福利中心调研宣传部主任，主要研究方向为养老服务规划政策研究；王金浩，民政部社会福利中心调研宣传部干部，主要研究方向为居家和社区养老、养老产业等；王晶，中国社会科学研究院社会学研究所副研究员、社会工作和福利社会学研究室主任，主要研究方向为社会政策；张文博，中国社会科学研究院社会学研究所助理研究员，主要研究方向为长期照护、认知症干预；曲嘉瑶，北京市社会科学研究院副研究员，主要研究方向为老龄社会学、老龄公共政策。

厘清民政部门在发展养老事业和养老产业中的作用，为制定相关政策提供理论依据。

关键词： 养老事业　养老产业　银发经济

习近平总书记对发展养老事业和养老产业高度重视。2016 年 5 月 27 日，习近平总书记在主持中共十八届中央政治局第三十二次集体学习时强调："要着力发展养老服务业和老龄产业。"[①] 2016 年 10 月 11 日，中央全面深化改革领导小组第二十八次会议指出："养老服务业既是关系亿万群众福祉的民生事业，也是具有巨大发展潜力的朝阳产业。"[②] 2021 年 8 月 24 日，习近平总书记在河北省承德市高新区滨河社区居家养老服务中心考察时强调，"要推动养老事业和养老产业协同发展"。[③] 习近平总书记在党的二十大报告中再次强调，要"发展养老事业和养老产业"，并纳入"推进健康中国建设"的范围。[④] 2023 年春节前夕，习近平总书记通过视频连线看望慰问基层干部群众时强调，"要大力发展养老事业和养老产业"。[⑤] 党的二十届三中全会审议通过的《中共中央关于进一步全面深化改革、推进中国式现代化的决定》提出"积极应对人口老龄化，完善发展养老事业和

[①] 《习近平强调推动老龄事业全面协调可持续发展》，http：//cpc. people. com. cn/n1/2016/05/29/c64094-28387539. html，最后访问日期：2024 年 12 月 14 日。

[②] 《习近平强调：坚决贯彻全面深化改革决策部署　以自我革命精神推进改革》，https：//www.gov. cn/xinwen/2016-10/11/content_ 5117573. htm，最后访问日期：2024 年 12 月 14 日。

[③] 《习近平在河北承德考察时强调：贯彻新发展理念弘扬塞罕坝精神　努力完成全年经济社会发展主要目标任务》，https：//www. gov. cn/xinwen/2021-08/25/content_ 5633322. htm，最后访问日期：2024 年 12 月 14 日。

[④] 《习近平：高举中国特色社会主义伟大旗帜　为全面建设社会主义现代化国家而团结奋斗——在中国共产党第二十次全国代表大会上的报告》，https：//www. gov. cn/xinwen/2022-10/25/content_5721685. htm，最后访问日期：2024 年 12 月 14 日。

[⑤] 《习近平春节前夕视频连线看望慰问基层干部群众　向全国各族人民致以新春的美好祝福　祝各族人民幸福安康　祝愿伟大祖国繁荣昌盛》，https：//tv. cctv. com/2023/01/19/VIDEjuM8xtrRj8oLuJg7rwsw230119. shtml，最后访问日期：2024 年 12 月 14 日。

养老产业政策机制"。2024 年 8 月 26 日，国务院以"实施积极应对人口老龄化国家战略，推动养老事业和养老产业协同发展"为主题，进行第九次专题学习。这些重要论述为新时代养老事业和养老产业协同发展指明了方向。①

一　发展养老事业和养老产业

推动养老事业和养老产业的协同发展，尤其是从民政部门发展养老服务业的角度出发，需要首先厘清一些与养老服务和养老服务业相关的概念，以及从服务供需角度尝试对政府和市场在发展养老事业和养老产业中的角色与作用进行辨析。

（一）我国养老事业和养老产业发展历程

我国养老事业和养老产业发展可以分为孕育发展、体系化发展和迈向高质量发展三个阶段。

1. 1978～1999年孕育发展阶段

孕育发展阶段为改革开放初期到 1999 年。这一阶段我国养老事业快速发展，养老产业开始起步，在计划经济和市场经济"双轨制"的时代背景下，社会和市场作为养老服务供给主体开始进入养老服务体系。此阶段老年人作为一个特殊群体开始受到普遍关注，我国不断完善老龄工作机构、老年法规和养老机构管理规章建设，并在社区服务业之下正式提出了"养老服务"。养老事业得到快速发展，养老产业处于孕育期，养老服务主要由政府提供。

2. 2000～2012年体系化发展阶段

体系化发展阶段为 2000 年到 2012 年。这一阶段是我国养老服务体系的建设期，养老事业和养老产业快速发展，养老服务体系基本形成。此阶段养

---

① 《中共中央关于进一步全面深化改革、推进中国式现代化的决定》，https://www.gov.cn/zhengce/202407/content_6963770.htm，最后访问日期：2024 年 12 月 14 日。

老工作思路逐步完成从福利向服务的转型，养老服务对象大幅度扩容，养老观念开始被社会普遍接受，养老服务从内涵、内容到政策法规、技术标准、人员培养等均有长足发展，养老事业逐渐完成布局和建设，养老产业快速发展，养老服务由政府和各类市场主体共同提供。

3.2013年至今迈向高质量发展阶段

2013年至今为迈向高质量发展阶段。这一阶段是我国养老服务体系的完善期，"积极应对人口老龄化"上升为国家战略，养老服务体系正式形成。现阶段我国从国家层面大力推动养老产业发展，养老服务逐渐开始向多层次、多元化、专业化发展，产品与服务更加多样化、特色化，养老保障和养老产业市场化程度进一步提高，多元化的养老服务模式开始成熟。同时政府由养老服务的生产者转型成为规划者、购买者以及监督者，主要承担构建养老服务体制及相关法律法规体系、购买基本养老服务、监督养老服务质量和推动服务体系规范化等职责，养老产业全面发展，养老服务主要由各类市场主体提供，养老服务体系多元化发展的进程持续推进。

（二）养老事业和养老产业的概念阐释

近年来，习近平总书记关于发展养老事业和养老产业已有一系列重要讲话和重要指示批示，各地民政部门牵头印发了有关养老产业的省级政策文件，国家发展改革委也开始牵头推动发展银发经济。在此历史发展节点，有必要对"民政部门发展养老事业和养老产业"的历史方位加以认识和把握。本部分尝试借助对几组概念及其关系的梳理，更好地认识新时代政府职能转型与民政部门发展养老事业和养老产业的历史方位。

与养老服务相关的概念主要有"养老事业""养老产业""老龄事业""老龄产业""银发经济"等。这些概念的出现既与中国传统社会规范和养老服务阶段属性变化相关，也与中国老龄工作发展和老年人服务公共管理模式调整相关。

随着社会保障制度的建立与发展，尤其是随着劳动力市场参与率上升、平均预期寿命延长，生育率下降、家庭规模小型化等结构性问题凸显了作为社会共性需求的养老难题。养老功能的实现更多地超出家庭范围，从个体需求变成社会需求，进而转化成国家公共政策议题，逐渐突破国家对少数特殊群体福利性供给的视野，开始转向国家整体福利事业下面向有需求老年人提供的"社会福利服务"，也就是后来的"养老服务"。养老相关服务最初主要由政府提供，其依托载体主要是各类城乡福利机构。20 世纪 80 年代以后，依托"社区服务事业"的发展，以及转向社会化、产业化发展的探索，养老服务逐渐从社区福利服务业走向社区老年服务业。我国于 2006 年正式提出发展"养老服务业"，2013 年进一步将养老服务业的外延拓展到生活照料、产品用品、健康服务、体育健身、文化娱乐以及金融旅游等交叉领域，我国养老服务开始呈现出事业和产业双向发展的雏形。① 此后，养老服务体系建设逐渐从脱胎于福利制度的政府负责"事业"范畴向多元主体供给的"产业"范畴过渡，② 养老产业发展开始加速，形成了"养老事业"和"养老产业"。

在过去几十年的发展中，我国养老服务体系不断完善，养老服务业的服务对象也从传统老年福利对象普惠式地延伸至全体老年人口，"养老事业"的内涵和外延也发生变化，历经早期包括老年人在内的社区福利事业、老年社会福利事业、老年社会服务和基本养老服务等不同阶段。整体而言，养老事业指的是以政府为主提供的"为老年人提供生活照顾和护理服务、满足其生活需求"的基本养老服务和产品，主要针对老年人基础性的养老需要，具有公益性、普惠性、兜底性等特征。③

相对而言，养老产业是在养老事业发展到一定阶段、相应服务市场的供方和需方均具备一定基础之时产生的，其主要由市场或社会力量提供非基本养老服务和产品，主要满足个性化、高层次的养老需求，具有营利性、竞争性、多样性等特征。按照国家统计局《养老产业统计分类（2020）》做出

---

① 李璐、赵玉峰、纪竞垚：《人口老龄化背景下的老龄事业和产业协同发展研究》，《宏观经济研究》2020 年第 10 期。
② 李璐：《推动银发经济创新发展的基础、条件和路径》，《中国社会工作》2022 年第 14 期。
③ 邱超奕：《政府为主提供基本服务，市场、社会力量满足多层次需求 事业产业协同 养老服务更优》，《人民日报》2021 年 10 月 20 日。

的概念界定和分类范围，养老产业是以保障和改善老年人生活、健康、安全以及参与社会发展，实现老有所养、老有所医、老有所为、老有所学、老有所乐、老有所安等为目的，为社会公众提供各种养老及相关产品（货物和服务）的生产活动集合，包括专门为养老或老年人提供产品的活动，以及适合老年人的养老用品和相关产品制造活动。具体包括养老照护服务、老年医疗卫生服务、老年健康促进与社会参与、老年社会保障、养老教育培训和人力资源服务、养老金融服务、养老科技和智慧养老服务、养老公共管理、其他养老服务、老年用品及相关产品制造、老年用品及相关产品销售和租赁、养老设施建设等12个大类。

此外，老龄事业与老龄产业的发展也与国际社会人口老龄化趋势、中国老龄工作发展和老年人服务公共管理模式有关。在国际层面，联合国大会于1978年12月14日通过的第33/52号决议提出，随着老龄人口占世界人口的比重不断增长，有必要提请全世界关注老龄化这一严重问题；1982年，第一次老龄问题世界大会召开，会议形成第一份关于老龄化的国际文书，即《老龄问题维也纳国际行动计划》。与此同时，中国政府也开始关注人口老龄化问题。1982年3月经国务院批准，"老龄问题世界大会中国委员会"成立，并于同年维也纳老龄问题世界大会后更名为"中国老龄问题全国委员会"（1995年更名为"中国老龄协会"，专司老龄事业），随后全国各地普遍建立老龄工作机构，从问题透视角度开展老龄宣传和研究工作。

此后一段时期，全国各地针对老年人权益受侵害现象相继出台老年人权益保护地方性法规。1996年国家颁布的《中华人民共和国老年人权益保障法》规定，以60周岁为界，"保障老年人合法权益，发展老龄事业"。这既是我国第一部老年人权益保障法，也是第一部老龄事业促进法。1999年，我国60岁及以上人口达到1.26亿人，占总人口的比例超过10%，按照国际标准进入老龄化社会。① "成为问题"的老龄引起党和政府的高度重视，我

---

① 《60岁以上的老年人口达1.26亿：中国提前进入老龄社会》，https://news.sina.com.cn/society/1999-10-3/19281.html，最后访问日期：2024年12月14日。

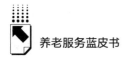

国于同一年成立全国老龄工作委员会，全面部署开展老龄工作、推进老龄事业发展。

与此同时，继1994年12月原国家计委、民政部等部门联合印发了《中国老龄工作七年发展纲要（1994—2000年）》之后，2000年8月，中共中央、国务院印发的《关于加强老龄工作的决定》，是党中央层面第一个加强老龄工作的文件，明确了老龄工作的指导思想、目标、任务、措施；国务院随即召开第一次老龄工作会议。2001年7月，国务院颁布的《中国老龄事业发展"十五"计划纲要》明确指出老年人的经济供养、医疗保健、照料服务、精神文化生活和权益保障等五大方面的突出问题和重要任务，并从建立社会保障体系、管理服务体系、精神文化生活与权益保障体系，以及老龄事业投入机制和老龄工作体系等方面提出老龄事业发展总目标。

整体上，老龄事业是政府为应对人口老龄化问题而开展的全面老龄工作，是包括法律法规和政策体系建设，人口老龄化状况和老年人生活状况调研，中长期发展规划制定，社会保障体系建设，医疗卫生服务、健康服务和养老服务体系建设，物质精神生活引导，敬老、爱老、助老社会风尚营造和年龄友好宜居环境建设等在内的综合性事业。养老事业则是老龄事业下的重要组成部分，主要涉及社会保障、生活照料、精神慰藉、特需服务等具体养老业务领域。

相应地，老龄产业也是在老龄社会需求升级、供给升温的条件下发展起来的。一方面是需求端老年群体结构变化带来的需求层次和消费能力提升，老龄产业作为家庭和老年人刚性需求的趋势不断显现，消费潜力巨大，将成为推动服务业高质量发展的领军行业。[1] 另一方面是供给侧在政策、市场和技术环境等不同层面的条件成熟：在政策层面，从2019年的《国家积极应对人口老龄化中长期规划》到《中华人民共和国国民经济和社会发展第十四个五年规划和2035年远景目标纲要》，由养老服务、老年用品、老年科技

---

[1]　李璐、赵玉峰、纪竞垚：《人口老龄化背景下的老龄事业和产业协同发展研究》，《宏观经济研究》2020年第10期。

产品、养老金融等各类产品和服务共同构成的老龄产业日益完善；[①] 在市场层面，老年用品制造业和服务业加快转型升级，科技化水平显著提升，老年地产、教育培训、文化娱乐、健康养生、旅居养老等融合发展的养老新业态不断涌现；在技术环境层面，无论是物理空间还是网络空间均在广泛融入适老化元素，"为老、便老、亲老"的老年友好型社会环境逐步形成。无论是政策、市场还是技术环境层面，养老产业都是老龄产业体系当中的重要内容。

近年日益受热议的银发经济不仅被列入积极应对人口老龄化国家战略，也在《"十四五"国家老龄事业发展和养老服务体系规划》（以下简称《规划》）中首次得到专章强调。因此，银发经济是为满足老年人和潜在老年人全方位生活需求的所有经济活动的总和及众多产业部门的集合。在这层意义上，银发经济和老龄产业（或老龄经济）在产业特性、服务内容和经济活动领域比较接近，其中，养老产业是非常重要的业务板块；但在客群对象上，银发经济同时面对当下的老年人口和未来的潜在老年人口，需要基于动态发展眼光来进行市场需求分析与供给安排。

按照《规划》要求，当前阶段发展银发经济主要包括发展壮大老年用品产业，促进老年用品科技化、智能化升级，有序发展老年人普惠金融服务等方面内容。"十四五"期间，国家将在京津冀、长三角、粤港澳大湾区、成渝等区域规划布局10个左右高水平银发经济产业园区；还将结合积极应对人口老龄化重点联系城市评选，在全国打造一批银发经济标杆城市，推进在服务业融合发展、制造业转型升级、新技术新业态培育方面的探索创新。

中央经济工作会议和国务院常务会议均强调发展银发经济，国务院办公厅于2024年1月15日印发的《关于发展银发经济增进老年人福祉的意见》是国务院办公厅2024年1号文件，同时也是我国首个支持银发经济发展的专门文件。该文件明确，银发经济是向老年人提供产品或服务，以及为老龄

阶段做准备等一系列经济活动的总和，涉及面广、产业链长、业态多元、潜力巨大。党的二十届三中全会审议通过了《中共中央关于进一步全面深化改革、推进中国式现代化的决定》。《党的二十届三中全会〈决定〉学习辅导百问》对"银发经济"进一步诠释，"银发经济是向老年人提供产品或服务，以及为老龄阶段做准备等一系列经济活动的总和。其中既包括满足老年人就餐、就医、照护、文体等事业范畴的公共服务，又涵盖满足老龄群体和备老人群多层次、多样化产品和服务需求的各类市场经济活动，比如发展老年用品、智慧健康养老、康复辅助器具、抗衰老、养老金融产品、老年旅游服务、适老化改造等潜力产业。发展银发经济是积极应对人口老龄化，培育经济发展新动能，提高人民生活品质的重要举措和必然要求"。因此，需要切实推动有效市场和有为政府更好结合，促进事业产业协同发展，加快银发经济规模化、标准化、集群化、品牌化发展，不断增进老年人福祉。

二 我国养老事业和养老产业发展现状

（一）养老事业充分发展

1. 各地政府高度重视发展养老服务工作

如河南省委、省政府高度重视养老工作，在全国率先建立了"五级书记抓养老"的工作机制。安徽省连续 10 年将养老服务列入省政府民生工程，连续 7 年列入政府目标管理绩效考核，连续 6 年纳入督查激励事项；省政府成立养老服务工作领导小组，形成党委领导、政府负责、民政牵头、部门协同、社会参与的养老服务工作体制。吉林、内蒙古、江苏、安徽、陕西等省份出台养老产业发展相关政策文件。

2. 逐步建立基本养老服务制度

中共中央办公厅、国务院办公厅印发推进基本养老服务体系建设政策文件，制定国家基本养老服务清单，重点针对老年人家庭和个人难以应对的失能、残疾、无人照顾等困难，明确基本养老服务是指由国家直接提供或者通过一定方式支持相关主体向老年人提供的，旨在实现老有所养、老有所依必需的基础性、普惠性、兜底性的服务。各地普遍结合实际将基本养老服务纳入本地区政府购买服务范围。

3. 加大资金支持力度

2012~2021年，中央财政累计投入359亿元支持养老服务设施建设，社区养老服务基本覆盖城市社区和半数以上农村社区，居家社区机构相协调、医养康养相结合的养老服务体系持续健全。[①]

4. 建立和完善老年人生活保障体系

健全完善老年人福利补贴制度。截至2023年末，全国享受高龄津贴的老年人3547.8万人，享受护理补贴的老年人98.5万人，享受养老服务补贴的老年人621.4万人，享受综合补贴的老年人66.7万人。贯彻落实《社会救助暂行办法》，将符合条件的1338.6万农村困难老年人及时纳入最低生活保障范围，388万特困老年人纳入政府供养范围。[②]

5. 着力补齐农村养老服务短板

中共中央、国务院印发的《乡村振兴战略规划（2018—2022年）》对提升农村养老服务能力、实施农村养老计划等作出部署。中共中央办公厅、国务院办公厅印发的《乡村建设行动实施方案》对完善农村养老服务设施、发展互助型养老等作出具体安排。民政部、农业农村部、乡村振兴局等部门制定农村养老服务领域政策文件。健全县、乡、村三级养老服务网络。截至2024年6月，我国共有1.6万个农村敬老院、168.1万张床位。农村互助养老服务设施约14.5万个。[③]

6. 强化失能老年人照护保障

国务院印发的《"十四五"国家老龄事业发展和养老服务体系规划》提

[①] 《中央财政累计投入359亿元支持养老服务设施建设》，https：//wuxijw. wuxi. gov. cn/doc/2022/09/22/3757073. shtml，最后访问日期：2024年12月15日。

[②] 《2023年度国家老龄事业发展公报》，https：//www. gov. cn/lianbo/bumen/202410/content_6979487. htm，最后访问日期：2024年12月15日。

[③] 《人间重晚晴！首份国家级农村养老总体部署暖心》，https：//www. gov. cn/zhengce/2024/06/content_6957125. htm，最后访问日期：2024年12月15日。

出到 2025 年实现养老机构护理型床位占比达到 55% 的目标，明确要求加大现有公办养老机构改造力度，提升失能老年人照护能力。2016 年启动长期护理保险制度试点，全国 49 个试点城市参保覆盖约 1.8 亿人，累计超过 235 万人享受待遇，累计基金支出超 720 亿元，提供服务的定点护理机构约 8000 家，护理人员接近 30 万人。①

7. 制定完善养老服务领域优惠政策

国家发展改革委、民政部、国家卫生健康委自 2019 年起实施普惠养老专项行动。发展改革委、人民银行支持开展普惠养老专项再贷款试点，降低养老机构融资成本。原国土资源部和自然资源部先后印发《养老服务设施用地指导意见》《关于加强规划和用地保障支持养老服务发展的指导意见》等，降低社会养老服务机构用地成本。财政部、民政部等部门联合出台税费优惠政策，对社区提供养老服务的机构给予增值税、企业所得税、契税、房产税和城镇土地税等税费减免。

8. 健全养老服务综合监管制度

国务院办公厅印发的《关于建立健全养老服务综合监管制度促进养老服务高质量发展的意见》要求构建权责明确、分工协作、透明高效的工作协同机制；修订《养老机构管理办法》，制定《养老机构行政检查办法》《关于加快建立全国统一养老机构等级评定体系的指导意见》等政策文件，指导各地开展养老服务质量综合评价工作；印发《养老服务标准体系建设指南》《养老和家政服务标准化专项行动方案》，发布《养老机构服务安全基本规范》《养老机构服务质量基本规范》《老年人能力评估规范》等国家标准；加快编制适老化改造服务机构、通用技术要求等居家适老化改造行业标准。目前，养老服务领域已发布实施 27 项国家和行业标准。相关部门深入开展打击整治养老诈骗专项行动、医养结合机构服务质量提升行动等，加强养老服务监管。

---

① 《国家医保局医药管理司负责人就长期照护师国家职业标准颁布工作答记者问》，https://www.gov.cn/zhengce/202402/content_6934996.htm，最后访问日期：2024 年 12 月 15 日。

9. 推动养老服务区域协同发展

京津冀、长三角地区、粤港澳大湾区共同制定和实施了一系列养老服务政策，包括养老服务标准、服务质量评价、服务设施建设等，以实现政策的一致性和统一性；加强了养老服务资源的共享，包括养老床位、护理人员、医疗资源等。通过资源共享，更好地利用资源，提高资源的利用效率，提升养老服务的质量；加强了养老服务项目的建设，包括养老院、护理中心、康复中心等；鼓励社会力量参与养老服务工作，引导社会资本投入养老服务领域。通过市场化和社会化的方式，推动养老服务的创新和发展；积极开展跨区域合作，推动养老服务的协同发展，通过合作交流，互相学习借鉴，共同提高养老服务水平。

（二）养老产业快速发展

党中央、国务院高度重视发展养老产业。《国务院关于加快发展养老服务业的若干意见》《国务院办公厅关于全面放开养老服务市场提升养老服务质量的若干意见》《国务院办公厅关于推进养老服务发展的意见》《民政部关于进一步扩大养老服务供给 促进养老服务消费的实施意见》等文件均对推动养老服务业高质量发展作出专门部署。2021年国务院印发的《"十四五"国家老龄事业发展和养老服务体系规划》聚焦养老领域突出问题和老年人群的多样化需要，明确基本养老、普惠养老、银发经济的发展目标、重点任务和支持举措，为社会力量进入养老服务业提供规划指引。国务院、国务院办公厅印发的《关于加快发展养老服务业的若干意见》《关于全面放开养老服务市场提升养老服务质量的若干意见》《关于促进养老托育服务健康发展的意见》等政策文件，从健全政策体系、扩大服务供给、打造发展环境、完善监管服务等方面促进养老服务健康发展。国家出台养老机构水电气热等按居民生活类价格执行、推进党政机关和国有企事业单位培训疗养机构转型为养老服务设施等专项政策。2019年以来，国家发展改革委、民政部等实施普惠养老城企联动专项行动，调动社会力量参与积极性，发挥中央预算内投资的引导带动作用，引导地方政府制定支持性"政策包"，带动企业提供普惠性

"服务包"，切实降低养老服务供给成本，推动养老服务提质增效。2022 年，国家发展改革委、中国人民银行设立普惠养老专项再贷款，支持金融机构向普惠养老服务机构提供优惠利率贷款，降低普惠养老服务机构的融资成本，推动增加普惠养老服务供给。修订《产业结构调整指导目录》（2024 年本），将"养老与托育服务"列为鼓励类行业。

2024 年 1 月 15 日，《国务院办公厅关于发展银发经济增进老年人福祉的意见》发布，这是中国首部银发经济政策。该文件重点提到，要聚焦老年人多样化需求，培育潜力产业，包括：强化老年用品创新、打造智慧健康养老新业态、大力发展康复辅助器具产业、发展抗衰老产业、丰富发展养老金融产品、拓展旅游服务业态、推进适老化改造。在七大产业领域之下，该文件还具体提到了细分行业和产品类别。如，在老年用品方面，细分产品包括功能性老年服饰鞋帽产品、适合老年人咀嚼吞咽和营养要求的保健食品及特殊医学用配方食品、适应老年人无障碍出行的车辆等；在智慧健康养老新业态上，该文件提到了发展健康管理类、养老监护类、心理慰藉类智能产品，推广应用智能护理机器人、家庭服务机器人、智能防走失终端等智能设备；在抗衰老产业发展上，该文件提到要加强基因技术、再生医学、激光射频等在抗衰老领域的研发应用，推动基因检测、分子诊断等生物技术与延缓老年病深度融合，开发老年病早期筛查产品和服务等。

（三）养老产业结构与规模现状①

我国养老照护服务、老年健康促进与社会参与组织比重较大，养老公共管理、老年医疗卫生服务类组织比重较小。图 1 呈现了十二种产业类型组织数量柱状图。首先，养老照护服务、老年健康促进与社会参与组织数量最

---

① 本部分从《全国企业信用信息公开系统》、《全国社会组织信用信息公示平台》和《机关赋码和事业单位登记管理平台》获取了养老企事业单位的相关数据进行分析。具体的处理和分析过程包括如下，本报告构建养老产业相关关键词库，将关键词库与企事业单位的名称与经营范围进行检索，把字段中包含相关关键词的数据进行提取，最终获取了 344605 条养老产业相关企事业单位的工商注册信息。

多，组织总量均超过 20 万家；其次，老年用品及相关产品销售和租赁、养老科技和智慧养老服务、其他养老服务等组织数量处于中间水平，组织总量分别约为 17 万家、11 万家和 10 万家；再次，养老设施建设、养老教育培训和人力资源服务、老年社会保障、养老金融服务、老年用品及相关产品制造等组织数量相对较少，组织总量分别约为 7 万家、6 万家、4.5 万家、4.2 万家和 3 万家；最后，老年医疗卫生服务和养老公共管理组织数量最少，组织总量均不足 3 万家。

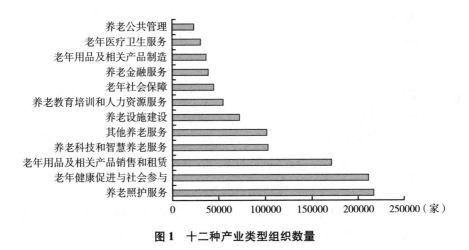

图1 十二种产业类型组织数量

在十二类养老产业中，企业占比最高，民办非企业、个体工商户次之，事业单位、社会团体占比最低。

一是养老金融服务、老年用品及相关产品制造、养老设施建设、养老科技与智慧养老服务、老年用品及相关产品销售和租赁等行业企业占比较高，其他行业企业比重相对较低。养老金融服务行业企业占比约为 97%，老年用品及相关产品制造行业企业占比约为 95%，养老设施建设行业企业占比约为 94%，养老科技与智慧养老服务、老年用品及相关产品销售和租赁等行业企业占比约为 90%，养老照护服务、养老教育培训和人力资源服务、老年健康促进与社会参与、其他养老服务、老年卫生医疗服务等行业企业占比约为 80%~85%。老年社会保障、养老公共管理行业企业占比较少，老年

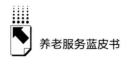

社会保障行业企业占比不足 30%，养老公共管理行业企业占比仅为 1%。

二是老年社会保障、养老教育培训和人力资源服务等行业民办非企业占比最高，其他行业占比相对较低。其中，老年社会保障行业民办非企业占比约为 32%，养老教育培训和人力资源服务行业民办非企业占比约为 11%，养老照护服务行业民办非企业占比约为 8%，老年医疗卫生服务、老年健康促进与社会参与行业民办非企业占比均不超过 7%，此外，其他行业民办非企业占比均不超过 3%。

三是老年用品及相关产品制造、老年社会保障等行业个体工商户占比最高，其他行业占比相对较低。具体看来，老年用品及相关产品制造、老年社会保障等行业个体工商户占比约为 10%，养老教育培训和人力资源服务、老年健康促进与社会参与行业个体工商户占比约为 5%，其他行业个体工商户占比均不足 3%。

四是老年社会保障行业事业单位占比最高，其他行业占比相对较低。老年社会保障行业事业单位占比约为 20%，养老教育培训和人力资源服务行业事业单位占比约为 5%，其他行业事业单位占比不足 3%。

五是养老公共管理行业社会团体占比最高，其他行业相对较低。具体看来，养老公共管理行业社会团体占比约为 96%，其他行业社会团体占比不足 4%。

老年医疗卫生服务行业养老组织正常运行的比重最高，养老金融服务、老年社会保障行业养老组织注销比重最高。图 2 报告了养老产业各行业的存续状态。

一是养老教育培训和人力资源服务、养老科技和智慧养老服务、其他养老服务、养老设施建设、老年用品及相关产品销售和租赁、老年医疗卫生服务等行业中养老组织正常运营的比重更高，占同类行业总量的 93% 以上，其他行业养老组织正常运营的比重均保持在 90%~93% 之间。二是养老金融服务、老年社会保障行业中养老组织的注销比重最高，占同类行业总量的 8% 以上，其他行业养老组织注销的比重均保持在 5%~7%。三是养老公共管理行业中养老组织的撤销比重最高，约占同类行业总量的 2%，其他行业养老组织的撤销比重均低于 2%。

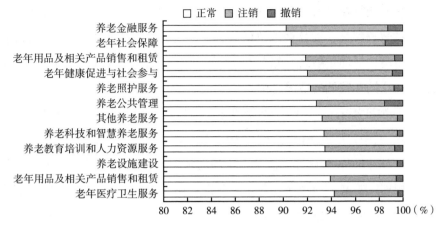

图 2 各行业存续状态

（四）我国养老服务需求现状

我国老年人口规模大，老龄化速度快。截至 2023 年底，我国 60 周岁及以上人口超过 2.9 亿人，占全国总人口 21.1%，其中 65 周岁及以上老年人超 2.1 亿人，占全国总人口 15.4%。[①]

目前我国老年人需求结构正在从生存型向发展型转变，养老事业和养老产业还存在发展不平衡不充分等问题，主要体现在农村养老服务水平不高、居家和社区养老服务不专业以及优质普惠服务供给不足等方面，推动养老服务体系供给侧结构化转型。尤其值得注意的是，与老龄化相伴而来的是高龄化。在进入老龄化社会的 20 年间，我国 80 岁及以上的高龄老年人绝对数量增加了两倍，"七普"数据显示，2020 年末我国 80 岁及以上的老年人达 3580 万人。[②] 高龄化的后果是失能或部分失能风险水平的大幅增加。较大的失能高风险人群规模给老年照护体系带来了较大压力。

---

① 《2023 年度国家老龄事业发展公报》，https：//www.gov.cn/lianbo/bumen/202410/content_6979487.htm，最后访问日期：2024 年 12 月 15 日。

② 第七次人口普查数据，https：//www.stats.gov.cn/sj/pcsj/rkpc/7rp/indexch.htm，最后访问日期：2024 年 12 月 10 日。

再从养老行业来看。我国养老服务起步较晚，养老服务队伍有"三低三高"的普遍特征，即社会地位低、收入待遇低、学历水平低，流动性高、劳动强度高、平均年龄高。养老人才普遍处于上升通道不畅、职业认同度偏低、自我认同感较低的境况之中。

截至 2023 年末，全国共有各类养老机构和设施 40.4 万个，养老床位合计823 万张。其中，注册登记的养老机构 4.1 万个，床位 517.2 万张（护理型床位占比为 58.9%）；社区养老服务机构和设施 36.3 万个，床位 305.8 万张。①按照《规划》要求，"十四五"期末全国养老床位将达到 900 万张，如加上各类社区养老服务机构、设施和居家服务所需护理员，养老护理员缺口更大。目前，从机构到居家，从管理者到护理人员，养老服务行业全线面临"用人荒"。

目前我国银发经济处在加快发展阶段，银发经济规模约 7 万亿，占同期GDP 比重约为 6%。预计到 2035 年，我国银发经济规模将达到 30 万亿元左右，占同期 GDP 比重约为 10%。②预计到 2025 年，我国 60 岁及以上老年人口数将达到 3 亿，占总人口的五分之一；到 2033 年将突破 4 亿，占总人口的四分之一左右；而到 2050 年前后将达到 4.87 亿，约占总人口的三分之一，老年人口数量和占总人口比例双双达到峰值。③将固有的以老年人口规模巨大为基础的潜在消费市场转化为以消费实力为基础的有效消费市场是问题的关键。从现在到 21 世纪中叶，中国既有全球规模最大的老年消费群体，又有全球规模最大的老年消费市场，为银发经济开辟了广阔的潜在发展空间。

三　发展养老事业和养老产业存在的问题

目前我国正处于市场化改革的"深水区"，立足新发展阶段、贯彻新发

① 《2023 年度国家老龄事业发展公报》，https：//www.gov.cn/lianbo/bumen/202410/content_6979487.htm，最后访问日期：2024 年 12 月 15 日。
② 《加快完善银发经济支持政策体系　重视科技第一动力作用》，https：//www.ndrc.gov.cn/xwdt/spfg/zfzjt/202401/t20240122_1363612.html，最后访问日期：2024 年 12 月 15 日。
③ 《到 2050 年老年人将占我国总人口约三分之一》，https：//baijiahao.baidu.com/s？id=1606511989488665367&wfr=spider&for=pc，最后访问日期：2024 年 12 月 15 日。

展理念、构建新发展格局面临诸多挑战，结构性调整压力大。在此背景下，我国养老产业的发展也会受到一定影响。总的来看，我国养老事业与养老产业的整体推进仍处于探索发展阶段，目前养老产业发展明显滞后于快速发展的老龄化社会现实。

（一）对养老事业和养老产业的边界认识不清

推动养老事业和养老产业的协同发展，首先需要厘清养老事业和养老产业的边界，这样才能明确政府、市场两大主体在事业、产业上的相应角色和作用。但是现阶段二者的边界并没有分清楚，哪些领域应该交给市场做，哪些领域应该交给政府做，还缺乏明确的共识。在实践当中，政府和市场的边界不清楚会带来很多危害。本来应该由政府履行监管义务，结果政府没有做好，产品泥沙俱下，损害了老年消费者的合法权益；而部分本该由市场进行经营的养老设施，由政府经营，结果扭曲了价格形成机制，破坏了市场公平。此外，过度产业化可能导致养老资源的过度集中，会加剧社会的不平等，也与我国养老服务体系"保基本、兜底线"的定位严重不符。只有养老事业和养老产业协调发展，才能解决中国的养老问题。

（二）对养老事业与养老产业的多元投入不足

一是财政投入有待强化。政府采购可以吸引更多的消费者购买养老产品与服务，从而形成庞大的供给规模，进而加快养老产业的发展。但我国当前仍面临公共财政引导动力不足的难题。其中，深层次的公共财政投入，以及投向占领未来老龄制造产业高端技术制高点的重大科技攻关项目的财政资金不足的问题亟待解决。二是市场主体参与活力不足。国有经济参与养老事业和产业的数量、质量不高；民营经济参与的意愿不强、环境条件亟待改善；社会组织参与的内容和方式单一狭窄。一方面，社会力量投入养老产业信心不足。养老产业是微利行业，养老服务设施前期投入大、收益率低、回报周期长。目前，引入社会力量缺乏长效机制，个别地方政府采购频繁更换服务主体，导致社会力量不愿意投入。另一方面，社会资本盈利能力较弱。以养老服务业为例，市场化运营利润低、短期盈利难，入住率普遍不高，导致养老机构收入锐减，运营困难。与此同时，部分社区养老设施也出现功能弱化、边缘化、自我造血能力不足等问题。三是养老产业发展扶持基金缺位。目前，我国养老服务企业融资困难、产业效益低，导致养老产业不能支撑养老事业的发展。养老产业整体上缺乏资金支持，国家层面对于养老产业的财政投入和政府扶持不足，导致养老产业竞争力及创新能力不足。以养老用品制造行业为例，现有养老用品制造业的市场化水平和产业化程度已持续提升，但与发达国家相比，养老产品种类相对匮乏，中高端产品的研发相对滞后，产业规模不大。由于缺少政府购买引导和产业发展基金、缺乏产品宣传推广平台，以及相关产业扶持政策不到位等，相关制造企业仍然运作艰难。亟须建立产业基金，发挥养老用品制造业等关键领域的带动作用，支持优质产品和企业发展。

（三）顶层设计与政策创新需加强

一是缺乏国家层面的养老服务立法。目前我国养老政策和法律体系不健全，已成为制约养老事业和产业协同发展的一大问题。二是专项养老规划部署有待加强。养老产业涉及产业领域众多，但政府的重视程度不够，导致目前仍缺少对养老产业发展规律的科学研究与判断，缺少前瞻性的专项规划与部署。在老龄社会到来与供给侧结构性改革的背景下，迫切需要将养老产业发展和国家产业结构优化与调整结合起来，整体统筹规划，加快制定养老产业的中长期发展规划，明确养老产业的发展阶段、发展目标及每个阶段的重大需求、重大工程与重大项目等。三是出台的政策数量多，但指导实践的具体政策措施落实不足。一方面的原因是政策的统合不足。以养老照护服务和老年医疗卫生服务为例，服务内容涉及卫生健康、民政、医保、发展改革等多个部门，在理念、政策、标准、监管等方面存在部门分割与政策碎片化问题，亟须实现部门联动与政策协同。另一方面的原因是许多政策措施只提出了原则性要求，仅能发挥引导作用，可落地性、可操作性欠缺。在具体落实基本养老服务过程中，在养老产业盈利模式尚不清晰的状况下，如何通过可落地的政策措施，做好普惠与成本之间的平衡，使市场主体能存活、能持续提供普惠性的养老产品与服务，依然是未解难题。

（四）养老事业和养老产业发展的供需不匹配

需求为产业发展提供持续动力。但我国养老产业发展面临供需不匹配的突出问题。我国老年人口的城乡、区域、年龄、健康、教育、收入等状况内部差异巨大，造就了多层次、多样化的养老消费需求。目前，养老市场即养老产业供给的对象主要是高端收入群体，政府服务即养老事业的目标则主要是基本养老服务对象。而在中端市场，面向人数众多的中等收入家庭的养老产品和服务依然供给不足，"纺锤形"的最优消费结构并未形成。这一方面是由于我国的养老支付制度仍不完善。目前，我国还没有构建起统一的长期护理保险制度，相关的商业保险体系也处于发展阶段，老年人的保障性收入较低，劳动收入渠道狭窄，收入来源单一，收入水平不高。主要的消费仍为基本生活开支和解决看病问题，用于购买养老用品和服务的支付能力有限。支付制度不完善，无法更好地分担个体的养老消费支出，导致需求不旺盛，从而影响市场主体的能动性。因此，各地要因地制宜，根据当地老年人的支付水平，提供价位适当的产品和服务，对于西部、农村等地区，需要养老事业发挥主导作用。另一方面是由于老年人的整体消费观念比较保守，多习惯于政府买单，付费购买养老用品和服务的意识不强，享受型与发展型消费支出较低。随着老年群体的世代更替，新一代老年人在受教育程度、收入水平、消费观念和消费意识等方面均会有一定程度的提升与发展。因此，在东部、城市等地区，可聚焦旅居养老服务、老年文化服务等新业态，进一步挖掘"60后""70后"中等收入老年群体的异地康养需求，激发老年人的消费潜能，推动养老产业发展。

（五）养老产业发展的市场环境较滞后

一是市场竞争不够充分。由于我国养老产业发展时间较短，且前期以政策引导为主，福利性与市场性长期并存，造成了养老产业本身的产业属性尚

未完全凸显，这将制约市场的公平竞争，影响养老产业的可持续发展。二是金融支持体系尚不健全。融资渠道单一已成为制约中小企业快速发展的原因之一。市场主体面临融资渠道较少、企业营收规模小、担保和抵押能力不足、贷款期限短、利息较高等问题。根据 2023 年中央金融工作会议精神，养老金融已成为金融工作的重要内容，未来，养老金融将在保障养老产业发展等方面发挥更大的作用。三是市场有效供给不足。目前，市场上主要的养老产品和服务是针对刚需群体的医疗、康复及照护服务，而其他板块发展十分有限。以养老用品行业为例，目前，老年保健品、康复辅具的制造及销售和租赁市场相对活跃，而老年食品、老年文体产品、老年智能与可穿戴装备等的制造和销售市场则发展较慢。

（六）养老服务专业人才不足的问题突出

一是从业人员结构不合理。养老服务人员整体年龄偏大，文化程度不高，专业知识不足、技能单一。从业人员中，养老护理专业人才严重缺乏。从事医疗、康复、护理的专业人才不足是面临的共同难题。此外，专业管理人员缺乏，以云南省昆明市为例，当地农村敬老院绝大多数是乡镇民政干部兼任法定代表人，无专职法定代表人。二是人员队伍不稳定。工资待遇低的同时，养老服务人员劳动强度大，工作责任大，社会认同度低，导致养老服务人员流动频繁。三是人才培训体系有待完善。首先，尚未建立全国统一的专业技术职业资格体系，培训主体、培训师资、培训课程课件、培训标准等尚缺统一规范。例如，培训机构不统一导致各机构无法相互认可对方颁发的证书。其次，培训资源有待进一步整合。部门协调联动不足等造成政企、校企、政校合作停留在浅层次，在培训基地建设、人才培养培训、师资引入与培养、课程资源开发等方面合作广度、深度不足。最后，在养老服务人才激励机制和奖补方面仍有所欠缺，多数地区未设立用于养老人才培养的专项资金。

（七）养老产业完整的产业链条尚未形成

虽然国家加大了对连锁化企业的培育力度，但缺乏带动力强，辐射面广的龙头企业和行业品牌，尚未形成产业链条长、覆盖领域广、经济社会效益显著的产业集群。一方面，养老产业整体的产业链条没有完全形成。养老产业的性质决定了要混业经营、融合发展，不同板块的产业领域互为支撑、互相配合，形成整体的闭环产业链条。但现阶段，我国的养老产业还处于初级发展阶段，产业内部及养老产业与其他产业之间的融合发展程度不足，上、中、下游的产业链条、产业布局还未形成，在一定程度上制约了养老产业的整体发展。另一方面，在养老产业的不同板块中，也存在着产业融合不足的问题。以养老设施建设行业为例，除了涉及土地、规划、建材、用品、装修等硬件设施外，还包括更核心的软件服务部分，包括投融资、咨询、方案设计、装饰、装修、维修、安全评估等，迫切需要充分发挥市场的作用，动员投融资、开发建设、部品供应、运营服务等中下游行业加强合作、互补互助，尽快形成完整的产业链条。

（八）综合监管体制机制尚未理顺

一方面，部门间的联动机制尚未形成，在一定程度上给养老服务的综合监管造成不利影响。在养老产业发展过程中，迫切需要监管部门发挥养老行业规则制定和监管督察的作用。[1] 养老产业涉及的行业领域众多，管理部门也很多，但各部门在理念、标准、监管等方面存在明显的政策碎片化现象，无法统筹指导市场主体的具体实践。

另一方面，市场监管依然比较滞后，老年用品产品和居家社区养老服务的标准，评估与监管体系仍未有效建立，在行业的健康发展和消费者权益保障等方面仍存在掣肘。以老年用品及相关产品制造行业、养老服务行业为例，由于缺乏相应的标准，粗制滥造，不但容易给消费者造成安全事故，还会给整个行业发展带来负面影响；养老服务行业发展所需的服务标准、评估与监管体系仍不完善，在服务质量评估、服务监督管理等方面仍然滞后于行业发展。

---

[1]　杜鹏、吴赐霖：《推动老龄事业与养老产业协调发展》，《行政管理改革》2023 年第 7 期。

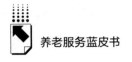
（九）养老产业统计监测体系亟须建立

缺乏完整、连续的产业统计数据已经成为制约我国养老产业发展的重要问题。养老产业统计数据既是国家调控制定产业发展规划、出台产业政策的决策依据，又是企业研判经济走势、制定发展战略的首要决策信息。国家统计局虽然已公布《养老产业统计分类（2020）》，但目前我国完整的养老产业统计监测体系尚未形成，在产业数据的搜集与获取、分析与对比方面存在障碍，导致养老产业发展处于信息不充分、投资开发前景不明的尴尬境地。我国迫切需要构建起具有中国特色的现代化养老产业统计监测体系，以科学测量养老产业的发展现状与规律，为养老产业健康、可持续发展提供科学依据。

四　发展养老事业和养老产业的对策建议

（一）加强顶层设计，完善政策措施

一是完善政策体系，加强部门协同。在制定政策的过程中，应明确政策执行的牵头部门，加强对政策落实的统筹协调。制定出台发展养老产业、运营主体专项政策，优化养老服务供需结构，鼓励养老企业开发更多符合老年人使用习惯的个性化适老产品，满足老年人更高层次物质精神需求。完善产业布局、产业结构政策，进一步扩大养老产业扶持政策的覆盖面。二是优化营商环境。支持社会力量参与养老服务设施建设和运营。定期公布现行养老产业扶持政策措施清单和养老产业投资指南，跟踪、评估市场准入有关政策落实情况，完善政策传导机制，鼓励各类市场主体参与养老服务供给。完善养老机构登记备案、材料审核、建设标准、服务规范等咨询、指导服务，建立健全"好差评制度"，加强评价结果运用，持续改进提升政务服务质量。

（二）加大资金支持力度，引导社会资本有序入场

一是加大政府财政投入力度。财政资金支持是发展普惠型养老服务的重

要资金来源，政府对养老服务财政支出的总额和效率直接影响养老服务的有效供给。随着老龄人口群体的进一步扩大，我国对养老事业和养老产业的财政投入，应按照老龄人口群体占我国总人口数比例规模，逐年提高财政投入比重。加大力度落实养老服务企业财税优惠政策。扎实做好养老服务财政预算编制工作，建立和完善中央与地方一般公共预算资金和福利彩票公益金共同持续稳定投入机制，落实政府对养老事业和养老产业经费的投入保障责任，促进基本养老服务区域均等化发展。政府在做好基本养老服务和重点人群保障的同时，要加强对养老服务市场主体的政策支持、资金补贴、供需对接、培育监管，逐步推动养老事业和产业从政府主导转化为市场主导。二是设立养老产业基金。建立政府引导、企业参与的养老产业基金，拓宽金融支持养老服务渠道，发挥对养老产业关键领域和重大项目的投资带动作用。鼓励商业银行和政策性银行出台针对养老产业的专项信贷政策，拓宽贷款抵质押品范围，提高对养老企业信贷投放的精度并加大力度。加强中小微企业政策性融资担保基金对养老产业的支持，明确具体的支持范围和操作流程。鼓励非银行金融机构通过信托、融资租赁等方式，加大对养老产业的融资支持力度。支持符合条件的养老企业通过上市、发行债券和资产支持证券等方式融资。鼓励风险投资、股权投资等机构加大对处于初创阶段、市场前景广阔的养老企业的投资力度。三是发挥养老金融支持作用。在国家层面进一步确立、完善养老金融的政策框架和方向，在考虑国家财政状况的基础上，以全局视角兼顾养老金第一、第二和第三支柱的发展规模和可持续性。放宽养老金的入市限制，为养老保险基金提供多元化投资的便利，进而提高其投资收益。多部门协作完善养老金融市场建设。证监会等金融监管机构应进一步强化对老年投资者的金融保护，解决老年投资者获取金融产品和服务时面临的信息不对称、风险不匹配等问题。研发普惠养老金融产品。用普惠金融的方式解决中小养老服务企业的融资难题。解决中小型养老企业在发展过程中因抵押物不足或贷款期限等原因而难以成功贷款的问题。

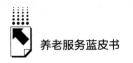

（三）激发银发经济活力

一是兴建养老产业园区。因地制宜，依托资源优势规划建设各具特色的养老产业园区。在生态良好、气候宜人、交通便利的地方，规划建设以旅游、休闲、养生为主的养老产业园区；在中医药资源丰富、优势明显的地方，规划建设以保健养生、医疗康复为主的养老产业园区；在老年人口集中、医疗资源丰富的城市或近郊，规划建设医养结合、以养老服务为主的养老产业园区。通过建设不同特点和各具特色的养老产业园区，满足老年人多元化养老服务需求。二是培育引进养老服务企业集团。可依据养老产业园区规划，积极开展专题招商，引进大型养老服务企业集团，提升养老产业建设水平。大力支持社会资本参与养老产业园区建设。加强养老产业园区管理，鼓励养老服务企业探索创新，建立现代企业管理体系，提高专业化、产业化程度，增强养老服务保障和调控市场能力，打造一批龙头企业和知名养老服务品牌。由政府牵头优化养老机构专业管理能力，加速培育连锁化、规模化、品牌化的标杆龙头企业，促进行业整体水平提升。发挥养老产业园区的引领带动作用，拉长产业链条，丰富养老产品和服务市场，提升服务管理水平，推动养老产业高质量发展。三是推动投资主体多元化。鼓励房地产、金融保险、医疗养生、文化旅游等领域的企业投资养老产业，参与发展老年生活服务、医疗康复、饮食服装、营养保健、休闲旅游等为老服务产业，开发老年保健、老年照护、老年康复辅具、老年住宅、老年宜居社区等产品和服务。四是发挥国有企业中流砥柱作用。以中央和地方大型国有企业领衔的国有康养企业承担使命，成为应对养老产业发展难题，解决资金、需求、供给、质量、产业发展之间复杂矛盾，推动康养产业健康发展的坚实力量。以国资康养产品平台为载体的康养集团正加速入市，推动康养产业快速发展。康养集团业务方向以保基本、供普惠为主，辅以社会化康养服务，整合全产业链带动地方康养产业全面发展与高质量发展。国资企业加速补齐普惠性养老服务供给短板，满足主流群体的养老需求。为贯彻落实积极应对人口老龄化国家战略，国有资本公司正发挥其功能作用，坚持以人民为中心的发展理念，服务广大工薪阶层，把发展普惠养老确立为公司重要战略方向，聚焦"推动培训疗养机构改革、发展城企联动普惠养老、培育孵化健康养老新兴产业"等，补齐康养服务供给短板。五是激发外资养老企业活力。通过多种措施支持外资参与养老服务发展，吸引更多优质境外资源投入养老服务领域，推动养老产业加快发展。加大招商引资力度，加强对入境外资养老企业的分类指导，及时向企业推送相关政策，通过中国国际进出口博览会和养老相关博览会等有序推动养老产业健康可持续发展。

（四）发展养老产业链条

一是发展居家和社区养老产业以及机构养老产业。进一步完善老年助餐服务相关政策措施，从资金政策上引导各地推进老年助餐服务工作，构建以助餐机构和社区养老机构为主体、其他社会力量为补充、信息化智慧化平台为依托的老年助餐服务体系，构建起覆盖城乡、布局均衡、普惠便民的城乡一体化老年助餐网络。以优质健康食品、适老餐谱为方向，发展适老化健康食品链。二是发展老年用品产业。完善老年用品产业政策，建立老年用品目录，促进优质产品应用推广。开展智慧健康养老应用试点示范，加强跟踪研究和督促指导，适时实施效果评估。对于具有独特功能或使用价值的老年用品，优先纳入升级和创新消费品指南。搭建宣传展示平台，为消费者提供便利化消费指导。加强对老年用品的宣传推介和消费引导，开展"孝老爱老"购物节活动，鼓励各大电商、零售企业在重阳节期间开展购物活动，通过线上线下联动，集中展示、销售老年用品，形成品牌效应和消费热潮，繁荣消费市场。三是发展智慧健康养老产业。充分发挥市场在资源配置中的决定性作用，强化政府在产业发展中的引导作用，加大政策支持力度，培育龙头企业，加强示范引领，推动政产学研用深度合作，突破产业发展的瓶颈，形成优势互补、协作共赢的产业生态。完善部际协同工作机制，完善标准制定、试点示范应用、公共服务平台建设等政策环境，加强产业分析监测研究和督促指导，协调推进重大事项。针对老年人的使用需求，推出具备大屏幕、大字体、大音量、大电池容量等适老化特征的手机、电视、音箱等智能产品。

鼓励企业持续优化操作界面，简化操作流程，提升智能产品人机交互体验。四是发展康复辅助器具产业。充分发挥市场在资源配置中的决定性作用，更好发挥政府作用，完善市场机制，激发市场活力，促进社会投资，进一步发挥社会力量在康复辅助器具产业发展中的主体作用。制定社区租赁服务试点产品目录和价格指导目录，明确服务申请、配置评估、服务提供、清洁消毒、投诉维权等各个服务环节工作要求。建立国家康复辅助器具产品服务信息平台，完善产品目录和配置指引，促进供需有效衔接。健全主体多元、覆盖城乡、方便可及的配置服务网络。及时研究制定全国统一的康复辅具配置评估标准。建立基本型康复辅具目录，目录产品满足中度、重度失能人员的普遍需求。成立老年用品进出口贸易有限公司，引进国外优秀康复辅具产品，利用我国工业产业集群优势生产质量可靠，便宜耐用，性价比高的老年用品对外出口。五是发展旅居养老产业。建立旅居养老产业服务体系，明确行业规范，明确旅居养老产业发展标准，制定促进旅居养老产业发展的行政法规和地方性法规，以及对旅居养老产业进行具体管理的规范性文件和行业标准等，构建完整的旅居养老法律保障体系。

（五）抓好养老产业人才培养

一是人才梯队建设。提高养老服务从业者的待遇。通过媒体的正向事迹宣传，赋予养老从业人员职业荣誉感。鼓励连锁化养老企业深度参与养老人才培养，在养老人才培训上对拥有实训基地的养老机构给予倾斜，让这些企业在职业培训和实习实训上发挥更大作用。二是加强人才交流合作。政府牵头，加强与学校、企业等相关单位的协作，优化大专院校养老相关专业的授课水平，打通毕业生就业渠道，鼓励开展产教融合，提高护理人员福利待遇，提高年轻人才投身养老事业的意愿。三是完善职业晋升通道。加强养老服务师职业资格制度建设，对优秀人才在居住落户、住房保障、子女就学等方面给予优惠政策。推动养老护理员职业技能等级认定工作，完善与养老护理员职业技能等级配套的薪酬激励机制。通过多种方式促进社会工作者参与养老服务，发挥专业社工力量在资源链接、危机干预等方面的作用。

（六）加强养老服务综合监管

一是在法律法规建设方面，加快完善养老产业在市场准入、经营规范、筹资机制、服务项目、监督监管等方面的制度建设，确保养老产业的发展有法可依。二是在企业监管方面，在政府深化"放管服"改革的基础上，进一步加强养老产业市场监管能力，推动事中事后监管方式创新，利用大数据、物联网等现代信息技术，对不同类型的经营主体、市场活动的风险加以评估，及时发现和应对区域性、行业性及系统性的风险，将有限的市场监管资源，优先配置到对高风险的经营主体和市场活动的监管上。三是在保护消费者权益方面，市场监管等部门要加强监管，严厉打击侵犯知识产权和制售假冒伪劣商品等违法行为，维护老年人消费权益，营造安全、便利、诚信的消费环境。

（七）做好养老产业数据统计

养老产业是新兴业态，数据是产业发展的基础，更是精准施策的关键。构建养老产业数据共享机制，建立养老产业数据统计平台。各级民政部门应当依托与国家大数据部门联合组织开展基本养老服务综合平台试点契机，打通全国养老服务信息系统、地方自建养老服务系统，形成养老服务基本数据集、老年人基本信息数据集、老年人健康档案基本数据集等，形成"数据采集—信息分析—政策完善"的闭环，促进养老服务供需精准对接，为有需求的老年人精准提供基本养老服务。地方民政部门联合市场监督管理部门对不同领域、不同类型主体投资所兴办的养老服务、老年用品生产等养老相关企业的注册信息定期及时进行数据共享，由县级以上民政部门逐级汇总上报至民政部。民政部门会同统计部门，建立养老产业专项统计平台，或在现行统计体系下增加养老产业数据统计指标项，以有效监测养老服务市场经济成效，提高服务水平，防范化解可能出现的养老风险隐患，维护养老服务市场秩序稳定。

B.10
2024年养老服务标准化建设报告

陈　曦*

摘　要： 随着我国逐步迈入老龄社会，养老服务快速发展，标准化对于养老服务领域进一步全面深化改革、推进中国式现代化具有重要技术支撑作用。当前，我国养老服务领域标准化工作机制已基本建立，标准体系不断健全，国家级标准化试点稳步推进，多项重要标准实施成效显著。但我国标准体系仍然不够适应当前养老服务发展形势趋势，居家和社区养老服务等领域的相关标准不完备，部分标准实施应用效果不够好，标准化工作机制与人才队伍仍存短板，与国际标准化水平间仍有差距。建议优化升级养老服务标准体系，提升标准编制质量和标准宣贯应用效果，健全标准化工作机制，提升人才队伍素质和专业能力，以全球化视野提升我国养老服务标准化国际影响力，贡献中国智慧。

关键词： 养老服务　高质量发展　标准化建设

一　背景和意义

（一）党中央、国务院对养老服务标准化工作提出新要求

党的十八大以来，以习近平同志为核心的党中央高度重视养老工作。习近平总书记指出，中国将积极实施标准化战略，以标准助力创新发展、协

---

* 陈曦，民政部社会福利中心标准化服务部副主任，高级工程师，主要研究方向为养老服务政策、标准化等。

调发展、绿色发展、开放发展、共享发展；加强质量支撑和标准引领，提升产业链供应链韧性和安全水平。《中共中央关于进一步全面深化改革、推进中国式现代化的决定》提出，健全国家标准体系，深化地方标准管理制度改革；以国家标准提升引领传统产业优化升级；完善发展服务业体制机制，完善支持服务业发展政策体系，优化服务业核算，推进服务业标准化建设，健全加快生活性服务业多样化发展机制。《国家积极应对人口老龄化中长期发展规划》明确提出，健全以居家为基础、社区为依托、机构充分发展、医养有机结合的多层次养老服务体系，多渠道、多领域扩大适老产品和服务供给，提升产品和服务质量。《中共中央 国务院关于加强新时代老龄工作的意见》明确提出，要建立老年人能力综合评估制度，评估结果在全国范围内实现跨部门互认。《"十四五"国家老龄事业发展和养老服务体系规划》明确提出，要加快建立全国统一的养老服务质量标准、等级评定与认证体系。《国务院办公厅关于推进养老服务发展的意见》要求，制定确保养老机构基本服务质量安全的强制性国家标准。中共中央办公厅、国务院办公厅《关于推进基本养老服务体系建设的意见》提出明确要求，建立老年人状况统计调查和发布制度，开展老年人能力综合评估，制定完善全国统一的评估标准，推动评估结果全国范围互认、各部门按需使用。《国务院办公厅关于建立健全养老服务综合监管制度促进养老服务高质量发展的意见》要求，要发挥标准规范引领作用，建立健全养老服务标准和评价体系，实施养老机构服务质量、安全基本规范等标准，引领养老服务高质量发展。《国家标准化发展纲要》把"开展养老服务标准化专项行动"明确为需要重点推动落实的5项专项行动之一，行动方案要求升级养老服务标准体系，开展居家养老服务、老年助餐等标准制定，建设养老服务领域标准化试点示范项目，强化养老服务标准实施应用。《贯彻实施〈国家标准化发展纲要〉行动计划》《贯彻实施〈国家标准化发展纲要〉行动计划（2024—2025年）》《养老和家政服务标准化专项行动方案》等一系列政策文件要求升级养老服务标准体系、加快建立全国统一的养老机构服务质量等级评价制度。党中央、国务院的决策部署为新时代养老服务标准化工作指明了目标方向、提供了根本遵循。

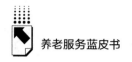

（二）养老服务标准化工作面临新形势新任务

2024 年是落实《中共中央关于进一步全面深化改革、推进中国式现代化的决定》以及《国家标准化发展纲要》《"十四五"国家老龄事业发展和养老服务体系规划》《养老和家政服务标准化专项行动方案》等政策要求的关键之年，中国特色养老服务体系建设进入了新时代。当前，我国正面临着人口老龄化的严峻挑战。截至 2023 年底，我国 60 岁及以上人口、65 岁及以上人口分别达到 2.97 亿人、2.17 亿人，对应人口占比分别为 21.07%、15.38%。① 按照联合国关于老龄化的划分标准，我国作为世界上老年人口规模最大的国家，已全面进入中度老龄化阶段，正在向重度老龄化社会迈进，养老服务成为积极应对人口老龄化的重要内容。

在人口老龄化不断加剧的大背景下，人们对养老服务的需求不断增加，不仅仅要求"养得起"，还希望"养得好"，对养老服务高质量发展提出更高要求。近年来，全国养老服务快速发展，服务机构和设施持续增长，融合业态不断涌现，但也暴露出了服务经验不足、服务质量不高、风险隐患仍然存在、居家和社区服务专业性不强、运营模式不成熟等一系列问题，现阶段养老服务的供给仍无法满足日益增长的养老服务需求。同时，经过多年探索发展，许多养老服务工作有益经验做法也亟待通过标准化形式固定下来，不断通过标准规范引领推广应用，不断加强顶层设计、健全工作机制，精准评估老年人服务需求，优化机构硬件配置和优质服务供给，加强服务质量跟踪评估监管，促进养老服务行业的成熟进步，更好助力新时代养老服务高质量发展。要科学精准把握养老服务标准化工作面临的新部署、新要求、新命题，完善养老服务标准体系，推动养老服务创新发展，提高养老服务标准化水平，就需要通过标准化手段规范养老服务行为，提升服务质量和管理水平，更好满足老年人多

---

① 《2023 年度国家老龄事业发展公报》，https://www.mca.gov.cn/n156/n2679/c1662004999 980001751/attr/360830.pdf，最后访问日期：2024 年 12 月 10 日。

样化、个性化的养老服务需求，使标准成为推动中国特色养老服务体系成熟定型的重要抓手。

二 养老服务标准化发展现状

（一）养老服务领域标准化工作机制基本建立

全国社会福利服务标准化技术委员会（SAC/TC315）（以下简称"标委会"）是经国家标准化管理委员会批准设立的，在全国范围内负责社会福利机构服务质量、环境等领域标准化工作的专业标准化技术委员会。基于社会福利领域标准化建设重点工作分工需要，第二届之后的社会福利服务标委会主要聚焦在养老服务领域，紧紧围绕加快养老服务事业产业协同发展，推动出台了一系列国家和行业标准，夯实了中国特色养老服务标准化建设工作基础。标委会依法依规制定工作章程、委员管理办法、秘书处工作细则等一系列制度文件，为全体委员履职尽责和发挥智库作用提供工作遵循。民政部养老服务司、社会福利中心和标委会共同确定了标准化协作规则，理顺了标准化工作流程，增强了工作合力。各省级民政部门结合实际建立了卓有成效的工作协调机制，30个省份建立了养老服务标准化技术组织或民政标准化技术组织，[①] 为地方养老服务标准化工作建立了组织和人员保障机制。

（二）养老服务领域标准体系不断健全

养老服务标准体系初步建立。2017年，民政部、国家标准化管理委员会联合印发了《养老服务标准体系建设指南》，从老年人自理能力、养老服务形式、服务、管理等四个维度，确立包含通用基础标准、服务提供标准、支撑保障标准等三个子体系的养老服务标准体系框架（见图1），并定期根据我国养老服务行业发展状况及国家标准、行业标准制修订情况，及时完善养老服务标准体系，更新养老服务领域已发布、制定中及待制定标准目录。

---

① 资料来源：民政部社会福利中心根据业务工作统计。

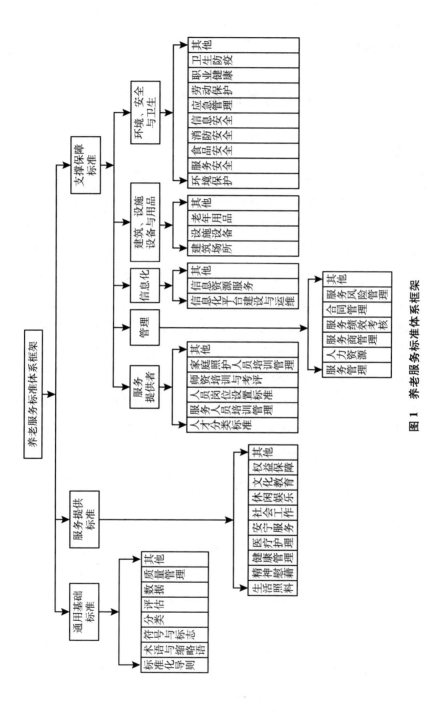

图 1　养老服务标准体系框架

养老服务标准不断丰富。标委会在民政部、国家标准化管理委员会的指导下，全面贯彻中共中央、国务院关于养老服务、标准化工作的决策部署，建立健全养老服务标准体系，提升养老服务标准供给能力。截至 2024 年 8 月，民政养老服务领域已发布国家标准 9 项、民政行业标准 26 项，日趋丰富完善的养老服务标准为规范化开展养老服务提供了有力支撑（见表 1）。

表 1　养老服务领域已发布国家标准、行业标准目录

序号	类型	名称	标准号
1	国家标准	养老机构基本规范	GB/T 29353-2012
2	国家标准	社区老年人日间照料中心服务基本要求	GB/T 33168-2016
3	国家标准	社区老年人日间照料中心设施设备配置	GB/T 33169-2016
4	国家标准	养老机构服务质量基本规范	GB/T 35796-2017
5	国家标准	养老机构等级划分与评定	GB/T 37276-2018
6	国家标准	养老机构服务安全基本规范	GB 38600-2019
7	国家标准	老年人能力评估规范	GB/T 42195-2022
8	国家标准	居家养老上门服务基本规范	GB/T 43153-2023
9	国家标准	适老环境评估导则	GB/T 44311-2024
10	行业标准	养老机构安全管理	MZ/T 032-2012
11	行业标准	老年人能力评估	MZ/T 039-2013
12	行业标准	老年社会工作服务指南	MZ/T 064-2016
13	行业标准	养老服务常用图形符号及标志	MZ/T 131-2019
14	行业标准	养老机构预防压疮服务规范	MZ/T 132-2019
15	行业标准	养老机构顾客满意度测评	MZ/T 133-2019
16	行业标准	养老机构老年人健康档案管理规范	MZ/T 168-2021
17	行业标准	养老机构社会工作服务规范	MZ/T 169-2021
18	行业标准	养老机构服务标准体系建设指南	MZ/T 170-2021
19	行业标准	养老机构生活照料操作规范	MZ/T 171-2021
20	行业标准	养老机构康复辅助器具基本配置	MZ/T 174-2021
21	行业标准	养老机构老年人营养状况评价和监测服务规范	MZ/T 184-2021
22	行业标准	养老机构预防老年人跌倒基本规范	MZ/T 185-2021
23	行业标准	养老机构膳食服务基本规范	MZ/T 186-2021
24	行业标准	养老机构岗位设置及人员配备规范	MZ/T 187-2021
25	行业标准	养老机构接待服务基本规范	MZ/T 188-2021
26	行业标准	养老机构洗涤服务规范	MZ/T 189-2021

序号	类型	名称	标准号
27	行业标准	养老机构服务礼仪规范	MZ/T 190—2021
28	行业标准	养老机构康复服务规范	MZ/T 205—2023
29	行业标准	老年人居家康复服务规范	MZ/T 206—2023
30	行业标准	老年人助浴服务规范	MZ/T 207—2023
31	行业标准	养老机构设施设备配置	MZ/T 215—2024
32	行业标准	养老机构服务安全风险评估指南	MZ/T 216—2024
33	行业标准	老年人居家环境适老化改造服务机构基本规范	MZ/T 217—2024
34	行业标准	老年人居家环境适老化改造通用要求	MZ/T 218—2024
35	行业标准	居家与养老机构适老产品配置要求	MZ/T 219—2024

资料来源：根据国家标准化管理委员会、民政部官网等相关业务工作数据统计。

标准应用成效愈发显著。民政部养老服务司、标委会联合通过现场检查、指标测评、专家评估等多种方式，推动国家标准和行业标准在地方贯彻落实。《养老机构服务安全基本规范》《老年人能力评估规范》《养老机构等级划分与评定》等基础性、支撑性国家标准在保障安全、规范服务、提高效率方面的作用日益显现，《〈养老机构等级划分与评定〉国家标准实施指南（2023版）》为养老机构提升服务质量、增强综合竞争力引领了方向，为地方开展养老机构等级评定提供了工作依据。一大批养老服务机构通过贯标达标，不断强化管理服务标准落实，迈上品牌化、连锁化发展道路。经过标准体系构建，养老服务标准体系涵盖基础通用、服务提供、支撑保障、评价与改进等多个方面，确保标准的全面性和系统性。标委会在标准体系建立之后根据养老服务发展趋势和实际需求，不断优化和更新标准体系，确保标准的时效性和适用性。标委会通过标准宣贯与培训，加强对养老服务机构和从业人员的标准宣贯与培训工作，提高他们对标准的认识和理解；通过举办培训班、发放宣传资料、在线学习等多种形式，确保标准得到有效传播和实施；推动养老服务机构将标准作为日常管理和服务的重要依据，确保服务质量和安全；同时建立健全标准实施监督机制，加强对养老服务机构的监督检查和评估工作，确保标准得到有效执行。

（三）养老服务领域标准与政策深度融合

《中共中央 国务院关于加强新时代老龄工作的意见》明确提出，要建立老年人能力综合评估制度，评估结果在全国范围内实现跨部门互认。《"十四五"国家老龄事业发展和养老服务体系规划》明确提出，要加快建立全国统一的养老服务质量标准、等级评定与认证体系。《国务院办公厅关于推进养老服务发展的意见》要求，制定确保养老机构基本服务质量安全的强制性国家标准。中共中央办公厅、国务院办公厅印发的《关于推进基本养老服务体系建设的意见》要求，建立老年人状况统计调查和发布制度，开展老年人能力综合评估，制定完善全国统一的评估标准，推动评估结果全国范围互认、各部门按需使用。《国务院办公厅关于建立健全养老服务综合监管制度促进养老服务高质量发展的意见》提出，发挥标准规范引领作用。建立健全养老服务标准和评价体系，实施养老机构服务质量、安全基本规范等标准，引领养老服务高质量发展。《贯彻实施〈国家标准化发展纲要〉行动计划（2024—2025年）》提出，建设养老和家政服务领域标准化试点示范项目80个，强化养老、家政服务标准实施应用。《养老和家政服务标准化专项行动方案》要求，升级养老服务标准体系，加快建立全国统一的养老机构服务质量等级评价制度。

（四）养老服务领域国家级服务业标准化试点工作稳步推进

自2009年以来，国家标准化管理委员会遴选养老服务领域国家级服务业标准化试点项目（见图2），不仅有效提升了养老服务的质量和效率，还促进了养老服务行业的规范化、专业化发展。在试点过程中，各地积极探索创新服务模式，引入智能化、信息化手段，提高了养老服务的精准度和便捷性。同时，加强对养老服务人员的培训和管理，提升了他们的专业素养和服务意识，为老年人提供了更加贴心、优质的养老服务。此外，国家级养老服务领域标准化试点机构还注重强化标准实施应用，通过定期评估、监督检查等方式，确保标准得到有效执行。针对试点过程中发现的问题和困难，及时总结经验教训，不断完善标准体系，为养老服务行业的持续健康发展提供了有力保障。随着国家标准化发展战略的深入实施和养老服务领域标准化工作的不断推进，国家级养老服务领域标准化试点项目将发挥更加重要的作用，引领我国养老服务行业向更高水平、更高质量发展迈进。

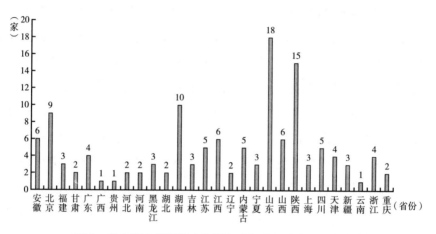

图 2　养老服务领域国家级服务业标准化试点机构数量

资料来源：根据国家标准化管理委员会相关工作数据统计。

三　养老服务领域重点国家标准实施应用成效

（一）《养老机构等级划分与评定》推荐性国家标准为养老机构划定等级线

2018 年 12 月 28 日，《养老机构等级划分与评定》推荐性国家标准（GB/T 37276-2018）正式发布，标志着全国统一的养老机构等级评定标准正式形成，全国统一的养老机构等级评定体系初步建立。随后制定发布了配合标准落地实施的《〈养老机构等级划分与评定〉国家标准实施指南（试行）》及基于实践应用修改完善的《〈养老机构等级划分与评定〉国家标准实施指南（2023 版）》，开展政策文件解读、组织全国层面培训班等一系列宣贯工作，培训对象包括省级民政部门养老服务处室和养老机构等级评定机构代表，赴北京市、河北省、辽宁省、江西省、广东省、新疆生产建设兵团等地实地参与养老机构等级评定及调研座谈，持续跟踪《〈养老机构等级划分与评定〉国家标准实施指南（2023版）》应用情况，更好指导地方科学开展等级评定工作。

（二）《养老机构服务安全基本规范》强制性国家标准为养老机构服务安全划定红线

2019年12月27日，《养老机构服务安全基本规范》强制性国家标准（GB 38600-2019）正式发布，设置两年过渡期，于2022年正式实施。该标准是我国养老服务领域的第一个强制性国家标准，对于防范、排查和整治养老机构服务中的安全隐患，推进养老服务高质量发展具有重要意义。标准发布以来，宣传推广手段进一步加强，主管部门已录制《养老机构服务安全基本规范》强制性国家标准及5项配套行业标准解读视频课，至今已有近10万人次的学习观看总量;① 针对标准核心"九防"服务内容单独设计制作系列宣传画，在民政官网和中国民政、中国社会报等部属媒体微信公众号对外发布。《养老机构服务安全基本规范》强制性国家标准是保障养老机构服务安全的红线标准，研究制定的配套评估指南，有利于各地对养老机构开展服务安全监督检查。该标准有力强化了养老机构"学标准、用标准"意识，实现了"以标促质"、"以标保安"，更好保障老年人合法权益。

（三）《老年人能力评估规范》推荐性国家标准为老年人能力评估划定基准线

2022年12月30日，《老年人能力评估规范》推荐性国家标准（GB/T 42195-2022）正式发布实施，意味着老年人能力评估首次从行业标准层面

---

① 资料来源：根据民政部门相关业务工作数据统计。

上升至国家标准，为科学划分老年人能力等级，精准匹配养老服务资源提供重要支撑。这一国家标准为丰富养老服务供给、优化养老服务管理、提升养老服务质量设置了红线底线，明确了基础线水平线，划出了等级线参考线，相关行业标准为国家标准更好落地提供了细化依据。民政部门编制标准实施培训配套教材《〈老年人能力评估规范〉国家标准解读与实施指南》，开发老年人能力评估信息系统及移动端评估工具，组建全国层面老年人能力评估培训师资团队，设计"2+1"理论及实操课程体系，开发线上理论和实操考试信息化系统，分别在四川成都、安徽安庆、山东龙口组织全国层面国家标准试点培训班，培养来自全国各省级民政部门、有关事业单位、行业协会、养老服务机构、评估机构等师资骨干，作为各省"培训火种"，培养更多一线评估人员。指导地方民政部门分阶段、分步骤开展老年人能力评估工作，接续支持指导天津、河北、辽宁、广东、重庆、新疆、福建、云南、江苏等10余个省区市开展老年人能力评估培训，建立本地区老年人能力评估培训基地和人才队伍，累计培训老年人能力评估师资骨干及一线评估人员4000余人，地方民政部门全面实施应用标准开展老年人能力评估工作。[①]

四 存在问题和工作建议

（一）标准体系不够适应当前养老服务发展形势趋势，需进一步优化升级

我国养老服务标准化工作经过近十五年的全面探索实践，取得了显著成效，但民政部、国家标准化管理委员会联合印发的《养老服务标准体系建设指南》距今已有七年，随着养老服务行业的快速发展和老年人需求的多样化，现有体系框架已难以满足实际需求；部分在研养老服务标准编制进度仍然偏慢、质量不够高，指导性趋于弱化。从标准体系是否科学完备、标准编制是否科学严谨、标准实施是否科学有力等维度审视，养老服务标准化工

---

① 资料来源：根据民政部门相关业务工作数据统计。

作的体制机制、体系框架、要素保障等仍然存在一些短板和突出问题。部分新兴服务领域如智慧养老、医养结合等缺乏相应的标准支撑，导致服务质量和安全难以保障。尽管已发布了一定数量的养老服务标准，但相对于庞大的养老服务市场和复杂的老年人需求而言，标准数量仍显不足，可操作性不够强，难以通过标准有效推动养老服务质量的提升。应优化升级养老服务标准体系，加强标准全生命周期管理，提升养老服务领域标准编制质量。多维度构建养老服务标准体系，在居家养老和社区养老服务、长期照护服务、智慧健康养老等领域更好强化标准引领作用。加强养老服务安全、养老机构应急处置及不同场景服务关键技术标准探索与研制，推动关键技术标准的突破和应用。加强标准编制和实施应用能力建设，建立有效的评价机制，加强养老服务机构试点示范，带动全行业对标先进、提质升级。加强养老服务领域团体标准、地方标准发布实施情况研究，推进实施情况较好的团体标准、地方标准升级为国家标准、行业标准，在标准编制过程中，力求更加广泛深入的开展实地调研和座谈研讨，广泛吸纳境外机构、外资企业代表的经验建议，全面提升标准编制质量。

（二）居家和社区养老服务等领域相关标准不完备、部分标准实施应用效果不够好，需进一步完善标准体系，加强标准宣贯

当前银发经济发展迅速，老年用品产业化、信息化、智能化、居家适老化改造等方面需求旺盛。文化、旅游、餐饮、体育、家政、教育、养生、健康、金融、地产行业结合老年人需求，催生出许多新模式与新业态。但是，现行养老服务标准体系对新业态养老服务内容涉及较少，养老服务与医疗护理、家政服务、旅居养老、康养服务、智能技术应用等相关行业融合发展的标准缺失。一些重要标准实施落地效果还不够显著，需要修订完善标准内容。在执行强制性国家标准过程中，重庆、四川、江西、贵州、广西、湖南等省份反映，由于基层民政部门人员编制不足，专业执法队伍缺乏，部分干部对开展执法存在畏难情绪，不会执法、不愿执法的问题依然不同程度存在。陕西、海南等省份反映，养老机构消防审验问题仍较为突出，对于因未办理不动产登记、土地规划等手续问题未能通过消防审验的，与住建、消防

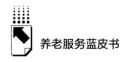

协力推动难度较大。对于硬件存在安全隐患的，经第三方评估后所需资金数额较大，难以在短期内整改完成。各地也普遍反映《老年人能力评估规范》推荐性国家标准的落地实施存在专项资金和技术保障不足，评估结果与人社、医保、卫健对接互认仍有一定难度等问题，现阶段培训老年人能力评估人才队伍、推进《老年人能力评估规范》推荐性国家标准落地见效较为困难。应进一步加强居家和社区养老服务领域相关标准研究制定和贯彻实施，聚焦县乡村三级服务网络、基本养老服务、长期照护、居家和社区养老服务清单、养老服务综合监管、养老服务新兴业态、人才队伍建设、适老化建设等重点领域，加速相应标准出台，增加标准制度供给，确保养老服务的关键环节、迫切领域、核心清单有标准支撑。充分吸收借鉴地方标准工作经验，将具备条件的地方标准上升为行业标准和国家标准。推动完善标准实施和执行评价体系，探索利用信息化数据化手段助力贯标，进一步加强标准化建设与政策法规实施的衔接配合，相互促进。提升标准科学性和适用性，强化标准实施与监督，加强标准复审与修订，推动标准与科技创新的深度融合，支持技术创新成果转化为标准，并引领新兴业态规范发展。建立健全养老服务认证体系，对符合标准的养老服务机构进行认证和标识，提高服务质量和公信力。此外，还应促进标准与产业发展协同，加强产业链上下游的协同作用，提升整个养老服务产业的标准化水平和竞争力。

（三）标准化工作机制与人才队伍仍存短板，需进一步完善机制、补齐短板

目前已有19个省份建立了省级养老服务标准化技术委员会，3个省份在省级民政标准化技术委员会下设养老分技术委员会或工作组，[①] 但仍有部分省份尚未建立养老服务标委会或民政标委会未下设养老服务标准化工作组，部分省级标委会秘书处作用发挥不够充分，没有标准化专职工作人员，对国家标准、行业标准宣贯推广不够到位。中央财政对养老服务标准化工作

---

① 资料来源：民政部社会福利中心根据业务工作统计。

经费投入不足，各级标委会秘书处日常工作主要从承担单位业务经费列支，存在一定审计风险。标准化人才队伍建设存在短板，专业水平有限，培养培训体系、职业能力评价和激励机制还不健全。宁夏、重庆等省份反映，个别养老机构管理人员思想认识有偏差，监管主体责任落实不到位，对于提升工作标准、强化服务规范等做得不够，研究得不多。河北、广东等省份反映，由于养老机构负责人及护理员文化水平普遍偏低、年龄偏大，存在对标准理解不够深入、把握不够精准的问题。应进一步健全标准化工作机制，全国标委会督促指导省级养老服务标委会全面建立，并科学有序配合民政部门、全国标委会开展标准宣贯和实施工作，组织全国层面养老服务标准化专业培训班，宣传养老服务领域最新政策、标准。加强全国标委会与地方民政部门、养老服务标委会沟通协作，通过定期组织专家讲座、开展实地调研、线上交流等活动，在养老服务标准体系建设、标准研制和实施应用等方面进一步深化协作。加强养老服务领域国家级服务业标准化试点单位经验分享。同时要加强养老服务标准化人才队伍建设。标委会是推进标准化工作的核心关键，承担着国家标准、行业标准起草和技术审查等具体重要工作，应进一步加强标委会自身建设，加强标委会专职人员及在编起草组专业培训，提升标准编写业务能力和审核水平。强化养老服务人才培训，通过组织养老机构管理人员示范培训、养老护理员线上培训课堂、养老护理员职业技能大赛、养老护理员国家职业技能等级评定等方式，以案释标、以案教学，帮助养老机构管理人员和相关护理人员全面了解标准要求、熟练掌握操作规程，全面提升养老服务机构从业人员的标准化专业技能、服务水平和整体素质，提高科学精准掌握运用标准的能力。

（四）养老服务标准距离国际标准化仍有差距，需进一步加强交流，提升国际化水平

我国距离推动养老服务领域国际标准制定、开展国内国际标准比对分析、参与国际标准化活动还有一定差距，尤其是在新技术、新服务模式不断涌现的背景下，中国的养老服务标准制定和更新速度无法完全跟上国际标准

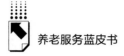
的步伐，部分先进养老标准可能尚未得到及时制定或修订，导致与国际标准存在差距。同时在精神慰藉、紧急救援和社会参与等满足老年人多元化需求方面国际标准已经积累了较多经验，而中国的标准体系尚需借鉴与完善。由于国情、法律和文化等方面的差异，中国养老服务标准的实施与监督可能与国际标准存在差异，导致服务质量的国际比较与评估较为困难，影响中国养老服务的国际竞争力和认可度。另外，我国也缺乏与国际组织或其他国家与地区的紧密合作，在养老服务国际合作与交流方面存在了解不深入和人才储备不足的情况。应加强国际对标与借鉴，完善标准制定与更新机制，密切关注国际养老服务标准的最新动态和发展趋势，及时对标国际标准，学习借鉴其先进经验和做法，鼓励国内养老机构积极参与国际标准化活动，提高中国在国际养老服务标准化领域的影响力和话语权。建立健全养老服务标准制定与更新机制，确保标准能够及时反映养老服务实践的需求和发展趋势，加强与科研机构、高校、行业协会等的合作，共同研究制定适应新时代要求的养老服务标准。针对老年人多元化需求，借鉴吸收已有成熟国际标准，不断扩大养老服务标准的覆盖范围，制定和完善相关领域的标准规范，特别是要加强在精神慰藉、紧急救援、社会参与等方面的标准制定工作，提高养老服务的整体水平。深化国际合作与交流，积极参与国际标准化活动，加强与国际组织、其他国家和地区的合作与交流，分享中国经验和做法，引进和借鉴国际先进经验，共同推进中国先进养老标准与国际标准接轨，推动养老服务国际化的进程，以全球化的视野推动我国养老服务标准体系的持续优化和提升，提高中国养老服务的国际竞争力和认可度，为构建高质量、可持续发展的养老服务体系奠定坚实基础。

B.11
2024年养老服务人才队伍建设报告[*]

赵 洁 李天骄[**]

摘 要： 随着我国人口老龄化程度的不断加深，高龄老年人规模和占比不断提高，失能失智老年群体不断扩大，养老服务的需求迅速增长。如何推动养老服务人才队伍建设，成为有效应对人口老龄化所面临的重大问题。本报告通过梳理国内外政策文件、研究文献，回收25个省6369份养老服务人才队伍建设情况调查问卷，以及对10家养老服务机构42位员工进行深入访谈、在北京与海南开展线上和线下调研等，深入了解我国养老服务人才队伍的结构、质量和工作情况。目前，我国养老服务人才队伍建设面临养老服务队伍职业体系尚待构建、职业发展前景不明、人才队伍整体素质有待提升、养老护理岗位缺乏吸引力、人才流失严重、缺少多层次多样化人才培养培训体系、法律法规对养老服务队伍保护不足等问题。为此，本报告提出如下建议：加强规划引领，加大财政支持力度；优化培养培训，完善职业发展体系；提高就业待遇，加强行业宣传；加强对非正式养老服务人才的管理；加强法律监管，推动行业发展。

关键词： 养老服务 人才培养 队伍建设

一 我国失能（失智）老年人规模与养老服务需求

我国人口老龄化形势严峻，尤其是80岁及以上高龄老年人比重大幅度

---

* 本报告引用"养老服务人才队伍建设研究课题报告"问卷数据，已获课题组负责人授权。
** 赵洁，民政部社会福利中心调研宣传部主任，主要研究方向为养老服务规划政策研究；李天骄，民政部社会福利中心调研宣传部干部，主要研究方向为养老服务规划政策研究。

提高，对我国养老服务体系建设提出严峻挑战。随着年龄增大，老年人出现身体、认知或精神障碍并导致生活自理能力下降的概率增加，对老年照护服务需求显著提升。根据 2008 年中国老年健康影响因素跟踪调查（CLHLS）数据，中国 65 岁及以上老年人中度以上失能率为 12.3%，其中，65~69 岁年龄组中度以上失能率为 4.0%，70~74 岁年龄组为 7.4%，75~79 岁年龄组为 13%，80~84 岁年龄组为 20.9%，85 岁及以上年龄组为 62.4%。[①] 2015 年，全国老龄办"第四次中国城乡老年人生活状况抽样调查结果"显示：我国失能、部分失能老年人大致 4063 万人，占老年人口 18.3%。[②] 随着人口老龄化程度的不断加深，失能老年人的规模将持续增加。与平均预期寿命不断延长相一致，我国无残疾预期寿命从 2015 年的 69.53 岁提高到 2030 年的 72.87 岁，2050 年进一步提高到 78.26 岁；但带残预期寿命比例从 9.6% 增加到 11.22% 和 14.54%，老年人带残生存期将从 5.78 年增加到 7.44 年和 11.45 年。与此同时，预计 2030 年我国失能老年人规模将超过 7700 万人，并且规模将持续增大，2049 年将接近 1.4 亿人（见图 1）。[③]

由于身体或精神原因无法独立生活的老年人需要他人提供各种服务，以确保能根据个人的优先选择保持尽可能高的生活质量，并享有最大可能的独立、自主、参与、个人充实和人类尊严。一般而言，老年人的养老服务需求主要包括生活照料服务、医疗护理服务、精神慰藉服务以及其他社会支持服务等。身体机能下降具有不可逆性，而老年人照护需求由身体功能性失能或长期疾病引发，因此需要较长时段甚至终身照护，具有长期性、不可逆转性等特点。从老年人照护服务提供者角度看，老年人照护服务可分为正式照护和非正式照护。正式照护是指基于法律政策，通过公共融资的方式向符合条件的申请者提供的照护服务，包括机构照护、居家照护以及其他对

---

① 曹信邦：《中国失能老人公共长期护理保险制度的构建》，《中国行政管理》2015 年第 7 期。
② 《第四次中国城乡老年人生活状况抽样调查发布》，https://www.rmzxb.com.cn/c/2016-10-10/1072319.shtml，最后访问日期：2024 年 11 月 23 日。
③ 郭帅、罗雅楠、郑晓瑛：《中国老年人口健康预期寿命性别差异多元变化趋势的研究：2020—2050 年》，《中华疾病控制杂志》2023 年第 2 期。

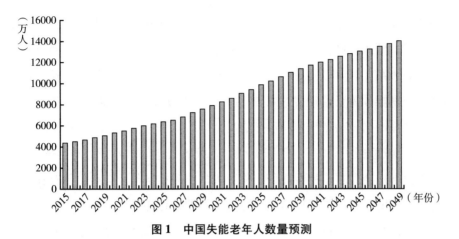

图1　中国失能老年人数量预测

资料来源：《中国疾病预防控制中心周报》。

照护服务提供者的支持行为，体现的是国家在老年照护中的责任；而非正式照护是指不受政府法律法规监管，并且多数情况下不付费的照护服务，主要是由配偶、子女或其他亲属以及志愿组织提供，家庭团结是非正式照护的核心。

当前，少子化、家庭规模小型化日趋明显，空巢、留守、独居、失能老年人持续增加，高龄失能老年人的长期照护性需求不断增加。受家庭结构变化、女性劳动参与率提高、传统养老文化式微等因素影响，以家庭成员为主要照护者的家庭养老（非正式照护）在养老服务体系中的作用受到挑战，社会养老服务在满足老年人照护服务需求方面的作用日渐突出。党和国家出台了一系列政策文件，推进社会养老服务建设取得显著成效，养老服务供给能力不断增强。《2023年度国家老龄事业发展公报》显示，截至2023年末，全国共有各类养老机构和设施40.4万个，养老床位合计823万张；共有两证齐全（具备医疗卫生机构资质，并进行养老机构备案）的医养结合机构7881家，医疗卫生机构与养老服务机构建立签约合作关系8.7万对。[①]

养老服务体系建设除了硬件建设外，还需要形成一支高水平专业化的养

---

① 《2023年度国家老龄事业发展公报》，https://www.mca.gov.cn/n152/n165/c166200499998 0001752/part/19820.pdf，最后访问日期：2024年10月11日。

老服务人才队伍，这是养老服务体系发挥作用的基础和关键所在，直接影响老年人照护服务质量和水平。养老服务是一个系统工程，要提供一个完整的养老服务体系，需要多层次、多元化、跨专业的人力资源支持和支撑。概括而言，养老服务体系建设和发展离不开"四支队伍"——养老服务机构管理人才队伍、养老护理员队伍、专业技术人才队伍、非正式照护者队伍（志愿者、家庭照护者等）。不同类型养老服务人才的培养渠道与培养模式、人才规模与社会需求、社会评价、从业人员心理预期与社会地位等存在一定的差异，需要针对不同类型养老服务人才的差异化特征，构建与之相匹配的制度体系。对于专业技术人员而言，有相对规范的人才培养体系和职业资格制度，当前面临的突出问题是如何吸引其加入养老服务行业；对于经营管理人才而言，突出问题是如何培养和打造一支懂养老、善运营、有情怀的管理人才队伍；对于志愿者等非正式照护者而言，关键问题是如何激励更多人参与养老照护服务，并不断提高其专业技能和水平；对于养老护理员而言，"三低三高"（社会地位低、流动性高；收入待遇低、劳动强度高；学历水平低、平均年龄高）是当前的基本特征，要着力解决养老护理人员数量与质量等问题。养老护理员队伍建设是当前我国养老服务人才队伍建设的短板，也是重中之重。

二 我国养老服务人才队伍的现状

（一）养老服务人才队伍建设顶层设计体系初显

2016年，习近平总书记在中央政治局第三十二次集体学习专题研究我国人口老龄化的形势和对策时讲话强调："要积极发展养老服务业，推进养老服务业制度、标准、设施、人才队伍建设。"① 近年来，随着我国人口老

① 《习近平强调推动老龄事业全面协调可持续发展》，http://cpc.people.com.cn/n1/2016/0529/c64094-28387539.html，最后访问日期：2024年12月15日。

龄化形势的日益严峻，按照党中央、国务院的统一部署，各部门大力推进养老服务人才队伍建设。在《中华人民共和国老年人权益保障法》《国务院办公厅关于推进养老服务发展的意见》《关于加快推进养老服务业人才培养的意见》《"十三五"国家老龄事业发展和养老体系建设规划》《"十四五"国家老龄事业发展和养老体系建设规划》等重要法规、政策和规划中，都有对推进养老服务人才队伍建设的明确规定。《关于开展2019—2020年家政培训提升行动的通知》提出，面向有意愿提升技能等级的家政服务员重点开展养老护理领域岗位技能培训。《人力资源社会保障部　民政部　财政部　商务部　全国妇联关于实施康养职业技能培训计划的通知》确定了到2022年底前培养培训养老护理员200万人次的发展目标。[①] 这些法规、规划和政策，为推进养老服务人才队伍建设打下了根基。

2022年，印发《民政部关于开展全国养老服务先进单位和先进个人表彰工作的通知》（民电〔2022〕24号），授予北京市第一社会福利院等99个单位"全国养老服务先进单位"称号，授予赵迎春等195名同志"全国养老服务先进个人"称号。[②]

2023年3月，民政部召开全国养老服务工作表彰暨养老服务人才队伍建设推进会议，号召全国养老服务战线广大干部职工向先进典型学习，要求各级民政部门要把加快推进养老服务人才队伍建设作为实施积极应对人口老龄化国家战略、推动新时代新征程养老服务高质量发展的重要支撑。

民政部、国家发展改革委、教育部等12个部门联合印发的《关于加强养老服务人才队伍建设的意见》，是我国首个关于养老服务人才队伍建设的综合性政策文件，首次提出以养老护理员为试点，完善养老服务技能人才职业技能等级制度，进一步明确了养老护理员等养老服务技能人才的技能等

---

① 《人力资源社会保障部　民政部　财政部　商务部　全国妇联关于实施康养职业技能培训计划的通知》，https://www.mca.gov.cn/n152/n165/c39204/content.html，最后访问日期：2020年10月23日。

② 《民政部关于表彰全国养老服务先进单位和先进个人的决定》，https://www.mca.gov.cn/n152/n165/c39244/content.html，最后访问日期：2023年3月29日。

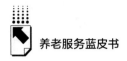

级、评价主体、评价管理、评价结果使用等关键性问题。

各地在政策设计和执行过程中结合实际情况，因地制宜地制定公共政策。如北京市根据自身老龄化程度较高，财政资源较为宽裕等条件，率先设立养老护理岗位奖励津贴制度、人才分类培训制度等，对从事养老服务工作的人才按照技能水平进行经济激励。河南省将人才培养同"加快社区居家养老服务体系建设"相结合，并创新式地推行了"人才培养专班"等措施。

2020年10月30日，南京中医药大学与江苏省民政厅签署合作协议共建全国首个本科及以上学历教育的养老服务与管理学院，在全国率先建立了养老服务管理专业本—硕—博人才培养体系，通过了首批6门核心课程标准等，构建了养老服务与管理学院、养老产业学院、养老服务与管理研究院三位一体的发展格局。2023年，江苏省专业技术人员职称工作领导小组正式印发《江苏省养老护理专业技术资格条件（试行）》，在全国率先建立养老护理职称体系，包括初级、中级和副高级三个层次，对应的名称为养老护理师、主管养老护理师和副主任养老护理师。2024年，宁夏回族自治区人力资源和社会保障厅印发《关于做好2024年职称评审工作的通知》，提出"全区养老护理专业评审，由自治区民政厅负责组建职称评审委员会"，标志着宁夏回族自治区养老护理从业人员可以正式参加职称评审工作。

（二）养老服务人才队伍建设人才吸引和培训体系不断完善

一是畅通养老护理员职业晋升通道。人力资源和社会保障部、民政部发布《养老护理员国家职业技能标准（2019年版）》，将养老护理员的职业技能等级由四个增至五个，[①] 对申报条件进行了较大调整。养老护理员队伍建设正逐步形成"不拘一格降人才""不看学历看能力"的良好态势。

二是指导各地建立养老护理员入职和岗位补贴制度。截至2020年底，北京、河北、辽宁、江苏、山东、贵州等6个省市建立了养老护理员省级入

[①] 《人力资源社会保障部　民政部颁布实施〈养老护理员国家职业技能标准（2019年版）〉》，https://www.gov.cn/xinwen/2019-10/16/content_5440676.htm，最后访问日期：2024年12月15日。

职补贴制度，太原、沈阳、大连等 34 个城市建立了市级入职补贴制度；内蒙古、江苏、山东、广西、陕西、贵州等 6 个省区建立了养老护理员省级岗位补贴制度，太原、丹东、吉安等 26 个城市建立了市级岗位补贴制度。①

三是营造关爱养老护理员的社会氛围。2021 年，民政部、人力资源和社会保障部联合举办全国养老护理职业技能大赛，128 名选手从全国 3.4 万名参赛养老护理员中脱颖而出进入决赛。② 2024 年 5 月，民政部首次联合人力资源社会保障部、中华全国总工会举办全国民政行业职业技能大赛，设置养老护理员等 5 个赛项。决赛期间，来自各省、自治区、直辖市和新疆生产建设兵团的 32 支参赛队伍 307 名参赛选手参加，展现了新时代新征程民政高技能人才奋发有为的理想追求。③

四是开展养老护理员职业技能评价。人力资源和社会保障部印发《关于改革完善技能人才评价制度的意见》，明确养老护理员可参加职业技能等级认定，实现技能提升。教育部开展"学历证书+若干职业技能等级证书"制度试点，遴选发布 300 个培训评价组织的 447 个职业技能等级证书，其中包括老年照护、失智老年人照护等养老服务与管理方面证书。④

五是积极利用经济手段建立养老服务人才激励政策。为了广泛吸引具有相关技能的人才参与养老服务工作，地方财政部门同其他相关业务部门合作，为相关人才提供经济补助，初步建立养老岗位奖励津贴制度，并在具体执行过程中按照养老服务人才的不同经历和不同技能实施差别化的补贴政策。例如北京市在全国率先设立养老护理岗位奖励津贴制度。此外，积极鼓

① 《民政部对"关于加强养老服务人才和职业教育投入的建议"的答复》，http：//www. liang qing. gov. cn/zwfw/bmfw/jypx/zyjy/xgyj/t5907014. html，最后访问日期：2024 年 6 月 24 日。

② 《全国养老护理职业技能大赛在南京圆满落幕　5 名优秀选手荣获一等奖，将被授予"全国技术能手"称号》，https：//www. mca. gov. cn/n152/n164/c36578/content. html，最后访问日期：2024 年 12 月 10 日。

③ 《全国民政行业职业技能大赛闭幕》，https：//www. mca. gov. cn/zt/n2815/n2818/c16620049 99979999846/content. html，最后访问日期：2024 年 12 月 10 日。

④ 《关于政协第十三届全国委员会第四次会议第 3562 号（教育类 277 号）提案答复的函》，http：//www. moe. gov. cn/jyb_xxgk/xxgk_jyta/jyta_zcs/202205/t20220510_626375. html，最后访问日期：2024 年 12 月 15 日。

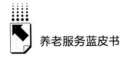

励毕业生参加养老服务工作，按照学历的不同设立入职奖励，体现出对技能人才的尊重。

三 养老服务人才队伍基本情况问卷调查

为深入了解全国养老服务人才队伍建设情况，并为更好地制定养老服务人才队伍建设政策提供科学依据，提升养老服务人才队伍能力素质和技能水平，课题组开展了面向全国的养老服务人才队伍建设问卷调查，并对其中部分养老服务机构工作人员进行了深入访谈。本次问卷调查的对象是从事养老服务行业的工作人员，共收回有效问卷6259份，涉及26个省（区、市）。以下图表数据来源于本次问卷调查。

1. 女性占比居多

参与本次问卷调查的养老服务人员共计6259人，其中男性占比28.41%，女性占比71.59%（见图2）。

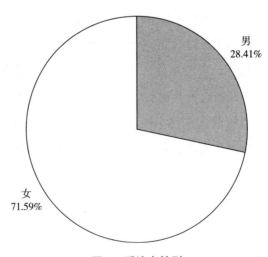

图2 受访者性别

2. 学历水平普遍偏低

从养老服务从业人员的受教育程度来看，大专学历的从业人员数量最多，占比达到 27.05%，其次是初中学历（占比 25.18%）、高中学历（占比 17.06%）、本科学历（占比 12.83%）、职高或中专学历（占比 10.98%），研究生及以上学历的最少，占比仅有 0.48%。

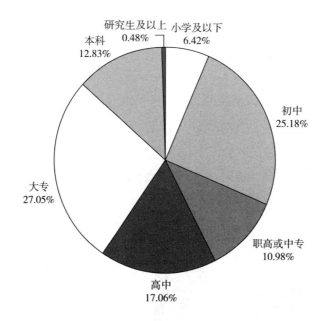

图 3　受访者学历情况

3. 近一半人员所学专业与养老无关

在"专业与养老服务是否相关"方面，有 3527 名受访者表示相关，占比 56.35%；有 2732 名受访者表示不相关，占比 43.65%。

在"工作的部门或机构类型"方面，受访者大多在农村敬老院（占比 29.83%）、城市社会福利院（占比 23.57%）、民办非企业单位（占比 17.49%）、民营企业（占比 16.46%）等部门或机构工作。

4. 受访者主要为养老护理员和管理人员

在"工作岗位"方面，受访者主要从事的岗位是养老护理员（占比 42.82%）和院长或其他管理人员（占比 31.55%），而从事心理咨询师（占比 0.27%），老年人能力评估师（占比 0.51%）岗位的人员最少。

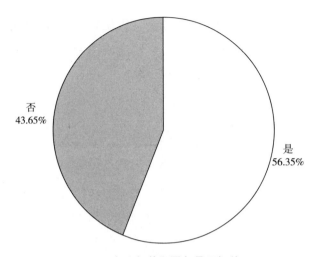

图4 专业与养老服务是否相关

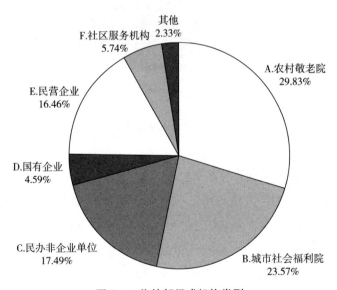

图5 工作的部门或机构类型

5.受访者大多为合同制人员

在"聘任方式"方面,913人是编制人员,占比14.59%;4400人是合同工,占比70.30%;710人是临时工,占比11.34%,236人选择其他,占比3.77%。

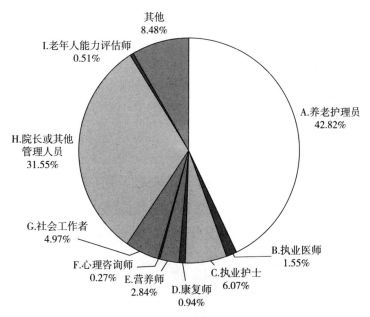

图 6　工作岗位

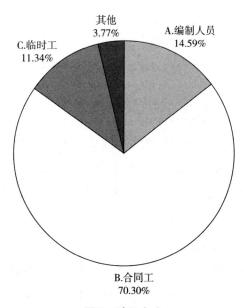

图 7　聘任方式

6. 平均工资水平偏低

在"税后月平均工资"方面，17.73%的受访者选择 2000 元及以下，35.68%的受访者选择 2001~3000 元，24.88%的受访者选择 3001~4000 元，12.13%的受访者选择 4001~5000 元，5.58%的受访者选择 5001~6000 元，4.01%的受访者选择 6001 元以上。

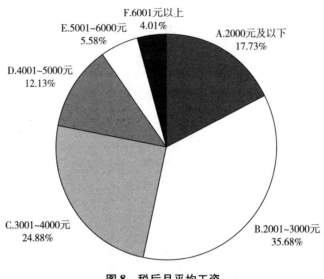

图 8　税后月平均工资

7. 大部分受访者对收入不太满意

在"对自己收入是否满意"的问题上，有 625 人表示非常满意，占比 9.99%；有 1400 人表示比较满意，占比 22.37%；有 2576 人表示一般，占比 41.16%；有 966 人表示不太满意，占比 15.43%；有 692 人表示不满意，占比 11.06%。

8. 有五险一金待遇的偏多

在"单位是否缴纳五险一金或给予生活补贴"的问题上，4031 名受访者表示有五险一金（有任一种即可），占比 64.40%，847 名受访者表示有生活补贴或津贴，占比 13.53%；1290 名受访者表示没有任何保险和补助，占比 20.61%；513 名受访者表示不清楚，占比 8.20%。

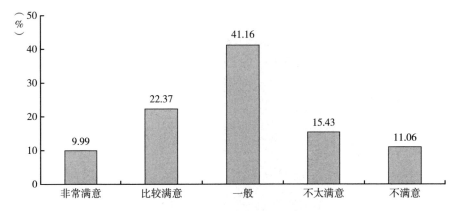

图 9　对自己收入是否满意

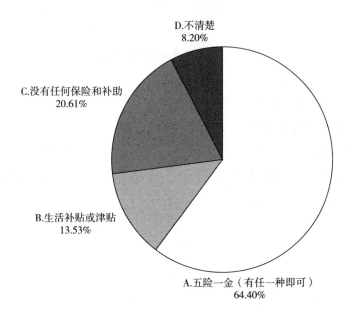

图 10　单位是否缴纳五险一金或给予生活补贴

9. 大部分受访者从事养老服务工作得到家人支持

在"家人是否支持您的工作"方面，1951 人表示非常支持，占比 31.17%；1469 人表示比较支持，占比 23.47%；2523 人表示支持，占比 40.31%；316 人表示不支持，占比 5.05%。

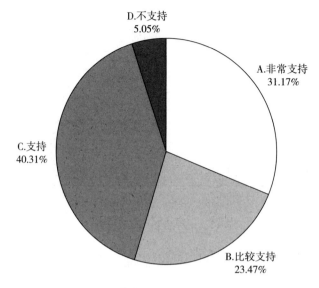

图 11　家人是否支持您的工作

10. 超过半数服务方式为集体照料

在"服务老年人数量"方面，144人选择一对一服务，占比2.30%；555人选择服务2~4人，占比8.87%；759人选择服务5~7人，占比12.13%；1169人选择服务8人及以上，占比18.68%；3632人选择集体照料，占比58.03%。

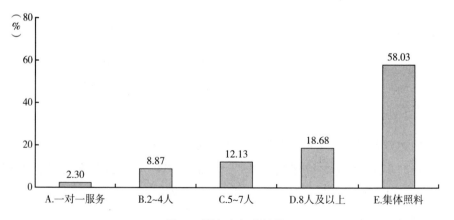

图 12　服务老年人数量

11. 近三分之一人员表示工作量有些重

在"对工作量的评价"方面，793 名受访者表示非常重，占比 12.67%；1992 名受访者表示有些重，占比 31.83%；3396 名受访者表示适中，占比 54.26%；63 名受访者表示较轻，占比 1.01%，还有 15 人表示非常轻，占比 0.24%。

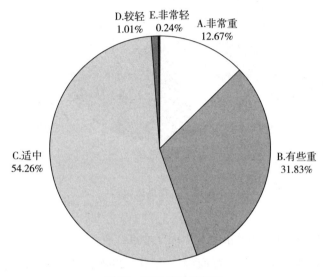

图 13 对工作量的评价

12. 大部分受访者从事生活照料工作

在"工作具体内容"方面，有 55.28% 的受访者选择生活照料（清洁/睡眠/饮食/排泄等）；46.25% 的受访者选择安全保护（协助正确使用轮椅等/对老年人进行扶抱搬移/预防老年人意外事故等）；33.30% 的受访者选择技术护理（给药/观察/消毒/冷热袋使用等）；40.60% 的受访者选择护理记录；25.04% 的受访者选择常见病护理；21.76% 的受访者选择康复护理（配合特殊老人运动/开展常用疗法/指导老人使用健身器材等）；40.85% 的受访者选择行政管理工作（机构运行和人员安排）；37.11% 的受访者选择心理服务（陪护聊天、下棋等）；11.39% 的受访者选择其他。

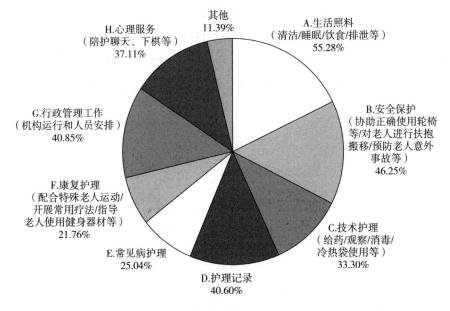

H.心理服务
（陪护聊天、下棋等）
37.11%

其他
11.39%

A.生活照料
（清洁/睡眠/饮食/排泄等）
55.28%

G.行政管理工作
（机构运行和人员安排）
40.85%

B.安全保护
（协助正确使用轮椅
等/对老人进行扶抱
搬移/预防老人意外
事故等）
46.25%

F.康复护理
（配合特殊老人运动/
开展常用疗法/指导
老人使用健身器材等）
21.76%

E.常见病护理
25.04%

D.护理记录
40.60%

C.技术护理
（给药/观察/消毒/
冷热袋使用等）
33.30%

图14　工作具体内容

13. 受访者选择工作的最主要原因是地点合适

在"选择这份工作的主要原因"方面，2396人表示收入比较稳定，占比38.28%；3030人表示工作地点合适，占比48.41%；2418人表示爱好，喜欢和老年人相处，占比38.63%；1407人表示为了生存，当作谋生手段，占比22.48%；911人表示与所学专业相符合，占比14.56%；2698人表示认为养老服务工作有发展前景，占比43.11%，201人选择其他，占比3.21%。

14. 超三分之一人员每天工作8～10小时

在"平均每天工作时长"方面，843人选择8小时以下，占比13.47%；2346人选择8～10小时，占比37.48%；856人选择10～12小时，占比13.68%；1017人选择12小时以上，占比16.25%；1197人表示不分时间，随叫随到，占比19.12%。

15. 大部分人员持有养老护理资格证书

在"是否获取养老护理资格认证证书"的问题上，3378人表示有证书，占比53.97%；2804人表示没有证书，占比44.80%；77人表示没听说过，

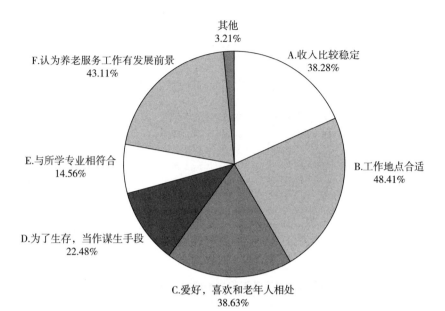

图15 选择这份工作的主要原因

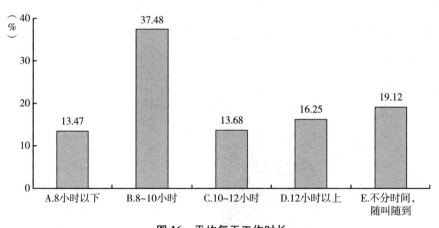

图16 平均每天工作时长

占比1.23%。

16. 受访者大多持初级养老护理职业资格证书

在"所获资格证书级别"的问题上，1941人表示获得初级（国家职业资格五级），在有证书的3378人中占比57.46%；867人表示获得中级（国

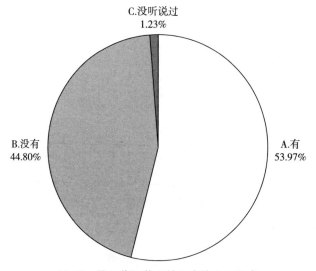

图17　是否获取养老护理资格认证证书

家职业资格四级），占比 25.67%；333 人表示获得高级（国家职业资格三级），占比 9.86%；75 人表示获得技师（国家职业资格二级），占比 2.22%；47 人表示获得高级技师（国家职业资格一级），占比 1.39%；115 人未填写，占比 3.40%。

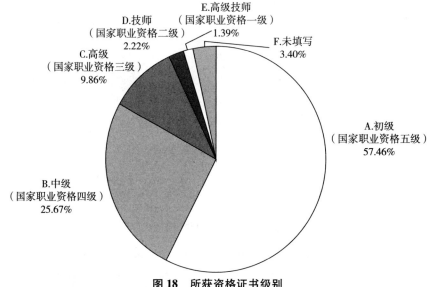

图18　所获资格证书级别

17.超半数未持有证书人员准备考取证书

在"如果没有获得证书，是否打算考取"的问题上，3277人表示准备考取，占比52.36%；523人表示不符合考试要求，占比8.36%；464人表示没时间准备，占比7.41%；663人表示没想好，占比10.59%；1332人未填写，占比21.28%。

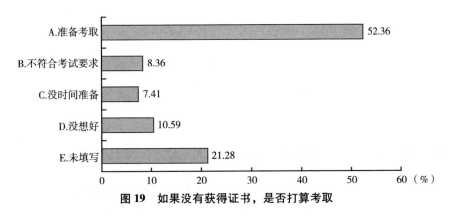

图19　如果没有获得证书，是否打算考取

四　养老服务人才队伍建设主要问题

（一）养老服务人才队伍职业体系需要构建，职业发展前景不明

养老护理员职业资格证书被取消使得养老服务人才队伍职业体系和养老护理员发展路径都不清晰。尽管2019年国家人力资源社会保障部发布了养老护理员国家职业技能标准，但作为一种正在起步发展阶段的新兴行业，各方面产业政策仍不完善，难以满足专业人才在行业内的职业追求。

（二）养老服务人才队伍整体素质有待提升

从事养老服务工作的人员整体呈现出年龄大、学历低、专业人员少、专业水平低等特点。年轻人觉得服务老人的工作低人一等，不愿干；失业下岗职工、"4050"人员和农村妇女想参与进来，但文化水平低，缺乏专业技能，不能满足医疗护理、心理慰藉等更高层次的服务需求。

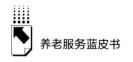

（三）养老护理岗位缺乏吸引力，人才流失严重

养老护理工作社会地位低、社会认同少，养老护理员往往照护多名老人，与家政服务员、护工相比，工作责任更重、工作强度更大，而平均薪酬有较大差距。

（四）缺少多层次、多样化人才培养培训体系

目前高职级大专院校开设的护理员培养专业为"老年服务与管理"等专业，普遍存在招生困难、毕业就转行等现象；学生就业期望更偏重"管理"而不是"服务"。

（五）法律法规对养老服务队伍保护不足

国家陆续出台《中华人民共和国老年人权益保障法》《中华人民共和国民法典》等保障老年人权利的法律法规，但对养老机构和养老护理员权利的保障考虑较少。

五　对策建议

（一）加强规划引领，加大财政支持力度

建议国家层面出台政策规划，积极开展养老服务职业技能提升行动，鼓励高校养老服务相关专业的学历教育与职业技能培训相结合，加快培养老年医学、康复、护理、营养等方面的专门人才。设立"医养结合"专项养老人才培养计划，定向培养专业化的人才队伍。建议统筹推进培训工作与评价工作，尤其是养老护理员职业技能等级认定工作，为引导规范养老护理人才培养奠定基础，建立养老护理职业技能认定中心，开展养老护理等级认定。引导和鼓励养老从业人员建立终身从业的职业规划。鼓励专业院校、社会力量以学校自办、校校联办、校企合办、政校合办等不同形式建设实训基地，

开展养老护理人员岗前培训和在岗轮训，承担失能老年人家庭照护者照护知识技能培训，以及志愿服务人员短期培训。支持将条件较好的社会办养老机构挂牌成为高等院校和职业学校的实习实训基地。切实发挥政府在财政补贴、监督管理和政策法规建设等方面的能动作用。支持养老服务学历教育，对高等院校筹建养老服务学院、开设养老服务相关专业给予专业设置补贴，对接受学校全日制教育的学生予以学费优惠，其毕业后从事养老服务工作的，应给予一次性补贴，补贴金额根据当地经济发展水平制定。对设立相关专业的院校要予以师资招募补贴、设施购置补贴等。对在职人员，支持他们接受在职培训或进行继续教育，可以通过给予经济援助或直接提供培训和教育课程的方式进行。

（二）优化培养培训，完善职业发展体系

按照现代管理学理论，行业从业者不仅需要具有一定的待遇水平，更需要通过职业平台实现其个人价值。所以优化职业培训内容，完善职业发展体系就显得非常必要。培训内容应该更为广泛，不仅要和职业技能挂钩，更要关系到人的全面发展。养老服务相关职业发展应明确并畅通其上升路径，提高其职业相关流动性，促进养老服务人才在服务和管理之间制度化正常流动，从而提升从业者的认同感和幸福感。加强学科建设，鼓励养老服务机构积极与当地各类院校广泛开展多种形式的合作，支持高等学校、中等职业学校和职业培训机构设置老年护理、养老康复与养生、老年医学、养老服务管理等专业或者培训课程，基本建立以职业教育为主体、应用型本科和研究生教育层次相互衔接、学历教育和职业培训并重的养老服务人才培养培训体系。加强职业培训，鼓励有条件的养老服务机构普遍开展岗前培训和在职培训，引导养老护理人员参加继续教育。加强养老护理人员在职培训和职业技能鉴定工作，加强对养老机构院长、社区养老服务设施负责人、养老企业负责人、社会组织负责人等领军人才的养老服务理论和实操培训。探索建立财政资金、企业职工教育经费、慈善捐赠和个人付费相结合的多元培训经费筹集机制。加强职业创新，鼓励养老服务企

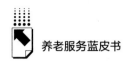
业结合实际设立相关工种和等级，开展相应培训及鼓励。探索发展老年医学、老年社会工作、康复治疗和养老护理复合型人才，增设相关专业学科或职称。

（三）提高就业待遇，加强行业宣传

养老服务行业作为我国一个正在兴起的行业，还处于发展初级阶段，必然存在着诸多不足，需要从业人员坚定信心。在物质层面需要政府及相关企业提高从业人员的待遇保障水平，提高养老服务人才的消费能力，以增强从业者在行业中的稳定性。同时政府及社会的媒体要有针对性地加大宣传力度，让人们认识到在人口老龄化背景下养老服务行业对于经济社会发展具有重要意义，且该行业将具有广阔的前景，以提升社会对养老服务行业的认同度。定期调查发布养老护理员市场工资水平，引导养老服务企业和机构综合考虑养老服务从业人员的工作年限、技能水平等因素，建立职业技能等级与养老护理员薪酬待遇挂钩机制。健全褒扬机制，将养老护理列入常态化职业技能大赛，获奖人员按规定享受荣誉称号、物质奖励、职级晋升等待遇。表彰和奖励对养老服务工作做出突出贡献的先进人物和集体，营造敬老、养老、助老的社会氛围。推动老年群体社会参与，使得老年群体老有所为，通过以社区为主要阵地促进老年群体社会参与可以实现老年群体社会参与和家庭照护的平衡。以社区为阵地推动老年群体社会参与，首先需要积极引导社区老年群体参与社区公共活动，通过对社区老年群体情况进行清点，了解群体相关身体状况、技能水平、实际需求等，加强社区同老年群体的联系沟通，推动老年群体积极参与力所能及的公共服务活动。

（四）加强对非正式养老服务人才的管理

在养老服务工作中，正式服务人才和非正式服务人才之间虽然没有高低优劣之分，但是两者在具体适用范围上存在明显的差异。正式养老服务人才主要存在于正规养老服务机构，需要经过培训上岗，为养老服务对象提供程式化的养老服务。相较于正式养老服务人才，非正式养老服务人才的来源更

加广泛，可能为家庭成员、邻里好友、社区组织及志愿团体等。因此非正式养老服务人才的广泛参与可以增加养老服务人才供给，降低养老服务人才培训成本，并能够满足老年群体多元需求。但是鉴于非正式养老服务人才构成的复杂性，加强对这部分人员的管理对于我国养老事业健康发展具有重要意义。加强非正式养老服务人才管理，应当根据其群体的不同而采取差异化管理。非正式养老服务人才构成不同，其参与动机和参与形式等都存在着相当的差异。在家庭成员和邻里好友为主的非正式养老服务人才管理方面，考虑到其本身所代表的社会公序良俗和公民对社会生活独立性的重视，行政力量不便于直接参与管理，而是应当采取舆论宣传方式积极鼓励养老互助以及发动社区自治组织积极了解区域内老年群体相关情况，并进行适当的引导。对于社区组织和志愿服务性质的非正式养老服务人才，其本身的社会化属性要求有关部门尽可能地参照正式养老服务人才管理，要积极加强相关线上数据平台建设，完善养老服务监管机构设置，实现从注册到服务，再到评价反馈的全过程管理，以规范其养老服务内容，保障养老服务质量。

（五）加强法律监管，推动行业发展

相对于其他行业，养老服务行业的人员流动性较强。同时养老服务对象以老年群体为主，老年群体的特殊性使得国家必须完善相关的法律法规，加强对养老服务人员的监管以保障老年群体权益。加强养老服务行业人员监管首先要完善相关法律法规，建设人员监管制度体系。加强从业人员的职业道德操守教育，健全养老服务护理监管体系。建立养老服务黑名单制度。其次，要对正式养老服务人员和非正式养老服务人员实行差别化的管理。对于正式养老服务人员，应当加强职业荣誉感教育和养老工作的过程管理；在非正式养老服务人员的管理上，应当重视相关注册信息管理，保证非正式养老服务人员的质量。此外，也要加强劳动保护和职业保护，养老服务机构与养老服务从业人员依法签订劳动合同，依法保障养老服务从业人员合法劳动权益。关心从业人员工作生活，帮助解决其实际困难。

B.12
2024年为老志愿服务现状
和可持续发展报告

陈 功 刘尚君 梁晓璇*

摘　要： 志愿服务及公益活动被视为推动第三次分配、实现共同富裕的重要手段，在构建中国特色社会主义分配制度体系及促进社会发展方面扮演着关键角色。到2024年10月，中国已有2.37亿注册志愿者和135万个志愿团体，通过政府、企业、社会和个人四方的协同参与，为老志愿服务已成为中国特色养老服务体系建设和积极应对人口老龄化国家战略的重要一环。但整体来看，为老志愿服务在不同地区和城乡之间的发展仍不平衡，尚未形成健全的服务体系，服务内容较为单一且数字化水平不高。为此，建议进一步深化为老志愿服务的理念，加强制度建设，提高组织效能，不断拓展服务内容和资源，推进为老志愿服务的现代化进程，更积极有效地应对人口老龄化挑战。

关键词： 为老志愿服务 时间储蓄 可持续发展

　　中国式现代化是人口规模巨大的现代化，党的二十大强调，要实施积极应对人口老龄化国家战略，发展养老事业和养老产业，优化孤寡老人服务，推动实现全体老年人享有基本养老服务。党的二十届三中全会也提出，在发展中保障和改善民生是中国式现代化的重大任务。这为中国养老志愿服务事业的现代化转型和有效应对人口老龄化绘制了清晰蓝图。

---

　　* 陈功，法学博士，北京大学人口研究所教授、所长、博士生导师，主要研究方向为社会老年学；刘尚君，法学博士，北京大学人口研究所博士后，主要研究方向为社会老年学；梁晓璇，理学硕士，北京大学人口研究所博士研究生，主要研究方向为社会老年学。

截至 2024 年 10 月，中国注册志愿者人数达到 2.37 亿，志愿服务团队 135 万个，项目总数 1260 万个，[①] 累计志愿服务时长总计 532936 万小时，涉及记录志愿服务时长的个体达 8693 万人。[②] 2024 年中共中央办公厅与国务院办公厅共同发布的《关于健全新时代志愿服务体系的意见》中提出，至 2035 年，志愿服务应成为社会主义文化强国的重要标志。该文件强调要壮大队伍力量，特别是发展党员志愿者和老年志愿者等群体，通过实际行动促进社会进步，利用专业特长为社会作贡献。

随着中国特色社会主义物质文明和精神文明建设进入新阶段，志愿服务与公益在中国特色社会主义现代化发展中的影响范围越来越大，在中国特色养老服务体系建设和积极应对人口老龄化国家战略中扮演的角色也必将越来越重要。因此，本报告旨在概述中国为老志愿服务的发展脉络与现状，剖析面临的挑战与问题，探索未来的发展导向与路径，以推动中国为老志愿服务的长远发展，扎实实施积极应对人口老龄化的国家战略，助力扩大多主体养老服务供给、融合多业态为老服务目标实现。

一　为老志愿服务的主体、对象和类型

（一）参与主体

1. 政府部门

政府机构为促进为老志愿服务搭建了服务平台，通过各级部门的组织引领，借助城乡养老服务站点等实体设施，有效引导并推进志愿服务的实施。

---

① 《谱写新时代社会工作高质量发展新篇章——党的十八大以来社会工作成就综述》，https://www.gov.cn/yaowen/liebiao/202411/content_6984808.htm，最后访问日期：2024 年 12 月 10 日。

② 此数据是中国志愿服务网（https://chinavolunteer.mca.gov.cn/site/home/? eqid=9435212b01 50056d0000000365936b85）实时显示的数据，截至 2024 年 12 月 10 日，全国已有实名志愿者 2.38 亿人，注册志愿队伍总数为 135 万个，志愿服务项目总数为 1272 万个，志愿服务总时长为 53.5 亿小时，涉及记录志愿服务时长的个体达 8716 万人。

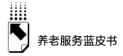

社区作为社会治理的基础单元，承担着协同政府管理社会事务的关键职责，同时也是为老志愿服务落地的核心环节，社区自治机制的成熟运作，高度依赖于居民尤其是老年人的主动参与。老年人因其对社区环境的高度认同感，更易于并乐意参与到社区治理的志愿服务中，包括垃圾分类指导、文化活动策划及社区秩序维护等，体现了其在社区治理中的积极作用与价值。①

2. 企业

在为老志愿服务中，企业通过资金援助与技术赋能，以社会责任为先，致力于解决老年人面临的数字鸿沟问题，帮助老年人适应数字化生活。企业还能够提供专业化服务以满足老年人在个人护理、家庭支持、社交互动、资源对接及紧急情况应对等方面的需求，集结专业社工与志愿者力量，为老年人提供全面细致的服务，同时关注其心理健康，增进老年人的精神福祉。②

3. 社会组织

社会组织在为老志愿服务中展现了独特的灵活性与多样性，有效地填补了政府和市场间的空白。凭借专业团队、丰富经验和资源网络，社会组织能够降低为老志愿服务成本，提高服务效率。③ 社会组织为老年人提供了广泛的参与渠道，成为老年人参与志愿服务的活跃平台。通过扩大老年人社会参与的范围，使其由志愿服务的被动接受者转型为主动参与者，实现了从外部依赖向自我赋能的质变。

（二）服务对象

1. 活力老年人

活力老年人是指那些虽然已经进入老年阶段，但仍保持着较高的身体机能和活力水平，能够独立生活并愿意继续参与一定程度的工作或服务的个

① 段世江、安素霞：《志愿者活动是城市老年人社会参与的主渠道——兼论老年志愿者活动开展的必然性》，《河北大学学报》（哲学社会科学版）2011年第3期。
② 李静：《福利多元主义视角下社会企业介入养老服务：理论、优势与路径》，《苏州大学学报》（哲学社会科学版）2016年第5期。
③ 李伟旭：《老年社会组织的发展状况及其路径》，《新视野》2015年第3期。

体。他们通常展现出较强的活动意愿和积极乐观的心态，对参与社会活动和实现个人价值有着更高的期待。

2. 残疾老人和失能老人等有特殊需求的老年人

相较于活力老年人，这类老年人由于人体器官、组织功能的退化，丧失某些心理和生理功能，日常活动能力受限，饮食、穿衣、个人卫生、行走和如厕等基础性日常生活活动常常需要外界辅助。此类老年人根据失能的程度不同，对服务的需求各异：轻微失能者可能只需家庭或社区内的简单帮助；中度失能者更适合社区提供的较为系统的照护；重度失能的长者，因为在自理能力上存在严重的障碍，则需要专业护理机构的全天候的照顾和持续的专业医疗与生活支持。

（三）服务类型

为老志愿服务主要包括：做饭、安装煤炉门锁、小修小补、打扫卫生、帮助理发、测量血压、代买代购等多种日常生活照料服务；卫生常识讲座、康复用品提供等医疗康复和卫生保健服务；巡视探访、陪同聊天、心理咨询、表演节目等精神文化服务；等等。志愿为老服务作为公共服务和市场服务的补充，与时俱进地根据国家和地方的养老新需求，不断探索扩大为老志愿服务所能提供的养老服务范畴。

1. 生活照料服务

随着人口老龄化的加剧，生活照料服务作为老年服务体系的核心构成，其重要性和紧迫性日益凸显。2015年中国城乡老年人生活状况抽样调查数据显示，近年来老年人对护理服务的需求持续攀升，尤其是80岁及以上的高龄群体，对护理服务的依赖程度显著提升，从2000年的21.5%跃升至2015年的41.0%，增幅接近20个百分点，这一比例是80岁以下老年人的3倍以上，[①] 反映了随着年龄增长，老年人对专业照护的需

---

① 《发展老龄事业任重道远　第四次中国城乡老年人生活状况抽样调查》，《领导决策信息》2017年第5期。

求越发迫切。

生活照料服务聚焦于满足老年人在日常生活中的基本需求，涵盖饮食、穿着、居住、出行及个人卫生等多个维度，其服务形态既包括由专业人士提供的正式照护，也包括来自家庭成员、邻里乃至社区的非正式照护。互助养老模式，作为近年来兴起的一种创新养老方式，倡导老年人之间的相互帮扶，打破了传统家庭与血缘关系的界限。互助养老模式的典型例子包括轻老互助或是老老互助的养老服务时间储蓄项目、社区老年"幸福圈"等基于地缘的亲友邻里互助项目、"关怀1+1"社区探访互助项目等形式。

案例1　南京市养老服务时间储蓄

自2012年起，南京市在区、社区层面推广这一模式，政府指导，公益组织执行，金融机构协作。服务内容涵盖了餐饮、医疗协助、沐浴、清洁等多个方面，均以南京市市民卡记录存储每次服务的小时数，并由专门的信息平台验证后计入个人账户。志愿者年满60岁，可利用积累的时间换取等值服务，且账户时间允许转移到家庭成员名下。[①]

案例2　北京市延庆区"邻里互助养老服务点"

2021年，延庆区启动了邻里助老服务站点计划，通过在农村幸福餐桌与村委会设立助老服务点，为周边急需帮助的老年人提供基础居家服务，确保他们得到及时的关注与帮助。

以东沟村为例，延庆区东沟村邻里互助志愿服务队队长李志江带着志愿者王霞、张丽颖走进老年人家中，给老年人打扫卫生。69岁的独居老年人翟树兰看着志愿者忙前忙后，打心眼里乐呵，并说道："一个人生活真是闷，我就希望有人陪我聊聊，他们来了，家里有了烟火气儿，有个家的样子。"目前，延庆区已建立了50个这样的互助服务点，覆盖500多名老年人，志愿者们按照服务标准，定期开展各类助老活动，包括探访、咨询、健

---

①　陈功：《中国时间银行发展研究报告》，北京大学、中国红十字基金会，2021年。

康监测、基础家政及转接服务等。①

2.健康服务

随着年龄的逐渐增长，老年人的身体不可避免地展现出明显的衰老迹象，伴随着健康状态的逐步下滑，他们常常遭遇多种疾病侵扰，涵盖了高血压、冠状动脉心脏病、糖尿病、脑血管疾病及多种癌症等。此外，由慢性疾病引起的诸如心脏功能不全、肺部疾病、肾功能衰退、关节病变、慢性精神健康问题等机能障碍也日益凸显。鉴于此，专门为老年人设计的健康管理服务显得尤为重要，它能够作为正规医疗保健的有益补充，包括推广自我救助与相互救助的知识技巧、教育合理用药以缓解疾病症状、指导快速识别并选择正确的就医路径、辅助实施定期健康检查与体检，以及增强老年人自我保健意识，提升他们的自我保健能力等。②

案例3 上海世博家园助力老年人体检

在上海世博家园，第六居民区委员会积极响应街道老龄工作委员会的号召，于11月24日至26日期间，组织了一批社区内的党员和新时代文明实践志愿者，在社区中心展开了一项为期三天的免费体检服务，惠及231名65岁以上的老年人，旨在提前了解并干预老年人的健康问题，贯彻"早发现、早诊断、早治疗"的健康理念。③

3.精神文化服务

老年人精神文化是否充实将深刻影响其生活质量，是构成"老有所乐"

---

① 《老有所养、老有所依、老有所乐~延庆邻里互助点 温暖老人心》，https://m.sohu.com/a/476196956_454655？_trans_=010004_pcwzy，最后访问日期：2024年10月22日。
② 刘建芬、潘孟昭：《护理如何为老年保健服务》，《实用护理杂志》1998年第10期；吴振云：《老年心理健康的内涵、评估和研究概况》，《中国老年学杂志》2003年第12期。
③ 《文明实践"锦"行时｜助力老年人体检 新时代文明实践暖心志愿服务》，http://www.shwmsj.gov.cn/mxq/2020/12/01/5f5185d3-13d2-41e4-8bbb-7fd42b1ae4b9.shtml，最后访问日期：2024年10月22日。

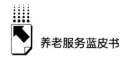

的关键基石。随着年龄的增长和社会角色的转换，老年人的心理状态历经变迁，且常因社交活动的减少而遭遇"心理倦怠"，体验到无助、孤立、空虚乃至恐惧感。2010～2019 年，中国老年人抑郁症的流行率高达 25.55%，①这一数据凸显出满足老年人精神文化需求的紧迫性，社会迫切需要建立健全相应的设施与机制，维护老年人的全面健康。②

案例 4　威海市高新区开展助老志愿服务

威海市高新区创新推出"幸福庆生会"等特色志愿服务品牌，每月定期在古寨社区活动室举办集体生日会，强化老年人的社区归属感。此外，还灵活运用引进来与走出去相结合的方式，不断丰富社区课堂师资人才库和课程学习内容，打造居民身边的"老年大学"，收到了良好的效果。③

4. 社会活动参与

依据马斯洛需求层次理论，"自我实现"位于需求金字塔顶端，远高于基本的生存需求，而"老有所为"正是老年人在社会活动中追求自我实现的体现。④ 随着生活水平的提高、医疗保健的发展和老年人健康水平的提升，我国出现了一批以具有相对较高教育水平为特征的"新老年人"，这批老年人更愿意通过各种活动和学习来获得新知识和发展技能。新老年人的心态相对年轻，观念相对开放，仍然充满活力，愿意接受新事物。⑤ 同时，新老年人也可以作为服务提供者，在志愿服务的过程中践行老年人的使命感和责任感。⑥

---

① 荣健、戈艳红、孟娜娜、谢婷婷、丁宏：《2010～2019 年中国老年人抑郁症患病率的 Meta 分析》，《中国循证医学杂志》2020 年第 1 期。

② 周绍斌：《从物质保障到精神保障——老年保障的新趋势》，《福建论坛》（人文社会科学版）2007 年第 7 期。

③ 《志愿服务助老，让老年人在家门口乐享无忧生活》，http：//wh. wenming. cn/zyfuwu2/202108/t20210824_ 7283233. htm，最后访问日期：2024 年 10 月 22 日。

④ 韩青松：《老年社会参与的现状、问题及对策》，《南京人口管理干部学院学报》2007 年第 4 期。

⑤ 马倩、张术松：《老年人社会参与困境及政府责任研究》，《江淮论坛》2015 年第 2 期。

⑥ 李磊、丛宏彬：《中国老年志愿服务的理论逻辑、实践样态与发展政策》，《中国志愿服务研究》2022 年第 1 期。

案例 5　开平市司法局开展老年法律援助志愿服务活动

开平市司法局持续落实法律援助"上门服务"便民举措,组建法律援助志愿服务队宣传小组,采用入户入铺宣传的方式,由志愿服务队员送法上门、送法入户,为老人们送去了法律咨询、心理疏导等服务,零距离为老人们讲解有关法律维权及养老政策问题,回答老人们关心的老年婚姻、遗产继承、赡养纠纷、遗嘱效力及拆迁安置等方面的法律问题,为老人们送上法律援助服务手册、防范养老诈骗宣传册子。[①]

二　为老志愿服务组织实践案例分析
——以时间储蓄为例

(一)案例介绍

自 2020 年起,为期三年的"时间储蓄"养老服务体系建设模式探索项目在昆明市官渡区开始实施。作为一个由善润养老服务发展中心承接的养老服务体系建设模式探索项目,该项目通过将志愿服务时长兑换为"时间币"的形式,让志愿者将参与公益服务的时间储存起来以便将来兑换同等时长的服务,推动形成了一种互惠互利的养老互助模式。截至 2023 年 4 月,机构已经存储了 4000 余枚时间币。官渡区形成以区民政局为主导,以街道时间储蓄互助养老服务站为分支,以社区时间储蓄项目为核心,上承官渡区时间储蓄总部的支持与领导,下接时间储蓄志愿者、受助者以及社区社会组织和社会资源的参与和支持的组织架构。官渡区时间储蓄具体组织架构如图 1 所示,其内部有一套志愿者分工的组织架构,分别有管理组、督导组、宣传组、功能组、服务组。

昆明善润时间储蓄的日常活动丰富多彩,涵盖了健康科普、情感慰藉、法律援助、文体活动、出行陪伴、培训讲座、指导防范金融和网络风险、协

---

① 《法援护航"夕阳红"——开平市司法局开展"敬老月"法律援助志愿服务活动》,http://www.kaiping.gov.cn/kpssfzww/sfdt/content/post_2728475.html,最后访问日期:2024年12月15日。

助服务以及其他服务等九大领域，旨在全方位满足老年人的精神需求和生活需要，促进老年人的身心健康，提升老年人的生活质量。

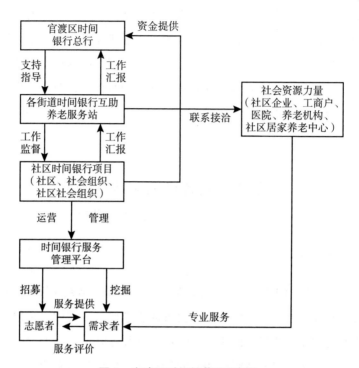

图 1　官渡区时间储蓄组织架构

（二）案例分析

昆明善润时间储蓄依托昆明市官渡区民政局开展，并通过政府购买项目的方式进行运营，具有一些明显优势。

第一，政府支持。与政府合作和依赖政府购买项目，使得时间储蓄在官渡区得到政府的支持和认可。这意味着政府愿意在人力、资源和资金等方面提供支持，有助于确保项目的稳定性和可持续性。

第二，社区覆盖广泛。由于政府支持，时间储蓄可以更容易地扩展到官渡区的各个社区。这有助于覆盖更广泛的老年人和社区居民，使更多人受益于该项目。

老年人通过参与志愿服务，可以实现老人的价值，发挥余热，为社会做贡献。

第一，参与社会治理，能够提升老年人的主人翁意识，同时也为社区和社会创造了更加融洽的环境。

第二，获取精神力量，实现老人价值。通过参与志愿活动、帮助他人，为老年人带来了成就感和获得感、社交联系以及对社区作出积极贡献的满足感。

尽管依赖政府支持有很多优势，但也需要注意可能存在的挑战，如政策变化、预算限制、人员短缺和家人支持不足等。

第一，政策变化。政策不确定性为昆明善润时间储蓄项目的发展带来挑战，政府支持是该项目的重要依托，因此政策的变化或者不明确的下一步计划会影响项目的稳定性。

第二，预算限制。官渡区民政局设计该项目时仅设计了 20 万元的活动经费，并未设计工作人员的劳务和工资。项目总体方面，三年的周期中项目资金仅有 20 万元，平均每年不到 7 万元，资金短缺导致仅能维持低成本活动的正常开展。工作人员工资方面，三年的项目实施期间，工作人员仅拿到善润养老服务发展中心的工资，运营时间储蓄却没有任何工资。

第三，人员短缺。由于工作人员工作繁忙以及距离活动地点较远，有时工作人员无法及时响应社区老年人的需求。社区中的老年人通常需要照顾小孙子或孙女，这使得他们难以参加持续性和长期性的志愿活动。

第四，家人支持不足。由于工作不稳定、工资低、事务繁杂，很多工作人员的家人并不支持，从而导致机构工作人员的流动性非常大，不利于机构的长远可持续发展。

三　为老志愿服务发展挑战与困境

（一）服务体系尚不健全

1. 体系的整体格局还不清晰

为老志愿服务作为一个包含志愿服务参与主体、服务内容、服务平

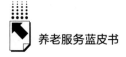

台、服务保障、服务反馈、服务激励等多要素的体系，实现可持续发展的前提是健全的整体格局。当前我国为老志愿服务体系尚未形成"党建引领，政府主导，社区协调保障，社会力量协同共建，志愿组织管理实施，全龄志愿者参与共享"的格局，参与主体较为分散，还未真正实现共建共治共享。

2. 体系的运营管理精细化不足、资金来源不稳定

由于为老志愿服务的参与主体横跨多个年龄群体，服务内容涉及多个部门，服务组织大多是管理较为松散的社会组织，所以当前我国对于为老志愿服务的管理从国家层面到地方层面再到社区层面普遍"粗线条"，存在管理盲点，也存在部分多头管理点，管理方面的缺位、错位和越位现象都给为老志愿服务的可持续发展带来一定影响。

此外，为老志愿服务的基础资金来源基本包括政府财政支持、依法获得的各类社会捐赠和资助、志愿服务基金收入、志愿者自筹和其他合法收入等。随着人民志愿服务意识的不断增强，志愿活动的数量也不断增加，但一些志愿组织或平台的服务基础资金往往相对有限，部分活动将面临因基础资金不足而取消或压缩数量的风险。同时，资金的来源中除了政府财政的支持相对固定，其他资金来源相对不稳定。尚未建立起资金筹集的良性循环，是为老志愿服务可持续发展最大的挑战。

3. 体系内容标准化水平不高

为老志愿服务的规范化、体系化、精细化、科学化发展的前提是志愿服务标准化。但当前我国为老志愿服务标准化水平不高，具体表现为志愿服务人员整体素质不高、志愿服务规范性不足、志愿者准入门槛低、志愿服务要求不明确、志愿服务评价机制不完善等。为老志愿服务的高质量发展需要一套科学、规范的衡量标准，包括管理标准化、服务标准化、培训标准化、品牌标准化等内容。具体来说，为老志愿组织要完善志愿服务公益积分兑换制度和星级认定激励制度、规范志愿服务记录和证明出具、完善志愿服务评估体系等，在各个环节上提高规范的科学性。

（二）服务供给不同主体面临不同挑战

政府层面，法律政策、保障制度和部分机制待完善。当前我国为老志愿服务相关的法律政策缺乏整体性、系统性、针对性，积极老龄化目标下现有政策难以实现其增权赋能愿景。一是虽然针对为老志愿服务的地方性政策涌现，但宏观层面法律仍然缺失。二是制度和机制建设方面存在两方面问题。一方面省级层面的为老志愿服务制度建设进展不均衡。2017 年我国颁布的《志愿服务条例》确定了党委领导、政府主导、社会协同、公众参与的基本格局，明确了志愿服务组织开展志愿活动的具体规定，提出了促进志愿服务发展的措施，但是在各省/自治区/直辖市的具体落实过程中，部分地区还存在规范陈旧和政策建设滞后等问题。具体而言，北京、天津、河北和山西等 17个省区市根据 2017 年《志愿服务条例》修订了省级层面的地方性法规和规章制度，吉林、黑龙江、湖北和四川等 10 个省区市尚未完成省级层面地方性法规或规章制度的修订，而内蒙古、云南、甘肃、青海 4 个省区尚未出台省级层面的志愿服务条例或办法。另一方面基层政府缺乏为老志愿服务的风险共担机制。在为老志愿服务中，由于身体机能的退化，老年人无论作为志愿者还是被服务者都面临更高的安全风险，要从制度政策层面建立风险预防和共担机制。既可以积极采取有效措施预防和降低风险，[①] 同时在发生风险时为老志愿者、志愿服务组织、社区和受助者共同承担风险也有据可循。

企业方面，志愿服务持续性和专业性有待提升。一是当前由企业开展的为老志愿服务持续性较弱。处于不同发展阶段的企业面临的发展任务不同，当前很多企业参与为老志愿服务的目的也不尽相同。对于小微和初创型企业，它们参与为老志愿服务更多以临时性的志愿服务为主，而大型企业或实力雄厚的企业已经有了较好的经济实力，它们将为老志愿服务作为企业回馈社会和宣传企业社会责任的途径。因此，由企业开展的为老志愿服务呈现出

---

① 曾坤、秦永超：《老有可为：老年志愿服务参与社区治理的机制探索——基于洛阳市洛龙区的实证研究》，《中国志愿服务研究》2021 年第 3 期。

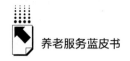
阶段性的特征,比如在每年的"学雷锋日"、"重阳节"、"春节"及"99公益日"等有象征性意义的时间点或时间段进行,大部分企业尚未建立常态化服务机制。二是企业员工参与为老志愿服务缺乏专业性。一方面企业员工并非都是自愿参加为老志愿服务,部分员工可能是被动地服从企业领导的安排,容易将工作和志愿服务混在一起,缺乏主动提供志愿服务的热情和动力;另一方面大部分企业员工不具备为老服务的技能,企业也没有时间或精力对参与志愿服务的员工进行专业化培训,使得志愿服务的效果不是很理想。另外个别企业的为老志愿服务形式大于内容,仅把志愿服务作为企业的公益形象宣传方式,忽略了被服务老年人的真实需求。

社会组织层面,组织能力和激励机制有待加强和完善。一是为老志愿服务组织难以自主实施项目计划。为老志愿服务组织对社区的资源依赖程度较高,一些志愿服务活动的运作受阻。二是为老志愿服务组织难以充分满足老年人需求。老年人存在健康促进、社会交往、自我价值实现等多重需要,而目前大部分志愿组织难以满足其多层次需求。一方面,为老志愿服务组织在开展为老志愿活动前,没有充分了解老年人的需求,导致被服务的老年人对志愿服务的满意度不高;另一方面,为老志愿服务组织没有根据为老志愿者的知识和技能设计服务项目,导致提供志愿服务的老年人项目参与限于清理垃圾、安全巡逻等日常事务,难以发挥自身特长,这会抑制其长期参与志愿活动的积极性。三是社会志愿服务组织的激励机制不完善。志愿服务活动通常是无偿或者微偿的,志愿者能获得的物质回报和精神奖励有限。由于缺乏持续的激励机制,无论是青壮年志愿者,还是老年志愿者,都尚未将志愿服务作为一种生活方式,长期持续参与志愿活动。

(三)服务内容较为单一且数字化不足

现有为老志愿服务项目和活动内容和形式单一,难以吸引更多人参与志愿服务,尤其缺乏契合老年人需求的、考虑老年人能力的为老志愿服务项目。在为老志愿服务实践中,志愿服务组织在设计项目和活动时,由于缺少前期的实地调研,对老年人面临的问题和真实需求所知甚少,使得为老志愿服务的项目和活动设计缺乏针对性，项目运作效果不理想。同时，已有的为老志愿服务项目也无法充分发挥老年人的能力，而专门化的为老志愿服务项目和活动的缺失削弱了部分老年人参与志愿服务的积极性和创造性，也导致部分老年人参与志愿服务的动机不足。

同时为老志愿服务信息化、数字化水平低。在互联网、大数据和云计算飞速发展的背景下，探索应用管理信息化手段，依托网络融媒体组织开展志愿服务活动，进而推进志愿服务平台建设形成网络型、复合型、数据型平台迫在眉睫。① 当前十分缺乏实时动态的为老志愿服务信息平台或管理系统。先进的信息平台或管理系统可促进为老志愿服务项目的高效运行，例如通过引入信息化管理系统，为老志愿服务组织可以对志愿者、志愿服务项目、资金以及其他方面资源进行整合和综合利用，推动为老志愿服务的高效开展。尽管近两年我国为老志愿服务组织的项目运行中已有一些成功运行的志愿服务信息管理系统，例如中国"青年汇"、北京"志愿云"、浙江"志愿汇"、广东"i志愿"等，但是仍然缺乏一个打通各级各类志愿组织的综合信息管理系统。特别是在一些农村地区，诸如志愿信息统计、志愿时长认证、志愿物资发放等工作环节还停留在手工记录或电脑简单登记的阶段，尚未进行大规模的数字化和网络化管理。因此，我国亟须进一步探索建立数据共享的志愿服务信息管理系统，加强志愿者的个人信息管理、志愿者培训工作的信息管理和志愿活动的现场管理。

（四）服务覆盖存在地区和城乡不平衡

由于各地经济发展不平衡，我国各地区之间的为老志愿服务也存在不均衡现象，随着城镇化的进一步推进，为老志愿服务的城乡差异也不断加大，一些农村地区的留守老年人日益增多，对志愿服务的需求不断增加。同时，地区和城乡间的为老志愿服务也存在一定差异。在服务活动数量方面，经济

---

① 张晓红、郝琦伟：《健全志愿服务体系　发展志愿服务事业》，《杭州师范大学学报》（社会科学版）2020年第4期。

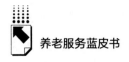

发展好的地区和城市地区相比发展滞后的地区和农村地区，前者为老志愿服务相对更活跃；在软件资源、配套和活动丰富度方面，城市地区的为老志愿服务相比农村地区的为老志愿服务要更多、更全。未来亟须做好志愿服务资源的地区和城乡间的平衡。

四　为老志愿服务可持续发展建议和展望

（一）丰富为老志愿服务理念

为老志愿服务除了奉行"奉献他人、提升自己"的志愿服务理念，更要紧扣维持和促进老年人身心健康和愉悦的目标，将积极老龄化和生产性老龄化的理念融入其中。积极老龄化强调老年人社会参与的重要性，为老志愿服务恰好为参与志愿服务的老年群体提供了参与基层民主自治、养老服务供给和代际沟通交流的有效渠道，促进了老年人的再社会化。而生产性老龄化将老年人视为一种社会资源，鼓励老年人在政治、经济、文化和社会领域继续发光发热，也与志愿服务的精神不谋而合。

"时间储蓄"作为互助养老模式之一，是践行生产性老龄化的创新之举。中青年或低龄健康的老年人作为社区养老服务的重要人力资源，通过积累服务时长，待自己年老需要服务时再支取。一方面，这肯定了老年人参与志愿服务的经济价值，通过延期支付激励老年人持续参与志愿服务；另一方面，这也减轻了家庭和社会的养老负担，是社会化养老的有益补充。

（二）完善为老志愿服务制度

党的十八大以来，以习近平同志为核心的党中央对发展志愿服务事业做出一系列重要指示，有力推动了志愿服务的制度化建设。特别是党的二十大报告提出，要完善志愿服务制度和工作体系。近年来，国务院和民政部相继发布了《志愿服务条例》《志愿服务记录与证明出具办法》《志愿服务组织基本规范》等规定，但作为行政法规和部门规章，这些文件仍未能涵盖志愿服务的所有方面，尤其缺乏针对老年服务志愿活动的专门顶层设计。

（三）提升为老志愿服务组织能力

为老志愿组织是运行和管理为老志愿活动的主体。推动为老志愿服务高质量发展的关键是强化为老志愿服务组织的能力建设，而信息化手段是开展为老志愿服务组织能力建设的重要抓手。未来为老志愿服务组织的核心任务是建立一个综合性信息平台：第一，构建志愿者人才库，特别关注拥有专业技术或特殊才能的志愿者，以便更好地利用其专长和经验设计专业的志愿服务项目；第二，开发信息检索与配对系统，以实现服务需求与供给之间的精准对接；第三，完善服务质量评估及激励体系，通过培训提高志愿者的专业能力，采用物质与精神双重激励方式激发志愿者的积极性，从而提升服务的整体质量；第四，引入社会工作专业人士等专家型人才，为志愿服务的方向选择提供专业指导和支持，为志愿活动的开展提供有益借鉴，有力推动为老志愿服务事业的专业化发展。

（四）继续拓宽为老志愿服务内容

为老志愿服务涉及范围与类型广泛，包括社会治理、互助养老和代际关怀等，[①] 每种类型和范畴的为老志愿服务都有其自身的特色和局限。社会治理范畴的为老志愿服务是志愿者参与基层治理的重要渠道，当前社区中包含老年群体在内的志愿者主要参与清理街道、安全巡逻等日常事务和行政事务，未来这类为老志愿服务的重点是提高老年人在社区发展和社区福利等民生福祉领域的参与度，营造老年群体共建共治共享的基层治理新格局。

（五）深入挖掘为老服务资源

目前在志愿服务领域，我国已基本形成政府主导、社会参与、个人行动

---

① 李磊、丛宏彬：《中国老年志愿服务的理论逻辑、实践样态与发展政策》，《中国志愿服务研究》2022 年第 1 期。

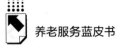

的多元格局。在人口老龄化的背景下，要调动多种资源向为老志愿服务和公益事业倾斜。党的二十大报告指出，要引导、支持有意愿有能力的企业、社会组织和个人积极参与公益慈善事业。为老志愿服务组织的正常运转需要充足的经费支持，而财政拨款是经费的主要来源，政府可通过设立专项资金规范对为老志愿服务组织的经费支持。社会捐赠是为老志愿活动经费的有益补充，一方面可以通过税收减免鼓励企业捐款以彰显社会责任，另一方面可在用于社会福利事业的彩票公益金中划出一定比例用于为老志愿服务。志愿者作为为老志愿活动的实践主体，最重要的是提高个人的参与度。要开发专业化的为老志愿活动以满足掌握技能的老年人的志愿参与需求，更要拓宽普通老年人的参与渠道，保障有条件和意愿的老年人平等参与志愿活动，避免为老志愿者内部的歧视。

（六）鼓励倡导为老志愿与公益文化

短期看政策，中期看制度，长期看文化。归根到底，推动为老志愿活动长久发展的关键在于营造具有中国特色的为老志愿文化，让志愿服务成为包括老年人在内的多年龄人群的生活方式和行为习惯。对老年群体的刻板印象和社会排斥是桎梏为老志愿服务发展的主要因素，而老龄认知转变是一项漫长的社会工程。在根植敬老爱老传统文化和社会主义核心价值观的基础上，可以在全国范围内开展老龄宣传周和老龄大讲堂，一方面帮助老年群体培育积极向上的老龄观，激发多年龄人群参与志愿活动的内生动力；另一方面改善社会对老年人的固有认知，构建老龄友好型社会，促进社会支持为老志愿事业。

B.13
2024年老年人意定监护服务指引报告

尹政伟　王雪　赵越凡　陈亚辉*

摘　要： 自《中华人民共和国民法典》实施以来，老年人意定监护相关
问题得到社会广泛关注，已有老年人开始选择由法定监护资格以外的自然
人、社会组织或特别法人作为监护人履行监护职责。但受限于我国老年人意
定监护制度发展较晚、配套制度措施尚不完备，各地老年人监护服务发展程
度有所不同。从老年人权益保护角度来看，部分老年人的监护需求未能得到
满足，仍缺少有效、充分、全面的服务供给，监护困境仍然存在。监护服务
组织也应不断建立和优化管理模式、服务流程和机制建设，向老年人提供符
合法律规定、适应人群特点、满足服务需求的意定监护服务。本报告通过对
意定监护服务进行梳理和总结，帮助构建监护服务组织服务标准化模式，推
进社会监护服务发展，满足老年人监护服务需求，保障老年人合法权益。

关键词： 老年人　意定监护　监护服务　监护服务组织

一　我国意定监护法律制度概述

（一）意定监护制度基本内涵

意定监护制度作为民事监护的重要类型，是指具有完全民事行为能

---

* 尹政伟，北京市老龄协会权益保护处处长，主要研究方向为老年人权益保护；王雪，北京市
老龄协会权益保护处一级主任，主要研究方向为老年人权益保护；赵越凡，北京律维银龄研
究与服务中心主任，主要研究方向为老年监护制度；陈亚辉，北京市慈善协会老友帮专项基
金主任，主要研究方向为老年监护制度。

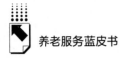

力的成年人可以与其近亲属、其他愿意担任监护人的个人或者组织事先协商，以书面形式确定自己的监护人，协商确定的监护人在自己丧失或者部分丧失民事行为能力时，履行监护职责，如照顾自己生活、处置财产等。

随着我国老年人口比重不断提高，高龄、失能、空巢、孤寡、独居等老年人面临着各种不可预测的风险，老年人的监护问题日益凸显，意定监护需求不断增加。意定监护制度的创立是我国民事立法的一项重要进步，符合我国老龄化社会发展需求。一般来说，意定监护制度充分尊重当事人的意思自治，意定监护的效力优于法定监护，因其可以按照本人意愿自行选择监护人，自主性较高，在制度层面解决了老年人的后顾之忧，给予老年人较好的守护。

（二）我国意定监护的立法情况

《中华人民共和国宪法》的规定。《中华人民共和国宪法》在第四十五条第一款规定了老年人有获得来自国家、社会的物质帮助的权利。

《中华人民共和国民法典》（以下简称《民法典》）第三十三条至第三十五条的规定，建立了意定监护的制度框架。《民法典》第三十三条规定，具有完全民事行为能力的成年人，可以与其近亲属、其他愿意担任监护人的个人或者组织事先协商，以书面形式确定自己的监护人，在自己丧失或者部分丧失民事行为能力时，由该监护人履行监护职责。第三十四条规定，监护人的职责是代理被监护人实施民事法律行为，保护被监护人的人身权利、财产权利以及其他合法权益等。监护人依法履行监护职责产生的权利，受法律保护。监护人不履行监护职责或者侵害被监护人合法权益的，应当承担法律责任。因发生突发事件等紧急情况，监护人暂时无法履行监护职责，被监护人的生活处于无人照料状态的，被监护人住所地的居民委员会、村民委员会或者民政部门应当为被监护人安排必要的临时生活照料措施。第三十五条规定，监护人应当按照最有利于被监护人的原则履行监护职责。监护人除维护被监护人利益外，不得处分被监护人的财产。成年人的监护人履行监护职责，应当最大程度地尊重被监护人的真实意愿，保障并协助被监护人实施与其智力、精神健康状况相适应的民事法律行为。对被监护人有能力独立处理的事务，监护人不得干涉。

《中华人民共和国老年人权益保障法》（以下简称《老年人权益保障法》）的规定。针对老年人的监护，第二十六条规定，具备完全民事行为能力的老年人，可以在近亲属或者其他与自己关系密切、愿意承担监护责任的个人、组织中协商确定自己的监护人。监护人在老年人丧失或者部分丧失民事行为能力时，依法承担监护责任。老年人未事先确定监护人的，其丧失或者部分丧失民事行为能力时，依照有关法律的规定确定监护人。

二 意定监护适用人群和领域情况

（一）适用人群

多数老年人将子女作为自己的监护人；在没有子女或子女不能履行监护职责时，可提前做出意定监护规划。实践中，有以下几种情况老年人及家庭可选择适用意定监护。

①没有子女的老年人。没有子女履行监护职责的情况包括：老年人未生育子女、子女过世等。

②子女无法履行监护职责的家庭。包括：老年人的子女因罹患疾病、残疾造成其不具备监护能力；老年人的子女定居外地、国外，或因工作、服刑等原因造成其不便履行监护职责；老年人的子女不具备完全民事行为能力，正处于被监护的状态。

③老年人与其子女存在情感矛盾，不愿意接受子女监护。

④具有新型养老观念的老年人，为不麻烦子女或不想子女干预自己的养老生活，提前规划自己的监护安排。

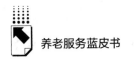

（二）适用领域

意定监护人履行监护职责行为与被监护人（老年人）的生活密切相关，在实际生活中主要表现在以下几个方面。

1.财产管理和使用方面

监护人使用被监护人财产采购用品和服务，以保障被监护人生活和身体健康。在实践中，也有老年人提前将其个人财产进行公证提存、转移到信托计划中，由公证处或信托公司管理主要财产，监护人仅作为财产的使用人，将财产和收益用于被监护人的生活支出，以保障财产的流转安全和稳定。

2.养老和托养方面

监护人按照被监护人提前做出的养老规划，使用被监护人财产为其进行养老安排，如为被监护人聘请保姆、选择和支付养老院费用等。由组织或其他自然人作为监护人时，监护人一般并不直接提供养老服务，而是代为决定养老或托养方式、选择养老或托养服务、使用被监护人财产支付养老和托养费用、监督服务情况等。

3.医疗决策和服务方面

监护人根据被监护人健康情况，帮助其选择和接受各类医疗服务，确定治疗方案，签字确认是否住院、手术、特殊检查，并承担相应的医疗风险。部分老年人已有明确的医疗安排时，也会签订生前预嘱或医疗预嘱，监护人则需在履行监护职责时按照被监护人的预嘱内容，代为选择和接受相应的医疗服务。

4.身后事务安排方面

意定监护人可依据遗嘱、意定监护协议处理被监护人身故后的殡葬服务、遗体处置事务，协助继承人分配遗产，按照事先约定直接担任遗嘱执行人或遗产管理人处置被监护人遗产。

5.应急处置方面

如遇突发情况，监护人为被监护人处理紧急事件，进行相关民事活动。如被监护人遇到重大人身财产风险或紧急事故时，监护人要及时、积极履行监护职责，实施必要行为保障被监护人权益不受侵害或减轻权益被侵害后果。

6. 维权保护方面

监护人须按照协议积极履职，保障被监护人合法权益不被他人侵害。在被监护人权益受损时，监护人应当通过合法途径帮助维权，包括但不限于代理诉讼、委托聘请律师，或进行相应非诉活动等。

三　国内发展情况

2020 年，北京市民政局、卫生健康委、高级人民法院等多部门联合签发的《关于开展老年人委托代理与监护服务试点工作的通知》，旨在解决老年人尤其是特殊困难老年人家庭日益突出的委托代理及监护服务需求。2022 年，北京市老龄协会印发《老残家庭权益保护服务实施方案》（京老协发〔2022〕2 号），组建了以律师、社工师、医师等为骨干的社会服务队伍，专门向高龄、失能、独居、残疾等特殊困难老年人提供法律支持、公益遗嘱、委托代理、福利保障、健康指导、身后事安排等权益保护服务。① 在意定监护实践中，北京市老龄协会通过政府购买等方式委托北京律维银龄研究与服务中心开展老年意定监护服务，帮助特殊困难家庭解决监护问题。主要开展以下几方面工作。①法律服务，为有监护需求的老年人及其家庭提供法律咨询及帮扶，帮助处于监护困境的老年人解决法律问题。②协助指导老年人签订委托代理协议、意定监护协议等法律协议。③协助完成意定监护协议公证程序。④作为公益性社会组织担任意定监护人，为需要监护的老年人提供人身照管、财产管理、协助就医等监护服务。⑤提供监护监督服务，担任监护监督人，监督监护事务和监护行为。

---

① 《北京老年人权益保护新试点，"律师+社会工作师+医师"服务老人》，https://www.bjnews.com.cn/detail/166426594714878.html，最后访问日期：2024 年 11 月 24 日。

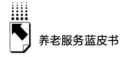

近年来，上海、广州、天津等其他省市对意定监护制度开展了有益探索。上海市修订的《上海市老年人权益保障条例》增加"意定监护+公证"相关内容，上海市普陀公证处是这一制度的探索和实践部门。在《上海市基本养老服务清单（2023年版）》中，明确了市民政局、市司法局专项支持专业性的社会组织依法为有需要的老年人担任监护人或提供监护服务，① 上海市闵行区成立全国首家专门从事监护服务的社会组织——尽善社会监护服务中心。广州市荔湾区随后成立了全国第二家专门的社会监护服务组织——和谐社会监护服务中心，开展监护服务，以及社会监护的研究、宣传、咨询与推广等业务。② 天津市则正在尝试构建养老服务监督监护体系，鼓励社会组织为面临空巢独居等监护困境的老年人提供意定监护服务。

典型案例和分析

1. 赵甲、赵乙、赵丙申请指定监护人纠纷案③

（1）案例介绍

老人严某某有赵甲、赵乙、赵丙三子女，老人自丈夫去世至患病住院前一直与赵甲共居生活。住院期间三子女均有看护，存折及证件由赵甲管理。老人现无民事行为能力。三子女就老人监护事宜存在争议，起诉申请由法院指定监护人，均主张他人存在不利监护因素，自己最适合担任老人监护人。本案中，赵甲与老人长期共同生活，为最便利履行监护职责，结合照顾现状、交通条件等情况，审理法院判决指定赵甲担任严某某监护人，令其每月向赵乙、赵丙公示上一月度严某某财产管理及监护情况。

---

① 《关于印发〈上海市基本养老服务清单（2023年版）〉的通知》，https：//mzj. sh. gov. cn/ MZ_ zhuzhan279_ 0-2-8-15-55-231/20230424/1dd24db7f2a846dd87d82b755bba45c5. html，最后访问日期：2024年11月24日。

② 武威：《独居老人重症昏迷关键医疗决策谁签字》，《广州日报》2022年1月10日。

③ 《人民法院老年人权益保护第三批典型案例》，https：//www. court. gov. cn/zixun/xiangqing/ 398342. html，最后访问日期：2024年11月24日。

（2）案例分析

本案中，因老人子女对担任监护人产生争议，且老人严某某未能在具备完全民事行为能力时确定监护人，形成家庭纠纷，后诉至法院。同时，人民法院在指定监护人过程中，为确保指定的监护人能够尽心尽力、依法履职，确定以监护人履职报告和定期公示为内容的创新模式，让失能老人监护归于"老人本位、家庭成员共同参与"，形成了实际意义上的监护监督，不仅有利于促进矛盾纾解和孝亲敬老家风建设，也对监护人监督模式进行了有益探索。

2. 孙某1与孙某2申请变更监护人案

（1）案例介绍

孙某，83岁（案件审理时年龄），上海市居民，父亲、母亲、配偶均已过世。孙某1系孙某养女，孙某2系孙某侄女。2019年12月6日，孙某、孙某2及案外人陶某共同前往上海市某公证处签订意向监护协议，确定当孙某丧失或部分丧失完全民事行为时，委托孙某2作为监护人，履行监护职责，陶某作为监护监督人。2020年3月，孙某1向法院提出申请，要求确定其为孙某的监护人。2020年4月，受理法院作出民事判决，宣告孙某为限制民事行为能力人，指定孙某1为孙某的监护人。孙某2在得知此事后，向人民法院申请变更孙某2为孙某的监护人，最终得到法院支持。

（2）案例分析

选任监护人关系到被监护人的切身利益，对被监护人的生命健康和财产权益意义重大。评判该自然人或组织是否适合担任监护人，要从监护意愿、监护能力、生活联系等多方面进行考量。人民法院认定监护人的标准，也可以作为老年人选任监护人的参考因素，还可以是监护服务组织提升监护服务能力的重要指标。值得注意的是，由于孙某1为孙某的养女，且有户口簿等证据可以证明二人之间的父女关系，人民法院在第一次审理孙某监护案件时，根据法定监护范围和顺序的规定指定孙某1为孙某的监护人，并无不当。同时，人民法院在第一次审理过程中，对于孙某与孙某2曾签订《意

定监护协议》并不知情，也导致孙某 2 后来提出诉讼，要求变更监护人。可见，监护登记制度（包括对意定监护关系的预先登记）对于保障被监护人、监护人权益，尤为重要。

四 意定监护协议要求和建议

由于老年人意定监护法律规定较新、监护涉及各类安排较为繁复，实践中老人多聘请各地公证处和律师事务所起草意定监护协议，少数老年人和拟定监护人自行起草监护协议。而各公证处、律师事务所，以及不同的老年人起草的意定监护协议在内容和形式上也存在一定差异。本报告根据实践情况，对意定监护协议提出建议，并分析建议原因。

（一）协议主体要件

1. 意定监护协议中的拟定被监护人

拟定被监护人在签订意定监护协议时，应具备完全民事行为能力。一般情况下，18 周岁以上的自然人为完全民事行为能力人。本报告中的被监护人是指年满 60 周岁的老年人。

考虑到部分老年人年龄较高、心理和身体健康水平相对较弱、存在一定监护纠纷隐患等原因，建议监护服务组织与部分老年人在签订意定监护协议前，引导和协助老年服务对象在医疗机构或鉴定机构进行认知能力检查，并在持有认知能力正常或合格等相似结论的诊断报告后，签订意定监护协议。这也是多数公证处、律师事务所开展此类业务时的常见方法。

2. 意定监护协议中的拟定监护人

我国《民法典》第三十三条规定了意定监护的主体为：愿意承担老年人监护人的个人或组织。《民法典》第三十三条中的"个人"可以是除去近亲属以外可以信任的任何人，有关"组织"可以是专门保护被监护人权益的社会组织或其他组织。但养老机构、医疗机构作为相关领域的服务方，并不具备提供监护服务的专业能力,且此类机构与老年人的生命健康和财产安全关联密切,由其担任监护人产生的怠于履职或侵害被监护人权益情形将难以受到他人监督,在实践中仍建议由专业提供监护服务的社会组织担任监护人。

在自然人作为拟定监护人时,一般选任比拟定被监护人更为年轻、身体健康水平较高的自然人;同时,为了维系监护关系持续稳定,拟定监护人的家属的意见也尤为重要(见表1)。在社会组织作为拟定监护人时,拟定被监护人可根据各社会组织的服务能力、社会信誉等考量并选择(见表2)。

表1 拟定监护人为自然人时的考量因素

序号	考量因素
1	拟定监护人的意愿
2	拟定监护人的民事行为能力情况
3	有无信任基础
4	拟定监护人的品行
5	拟定监护人的心理和身体健康情况
6	与拟定被监护人的年龄差距
7	拟定监护人近亲属的意见,尤其是其配偶的意见
8	拟定被监护人的居住地、工作地点
9	经济条件(是否有必要尚待研究)
10	其他与监护职责相关的内容

表2 拟定监护人为组织时的考量因素

序号	考量因素
1	组织类型和资质
2	服务能力
3	社会信誉、信用
4	服务方案
5	财产状况(是否有必要尚待研究)
6	其他与监护职责相关的内容

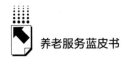

（二）意定监护协议的形式和内容

1. 协议的形式要件

通常认为，意定监护合同是具有完全民事行为能力的成年人根据自己的意愿选择意定监护人，并且将自己的监护事务全部或者部分授予受托人的委托监护合同。《民法典》第三十三条规定了要以"书面形式"确定自己的监护人，即意定监护协议应以书面形式体现。

2. 监护人设立形式

（1）设立唯一监护人

通常，拟定监护人会与拟定被监护人签订意定监护协议，由其一人履行监护职责。如拟定被监护人只设立一名监护人，且该监护人为自然人，拟定被监护人还应充分考虑该监护人丧失民事行为能力、丧失监护能力、先于被监护人死亡等情形产生的风险。

（2）设立同一顺序多个监护人

意定监护协议可以约定多个监护人同时履职，各监护人之间不区分先后顺序。多个监护人之间可以区分不同的监护职责内容，各自按照协议约定进行履职；也可以不区分监护职责内容，多个监护人共同对全部监护职责进行履职。

考虑到监护人之间对具体监护事务可能产生的不同意见或可能出现争议和纠纷，建议在同一顺序的多个监护人之间进行分工，并设置必要的争议解决方式。处理具有多重属性的事项争议时，须提前赋予某一位意定监护人最终决策权。

（3）设立不同顺序的多个监护人

意定监护协议既可以约定下一顺位监护人替代上一顺位监护人的条件，也可以不对此种条件进行约定；当出现上一顺位监护人不能继续履行监护职责的情形时，下一顺位的监护人可以通过相应指定监护程序确定关系。

3. 协议内容

现行法律对意定监护协议的内容并无具体要求，监护协议应满足一般合同要件，并为实现监护安排进行约定。在实践中，意定监护协议主要包括：协议主体的姓名、身份证号码、通讯地址、联系电话等基本信息，意定监护关系设立原因或背景，监护人数量、顺序，监护职责内容和范围，监护监督方式和内容，有无监护报酬和具体酬劳方式、金额，监护关系的成立、变更、撤销、终止条款，争议解决方式，及必要附件。

4.监护职责内容

（1）监护原则

"最大程度尊重被监护人的真实意愿"原则和"最有利于被监护人"原则是我国监护制度中监护人履职的两大基本原则，意定监护协议中有关履行监护职责的内容和形式应以此两项原则为基础。

（2）监护职责内容

随着老年监护制度实践发展，意定监护协议条款内容呈现出越发全面、逐渐细化的发展趋势，与拟定被监护人相关的各类事务都被纳入意定监护协议之中，主要包括生活照料、财产管理和使用、代理特定民事活动、医疗决定、必要的遗产规划内容、必要的殡葬和遗体处置内容等。

5.监护监督内容

《民法典》第三十六条规定了撤销监护人资格之诉，使"有关个人和组织"具有了一定的监督权利，使被监护人得到基本权益保障。同时，拟定被监护人可在意定监护协议中进行监督安排，使监护人履职受到监督。主要监督模式如下。

①设立多个监护人，形成共同监护模式。各监护人之间在履行职责时，对其他监护人形成事实上的监督。但此种形式容易在监护人之间引发矛盾，造成不利于监护人顺利履职的风险。

②独立财产管理，形成事实财务监督。拟定被监护人事先将财产委托给其他自然人或资产管理机构管理，监护人在使用被监护人财产时向独立的财产管理人进行事先申请或事后报备，在监护人和财产管理人之间形成事实上的监督关系。设立此种财产监督模式，应合理规划财产使用内容和范围、妥当处理财产管理人和使用人的关系，避免给监护人履职造成重大障碍。

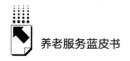

③设立监护监督人，明确监督内容和方式。通过设立监护监督人，约定监督人职责内容和监护人的配合义务，如通过要求监护人定期作履职报告、财产使用报告等方式对监护人的职责履行情况进行监督。在制定监督条款时，应注意避免无限扩大监督人的监督权利，给监护人正常履职带来不便。常见的自然人作为监督人的人选有被监护人的近亲属、朋友、律师等。法人作为监督人的情形主要是社会组织。

监督职责有四大类。一是监督意定监护人执行监护事务，包括资产保管、资金支付、意定监护人报酬和费用的监督。二是要求监护人主动报告履职情况。三是调查意定监护人的履职情况，包括审查监护报告、主动审查监护行为等。有学者提出，监护监督人对意定监护的主动审查可每四年进行一次。四是紧急情况时的处分权，如申请撤销监护人等。

（三）意定监护协议相关文书

根据拟定被监护人需要，拟定被监护人还可以签订委托代理协议、财产委托管理协议、生前预嘱（或医疗遗嘱、医疗指示预先声明等）、监护监督协议、遗嘱（还包括遗赠或遗赠扶养协议）、遗体捐献协议等。

五 意定监护服务指引建议

本部分所称"意定监护服务"，以老年人为被监护人、社会组织担任监护人为前提，在双方签订意定监护协议，且老年人已丧失或部分丧失民事行为能力后，社会组织开始提供监护服务。

（一）服务组织及其职责与责任

1.服务组织的法律规定

《民法典》第三十三条、《老年人权益保障法》第二十六条规定了"组织"可以担任意定监护人。《中华人民共和国民法典总则编理解与适用》说明了组织担任监护人的背景，即"随着我国公益事业发展，有监护意愿和监护能力的社会组织不断增多，由社会组织担任监护人是家庭监护的有益补充，也可以缓解国家监护的压力"。目前，在实践中已提供监护服务的组织绝大多数是社会组织。监护服务组织既包括为提供监护服务专门设立的社会组织，也包括并非专为监护服务设立，可开展监护服务及其他公益慈善多种服务的社会组织。

2. 社会组织的非营利

我国的社会组织主要有基金会、社会服务机构（或称民办非企业单位）、社会团体三种形式，因各类社会组织职能不同，提供监护服务的社会组织多为社会服务机构，受《民法典》《中华人民共和国慈善法》《民办非企业单位登记管理暂行条例》等规定调整。社会服务机构属于非营利法人，即"为公益目的或者其他非营利目的成立，不向出资人、设立人或者会员分配所取得利润"。

3. 服务职责与责任承担

社会服务机构向有关登记管理机构申请成立登记，获批准后依法成立，接受业务主管单位管理。提供监护服务的社会服务机构既应遵守相关法律法规政策要求，在其业务主管单位指导下开展工作；作为监护服务组织期间，也应按照意定监护协议内容履行服务职责；社会服务机构在提供监护服务过程中违反行政法规、政策要求和业务主管单位管理规定的，应当视情况承担行政责任；社会服务机构或其聘请的劳动者、雇用的劳务人员触犯刑法的，视情况追究单位或个人的刑事责任。

（二）服务人员及其资质和能力

1. 服务人员构成

在实践中，监护服务组织的服务人员主要由其员工、雇佣的劳务人员、招募的志愿者、第三方服务人员构成。无论实际向老年人提供监护服务的人员来源为何，监护服务组织作为合同主体，都应对服务对象承担合同义务，并承担因此产生的违约责任或侵权责任。

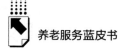
以北京律维银龄研究与服务中心为例，其服务团队主要由律师、社会工作师和医师三类服务人员构成，由三类服务人员开展法律、社会工作、健康管理服务。此外，还配有老年志愿者队伍和大学生志愿者队伍参与宣传、调查等工作。专业、合理、全面的人员配置可以极大地提高服务组织的水平和效率，使服务对象得到更好的宣传和服务。

2. 服务资质和能力

监护服务组织应面向服务人员开展服务培训，使服务人员具备提供相应监护服务的能力和水平。监护服务内容涉及老年人生活的方方面面，部分代为行使的民事权利、代为实施的民事活动，其形式较为常见、服务内容相对简单，由监护服务组织的员工、劳务人员、志愿者直接提供服务即可；部分如医疗服务、法律服务、殡葬服务等专业服务，则须监护服务组织具备相应的服务资质、其服务人员具备特定资质方能直接提供，或向专业的第三方服务单位采买相应服务。

（三）服务机制建设

作为社会服务机构的监护服务组织，除建立必要的机构管理体系外，还应建立监护服务相关的服务管理机制、接受监督和披露机制、监护事务决策机制。

1. 服务管理机制

服务管理机制包括服务组织标准化的服务内容、服务行为制度，对服务人员资质、行为的管理制度，第三方服务管理制度，服务收费制度等内容。通过制定服务管理机制，可以有效地量化服务标准、服务价格、服务品质，结合向服务对象定制个案服务方案，既便于服务组织内部管理，也便于服务对象直观选择和购买，使服务产品易于宣传，进而得到社会和市场的认可。

2. 接受监督和披露机制

一方面，监护服务组织作为社会服务机构（民办非企业单位）接受主管单位的管理，有接受和配合有关部门监管的义务；另一方面，监护服务组织作为监护人，应受到《民法典》第三十六条规定中"有关个人和组织"的监督。被监护人也可以事先设立监护监督人，实施监督行为。监护服务组织应当做好接受社会和第三方监督的准备，按照有关主管单位和司法机关要求履行披露义务。

3.监护事务决策机制

监护服务组织在履行监护职责期间面临较多决策问题。与一般机构经营管理决策不同，监护服务中的决策行为对他人利益产生重大影响，决策行为甚至面临道德争议和诉讼风险。监护服务组织应根据服务内容，建立监护事务决策机制，引导服务对象预先进行规划，引入行业专家提供决策建议，留存重大决策议程凭证，尽量减少决策风险。

（四）监护服务流程

监护服务组织的服务流程主要包括监护服务宣传流程、个案服务流程两方面内容（见图1）。

目前，老年人群体及社会公众对老年监护法律制度了解程度尚待提升，积极开展有关老年监护相关服务宣传尤为必要。

1.监护服务宣传

（1）服务宣传

监护服务组织可以广泛开展服务宣传，如通过在社区、公园等老年人聚集性场所举行讲座、张贴海报、发放宣传材料等方式开展线下宣传，或通过开设自媒体账号等方式线上宣传，或利用报纸、杂志、广播、电视等传统媒体开展宣传。

（2）第三方机构合作

充分开展第三方机构合作，既能较好地对接潜在服务对象，也可以不断汇集各类社会资源，丰富服务内容，使服务对象得到更为专业、全面的服务。

2.个案服务流程

此部分个案服务流程详细说明各服务阶段的基本服务内容和服务流程，以供参考（见图2）。

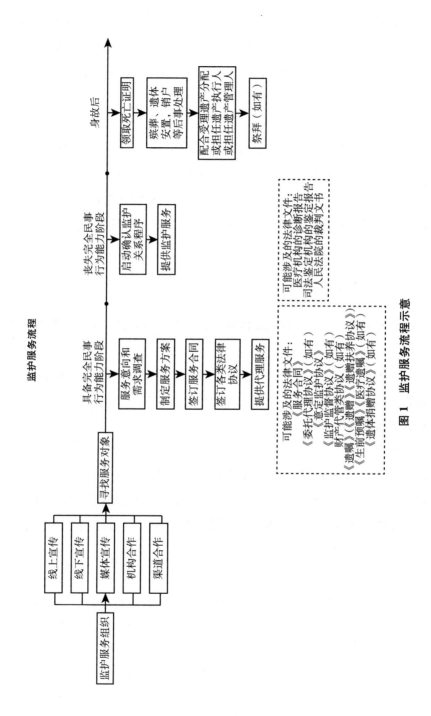

图1 监护服务流程示意

个案服务流程

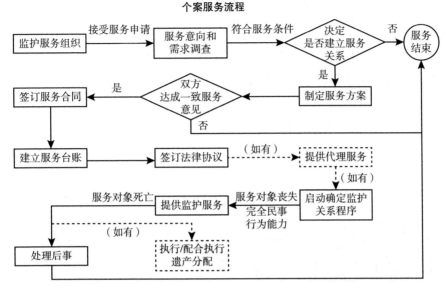

图 2　个案服务流程示意

（1）申请服务

监护服务组织可以根据自身发展需要设立不同申请渠道，也可以根据服务对象特征设立不同申请方式。如对身体健康水平良好的服务申请人，可以在接待场所内接受申请；对罹患重病、身患残疾等行动不便的服务申请人，可以上门了解服务申请情况。

（2）服务意向和需求调查

监护服务组织应对服务申请人开展服务意向和需求调查。其中，服务意向调查应明确申请人是否具有明确的监护服务意愿，申请人是否正确理解包括民事行为能力、监护关系、监护职责等在内的监护相关法律概念，并明确申请人是否具备接受监护服务的真实意愿。

（3）制定服务方案

监护服务组织在完成服务意向和需求调查后，应告知服务申请人其服务提供与申请人服务需求的匹配程度，告知申请人是否在其服务范围内或符合服务要求。申请人提出的服务需求符合监护服务组织要求的，应尽快制定服

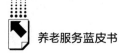

务方案；不符合服务组织要求的，应明确告知申请人不提供服务的结果及相应理由。

服务方案应以申请人服务需求为主，结合自身服务能力和所在地区的服务水平制定。服务方案应包括养老/托养服务方案、代理服务方案、监护服务方案、财产管理及使用服务方案、医疗服务方案、殡葬和遗体安置服务方案、遗产执行/管理服务方案等内容（见图3）。

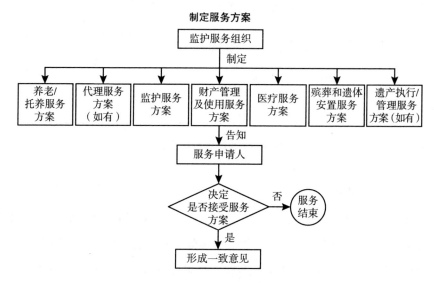

图3　监护服务方案制定流程示意

（4）签订服务合同

监护服务组织与服务申请人对全部服务方案形成一致意见后，监护服务组织还应告知申请人服务方案涉及服务的具体内容、形式、服务期限、收费方式和数额，并向服务对象讲解服务合同，双方无任何异议后，可签订服务合同。

（5）建立服务台账

为便于服务管理，监护服务组织可以针对具体服务对象建立独立服务台账，服务台账记录服务行为和服务人员信息、代办事务的过程和结果、代为实施民事法律行为的过程和产生的结果、管理和使用服务对象财产情况等内容，还应包括服务对象在服务期间内产生的各类法律文件、医疗文件、财产凭证等内容。

（6）签订法律协议

监护服务组织应当根据服务方案内容，协助服务对象签订各类法律协议，如养老/托养协议、代理服务协议、监护服务协议、财产管理协议、生前预嘱、遗嘱（或遗赠、遗赠扶养协议）、遗体捐献协议等。服务对象订立或签订的以上协议是落实服务方案内容的重要文件，或是监护服务组织获取相应权利的主要来源，或是实现服务对象各类规划的合法文书，为保障服务对象合法权益，各类法律协议应聘请律师或至公证处起草、订立或签订。

（7）提供代理服务

在服务对象尚未丧失完全民事行为能力时，可能面临因年老体衰、罹患疾病致使行动不便的情形，也可能因疾病、意外造成服务对象临时性昏迷或丧失表达能力的情形，也可能出现服务对象因交通、环境等条件限制致使不能亲自办理事务的情形，监护服务组织可以向服务对象提供代理服务，以解决服务对象在行使民事权利、实施民事法律行为、办理具体事务过程中存在的困难。

（8）启动确定监护关系程序

根据《民法典》《老年人权益保障法》相关规定，在被监护人丧失或部分丧失民事行为能力后，被监护人开始履行监护职责，监护关系成立。在我国，确定成年公民民事行为能力状态的唯一方式是人民法院的民事行为能力认定程序（见图4）。

（9）提供监护服务

根据《民法典》及相关法律规定和在监护服务过程中的实践经验，可以将监护服务的内容进行细化。

监护服务组织提供监护服务的权利来源为《民法典》等相关法律规定和生效的意定监护协议约定内容，监护服务组织应根据以上内容，结合实际情况提供服务。实践中，常见的监护服务内容包括：代为实施民事法律行

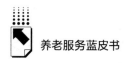

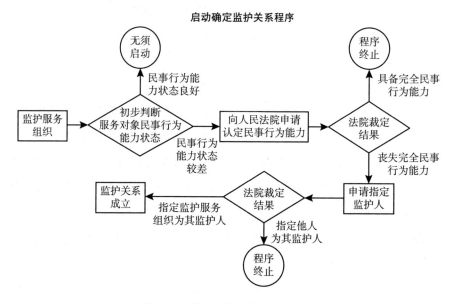

启动确定监护关系程序

图4　启动确定监护关系程序示意

注：多数人民法院在处理认定自然人民事行为能力案件时，为方便当事人办事、节约司法资源，会一并指定监护人。因此，可以在向人民法院提交认定民事行为能力申请书时，同时说明指定监护人诉求。

为、代为处理民事事务、代为管理和处分资产、落实养老或托养规划、协助医疗和医疗决定、权益保护、处理身后事务、协助遗产执行或管理。监护人根据遗嘱、意定监护协议等内容，协助继承人分配遗产等（见图5）。

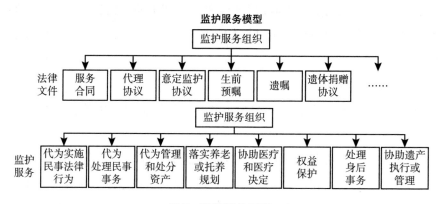

监护服务模型

图5　监护服务示意

（五）服务收费

在自然人之间形成的监护关系中，既有监护人因履行监护职责获取一定报酬，或者被监护人分配一定遗产给监护人作为回报的情形，也有监护人因亲缘关系、乐施善举而不收取回报的情形。社会服务机构作为监护服务组织，为其长期发展和持续运营需要，可以收取监护服务费用，这与社会组织的非营利性目的并不冲突。目前，监护服务组织提供的监护服务并无政府指导收费参考标准，且由于尚未形成相关行业协会，亦无行业指导收费参考标准，各地监护服务组织在收费方式和收费金额上也有一定差异。

1.收费方式

实践中，监护服务组织的收费方式主要包括年费制、月费制、基础费用+事务费用制等模式。年费制，即监护服务组织制定监护服务年度收费标准，按照合同年度向服务对象收费。月费制，即监护服务组织制定监护服务月度收费标准，按自然月向服务对象收费。基础费用+事务费用制，即服务组织设置基础费用（类似会员费），服务对象一次性或按一定周期交付基础费用，具体监护事务按照事务类别、所耗时间等标准收费。

监护服务组织的收费方式并无定论，可根据实际情况制定。

2.收费内容

（1）公证费用

意定监护协议相较于一般民事协议内容更为复杂，根据意定监护协议内容复杂程度，各地公证处收费也有所区别，基本为数千元。

（2）诉讼费用

根据《中华人民共和国民事诉讼法》规定，认定公民无民事行为能力或者限制民事行为能力的案件属于特别程序审理案件。根据《诉讼费用交纳办法》规定，依照《中华人民共和国民事诉讼法》规定的特别程序审理的案件属于"不交纳案件受理费"的案件。

同时，部分认定公民无民事行为能力或者限制民事行为能力案件过程中可能出现对被申请人进行司法鉴定的情况，各地的自然人民事行为能力司法

鉴定费用有所不同,该类鉴定费用一般为数千元。以北京某鉴定机构为例,该鉴定机构接受人民法院委托进行自然人民事行为能力司法鉴定的费用为4650元。

(3) 收费标准

监护服务相较于一般市场服务行为更具权益保障、公益服务性质,原则上不宜收取高额服务费用。实践中,各地监护服务组织的收费水平也相对较低。监护服务组织可根据当地人均收入水平、老年人退休收入水平、机构运营发展需要等因素自行制定收费标准,并公开服务内容及对应的收费标准。同理,服务组织在提供代理服务时也应具有公益服务性质,服务费用也不宜过高。鉴于监护服务的公益性较强,建议相关政府部门对该领域收费进行规范与监管。

六　问题与对策建议

(一) 问题

随着老年人预期寿命的不断延长,老年人口规模正迅速扩大,而家庭的空巢化、核心化、小型化趋势还在持续,导致一些老年人在民事行为能力逐渐减弱的过程中面临监护缺失的问题,这威胁着老年人的生命财产安全。虽然《民法典》《老年人权益保障法》对意定监护做出了基本规定,但多为原则性规定,未能充分考虑老年人特殊的生理、心理特点,缺少配套落实政策,可操作性不强。

首先,没有建立监护登记管理制度。在意定监护关系设立时,没有负责意定监护登记的管理部门,无法审查意定监护关系确立的真实性及合法性。

其次,没有监护监督机制。缺少监护监督制度,无法监督意定监护人的履职情况,也无法及时、全面地了解被监护人的权益实现情况。

最后,监护服务能力不足。现阶段,民政部门和村(居)委会不具备直接提供监护服务的能力,需要培育有监护能力的社会组织提供监护服务,帮助家庭和相关部门履行监护职责，监督监护人履职，满足多样化多层次的监护服务和监护监督服务需求。

（二）对策建议

《中华人民共和国民法典》实施以来，老年人意定监护相关问题得到社会广泛关注，相关实践已有长足发展，但限于我国老年人意定监护制度发展较晚，老年人意定监护服务的普适化、标准化发展仍然任重道远。结合以上实证研究，本报告给出如下建议。

一是建立监护登记管理制度。对监护关系各方基本信息，监护关系成立、变更、终止情况，相关法律文书等内容进行登记管理，以保护被监护人、监护人、监护监督人各方合法权益，保障社会经济秩序。

二是建立监护监督机制。明确监护监督职责部门，结合各政府职能部门、基层自治组织、群团组织、社会组织等单位已有职能，建立广泛、周密的监护监督制度，对被监护人各项基本权益的实现情况和监护人履职行为进行监督。

三是发展和培育社会组织。社会公益组织日趋广泛地参与意定监护，承担意定监护人责任，有效补充了自然人和法定机关、团体和民政部门在监护能力上的不足。[1] 目前来看，我国提供意定监护服务的社会组织较少，整体行业发展尚处在初级阶段，需要社会各界的支持。

---

① 陈甦主编《民法总则评注》（上册），法律出版社，2017，第193页。

B.14
2024年国有企业参与我国养老产业报告*

李 韬 邹春燕**

摘 要： 党的二十大报告提出实施积极应对人口老龄化国家战略。随着我国老龄化程度不断加深，国有企业积极参与健康养老产业，逐步建立自成体系的发展模式，并将养老业务延伸到多个相关领域，积极满足老人全方位需求，已成为投资康养产业的重要生力军。但在国有资本康养产业发展过程中，前期定位模糊、体制机制约束、民非政策制约、政府多头管理与盈利水平低等现实问题普遍存在。本报告建议政府在政策层面进一步优化管理体制，实施分类绩效考核；建议国有资本企业坚持长期投入，探索创新商业模式，发挥整合优势，提高核心竞争力，促进健康养老行业高质量发展，为新时代人民创造幸福美好生活做出积极贡献。

关键词： 国有资本 养老产业 国有企业

新时代主要矛盾是人民日益增长的美好生活需要和不平衡不充分的发展之间的矛盾。习近平总书记在党的二十大报告中提出："实施积极应对人口老龄化国家战略，发展养老事业和养老产业，优化孤寡老人服务，推动实现

---

* 本报告是国务院国资委考核分配局于 2021 年委托国家开发投资集团有限公司的研究课题成果，由国投健康产业投资有限公司、中投咨询有限公司执行完成。

** 李韬，中投咨询有限公司投资咨询部主任，主要研究方向为养老产业及战略规划；邹春燕，中投咨询有限公司投资咨询部高级项目经理，主要研究方向为养老产业及战略规划。

全体老年人享有基本养老服务。"① 党的二十届三中全会通过的《中共中央关于进一步全面深化改革、推进中国式现代化的决定》要求："优化基本养老服务供给，培育社区养老服务机构，健全公办养老机构运营机制，鼓励和引导企业等社会力量积极参与，推进互助性养老服务，促进医养结合。"深化健康养老行业供给侧结构性改革，精准对接多层次多维度老龄人口需求，推动产业高质量发展，更好满足广大人民日益增长、不断升级和个性化的养老生活需要，是新时代的发展要求。

国有资本积极参与健康养老产业，具备平台优势、信誉优势和链接资源的优势，可以在政府与市场之间、企业与消费者之间发挥积极作用，从而加快社会资本参与养老产业的步伐。但是由于进入养老领域的时间较短，国有资本尚不具备专业性，在发展过程中面临诸多难题和现实挑战。本报告建议国有资本进一步优化投资体系、加大资本投入力度，推动康养产业市场化发展，提升战略引领能力。

一 新时代国有资本发展健康养老产业必要性

养老产业投资大、设施要求高，仅靠政府投入既难以满足人口老龄化快速发展条件下养老服务扩大规模的要求，也难以满足越来越多元化、个性化的养老需求。前期投入高、回报周期长、老人支付能力不足等产业特性，导致民间资本与外资能够提供的养老服务类型和能够服务的群体有限。养老产业有效供给"不平衡、不充分"的矛盾越来越凸显。

国有资本发展健康养老产业，一方面能够通过引导产业发展、促进良性竞争、平抑市场价格、丰富市场供给、确保产品和服务质量、作出示范引领、承担社会责任等方式，增加养老产业有效供给；另一方面也能推动国有经济布局优化和结构调整，促进国有资本流动，提高国有资本配置和运营效率，

---

① 《习近平：高举中国特色社会主义伟大旗帜 为全面建设社会主义现代化国家而团结奋斗——在中国共产党第二十次全国代表大会上的报告》，https://www.gov.cn/xinwen/2022-10/25/content_5721685.htm，最后访问日期：2024 年 12 月 6 日。

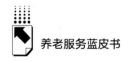

服务国家战略需要。在培育发展健康养老产业的过程中，国有资本通过对国有闲置资产的有效再利用，在国有资产保值增值方面也发挥了积极作用。

二 国有资本发展健康养老产业现状

（一）国有资本发展健康养老的基本概况

根据民政部社会福利中心和中投咨询有限公司 2018～2019 年"发挥国有企业在新时代中国特色养老服务体系建设中的功能作用研究"课题①报告（以下简称《国企养老服务研究报告》），课题组在全国范围内对 262 家国有企业进行问卷调查，发现已有 68 家国有企业参与健康养老服务建设，其中 44 家成立专业的养老子公司，占总数的 65%。

在先期大企业布局引领和带动效应下，参与健康养老产业的国有资本逐年递增。已有近 1/4 中央企业涉足健康养老行业，且多数为养老行业中投资规模大、周期长、风险高、收益低的养老服务领域，充分表明中央企业从事养老产业的社会责任担当和决心。

中央金融企业方面，由财政部管辖的 26 家中央金融机构中已有 12 家进入养老市场，包括政策性银行、商业银行、保险集团、综合金融集团等。与其他中央企业不同，中央金融企业资金实力雄厚，分支机构遍布全国，从事养老产业具有大投入、广撒网、精深耕的特点。

地方国有企业方面，全国有多家省市地方国有企业、国有投资平台不同程度开展养老业务，其中北京、上海数量较多。北京、苏州两市都成立了市属康养产业集团，按照市场机制推动康养资源整合，专门从事本地化、连锁化养老产业，发挥了示范引领作用。地方国有企业从事养老产业具有地域属性强、资源获取能力好、面向养老产业设立目的明确等特征。

---

① 2018～2019 年，受国投健康产业投资有限公司委托，民政部社会福利中心与中投咨询有限公司开展了"发挥国有企业在新时代中国特色养老服务体系建设中的功能作用研究"课题，通过广泛调研，对国有企业在养老服务体系中的定位、发展路径和发挥作用进行分析研究。

（二）国有资本发展健康养老的特点和模式

1. 地域分布多在经济较发达地区聚集

中央企业和中央金融企业连锁养老机构项目多聚集在北上广一线及部分省会城市，以及长三角、成渝等经济较为发达的区域。一是由于我国工业化、城镇化进程等历史条件，老龄人口在上述地区呈典型集聚状态，并与地方社会经济发展水平趋于一致，均呈现 T 字形分布。二是老龄化程度高、经济发展较好的地区，支付政策体系较为完善，因此成为集团化、连锁化养老机构开拓布局的重要选择目的地。据调查，已经开展长期护理保险试点的城市，养老服务市场发展显著优于其他城市。

2. 国企参与养老服务产业途径多样化

国有资本发展健康养老产业，以养老服务领域为主要业务方向，包括养老社区建设和运营、机构养老、居家和社区养老以及医疗康复等，其中机构养老是国有企业参与最多的业务形式，前期以中高端养老居多，随着近两年普惠养老政策的推动，国企也逐渐开展以普惠客群为主的中端市场养老机构建设、公建民营项目投标和运营等业务。

3. 国企参与健康养老产业领域多元化

国有企业在养老产业多个领域的发展中起着关键作用。中央企业如保利发展控股集团创建了"保利和品"，专注于适老化产品的研发，已推出千余款适老化产品，为康养项目提供咨询和配置服务，普天集团和中国电信则利用信息科技优势，研发智慧健康养老解决方案，为养老产业注入新动力，彰显了强大的市场竞争力；中央金融企业如中国农业发展银行、国家开发银行等国有银行，通过金融支持推动养老服务体系建设；地方国有企业如首钢集团积极转型，投身医疗健康产业，推动大健康养老服务体系建设。这些国有企业在多个领域推动了养老产业的发展。

（三）国有资本推动健康养老产业发展的初步成效

一是市场占有率显著扩张。国企进入养老产业后规模迅速壮大，机构数量多、单个项目体量大、床位数量多，在养老服务行业拓展表现令人瞩目。

二是社会影响力不断提升。企业整体影响力方面，国企服务国家积极应对人口老龄化战略和人民对美好生活的需求，肩负国有资本经济责任、社会责任和政治责任。项目落地方面，解决刚需家庭照护需求、提供就业岗位、培育一线人才、发扬敬老孝亲文化、促进友好城市建设。

三是行业认可度逐渐增强。一批国有资本养老企业经历了十年的坚持和沉淀，融入了行业发展的浪潮，提升了专业化、标准化和精细化运营服务的能力，树立了品牌与口碑，具备了连锁化复制能力，充分展现了国有资本的资源、信誉和平台优势。

四是服务专业性不断加强。例如，国投健康产业投资有限公司积极应对认知症领域持续增长的专业照护需求，对接国内外认知症领域知名专科医院、高校和科研院所等，制定全周期、精细化、个性化照护服务方案，结合自身实践和行业经验，牵头编制《认知障碍老年人照护服务规范》团体标准，推动认知症照护专业化发展。

（四）国有资本发展健康养老产业的优势及作用

一是战略引领，探索前行。国有资本发展健康养老，多从集团层面制定战略规划，通过集团内部资源协同，从自有业务优势出发，以战略引领的方式，逐步摸索适合的发展路径，再通过实践的经验和教训，不断调整业务思路和模式，制定合理可及的发展战略，更多地从社会责任担当、创新发展模式等出发，不过分追求短期经济利益。

二是开放务实，重视合作。《国企养老服务研究报告》通过问卷调查发现，41%的国有企业与行业内优秀内资公司建立合作，合作形式多样，程度较深。国有企业积极与行业内优秀企业建立合作，吸收、借鉴先进经验和养老理念，从而实现合作共赢。

三是盘活存量，激发增量。国有企业存量资产，一部分来源于国有企业自身拥有的闲置物业；另一部分是通过政府资源配置，接收国家党政机关和国有企事业单位的培训疗养机构。国企通过对两者进行养老设施改造，提供市场增量规模。

四是资源利用，协同发展。国有企业丰富的内部协同资源为开展健康养老业务添砖加瓦，一些国有企业通过整合教育、保险、康复辅助器具、旅游、医药、食品等产业资源协同发展，全面拓展了养老业务的领域和范围。

五是创新模式，发挥优势。国有企业通过混合所有制改革、聘请专业养老服务团队、发行养老产业专项债券或基金等多种创新模式发挥引领作用，带动社会资本参与养老产业。

三 国有资本发展健康养老产业面临的挑战

（一）前期定位模糊，运营管理压力较大

部分国有企业在进入养老领域前期，对市场调研不充分，战略定位有偏差，重视硬件投资，前期投入较大，市场定价偏于中高端。养老服务业为国企新业务，普遍存在运营经验不足、专业人才缺乏问题，无法满足有支付意愿但承担不起高费用的老人需求，也难以满足有支付能力且对服务要求高的客群需求，导致供需错配，部分养老机构存在入住增长缓慢、服务资源闲置、财务压力过大等问题。

（二）体制机制约束产生发展难题

国有企业体制灵活性较差，主要表现在四个方面。一是投资决策内部审批流程长、程序繁杂，决策效率低导致错失良机。二是国企合规要求严格，招聘一线护理人员难度大。三是养老服务为劳动密集型行业，人员流动性强，国企在调动人员积极性方面缺少灵活用人机制和激励措施，导致高素质员工流失严重、工作效率低。四是养老服务对象需求差异大，在提供标准化服务的同时，解决突发情况的措施可能与国企机制冲突，给国企带来考验。

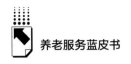

（三）民非政策制约养老市场化发展

各地政府加快公办养老机构改革，鼓励社会力量参与，但行业管理政策多从民办非企业角度制定，如对于非营利性养老机构（一般为民办非企业单位）实行划拨供地。《民办非企业单位登记管理暂行条例》为二十多年前制定，随着老龄化加深和养老产业发展，某种程度上制约了社会资本进入养老服务行业的积极性，限制国企经营范围拓展，民营养老企业资本市场运作也面临非转营手续烦琐难题，影响其发展壮大。

（四）政府多头管理造成制度性成本高

养老行业面临政府多部门管理协作差，政策落地难的困境。2017 年以来，国家不断精简养老机构注册审批流程，落实"先照后证"等政策。但企业反映仍存在经营许可受限、审批流程慢等问题，在规划、报批、建设、消防等领域，存在各部门监管职能分割、缺乏配合的问题，给养老服务产业化发展带来高制度性成本。

（五）盈利水平低与绩效考核要求矛盾

养老行业项目经营周期长，投资回收期长，短期内无法盈利。主管部门对国有企业业绩考核标准严格，对盈利能力有短期诉求，双方存在矛盾。高资产回报是国企选择中高端而非普惠养老项目的重要原因，一些真正能满足老人需求的项目，可能因短期内低盈利或亏损无法通过考核，抑制了国企发展养老行业的积极性。虽然部分国有企业集团已不将盈利水平作为考核依据，但大多数国有企业仍然面临这样的压力。

四　国有资本发展健康养老产业的对策建议

针对当前国有企业从事健康养老行业实践过程中面临的种种问题，本报告从政府政策和国有资本（企业）两个层面，提出国有资本发展健康养老产业的对策建议，详述如下。

（一）政府政策层面

1.加强顶层设计，完善应对老龄化国策体系

第一，发展多层次养老保障体系。本报告建议从制度设计和财税配套政策角度，提高企业年金制度实施和参与率，扩大投资范围；升级第三支柱设计，提高个人税收优惠比例，完善保险、基金、银行理财等产品线；打通第二、第三支柱通道，放开个人投资选择权，实现双赢。

第二，增强科技支撑和创新能力。本报告建议国家大力支持科技创新，重视信息技术对健康养老产业的支撑。一是支持智慧养老试点示范企业，创新财政投入机制，鼓励地方通过补贴等形式支持家庭和个人购买智慧健康养老产品及服务；二是加快标准制定，推动平台互联互通；三是支持电信运营商等进入智慧居家养老领域，开展多样化服务；四是推进全国性养老服务信息平台建设，构建家庭智能看护系统，提供全方位安全保障服务。

2.多措并举，推动"放管服"政策，激发市场活力

第一，优化管理体制，实施分类绩效考核。主管部门应优化国有资本投资管理体制，简政放权，激发活力。发挥考核评价的导向作用，引领国有资本企业发展方向，增强国有养老企业信心。

第二，加大财政支持健康养老产业发展力度。建议加大财政支持力度，解决供给侧收支不平衡问题；加强养老服务设施用地监管，解决养老用地匮乏的难题；给予养老服务企业确定性的税收优惠和服务补贴；将国有企业健康养老产业投资纳入中央企业国有资本经营预算，支持健康养老产业投资，提高资金使用效益。

第三，取消民非限制，拓宽国企参与范围。建议取消《民办非企业单位登记管理暂行条例》中关于国有资金比例的限制，放宽国有企业资金投资限制；统一管理规范，取消民非和营利性企业的差异化政策限制；取消地方购买服务和公建民营项目对民办非企业法人形式的限制，放宽市场准入，为国企经营范围拓展创造条件。

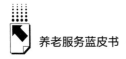

第四，支持培疗机构改革，扩大养老供给。建议对央企开展的养老服务业务给予闲置土地、物业等资源支持，在央企培训疗养机构改革中，以划拨方式支持开展养老相关业务的央企；在项目前期加大协调力度，解决规划调整、土地性质变更、房产备案等问题，支持项目实施；甄选有运营经验的国有企业，扩大参与培疗机构改革的企业范围，推进转型改革。

第五，简政放权，提高统筹协调力度。建议优化各项审批条件、程序和时限，精简审批环节，推进养老行业"放管服"改革，加强部门协同配合，破除审批流程障碍，形成公平竞争环境。

第六，加快人才建设，推动就业市场升级。建议建立健全家政、养老、育幼等紧缺领域的人才培养培训体系，扩大培养规模，提高培养质量；加快职业技能标准培训和等级认定，打通一线护理技术人才的职业上升通道；深化校企合作，培育产教融合型企业，支持实训基地建设，推行"职业培训包"和"工学一体化"培训模式。

3. 支持企业发展，打造高质量为老服务体系

第一，在成本端加大一线护理人员补贴力度。建议各地市出台对养老护理人员的补贴制度；吸引志愿者团体和个人，通过时间银行参与养老机构服务，减小护理员工作强度；成立护理员协会公益组织，为其提供劳动权益、收入待遇、投诉纠纷等义务咨询和解决方案。通过补贴和关爱措施，稳定护理员队伍，促进职业院校养老护理专业招生和就业，有效防止人才流失，提升服务品质和专业化水平。

第二，收入端支持国有企业创新经营模式。《北京市养老服务机构监管办法（试行）》提出，除利用自建或自有设施举办的养老机构外，严禁实施会员制。在主流模式为既有物业租赁改造的情况下，若不能采取会员制，企业盈利和商业模式难以实现。建议针对国有企业投资新建、改建的连锁养老机构，允许创新和突破经营模式，如在具备合法担保能力的主体公司担保下，结合信托基金、商业养老保险年金、反向抵押贷款等方式，探索可靠的会员制收费方式，实现合理投资回收和良性运转。

第三，支付端扩大长期护理保险发展商业护理险。建议建立全国统一的

长期护理保险制度，有效释放需求；为强化独立险种设计，明确功能定位，避免形成"第二医疗保险"误区，建议明确缴费性质，将从医保基金中划拨的费用转为独立的"长期护理保险"基金；完善缴费机制，探索个人缴费，从降低医保金个人缴纳比例开始，将降低部分转为"长期护理保险"个人缴费；探索商业化长期护理保险体系，优化产品设计。

第四，政策端打通壁垒推动医养有机结合。建议推进老年健康护理服务供给侧改革，解决康复护理、长期照护等短板问题；各地推进护理中心、护理院建设和审批；加快解决养老机构医保报销通道问题；支持健康养老国有企业承接和新建营利性医疗机构，纳入医保范围，实现医养结合闭环通路。

4. 设立产业基金，促进康养市场规模化发展

建议加大财政投入力度，设立国家级康养产业引导基金，优化投资结构，采取基金、直投等方式实施战略性投资，综合运用资产收购、股权投资、业务整合等手段，为优秀养老企业提供投融资担保服务。以基金赋能促进行业升级，发展银发经济，推动老年用品市场扩容，投资相关企业或项目，促进优质老年用品迭代升级。

（二）国有资本（企业）层面

第一，聚焦养老需求，推动产业高质量发展。我国健康养老产业发展迅速，但面临老龄人口增多与优质企业少的矛盾。国有养老企业经过十年沉淀，显示出精细化、标准化和专业化特征。未来应聚焦刚需老年群体，提供高质量普惠养老服务，服务价格与当地居民收入、退休金等挂钩，让更多老年人享有普惠服务。

第二，坚持主业，积极拓展产业链新领域。国有企业应围绕产业上下游，整合医疗、金融、信息化、养老用品等资源，布局康养产业相关科技创新、智慧城市、用品制造等领域，通过大投入形成大产业，培育新的增长点，满足多层次康养需求。

第三，保持战略定力，探索创新商业模式。建立科学高效的决策流程，

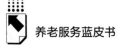

实现各环节紧密衔接，提高投资科学性和管理效益。将金融工具与新技术、新模式结合，提升传统养老产业的财务和市场价值。在政府支持下，开展市场化运作，坚持长期投入，探索创新商业模式，树立国企品牌，实现社会和经济效益双赢。

第四，发挥整合优势，推动行业聚集发展。与中央或地方城投公司合作，通过"股权+债权"方式，盘活闲置医院、商业设施等，改建为康养服务设施。引导社会资本参与投资运营，通过基础设施投入，提升老龄服务品质，实现联盟化发展。通过混改整合民营企业，推进企业重组和专业化整合，形成养老服务业务广泛、专业水平高的龙头企业。

第五，积极开展公益慈善为老服务项目。将营利性养老产业与公益性养老事业结合，体现国企责任。借鉴民营企业的公益事业运作方式，通过开发公益项目、成立慈善基金等，为解决老龄化社会问题贡献力量。

第六，推动区域养老一体化协同发展战略。将养老服务设施建设与区域发展战略相结合，连接政府、企业等资源，从医养结合、支付体系、补贴渠道等方面打破壁垒，促进区域养老产业合作、市场融合、公共服务接轨，为国家三大协同发展战略提供样本。

B.15
2024年旅居养老发展状况报告

许晓玲*

摘　要：　随着人口老龄化程度日益加深、老年群体养老需求多元化以及老年消费市场结构升级，旅居养老作为新型养老模式应运而生，在市场前景、消费潜力等方面，旅居养老有其独特的发展优势。同时，作为养老产业的新业态、新模式，旅居养老尚处于起步阶段，受标准体系、公众认知、区域壁垒等因素的制约，现阶段旅居养老市场存在着认知概念有偏差、居住地安全保障不健全、产品和服务供给不匹配、行业标准体系不完善、行业监管界定不清晰等问题。未来，通过建立旅居养老国家标准、培育旅居养老基地、加强宣传推广等措施，可促进旅居养老产业健康有序发展，进一步激发银发经济活力。

关键词：　旅居养老　银发经济　行业标准　市场化　安全保障

随着我国人口老龄化趋势的显著呈现以及老年群体对高质量养老生活需求的凸显，如何构建适应满足老年人多元化养老需求的市场体系已成为养老发展领域亟待解决的重要问题。随着50后、60后、70后渐次步入养老阶段，旅居养老作为一种新型的养老方式，正逐渐受到精力充沛的老年群体的关注和青睐。

---

* 许晓玲，中国老龄产业协会科学技术工作委员会副主任，中共广东省社会组织委员会第002号党群服务站站长，广东省养老服务技术标准化委员会（GD/TC134）副秘书长，广东省养老服务业商会党支部书记、会长，主要研究方向为旅居养老、养老服务标准。

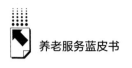

一 我国旅居养老发展背景

（一）社会难题与发展机遇的并存

随着社会的发展，人口老龄化已成为许多国家共同面临的问题。《2023年民政事业发展统计公报》数据显示，截至2023年底，全国60岁及以上老年人口为29697万人，占全国人口的21.1%，预计至2035年左右，60岁及以上老年人口将突破4亿人，在总人口中占比将超过30%，[①] 这标志我国将进入重度老龄化阶段。根据国家应对人口老龄化战略研究预测，预计至2100年，我国老年人口还将迎来两次增长高峰，将进入一个稳态的重度人口老龄化阶段。老年人口规模增加、人口老龄化加速，是我国目前所面临的重要社会难题，不容忽视和回避。与此同时，随着新增人口红利的逐渐下降，老龄人口作为重要的增量市场，发展前景广阔。坚持"盘活存量、培育增量、提升质量"的发展思路，激发老龄人口的消费潜力，养老产业和银发市场活力将逐步显现。

（二）养老需求与消费结构的迭代

自新中国成立以来，经历了第一、二次"婴儿潮"（1950～1975年）的群体已逐步迈入老年阶段，这部分老年群体展现出了三个显著的特点。一是具备较强的养老储蓄能力。这部分老年群体依托改革开放的春风，普遍拥有一定的积蓄和资产，有赖于政策红利，大部分群体还享有养老和医疗保障，这些物质基础的储备，为其晚年生活提供了充足的经济来源。二是具有较高的消费水平。许多出生于20世纪50～70年代的老年人在年轻奋斗之时，接触了许多前沿的消费理念，因此在养老方面，也希望能够有

---

① 《60岁及以上老年人占全国人口21.1%》，《北方新报》2024年9月5日第05版，https://szb. northnews. cn/bfxb/html/2024-09/05/content_ 48615_ 241035. htm，最后访问日期：2024年11月25日。

匹配自身消费能力的养老产品。三是对高品质养老生活抱有美好的期待。这些老年人已不再为基本的养老物质生活保障发愁，转而更加注重健康养生、文化修身、精神满足、情感需求以及自我价值实现等更高层次的养老需求，会主动规划自己的晚年生活，追求更高的生活品质。

（三）旅居养老政策助推产业发展

2019 年 9 月 20 日，民政部发布的《民政部关于进一步扩大养老服务供给 促进养老服务消费的实施意见》提出，创新和丰富养老服务产业新模式与新业态，拓展旅居养老、文化养老、健康养老、养生养老等新型消费领域，并首次提及发展"旅居养老"，[①] 旅居养老在顶层政策中得以展现，是旅居养老市场从"0"到"1"的关键性一步。

2022 年 4 月 27 日，国务院办公厅发布了《国务院办公厅关于印发"十四五"国民健康规划的通知》，提出支持面向老年人的健康管理、预防干预、养生保健、健身休闲、文化娱乐、旅居养老等业态深度融合。[②] 在《"十四五"国民健康规划》的指引下，健康中国建设得以全面推进，旅居养老产业迎来更加广阔的发展前景。

2024 年 1 月 15 日，国务院办公厅发布了《国务院办公厅关于发展银发经济增进老年人福祉的意见》，提出组建覆盖全国的旅居养老产业合作平台，培育旅居养老目的地，开展旅居养老推介活动。[③] 这标志着我国银发经济进入了一个新的发展阶段，旅居养老产业有了更具体、更明确的发展方向，迎来了前所未有的发展机遇。

---

① 《民政部关于进一步扩大养老服务供给 促进养老服务消费的实施意见》（民发〔2019〕88号），https：//www.gov.cn/zhengce/zhengceku/2019-09/20/content_ 5456125.htm，最后访问日期：2024 年 11 月 25 日。
② 《国务院办公厅关于印发"十四五"国民健康规划的通知》国办发〔2022〕11号，https：//www.gov.cn/gongbao/content/2022/content_ 5695039.htm，最后访问日期：2024 年 11 月 25 日。
③ 《国务院办公厅关于发展银发经济增进老年人福祉的意见》国办发〔2024〕1号，https：//www.gov.cn/gongbao/2024/issue_ 11126/202401/content_ 6928803.html，最后访问日期：2024 年 11 月 25 日。

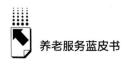

此外，辽宁省、吉林省、上海市、浙江省、安徽省、福建省、江西省、山东省、河南省、湖北省、湖南省、广东省、广西壮族自治区、海南省、重庆市、四川省、云南省、陕西省、甘肃省、青海省、新疆维吾尔自治区 21个省区市的养老服务体系建设"十四五"规划中均提及加快开展旅居养老，这些政策不仅为旅居养老产业的进一步发展提供了有力支持，也催生着我国银发经济蓬勃发展的内生动力。

（四）目前我国旅居养老市场现状

目前，旅居养老市场的大部分产品和服务沿用着传统旅游的概念去规划和设计产品和服务内容，停留在浅层概念或供给单一，未能真正从老年群体的需求出发，主要体现在以下两个方面。一是旅居养老单一的服务模式。市场上大部分旅居养老产品仅是停留在异地而居的层面，其服务模式单一，且服务多侧重于提供基本的居住和生活照料，忽视了老年人内心和精神层面的满足，以及文化学习、价值提升、健康休闲等方面的需求。二是主被动安全保障的配置缺失。目前，旅居养老市场中还普遍存在着安全保障缺失的问题。一方面是主动保障缺失。部分居住地未进行适老化改造或未配置适老化设施、缺乏紧急救护通道、未配有专业的医疗团队，没有医养结合或未与周边社区和救援机构建立联动机制等。另一方面是被动保障缺失。由于旅居养老相关保险产品缺乏，老年群体在风险发生后无法获得应有的安全保障。主动安全与被动安全保障不足，造成旅居养老过程中存在一定的安全隐患，使其难以有效应对老年人可能出现的各类突发状况，无法充分保障老年人旅居养老途中的安全。

二 以广东旅居养老为例

自 2019 年起，针对当前旅居养老领域的发展状况和所面临的难题，广东省积极组织各方专业力量，包括标准化专家、养老行业专家、旅游行业代表、保险单位代表以及法律专家等，共同开展深入的研究与探讨。通过开展省际调研、制定旅居养老系列标准、研发一系列符合老年人多元化需求的旅居养老产品，广东省率先研发出符合老年群体需求的旅居养老产品，持续推动旅居养老产品落地实践。

（一）实地调研考察锚定发展方向

自 2018 年以来，广东省民政厅组织养老行业专家团队先后前往黑龙江省、辽宁省、吉林省、江西省、广西壮族自治区、云南省、陕西省、山西省、宁夏回族自治区、贵州省、四川省、重庆市、西藏自治区、北京市、内蒙古自治区、海南省、天津市、安徽省、河北省、香港特别行政区等多省区市进行考察，调研养老发展状况，研究建立各省旅居养老对口合作产业服务平台，加强与养老行业商协会、养老机构、文化旅游业、教育、金融等对接合作机制，探索建立南北互动、寒来暑往的旅居养老模式。

（二）统筹协调定规程促融合发展

为有效推动跨省旅居养老资源合作，提供省际合作可行思路和方案，广东省民政厅率先制订出跨省旅居养老合作规程。自 2019 年起，广东省民政厅先后与黑龙江省、辽宁省、吉林省、江西省、广西壮族自治区、湖南省、重庆市、四川省、贵州省、陕西省、山西省、云南省、宁夏回族自治区、北京市、天津市、河北省、上海市、内蒙古自治区、甘肃省等 19 个省区市民政厅（局）达成旅居养老合作，形成旅居养老"优势互补、资源共享、区域互通、全国联动"的产业格局，未来将有更多的省份加入，将有效促进养老行业市场结构优化，释放出更多银发市场消费潜能。

（三）搭建体系工程促规范化发展

旅居养老作为一项关系民生福祉的系统性工程，标准化体系建设是首要支撑。要充分发挥标准化在旅居养老发展中的基础性、引领性、支撑性作用，确保旅居养老能够标准规范、健康有序地发展，并通过对标准化体系的不断深化与完善，探索促进旅居养老高质量发展的方法与路径。

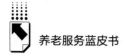

一是确定旅居养老服务发展途径（见图1）。为更好地确保标准化体系的搭建与实施，在旅居养老的初步布局阶段，应通过顶层设计梳理出系统的发展路径及实施步骤，并按照步骤逐一推进工作进程，以确保旅居养老服务的健康有序发展。

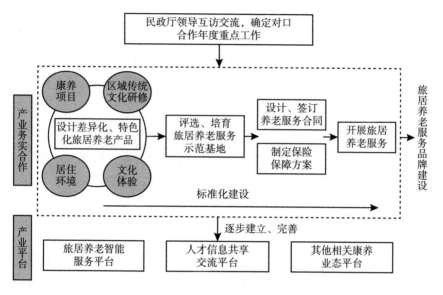

图1　旅居养老服务发展途径一览

二是搭建旅居养老服务标准体系架构（见图2）。旅居养老服务标准体系，由通用基础标准及包括旅居养老机构服务标准、旅居养老产品设计与开发标准、旅居养老基地评选与管理标准的三大标准共同构成。旅居养老通用基础标准对旅居养老、旅居养老基地、旅居养老对象等进行定义，是所有相关服务提供方需遵守的通用指南。旅居养老机构服务标准被置于三大标准的首位，它明确旅居养老服务的服务原则、服务分工、服务内容及服务保障机制；旅居养老产品设计和开发标准则是针对老年人的特性，提出相应的产品设计内容；旅居养老基地评选与管理标准则根据旅居养老居住地的差异性，制定基地的选址、设施建设、运营管理规范。

三是制定旅居养老基地评选标准，培育区域品牌。鉴于当前市场上旅居

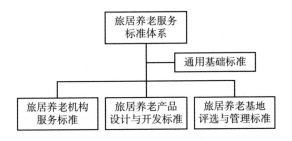

图 2　旅居养老服务标准体系结构

养老产品的局限性和安全保障的缺位，建立旅居养老基地标准显得尤为重要。标准的制定对基地建设提出相应的指引，规范了基地的运营管理，满足了老年人安全保障的基本需求。

基地标准包括基地周边环境及附属设施、基地室外环境、基地适老化配套、基地服务提供及运营、评定指标加分项等部分，从硬件设施、服务质量、运营管理、安全保障、康养特色等方面对旅居养老基地选择提供规范指引。

2021 年，在广东省民政厅指导下，广东省养老服务业商会制定了《广东省旅居养老基地评选细则》，由广东省民政厅将《广东省旅居养老基地评选细则》与已签约各省区市民政部门共享。

四是持续制定旅居养老标准。为进一步推动行业的标准化、规范化、专业化发展，商会遵循整体性、安全性、规范性三大编制原则，持续制定旅居养老标准。2022 年，广东省养老服务业商会制定并发布了《旅居养老服务第 1 部分：总则》（T/GDYLSH 2.1-2022）、《旅居养老服务第 2 部分：基地设施建设和运营管理指南》（T/GDYLSH 2.2-2022）两项旅居养老粤港澳大湾区标准；并编制了《旅居养老服务规范》《旅居养老基地基本规范》两项旅居养老广东省地方标准；2024 年 3 月，《旅居养老服务指南》申请国家标准立项。

其中，《旅居养老服务　第 1 部分：总则》《旅居养老服务　第 2 部分：基地设施建设和运营管理指南》首次对"旅居养老""旅居养老运营机构""旅居养老对象""旅居养老产品""旅居养老基地"这 5 项术语进行了定

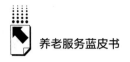

义，内容如下。

①旅居养老：指由旅居养老运营机构组织的，在旅居养老基地内居住5天（含）以上，享受各类社会养老服务和康养服务的养老形式。

②旅居养老运营机构：指依法设立并办理登记的，选择旅居养老基地、设计旅居养老产品、全程组织并为旅居养老对象提供服务的机构。

③旅居养老对象：指自愿选择旅居养老产品，具备旅居养老服务条件（包括无重大疾病并接受身体评估），与旅居养老运营机构签订旅居养老服务合同的老年人及其陪护者。

④旅居养老产品：指专门为旅居养老对象开发的项目。

⑤旅居养老基地：指受旅居养老运营机构委托，为旅居养老对象提供服务的实体。

五是确定旅居养老保险方案，夯实保障基础。旅居养老以老年人为核心目标群体，而这个核心群体恰恰是高危风险人群，因此旅居养老实践的顺利推进中，保险环节显得尤为重要。经与多家保险公司研讨，2021年，广东省养老服务业商会确定首个旅居养老专项保险方案，旅居养老保险方案基于最大化规避旅居养老项目组织者经营风险及旅居养老群体的安全风险，有效保障了旅居养老参与的企业主体与旅居养老群体的共同权益。由于目前旅居养老群体基数比较小，因此旅居养老保险方案并不是最佳的，有待旅居养老群体基数增长之后逐步完善。

六是梳理旅居养老合同体系，明确权责划分。旅居养老工作开展的过程中，风险的存在是无法避免的客观事实。旅居养老合同体系的制定不仅便利了旅居养老服务的顺利进行，也为解决合同履行过程中可能出现的问题提供了法律依据，在一定程度上降低了旅居养老服务市场的风险，为旅居养老工作的顺利开展提供了更加可靠的保障。2020年，广东省养老服务业商会制定出旅居养老合同体系。其中，跨省合作框架合同确定两省负责旅居养老工作开展的服务组织为合同主体，明确双方职责、权利、义务条款，为跨省旅居养老产业务实合作提供保障；旅居养老服务合同确定了服务对象、服务组织方、服务基地方为合同主体的三方合同，明确了三方的权利、责任、义务条款，有效保障了旅居养老参与主体的权益。

七是建立产品研发标准并进行落地实践。根据老年人的身体情况进行产品设计，以"四个维度+一个零工经济模式"为设计架构，以差异化、特色化、精品化、非竞争性互补的设计理念，打造具有本地特色、融合本土文化、环境与人文相融相生的旅居养老产品。

八是开展全国交流与推广，达成友好合作共识。各省区市积极开展、举办行业多样化主题论坛，分享实践经验和思路，以交流促提升，共享经验成果，凝聚行业共识，加强各省际资源共享和协同发展，共促养老事业高速发展。2023年11月18日，中国老龄产业协会与广东省养老服务业商会共同主办的"推动旅居养老全国一盘棋 助力养老产业运营市场化"论坛在中国国际老龄产业博览会成功举办。论坛上，广东省、北京市、天津市、河北省、山西省、内蒙古自治区、辽宁省、吉林省、黑龙江省、上海市、江苏省、浙江省、安徽省、福建省、江西省、山东省、河南省、湖南省、广西壮族自治区、海南省、重庆市、四川省、贵州省、云南省、陕西省、甘肃省、宁夏回族自治区、新疆维吾尔自治区、香港特别行政区等29个省区市签订《旅居养老全国一盘棋战略合作框架协议》，达成友好合作共识。此次活动为旅居养老标准化、规范化、专业化、市场化发展打下坚实基础。

三 旅居养老发展面临的问题与挑战

尽管当前各省区市十分重视旅居养老的业态发展，旅居养老行业也已初具规模，但其发展模式尚未成熟，仍面临着诸多问题和挑战，本报告基于近年来对旅居养老的实践与探索，提出目前旅居养老实践过程中所面临的五大突出问题。

（一）标准缺位制约行业健康发展

当前，我国各省区市虽已相继发布旅居养老相关系列标准，然而，鉴于区域差异以及行业自身发展的制约因素，这些标准仅在当地区域或团体

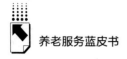

内部实施。在这样的背景下，行业迫切需要建立一套全面、科学的旅居养老国家标准体系，以推动行业的规范化、标准化进程，引领行业的高质量发展。

（二）概念混淆限制旅居养老市场

老年人旅游是指老年人在闲暇时间，以旅游为目的，选择适合自己的行程和景点，进行游览、观光、休闲等活动。旅居养老是以"养"为目的，以"旅"为手段，以多元化服务机构为"居"点，囊括医疗保健、社交娱乐、旅游观光、营养膳食、文化学习、自我实现等板块体验，实现"旅"有所得、"居"有所乐、"养"有所获、"老"有所为的新型养老体验。虽然老年人旅游与旅居养老有显著区别，但大部分人难以区分老年人旅游与旅居养老的概念，市场上对于旅居养老产品的特点普遍缺乏认识。一是部分老年人对旅居养老的理解往往停留在表面，将旅途观光风景和游玩理解为旅居养老的主要内涵。二是市场上大部分旅居养老项目在宣传和推广时，往往强调其旅游特色，以旅游景点的吸引力为卖点，吸引老年人前来居住，未深入挖掘老年人的真实需求。三是旅居养老新业态未形成相应的宣传态势，老年人缺乏渠道充分认知旅居养老产品内涵，从而形成了认识误区。

（三）资源供给和整合力度待提升

资源是支撑一个行业发展的基石，它不仅是支撑行业正常运作的重要条件，更是驱动行业持续向前发展的核心动力。就目前而言，由于我国旅居养老市场需求不大、产品种类少、行业发展缓慢、存在区域间壁垒，我国旅居养老市场存在着资源供给不充分、整合力度不足、利用率较低等问题。

（四）产品服务同质化现象凸显

在当前旅居养老市场中，存在显著的同质化现象。该现象主要体现在服务内容的趋同化以及产品设计的单一性上，其根源在于对老年人独特需求的深度挖掘与个性化服务提供的不足。鉴于这一现状，业界亟须采取创新的思维模式，致力于研发出更加丰富多彩、个性化鲜明且独具特色的旅居养老产品，以满足老年人日益多元化的需求。

（五）基地差异性导致无有效保障

旅居养老基地是旅居养老重要的服务和体验载体，但由于市场培育还处于初期，其建设缺乏统一的行业标准，各地旅居养老基地在硬件设施配备、服务内容提供等方面呈现出显著的差异性。这种差异性导致基地的建设质量和服务水平不一，使得老年人在旅居养老过程中面临一定的安全风险，其体验感无法得到有效保障。具体表现为以下两个方面。

一是各地旅居养老基地硬件设施和医疗服务保障存在参差不齐的现象。部分旅居养老基地在布局设计中未充分考虑到老年人的身体状况，缺乏必要的适老化改造，如扶手和防滑设施等。此外，医疗团队的配备也是基地建设不可或缺的一环，但一些基地在医疗设施和服务上投入不足，导致老年人在突发疾病或身体不适时难以获得及时有效的救治。

二是各地旅居养老基地服务内容呈现出显著差异。部分基地可提供多样化的休闲娱乐活动，如健身、书画、音乐等；一些基地仅提供基本的住宿和餐饮服务，缺乏针对老年人特点的专业服务。此外，部分基地在服务人员的培训和管理上也存在不足，导致服务质量参差不齐，直接影响了老年人的居住体验。

四　旅居养老发展建议

我国旅居养老市场要实现快速、大规模发展，必须朝着标准化、专业化、规范化方向迈进，这一系列工作的开展将是十分浩大而艰巨的系统工程，需要克服和突破诸多挑战与瓶颈。有鉴于此，本报告提出以下针对性建议。

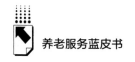
（一）多方主体参与标准体系搭建

鉴于旅居养老市场存在一系列的问题，建立旅居养老国家标准体系显得尤为迫切和重要，这也是推动行业健康发展的重要举措。建立标准旨在通过规范各项环节流程，提升服务质量，加强安全保障，为老年人提供更加安全、舒心、愉快的旅居养老体验，为社会的和谐稳定做出积极贡献。但是，建立旅居养老标准体系工程是一个长期而复杂的工作，它涉及多个领域和层面的协同合作，需要政府、企业、社会组织以及广大老年人的共同参与和努力。

在政府层面，政府应牵头制定和完善相关法律法规，为旅居养老提供法律保障；出台相关政策，鼓励和支持旅居养老产业的发展；建立健全行业监管机制，加强行业监管。

在社会组织层面，社会组织应发挥桥梁纽带的作用，积极参与旅居养老相关系列标准的制定、实施与推广，并参与旅居养老服务的评估和行业监管工作，加强行业自律。同时，应积极反馈行业信息，为政府决策及标准体系提供参考，促进旅居养老行业的健康发展。

在企业层面，企业是旅居养老标准体系建设的重要力量。企业应按法律法规、行业标准开展旅居养老服务。此外，企业还应与政府、社会组织等各方加强合作，共同推动旅居养老标准体系的建设。

在受众层面，广大老年人群体的参与和支持是旅居养老标准体系建设的关键。应鼓励老年人群体积极参与旅居养老服务反馈工作，为改进和提升服务质量提供宝贵的意见和建议。

（二）加大旅居养老宣传推广力度

理念是行动的先导。让大众对行业拥有正确的认知，才能确保行业健康可持续发展。应加大力度推广宣传旅居养老，让老年人更加清晰地了解旅居养老产品内涵，提升其对旅居养老模式的认知水平和接受度。具体可通过以下宣传方式，推动旅居养老模式的普及和发展。

一是广泛通过媒体渠道传播旅居养老的理念和优势。利用电视、广播、报纸、网络等多种媒介形式，以生动形象的方式展现旅居养老的魅力和吸引力。例如，制作精美的宣传片，展示旅居养老地的自然风光、人文景观以及完善的生活设施；邀请已经体验过旅居养老的老年人分享他们的真实感受和收获，通过真实的案例触动更多人的心灵。

二是举办旅居养老相关的讲座、研讨会等活动，以提高老年人对旅居养老的认知度和接受度。邀请养老领域的专家和学者，就旅居养老的概念、特点、发展趋势等方面进行深入的解读和经验分享；同时，组织老年人进行现场互动，解答他们在旅居养老方面的疑问和困惑，让老年人更加深入地了解旅居养老，并增强他们对这种新型养老方式的信心和兴趣。

三是体验旅居养老示范点服务。在具有代表性和示范性的旅居养老项目，让老年人亲身体验旅居养老，包括康养服务、研学活动、游乐观光等。通过亲身体验，老年人将更加直观地了解旅居养老的优势和特点，从而更容易接受这种新型的养老方式。

（三）资源整合共享助推快速发展

在资源整合方面，应通过政策引领加强地区间的协同运作，打破地域壁垒，推动旅居养老资源的优化配置；利用互联网技术，构建全国旅居养老服务平台，实现旅居养老资源的线上整合与共享；通过手机 App、服务热线等渠道，为老年人提供便捷的服务预约、信息查询等功能，提高服务质量与效率。通过优化资源配置，实现资源的共享互补和整合，助力推动旅居养老服务的可持续发展。

（四）持续创新增强供给侧驱动力

老年人多元化需求的不断增长和行业竞争的日益加剧，促使旅居养老模式不断创新，以更好地适应社会发展和满足老年人需求。

一是服务创新。提供个性化定制服务，进一步细化服务内容，根据老年人的生活习惯、健康状况、兴趣爱好、文化背景、自我需求等，为他们提供

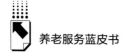
量身定制的服务，打造独特旅居养老体验。二是产品创新。打破传统养老模式的局限，深入挖掘各地资源，结合当地的文化特色、自然景观和老年人的兴趣爱好与自我需求，充分考虑老年人身体状况，注重老年人健康与安全，设计出独具特色的旅居养老产品。三是借鉴经验。在借鉴国外成功经验的基础上，结合我国国情和文化特点，进行本土化改造和应用，为老年人打造具有中国特色的旅居养老体验。

（五）树典型立标杆引领示范作用

在评选旅居养老示范基地方面，应建立统一的旅居养老示范基地评选标准。评选指标应包括但不限于硬件设施、服务质量、运营管理、安全保障、康养特色、医护保障等多方面，可采取实地考察、专家评审以及社会调查等多种方式，确保评选结果的公正性和准确性。

以评选示范基地为契机，在全国范围内开展旅居养老示范基地布点工作，以"一点一特色"为准则，争取创建"省省有基地、域域有产品、处处有服务"的旅居养老服务圈，培育更多有特色、有规模、有品牌、安全性高的旅居养老示范基地，为老年人提供更加优质、舒适的养老环境，激发行业创新活力，强化社会对旅居养老产业的关注和认可，为旅居养老的发展奠定基础。

未来，旅居养老有着极为重要的社会、经济、产业效益，将成为更多老年群体健康、快乐、品质养老的优选方式，也将成为银发经济一大应用场景。

从社会效益来看，老年人是保持社会和谐稳定的特殊力量，对社会的和谐稳定、家庭幸福和睦有着重要意义和作用。旅居养老能够满足老年群体多层次、多结构、多元化的养老需求，提高老年人生活质量，缓解社会养老压力，促进老年人之间的交流和互动，使老年群体能够实现老有所养、老有所乐、老有所学、老有所为。这一过程中，老年人自身养老需求得到满足，社会机制运转也得到良性发展。

从经济效益来看，人口老龄化作为我国社会发展不可避免的现实情况和宏观趋势，事关国家发展大局。旅居养老作为新赛道、新蓝海，把人口老龄化的短板变成银发经济发展的助推器。随着经济社会发展，老年群体积累了一定的财富，有消费能力，有消费意愿，有养老需求，而旅居养老从产品设计、服务供给、配套消费等方面，推动行业向高品质、高附加值方向发展，扩大市场规模，能有效拉动老年人的消费动力，激发和带动银发经济市场活力。

从产业效益来看，银发产业、银发经济加速发展，正成为快速崛起的"朝阳产业"，成为经济社会发展新的增长极，旅居养老作为产业新业态，拓宽了银发产业发展空间，融合了产业内多链条、多形态的市场参与主体，促进了产业链延长发展，推进产业功能拓展，对银发经济的产业链整合升级，产业聚集效应有着重要的推动作用。

区 域 篇

B.16
北京市养老服务体系建设报告

郭汉桥*

摘　要： 北京市按照以养老事业带动产业、产业支撑事业、事业和产业协同发展的总体思路，以"培育一类主体、构建两种模式、实现全面覆盖"为主要目标，积极探索以社会化、市场化方式从根本上系统破解超大城市养老难题的路径。针对99%的老年人选择居家养老、1%的老年人选择机构养老这一实际情况，北京市依托创新居家社区养老服务模式试点，探索形成了以"一清单、一平台、一张网"为基础的养老服务体系。创新完善北京养老服务体系，必须坚持有为政府，坚持有效市场，坚持多元治理，坚持系统观念，着力发展专业养老、普惠养老、智慧养老、温度养老、阳光养老，打造具有首都特色的"五心"养老服务。

关键词： 养老服务体系　高龄老人　养老产业　有为政府　有效市场

---

* 郭汉桥，北京市民政局原党组成员、副局长，主要研究方向为养老服务政策。

一　北京市养老服务基本现状与存在主要问题

（一）北京市人口老龄化形势

①老龄化加速发展。截至 2023 年底，北京市常住老年人共有 494.8 万人，占常住人口的 22.6%，比 2022 年底增加 29.7 万人，平均每天净增 813 人。在今后较长一段时间内，北京市老年人口还将持续增长。按现有人口结构推算，预计到"十五五"初期（2026 年），常住老年人口比例将超过 25%；到"十六五"初期（2031 年），这一比例将超过 30%，北京市进入重度老龄化社会。[①]

②高龄化趋势显著。近十年全市户籍高龄老年人增加 13.2 万人。80 岁及以上户籍人口为 64.8 万人，占户籍人口的 4.5%，占户籍老年人口的 15.0%。80 岁及以上常住人口为 67.5 万人，占常住老年人口的 13.7%。

③失能失智老年人比例不断提高。"一人失能、全家失衡"。失能失智老年人特别是高龄失能失智老年人，是养老照护服务聚焦的刚需对象。截至 2023 年底，北京市重度失能户籍老年人 29.6 万人，占户籍老年人的 7.1%。[②] 随着老年人年龄增长，失能率显著上升。截至 2023 年底，北京市养老机构 571 家，床位 11.2 万张，收住老年人 4.56 万人，约占全市常住老年人总数的 9%；其中重度失能失智 2.9 万人，约占全市重度失能失智老年人总数的 10%。[③]

通过对近几年北京养老服务数据分析可以发现，北京市养老服务供需结构主要有两个特点：一是 99% 以上老年人选择居家养老，不到 1% 的老年人

---

① 《北京：创新完善具有首都特色的养老服务体系》，http://www.bj.news.cn/20240621/86ce5413b9a34631a3bd5811e0e6d6b5/c.html，最后访问日期：2024 年 12 月 15 日。
② 《北京市老龄事业发展报告（2023）》，https://mzj.beijing.gov.cn/attach/0/e579da4186d440e7890d97711cc87d91.pdf，最后访问日期：2024 年 12 月 15 日。
③ 《北京市老龄事业发展报告（2023）》，https://mzj.beijing.gov.cn/attach/0/e579da4186d440e7890d97711cc87d91.pdf，最后访问日期：2024 年 12 月 15 日。

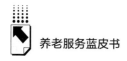

入住机构养老，居家养老问题是养老工作面临的主要矛盾；二是目前仍有90%的重度失能失智老年人选择居家养老方式解决养老问题，是养老工作主要矛盾的主要方面。①

（二）北京市养老服务工作开展情况

2022年以来，北京市民政局按照以养老事业带动产业、产业支撑事业、事业和产业协同发展的总体思路，以"培育一类主体（以养老特别是居家养老为主营业务、实力强、具备可持续发展能力的市场主体），构建两种模式（在现有机构养老基础上，重点探索创新居家社区养老服务模式），实现全面覆盖（各类需求及全体老年人）"为主要目标，积极探索以社会化、市场化方式从根本上系统破解超大城市养老难题。

1. 出台实施"1+6"系列政策

北京市政府办公厅印发了《关于完善北京市养老服务体系的实施意见》，同时，市民政局会同相关部门出台了居家养老服务网络建设、养老助餐服务发展、失能失智老年人照护、综合为老服务平台建设、老年人居家适老化改造、养老服务人才队伍建设等6个配套政策，形成改革完善养老服务体系的整体性制度安排，进一步调整优化了养老服务体系建设的思路和机制。

2. 复制推广居家社区养老服务新模式

2023年试点模式复制推广以来，北京市民政局组织59个街道、72个点位复制推广试点经验和服务模式。参与试点推广的30多家市场主体，累计签约长期上门居家照护服务超1600单，② 相当于建设了一批轻资产、低成本运营，提供实体化、专业化养老服务的社区"虚拟养老院"，有效解决了一千多个家庭重度失能老年人的居家照护问题。

---

① 《99%的老年人选择在家养老　针对这一实际情况——创新居家养老将扩大试点范围》，https://www.beijing.gov.cn/fuwu/bmfw/sy/jrts/202305/t20230523_3110212.html，最后访问日期：2024年12月15日。

② 《让老年人在家门口享受普惠便捷服务》，https://www.mca.gov.cn/n2623/n2684/n2703/c1662004999980000431/content.html，最后访问日期：2024年12月15日。

3. 完善居家社区养老服务网络

充分利用现有设施条件，重点在街道（乡镇）层面布局建设 100 个区域养老服务中心。一是以老年人集中的中心城区为重点，指导各区在老龄化程度高、高龄老人密集的街道优先布点。二是制定了"两指引、一方案、一协议"（区域养老服务中心建设指引、验收指引、效能评估方案、委托运营协议），形成建设验收、运营管理、效能评估的全链条管理闭环，确保建设不走样、运营可持续。三是成立督导组，按照"一中心一方案"加强实地督导，确保"建一个成一个"。

4. 加强高龄老人服务保障支持

按照"兜底有保障，普惠有支持，高端有市场"的思路，重点聚焦高龄老人用餐、照护、医疗等最迫切需求，解决好服务保障问题。一是聚焦解决用餐不便问题，累计发展养老助餐点 2100 多家，覆盖近 3/4 的城乡社区、313 万老年人。[①] 依托北京养老服务网上线全市养老助餐平台，实现云闪付、微信、支付宝等多元支付。二是聚焦解决居家长期照护难题，依托创新居家养老服务工作，推出不同内容、不同价位的 24 小时普惠居家护理服务套餐，让高龄老人买得到、买得起、用得好。三是聚焦解决就医难问题，发挥社区卫生服务机构作用，为高龄老人提供免费体检、健康指导、开具慢性病长处方等服务；积极推动将居家高龄老人纳入基层医疗卫生机构家庭医生服务体系。北京市民政局会同北京市委改革办研究制定了《关于加强和改进"老老人"服务保障的若干措施》，系统破解高龄老人长期照护、就医、就餐等不便问题。

5. 强化养老服务综合监管

一是出台《关于加强养老机构重大安全生产风险防范若干措施》、《北京市养老机构"风险+信用"综合评价实施方案》等政策，进一步完善养老服务监管制度体系。二是在全国率先推行养老服务合同网签，明确养老服务

---

① 《北京 465 万常住老年人该如何照护》，https://baijiahao.baidu.com/s?id=1800487381450011999&wfr=spider&for=pc，最后访问日期：2024 年 12 月 15 日。

机构收取的预付费不得高于月养老服务费的 4 倍，有效防范收取大额预付资金风险、规范养老服务管理，切实保障老年人合法权益，累计签订网签合同 5.9 万份。① 三是构建"一网一端一平台"监管框架，定制部署 1.2 万台智慧照护服务终端，夯实全流程、全要素、全链条数字化监管基础，推动实现养老机构全息监管、动态监管、无感监管。

6. 谋划推动养老产业发展

一是积极贯彻《国务院办公厅关于发展银发经济增进老年人福祉的意见》（国办发〔2024〕1 号），起草了北京市实施意见，加快培育连锁化、品牌化的市场主体，发展照护服务、康复辅助器具、老年用品、旅居养老等重点产业，推动养老产业整体布局、均衡发展。二是按照"政府引导、协会搭台、市场运作、企业运营"原则，推动北京、天津、河北、内蒙古、吉林、海南等地的优质康养企业成立旅居养老机构联盟，制定联盟公约，明确服务标准，发挥 6 个省区市气候、生态、环境、文化、资源等方面互补的优势，为有需求的活力老年人提供更多样、更可靠的旅居养老服务。

7. 强化人才、科技支撑保障

一是拓宽养老服务人才培养途径，举办首届北京市养老服务人才校企合作培养对接会，32 家单位现场合作签约。② 二是扩大养老护理员来源渠道，共有 11 个区与京外地区建立劳动力输入对接关系。三是开展首届"最美养老护理员"宣传活动，31 名候选人累计获赞 450 万次，最终评选出 10 名"最美养老护理员"。③ 四是上线北京养老服务网及配套小程序，汇集全市养老机构、养老驿站、养老助餐点、养老人才、志愿服务、京津冀养老等海量

---

① 《北京市养老服务合同累计网签 5.9 万份》，https：//baijiahao. baidu. com/s？id＝1804449
335115983474&wfr＝spider&for＝pc，最后访问日期：2024 年 12 月 15 日。

② 《16 家企业与京内外 16 家职业院校签约　校企合作定向培养养老服务人才》，https：//
www. beijing. gov. cn/ywdt/gzdt/202404/t20240419_ 3623287. html，最后访问日期：2024 年
12 月 15 日。

③ 《10 人获得"最美养老护理员"称号！首届北京市"最美养老护理员"宣传活动结束》，
https：//baijiahao. baidu. com/s？id＝1796456194496589990&wfr＝spider&for＝pc，最后访问日
期：2024 年 12 月 15 日。

养老服务资源，形成养老地图，既方便老年人找机构、找服务、找餐桌，也助力企业找人才、找资源、谋发展，日均访问量超 4.5 万人次，总访问量超 2000 万人次。[①]

（三）存在的主要问题

1. 养老产业发展不充分

养老服务不能完全由政府包办，政府重点是管安全、管秩序，市场主体能发挥作用的就交给市场主体，充分发挥市场配置资源的决定性作用。过去习惯于用办事业的思路干养老，过度依靠财政投入，"吃财政"倾向明显，产业化意识不强，对养老产业发展重视不够，没有充分培育养老服务市场。总体上，当前养老产业发展还处于初级阶段，养老服务市场"小散弱"问题突出，集约化程度低，市场发育不充分。

2. 高龄老人兜底保障问题凸显

北京市的 69.8 万高龄老人，绝大多数选择居家养老。[②] 高龄老人居家养老的服务需求主要集中在床前照护、就医、就餐、精神慰藉等方面，但北京市以居家照护服务为主业的市场主体相对较少，绝大多数居家养老的高龄老人只能依靠家庭成员进行日常生活照料，兜底保障不足是普通家庭面临的生活痛点。

3. 养老服务资源配置不合理

居家养老与机构养老错配。以前北京市一直按照"9064"的思路布局养老工作。但从实际情况看，入住机构养老的群体不足老年人总量的 1%，99%以上选择居家养老；[③] 普惠居家养老服务供给不足。城区与郊区错配。

---

① 《谱写积极应对人口老龄化新篇章——北京市老龄事业发展成就综述》，https://www.mca.gov.cn/n152/n166/c1662004999980001705/content.html，最后访问日期：2024 年 12 月 15 日。

② 《北京市老龄事业发展报告（2023）》，https://mzj.beijing.gov.cn/attach/0/e579da4186d440e7890d97711cc87d91.pdf，最后访问日期：2024 年 12 月 15 日。

③ 《99%的老年人选择在家养老 针对这一实际情况——创新居家养老将扩大试点范围》，https://www.beijing.gov.cn/fuwu/bmfw/sy/jrts/202305/t20230523_3110212.html，最后访问日期：2024 年 12 月 15 日。

城区常住老年人约占全市老年人的3/4，而城区养老床位仅占全市总床位数的1/3，城区质优价廉养老床位"一床难求"和郊区床位闲置状况并存。需求与供给错配。近年来全市建了1500多个驿站，提供的主要是助洁、咨询、巡视探访等服务，与老年人床前照护、就餐、就医等刚性需求不相吻合。财力投入与分配错配。机构补贴资金分配不精准，存在"撒芝麻盐"现象，使用效能不高，特别是支持驿站发展的大量设施和资金，实际上并未发挥应有作用。

4. 医养结合机制不完善

社区卫生服务中心与区域内居家高龄老人家庭医生机制未落实到位，老年人慢性病管理不够精准，居家医疗服务供给不足、就医转诊机制不够健全，就医效率有待提升。

二　创新完善养老服务体系的探索实践

针对99%的老年人选择居家养老、1%的老年人选择机构养老这一实际情况，① 北京市依托创新居家社区养老服务模式试点，探索形成了以"一清单、一平台、一张网"为基础的养老服务体系。

"一清单"，是根据街道（乡镇）辖区内老年人各类养老服务需求，组织各类养老服务市场主体，设计形成一整套普惠养老服务供给清单，具体包括服务项目、供给主体、供给方式与供给价格等。总的设计思路是对应需求侧，从供给侧明确失能照护、康复护理、助餐助浴、医养结合等7大类158项专业化养老服务。在此基础上，进一步明确这些服务由谁提供、怎么提供。

"一平台"，是指以街道（乡镇）为单位，建设集居家、社区、机构养老三位一体的区域养老服务中心，打造老百姓家门口的养老服务综合体。以

---

① 《99%的老年人选择在家养老　针对这一实际情况——创新居家养老将扩大试点范围》，https://www.beijing.gov.cn/fuwu/bmfw/sy/jrts/202305/t20230523_ 3110212.html，最后访问日期：2024年12月15日。

综合体为区域养老服务枢纽，整合辖区各类涉老服务市场主体，搭建具备供需对接、服务商管理、服务调度和质量控制等功能的综合运营管理信息平台，提高养老服务供给的组织化程度。从用户端看，老年人可以通过电话预约、网络下单、到店预订、入户开单等方式，提出养老服务需求。从运营管理端看，依托综合体组织各类服务商，为老年人提供多层次、多样化、普惠型、专业化养老服务，实现供需精准对接和实时响应，让老年人获取家门口的养老服务像网络约车、电商购物一样快捷简单。

"一张网"，是指依托区域养老服务中心，整合辖区养老机构、社区养老服务驿站和助浴陪诊、家政维修、康复护理等各类专业养老服务商，构建以区级养老服务指导中心为统筹，街道（乡镇）养老服务中心为枢纽，养老机构、社区养老服务驿站为延伸网点，加盟专业服务商为协同网点，覆盖区、街道（乡镇）、社区全域的养老服务三级网络。形成综合体运营商、机构运营商、驿站运营商、加盟服务商"四商"组网运行、并网"发电"、联网"供电"的服务供给格局。

归纳起来，构建"一清单、一平台、一张网"，创新完善养老服务体系的具体做法，主要有五个方面。

（一）布局设施群

按照"政府无偿提供设施、以空间换服务"的思路，聚焦老龄化程度高、高龄和失能失智高龄老人密集区域，加大养老服务设施供给，全面布局养老服务设施集群，实现高龄老人在哪里，设施供给在哪里，服务跟进到哪里。主要布局方式有三种。

①转型升级。支持政府无偿提供设施的养老照料中心、乡村敬老院转型升级，为建设区域养老服务中心提供设施。2024 年布局建设的 100 个区域养老服务中心，就有 74 处是转型升级的设施。①

---

① 《让老年人在家门口享受普惠便捷服务——访北京市民政局党组成员、副局长郭汉桥》，https：//www.mca.gov.cn/n1288/n1290/n1316/c1662004999980000431/content.html，最后访问日期：2024 年 12 月 15 日。

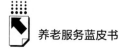
②配套新建。原则上，新建住宅小区配套养老服务设施，应用于区域养老服务中心建设。100个区域养老服务中心，利用新建配套养老设施建设的有18处。[①]

③多点组合。对于不具备条件的街道（乡镇），通过嵌入式机构、面积较大的社区养老服务驿站、社区卫生服务机构等多点设施组合设置，并由同一市场主体承接运营，满足功能需要。

（二）打造综合体

区域养老服务中心总体上应具备两类六项功能，即具备集中养老、社区餐厅、老年学堂、康养娱乐、心理服务等基础服务功能，以及志愿服务、疾病筛查、公益宣传等拓展服务功能。具体有以下六大功能。

①集中养老。该功能即提供就近就便的机构养老床位。政府无偿提供的设施，必须立足提供普惠养老服务，收费价格不得高于该区域平均市场价格，原则上不能设置单人间。确保惠及更多老年人的同时，能为运营商提供稳定现金流。

②助餐服务。社区餐厅将作为养老助餐主渠道，为周边老年人提供一日三餐的堂食、送餐服务。同时面向社区其他居民以市场化方式开放，既能保证助餐点盈亏平衡，又能为居家和机构养老服务拓宽获客渠道。

③居家养老服务。依托综合体聚人才、建队伍，发挥"固水土、育森林"的作用，为周边老年人特别是高龄老人家庭输送居家养老护理员，提供专业的居家照护上门服务。

④老年学堂。既能为老年人提供社区文化娱乐活动服务，也可定期邀请各类服务组织开展健康教育、反诈宣传等。

⑤医养结合服务。与社区卫生服务机构建立握手机制，深化家庭医生签约服务，畅通紧急救治及快速转诊绿色通道，提高就医便利度和可及性。

---

① 《让老年人在家门口享受普惠便捷服务——访北京市民政局党组成员、副局长郭汉桥》，https://www.mca.gov.cn/n1288/n1290/n1316/c1662004999980000431/content.html，最后访问日期：2024年12月15日。

⑥统筹调度。综合体运营商作为区域养老服务的调度责任主体，依托信息平台对养老服务供需匹配、价格质量等进行整体调度。

（三）整合服务网

就居家社区养老而言，单一市场主体很难具备床、护、康、助、医等多元化功能，提供全链条服务。同时，分散的市场主体又很难打破空间限制，为居家老年人提供全时空的服务响应。发展居家社区养老服务，必须整合辖区养老机构、社区卫生服务机构、物业家政公司等各类为老资源，形成功能多元、服务集成的供给网络。

①主体整合。以街道为单位，探索建立养老服务综合体、养老驿站网点统一打包委托运营机制，由品牌服务商连锁化运营，提高市场主体集中度。农村地区侧重不同层级运营主体之间的联网运营能力，推动形成"区域养老服务中心+养老驿站+邻里互助点"以院统站带点的养老服务网络。

②驿站整合。依托区域养老服务中心，探索采取并购、重组、合股等市场化方式，整合小散弱的社区养老服务驿站，推动驿站由综合体运营商统一运营，或者将驿站纳入综合体运营方供应商体系，形成规模效应。

③服务整合。市、区两级民政部门和行业协会，分层分类建立养老专业服务商的统筹招募和加盟参与机制，为综合体这一服务运营枢纽赋能。通过综合体服务阵地、驿站网点与专业服务商联营，以及信息平台高效调度，最终在全市构建多中心、分布式、枢纽型、平台化的养老服务网络。总体思路是打造养老服务综合体，做实养老服务联合体，构建"区域养老服务中心+养老服务驿站+专业服务商"共生发展的养老服务生态圈，以此改变目前养老服务市场主体"小马拉大车"的局面，打造居家社区养老服务的"动力车组"，实现多元化供给、差异化匹配、可持续运营。

（四）搭建云平台

目前北京市正在开发区域养老服务中心信息平台，预计近期上线。综合调度云平台主要包括供需对接、服务商管理、服务调度、质量监管四大

功能。

①供需对接。通过信息平台全面汇集老年人特别是高龄老人线上线下服务需求，形成服务订单，精准匹配服务商，让"数据多跑路、老人少跑腿"。

②服务商管理。通过区级养老服务指导中心推动区域养老服务综合体与助餐助浴、就医陪诊、康复护理等专业服务商，以及区域内物业、维修、保洁等各类涉老服务商签约合作，建立多层次、多门类养老服务商库。

③服务调度。在老年人和养老服务商双向选择的基础上，对一定时限内未能匹配成功的订单，由平台向老年人家属推送口碑好、距离近的服务商，确保服务需求"有求必应"。

④质量控制。通过服务调度，对各类养老服务订单实现线上全过程管理，确保提供服务的人员有资质、品质有保障、过程有记录、进程可追溯。同时，区域养老服务调度云平台，还与北京养老服务网和小程序无缝集成，实现服务内容、服务订单、服务评价数据实时共享。

（五）构建双闭环

强化养老服务质量监管，让老年人信得过、用得好，积极构建全流程、全链条服务和管理闭环，通过闭环抓监管、保质量。

①建立服务闭环。依托区域养老服务调度云平台，以服务需求工单为牵引，对于通过线上线下方式归集的服务需求，建立生成订单、接单、抢单、派单、转接服务、服务评价链条化运行闭环，最大限度方便老人及家属。

②建立管理闭环。建立运营主体准入退出机制，强化区级养老服务指导中心对政府公共养老设施承接主体和驿站运营主体的筛选、准入和退出管理，将服务评价结果作为考核运营主体、专业服务商的核心衡量指标，对评估不合格的依照运营协议规定解除合作协议，全面加强服务商及综合体运营方的考核管理。

综上，北京市探索实践的这一模式，既是市场化养老服务实现可持续发展的商业模式，也是构建居家社区机构养老一体化发展的普惠供给模式。从政府端看，这一模式的核心是完善养老服务体系系统架构，重点是大力发展居家社区养老服务。依托区域养老服务综合体、社区驿站网络和专业服务商，共同补齐居家服务这最后一块拼图，打通居家养老服务供给入户上门服务的"最后一公里""最后一百米"。从市场端看，通过探索建立可持续运营的商业模式，一站式服务、一体化管理，一揽子解决需求太分散、主体不集约、服务不集成、人才无支撑、财务不可持续的问题。从用户端看，不同年龄、不同身体状况的老年人特别是高龄老人，可依托这一供给体系与网络，以社会化、市场化方式获取家门口的普惠养老服务。从试点实践情况看，商业模式基本成型，可持续运营基本实现。

三　创新完善养老服务体系的基本认识

养老服务是一项复杂的系统工程，涉及政府、市场、社会和家庭的方方面面。完善养老服务体系必须整体谋划、统筹推进、分步实施，才能解决政策碎片化、主体小散弱、产业发展不充分和社会参与不足等问题，最大程度凝聚各方共识、形成合力，实现高质量发展。基于上述探索与改革实践可以看出，创新完善具有首都特色的养老服务体系，必须做到以下"四个坚持"。

（一）坚持有为政府

发展养老事业产业，政府职责应当聚焦抓方向、兜底线、搭平台、给支持、管秩序，在做好城乡特困、低保低收入家庭老年人的兜底保障基础上，重点围绕政策供给、产业布局、设施建设、行业监管等方面有所作为，发展普惠养老。

①政策供给方面。加强政策保障与支持，通过调整优化政府补贴结构、补贴方式和补贴方向，以发挥有限财政补贴的杠杆效应来撬动整体养老服务市场。

②产业布局方面。围绕失能照护、医养康养、康复辅具、适老化改造等重点领域，加快培育养老服务主体产业、关联产业和衍生产业，一体化发展

覆盖"产、学、研、销、用"上下游产业链。

③设施建设方面。在确保空间布局合理、交付设施符合标准的前提下，由政府无偿提供设施，帮助市场主体从重资产运营中解脱出来。要彻底改变市场主体投资养老回报周期长、运营难度大、发展举步维艰的局面，让他们轻装上阵，专注于提供普惠服务。

④行业监管方面。聚焦安全质量和行业发展秩序，完善源头监管、过程监管、绩效监管机制，实现良规善治。

（二）坚持有效市场

有效市场应当是有效益、高效率、可持续的市场。普惠养老服务兼具公益属性与市场属性，有别于补缺型的兜底保障服务和市场化的高端服务。发展普惠养老服务，不能忽视养老服务公益属性来找商业模式，也不能忽视养老服务供给的市场规律来强调普惠。普惠养老服务只能是基于有为政府与有效市场的有机结合，通过找到养老服务公益属性和市场属性的平衡点来实现。

①注重发挥鲇鱼效应。通过培育品牌化、连锁化、规模化的头部市场主体，激发市场活力，实现公平竞争、优胜劣汰。

②注重按市场规律办事。发挥市场在资源配置中的决定性作用，提高市场要素供需匹配的有效性，推动市场主体以需求为导向参与养老服务市场，丰富产品与服务供给。

③注重可持续发展。在发挥有为政府作用、帮助企业轻资产低成本运营基础上，以快捷高效供需对接和品牌化、连锁化发展保证规模效益，以成熟的商业模式保障财务可持续。

（三）坚持多元治理

"老人安，天下安"。养老问题既是公共服务问题，也是市场供给问题，但归根结底是社会治理问题。必须站在经济发展全局和社会治理背景下，秉持"多元共治、协同共建"理念，协力推动养老服务事业产业高质量发展。

①厘清责任边界。在坚持有为政府、有效市场相结合的同时，引导各方

主体各尽其责、协同联动，形成多元主体不缺位、不越位、不错位和相互补位的治理格局。

②扩大社会参与。支持社会力量慈善捐赠、关心关爱特殊困难老年人，构建行业组织引领、社区组织参与、慈善组织助力、志愿平台聚力的老年友好型社会。

③发挥家庭基础作用。督促引导家庭成员切实履行家庭赡养义务，为养老服务提供经济支持，为老年人特别是高龄老人提供精神关爱。

（四）坚持系统观念

系统观念要求更加注重养老服务体系的整体性、系统性和协同性。

①政策要系统设计。加强涉老相关部门协同联动，同步设计并一体实施支持型、发展型、监管型政策，追求政策取向一致性，避免出现政策碎片化和"玻璃门""旋转门"现象。

②平台要系统集成。北京养老服务网、区域养老服务调度云平台、养老服务管理信息系统等各类为老服务信息平台要一体设计、系统开发，有序推动居家社区机构养老服务整体提质增效。

③网络要系统布局。从区级养老服务指导中心、区域养老服务中心的建设运营，到社区养老驿站的整合联网，以及专业服务商的统筹招募，都要整体规划、无缝衔接、动态管理，才能连点成线、连线成网，最大限度发挥服务效能。

四　完善首都特色养老服务体系的展望

北京市的实践本质上是在兜好底线的基础上，以养老服务供给侧改革，推动多层次、多元化、普惠型、专业化养老服务走近老年人家门口、走进老年人家中，让老年人特别是高龄老人感受到家门口的各类养老服务需求响应更快速、服务更专业、价格能承受、质量可放心、安全有保障，实现养老不离家、养老不离街、养老不离亲，有效化解社会养老焦虑，推动养老向享老

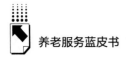
转变。当前和今后一段时期，北京市将坚持有为政府、有效市场、有善社会、有爱家庭协同推进，积极推动覆盖城乡社区的养老服务网络迭代升级，创新和完善具有首都特色的养老服务体系，着力发展专业养老、普惠养老、智慧养老、温度养老、阳光养老。

（一）发展专业养老

发展"专业养老"，全力打造首都养老"匠心"品质。养老行业的高质量发展，离不开专业的主体、专业的队伍、专业的服务。

①以专业的主体打造市场高地。北京市将持续优化营商环境，引导国内外专业品牌市场主体投资北京养老产业，加快培育一批具有核心竞争力和社会影响力的市场主体，以服务机构专业化实现机构服务专业化。

②以专业的队伍打造人才高地。持续加强养老行业领军管理人才、专业技术人才、康复护理人才培养力度，探索建立养老护理技能体系与专业技术体系的衔接机制，构建完备的养老服务专业人才培训、考核、评价、晋升等职业成长体系。

③以专业的服务打造标准高地。持续推进养老服务标准体系建设，建立一整套科学完备、门类齐全的养老服务标准和规范，打造首都养老服务标准化、规范化建设高地。

（二）发展普惠养老

发展"普惠养老"，让首都老年人方便快捷"称心"养老。构建全面覆盖、可感可知、方便可及的普惠养老服务供给体系，是完善首都特色养老服务体系的重要方向。

①以"空间换服务"方式保障普惠养老。严格落实新建小区配建养老设施规划、建设、验收、交付"四同步"，组织开展老旧小区养老设施补短板行动。公建养老设施必须用于发展保障性、普惠型养老。

②以培疗机构改革拓展普惠养老。完善建设支持政策，鼓励党政机关和国有企事业单位所属培训疗养机构转型发展普惠养老机构，扩大普惠养老床

位服务供给。

③以普惠机构签约发展普惠养老。坚持市场化运作，建立普惠养老机构认定管理机制，支持引导市场主体提供便捷可及、价格亲民、质量可靠的普惠养老服务。

（三）发展智慧养老

发展"智慧养老"，让养老服务既"省心"又高效。智慧养老是养老领域的新质生产力，涵盖了智慧产品应用、智慧服务供给和智慧服务管理。发展智慧养老，重点在于科技赋能养老，强化大科技、大数据、大模型应用，以新质生产力推动养老服务提质增效。

①推广应用智慧照护系统。目前，北京全市已初步部署了1.2万台智慧照护终端，基本覆盖养老机构的失能老年人照护。北京将继续推广智慧照护系统及照护终端，推动照护服务的标准化、可视化和管理智能化。

②加强大模型、大数据应用。2024年北京养老行业发展四季青论坛发布的养老行业千亿大模型、养老行业发展报告，就是大模型、大数据应用的初步成果。北京市将充分运用千亿大模型科技成果，为养老服务机构提供康复护理、心理慰藉等培训支持，为老年人提供在线康复、远程支持、养老顾问等服务；北京市还将定期发布行业发展报告，为市场主体在北京投资兴业提供指引。

③加大智慧产品应用推广。北京市将加强养老服务领域人工智能等新技术研发推广和应用场景建设，打造集康复辅具租售广场、智慧养老城市大脑等多功能于一身的北京养老服务城市展厅，以点带面发展智慧养老产业。

（四）发展温度养老

发展"温度养老"，营造养老服务行业"暖心"氛围。坚持人本理念发展养老服务，紧紧围绕生活照料、健康促进、心理关怀和老年人社会参与，加强多层次养老服务供给。让老年人养老有尊严、生活有品质，实现生命质量和生活质量双提升。

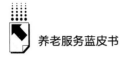

①关注老年人身心健康。在做好生活照料、失能照护基础上，重点发展康复护理、医养结合、心理关怀等服务，促进老年人身心全面健康发展。

②支持老年人有尊严地养老。推动政策和服务供给，在注重支持失能失智老年人得到专业照护的同时，也通过发展医养康一体化服务，最大限度提升身体机能及日常生活能力，延缓失能失智进程。

③营造尊老爱老助老社会氛围。加强为老志愿服务组织建设，依托"京彩时光"养老志愿服务平台开展志愿服务和邻里互助服务，加快推进老年宜居环境建设，积极构建老年友好型社会。

（五）发展阳光养老

发展"阳光养老"，加快形成养老服务"安心"环境。发展"阳光养老"，就是要通过推行"无感全息的政府监管"，强化"高度自觉的行业自律"，打造"良币驱逐劣币的市场秩序"，推动形成阳光的养老行业生态。北京市的美好愿景是：不仅要让老年人生活充满阳光，更要把整个行业置于阳光之下运行。

①强化动态无感监管。持续创新养老服务监管机制、方法和手段，通过养老服务合同网签、智能化照护和监管、非现场监管等方式，实现行业监管"无处不在、无时不管、无事不扰"。

②强化养老行业自律。加强行业组织建设，更好发挥行业协会提供服务、反映诉求、规范行为、诚信自律等功能，优化养老行业发展生态。

③健全养老服务市场规则。积极构建高效规范、公平竞争的养老服务市场，推动实现养老行业充分竞争、汰劣奖优。以有秩序的产品和服务市场来为老年人提供有品质、有保障的普惠养老服务，让老年人和家属"用脚投票"，变养老为享老。

B.17
上海市养老服务综合统计监测分析报告

凌伟 任泽涛 朱浩*

摘 要： 加强养老服务综合统计监测是养老服务高质量发展的重要内容。上海较早开展相关探索，当下已初步建立起"1+3"的养老服务综合统计监测制度，其监测结果主要呈现为居家上门服务、应急救援和适老化改造、社区日间照护、助餐服务等11个大类监测指标维度的发展状况和趋势变化。通过数据"归口统一"、规范化的过程管理、数据整合以及统计和监测关系处理，为政策制定、行业发展和公众信息需求满足提供了有效支持。尽管如此，养老服务综合统计监测指标尚需要持续优化，后续要对统计监测的二、三级指标结合实际进行调整、不断加强过程管理，在现有数据的基础上寻求与其他专用数据的整合使用，设置监测点实现数据及时获取和动态跟踪，并确保统计监测的连续开展，从而不断提升养老服务综合统计监测的规范性、科学性和连续性。

关键词： 养老服务 统计监测 供需调查 指标设计

建立养老服务综合统计监测制度，是贯彻落实《国务院办公厅关于推进养老服务发展的意见》（国办发〔2019〕5号）、《国务院办公厅关于建立健全养老服务综合监管制度促进养老服务高质量发展的意见》（国办发〔2020〕48号）等政策文件的重要内容。作为最早进入老龄化的城市，上海

---

* 凌伟，上海市养老服务发展中心主任，主要研究方向为养老服务、老年人福利保障；任泽涛，上海市老龄事业发展促进中心副主任，主要研究方向为老龄社会政策与治理；朱浩，华东政法大学政府管理学院副教授，主要研究方向为养老服务、儿童福利。

着力建设"五位一体"养老服务体系,满足多层次、多样化的养老服务需求,实现老有颐养,在服务供给、服务保障、政策支撑和行业综合监管等方面不断创新,推进养老服务制度的成熟定型和高质量发展。其中,养老服务综合统计监测作为养老服务高质量发展的保障机制得到了特别关注。研究养老服务综合统计监测的实践,有利于上海养老服务体系的持续优化和高质量发展,也可以为其他地区的政策实践提供参考和借鉴。

一 上海市养老服务综合统计监测制度建立背景

民政部 2012 年就发布了《关于印发社会养老服务发展监测指标体系的通知》,开启全国养老服务发展监测工作,其监测结果主要用于宏观决策、发展指导、绩效评估和信息公开。[①] 此后作为养老服务"放管服"改革、政策保障机制的重要内容,加强养老服务统计监测在中央政策文件中不断被提及。2019 年《国务院办公厅关于推进养老服务发展的意见》 (国办发〔2019〕5 号) 提出"建立养老服务监测分析与发展评价机制,完善养老服务统计分类标准,加强统计监测工作",2021 年《中共中央 国务院关于加强新时代老龄工作的意见》,提出"健全老年人生活状况统计调查和发布制度",2023 年中央办公厅、国务院办公厅发布《关于推进基本养老服务体系建设的意见》,提出要"开展基本养老服务统计监测工作,建立基本养老服务项目统计调查制度",突出了统计监测对于养老服务发展的重要意义。

另外,《国务院办公厅关于建立健全养老服务综合监管制度促进养老服务高质量发展的意见》提出"统筹运用养老服务领域政务数据资源和社会数据资源,推进数据统一和开放共享",《国务院办公厅关于促进养老托育服务健康发展的意见》(2020)、《"十四五"国家老龄事业发展和养老服务体系规划》(2021) 等文件中还提出"强化数据资源支撑""建立完

---

① 李邦华:《民政部建立全国社会养老服务发展动态监测机制——解析〈民政部关于印发社会养老服务发展监测指标体系的通知〉》,《社会福利》2012 年第 7 期。

善老龄事业统计指标体系"等，这在一定程度上也要求积极发挥统计监测在信息共享、数据赋能行业发展的重要作用。尽管如此，也要看到政策文本对于养老服务综合统计监测的概念内涵和外延、指标选择的规范性和系统性、统计数据的科学性等的界定尚不明确或有待改进。要把握养老服务综合统计监测的内涵，必须增进对统计和监测关系、数据和事实关系的理解，同时要加强数据规范性、科学性、连续性，以在反映客观事实的基础上实现预测和趋势判断，从而为政策制定、行业发展和公众信息需求满足等提供支撑。

在此背景下，上海市就养老服务综合统计监测制度展开了积极探索。2021 年施行的《上海市养老服务条例》在总则中提出"定期开展养老服务需求和供给状况调查，建立养老服务综合统计监测和信息发布制度"，强调了统计监测在养老服务发展中的基础作用。2023 年首次发布《上海市养老服务综合统计监测报告（2022）》，① 为养老服务体系发展和行业发展趋势判断提供了基础数据和决策支持。同时根据《中华人民共和国统计法》《上海市统计条例》，结合上海养老服务发展实际情况，建立了"1+3"的养老服务综合统计监测制度，且围绕如何优化养老服务综合统计监测机制进行了持续的探索，以全面、及时、准确反映上海市养老服务发展状况，服务政府部门的宏观决策与行业发展需要，方便社会各界了解养老服务发展情况。

二 上海市养老服务综合统计监测制度"1+3"内容建设和实施情况

（一）制度建设内容

为落实《上海市养老服务条例》要求，2021 年上海市民政局邀请市统

---

① 基于 2023 年统计监测数据撰写的《上海市养老服务综合统计监测报告（2023）》正在筹备发布中。

计局、市养老服务行业协会等多个部门，就养老服务综合统计监测指标体系、养老服务需求及供给状况调查、养老护理员从业状况监测调查等召开咨询会、专题研讨会，并结合市政府实事项目督查和督导以及养老机构质量监测等工作，深入了解养老服务发展现状，进而讨论修订指标体系和调查问卷。与此同时，就养老服务统计监测与综合监管关系、养老服务综合统计监测与老龄事业监测统计、养老产业统计的区别进行讨论和明晰。在此基础上，形成"1+3"的上海市养老服务综合统计监测制度主要框架，并以此为基石不断寻求统计监测机制的优化，其具体内容如下。

1. 养老服务综合统计监测和信息发布制度

主要包括养老服务综合统计监测内容、监测范围和对象、数据来源、统计方法和信息发布等方面。

①明确的统计监测内容。主要包括养老服务供给、养老服务要素支撑、养老服务事业和产业协同发展、养老服务发展扶持与保障、养老服务监督管理等。

②统计监测范围和对象。明确实施范围主要为从事养老服务活动的各企事业单位和社会服务机构，以及从事养老服务管理相关的政府部门。调查对象则包括民政、统计、公安、卫健、医保、人社、教育等部门，以及养老服务行业协会、市康复器具协会等单位。

③统计监测方法和数据来源。以全面调查为主、非全面调查为补充的方式实现数据收集。对于养老服务综合统计监测的指标数据，做到年度监测和动态监测相结合、填表数据不重复统计。换言之，民政系统已有基础数据可直接从系统中获取，譬如各类养老机构数量、老年综合津贴等。在常规统计数据外，通过重点监测、专项课题数据的整合来实现监测功能的发挥，譬如养老护理员工资水平监测等。当然目前出于数据论证的谨慎性要求，许多课题研究和专题研究数据尚未整合在统计监测和信息发布制度中。

④信息发布。调查所得的统计资料以数据手册、基本统计监测信息等形式与市社会养老服务体系建设领导小组成员单位共享，其中的关键信息以折页形式呈报有关负责同志作决策参考。基本统计监测信息通过上海民政官方

网站等渠道向社会公布，公众可查询和下载。同时积极开展数据开发和成果转化工作，以研究报告等方式，供养老服务行业管理者、研究者、从业者分析研判本行业发展状况及趋势。

2. 养老服务综合统计监测指标体系

养老服务的内容非常丰富，其统计监测指标不可能面面俱到，而需要寻求"注重全面"和"突出侧重"的平衡。对此，养老服务综合统计监测指标体系构建区别于老龄事业监测统计（反映老龄事业发展）、养老产业统计（范围极其宽泛），更加聚焦反映"照料护理服务"意义上的"养老服务"（即以民政部门作为行业管理部门的服务范畴），譬如老年人口①、医疗保险等其他部门已有统计的不纳入，而像长期护理保险、养老服务补贴、失能失智老人保障、需求评估、老年救助政策等养老服务保障方面的指标则进行重点考察。基于这种认识，根据《上海市养老服务条例》最核心的 11 个章节，形成养老服务综合统计监测的指标体系框架，包括 11 个一级指标、34 个二级指标、88 个三级指标，其中的一、二级指标如下。

①居家养老服务：居家照护服务、紧急救援服务、居家环境适老化改造。②社区养老服务：日间照护、社区短期托养照护（长者照护之家）、社区助餐服务、康复辅助器具租赁服务。③机构养老服务：机构核定床位、机构入住老人。④服务协调发展：社区嵌入式养老设施（综合为老服务中心、家门口服务站点）、农村养老设施、互助养老服务、家庭养老支持、养老顾问、长三角异地养老、养教结合服务。⑤医养康养结合：医养结合、康养结合（长者运动健康之家）。⑥长期照护保障：统一需求评估、长期护理保险、养老服务补贴、失能失智老人照护服务。⑦养老服务机构：机构登记、机构备案。⑧养老服务人员：养老护理员、老年社会工作者。⑨养老产业促进：养老照护服务产业、老年用品和康复辅助器具产业、智慧养老、养老金融。⑩扶持保障：税收政策优惠、福彩金扶持。⑪监督管理：日常监管、标准化

---

① 老年人口数据目前在《上海老年人口和老龄事业监测统计信息》中发布，相同内容无须重复发布，故在养老服务综合统计监测报告中没有涉及。

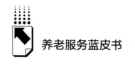

建设。

3.养老服务需求及供给状况调查问卷

主要包括社区居家养老和机构养老两种类型调查问卷。前者主要覆盖上海市各街镇及居村委，依靠养老顾问队伍，面向社区居家老年人开展调查，关注老年人最重视的服务可及性、设施功能发挥、政策支持等，问卷内容包括基本情况、生活照料服务、医养康养服务、积极养老、家庭支持服务、机构养老和异地养老意愿等7个方面；后者则针对上海养老机构工作人员进行数据收集，调查对象包括上海市所有机构（全样本调查），在机构服务供需匹配数据掌握的基础上，实现机构政策扶持内容和方向性的深度剖析。问卷内容包括养老机构的基本情况、服务供给、运营管理、政策支持以及老年人需求状况等，其中运营管理包括定价和收支平衡状况、采取不同运营方式（主要关注公办民营）的机构遇到的具体问题、服务人员（护理员和专技人员）和机构日常管理等方面。

4.养老护理员从业状况监测调查问卷

养老服务人员是影响养老服务发展的重要因素，而养老护理员又是养老服务人员的核心，因此养老护理员从业状况监测调查被认为是"养老服务综合统计监测制度"的核心内容，其调查问卷要求与既往数据库字段有所区别，体现其调查的深度和创新性。基于访谈对象将其分为三个模块：①机构老年人调查模块，关注老年人对养老护理员的满意度等。②机构工作人员调查模块，重点关注养老护理员福利待遇、流动性、培训内容、机构招工问题等。③养老护理员个人调查模块，调查养老护理员教育培训、工作能力、工作环境、认知症照护技能水平等相关内容。

（二）制度实施开展

综合统计监测制度实施开展阶段的重点包括统计监测组织方式、报送要求、信息发布等。上海市明确养老服务综合统计监测工作由市民政局牵头负责，由上海市养老服务发展中心具体实施，负责制作年度统计监测指标体系和报表目录，相关部门和单位负责工作布置和培训、调查数据的处理、统计资料的保密管理等。同时强调其统计监测采取年度报表方式，即以年度为单位进行统计监测和信息发布，要求各部门和单位报送的统计报表必须执行规定的统计表式、指标名称、统计范围和计算方法，计量单位不能随意改变，绝对数保留两位小数。

三　基于上海市养老服务综合统计监测报告的数据分析[①]

根据上海市养老服务综合统计监测"1+3"制度框架，上海已经对2022年、2023年养老服务综合统计监测数据进行了报告发布和系统收集，数据内容覆盖居家上门服务、应急救援和适老化改造、社区日间照护、助餐服务、康复辅助器具、机构养老服务、长期护理保险服务待遇和养老服务补贴情况、认知症照护单元和老年认知障碍友好社区建设、养老服务机构登记和备案、护理员队伍建设等，能够全面呈现上海养老服务的事实状况及其趋势变化，形成的一些基本判断可以为政府、企业和公众等在政策扶持、市场和个体决策方面提供支持，具体体现如下。

（一）关于居家上门服务

相比2022年，2023年上海享受长期护理保险居家照护待遇的老年人增加了82.72万人次，70~79岁、80~89岁、90~99岁老年人的需求量都有较多的增长。与此同时享受居家上门养老服务补贴服务的照护一级人数在减少，意味着更多老年人纳入长期护理保险制度中，老年人专业化的身体照护需求不断提高。

---

① 《2022年上海市养老服务综合统计监测报告》，https：//mzj. sh. gov. cn/MZ_ zhuzhan23_ 0-2-8/20230608/3f324930323245ceb5716d728dcdd5bd. html，最后访问日期：2024年12月12日；《2023年上海市老年人口、老龄事业和养老服务工作综合统计信息发布》，https：//mzj. sh. gov. cn/2024bsmz/20240706/73924c349f4d475a9d46b6019f1a396b. html，最后访问日期：2024年12月12日。

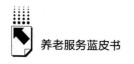

（二）关于应急救援和适老化改造

2023 年度政府购买服务的应急救援呼叫覆盖人数达 30.13 万人，较 2022 年增加 1.36 万人，其中高龄独居老年人达 9.47 万人，较 2022 年增加 1.13 万，但尚有 2.49 万高龄独居老年人尚未纳入，需要进一步扩大政府购买力度，实现高龄独居老年人应急救援呼叫的完全覆盖。在适老化改造方面，2023 年适老化改造服务覆盖的各年龄段老年人中，80 岁及以上的申请者占 51.8%，相比 2022 年高龄申请者持续增加。可以说随着上海进入深度老龄化阶段，大多数老年人的居家养老安排将使得高龄老年人的家庭适老化改造需求持续增加。

（三）关于社区日间照护

2023 年上海日常看护型机构和专业照护型机构的数量相比 2022 年都有所增加，但两者的月均照护量呈现差异化表现。日常看护型机构月均照护量从 10 人增加至 19 人，专业照护机构月均照护量则从 16 人降到 14 人，意味着专业照护机构服务能力有较大改进空间。

（四）关于助餐服务

与 2022 年相比，2023 年上海助餐服务场所的日均供餐数有所下降，减少了 0.34 万客，其中社区长者食堂增加 1.0 万客，老年人助餐点减少 1.34 万客。日均堂吃数较 2022 年增加了 0.46 万客，送餐数下降了 0.80 万客。意味着社区长者食堂和老年人助餐点可能会出现服务量不够、运营成本上升的情况，同时随着高龄独居老年人的持续增加，在满足老年人送餐需求方面还有提升空间。

（五）关于康复辅具

截至 2023 年底上海康复辅具租赁订单金额与补贴金额分别为 926 万元和 463 万元，康复辅具租赁产品和服务机构数分别为 57 个和 22 个。较 2022

年，2023 年康复辅具租赁服务的订单翻倍增长，增加了 3864 个，订单金额、补贴金额分别增加了 186.68 万元、99.42 万元。可以说康复辅具租赁服务市场前景广阔，具有巨大的发展潜力。

（六）关于机构养老服务

2023 年上海三类养老机构和床位数量呈现差异化发展，较 2022 年公建民营机构增加了 11 家，公办公营、民建民营机构分别减少了 22 家、18 家；公办公营、民建民营机构核定床位数分别增加了 0.27 万张、0.16 万张，公建民营机构核定床位数减少了 0.1 万张。

从入住养老机构的老年人看，高龄化趋势明显，2023 年 80～89 岁、90 岁及以上的机构老年人分别占 46.2%、22.0%。这意味着机构养老对于医养结合服务的需求持续增加，需要加大护理床位的设置力度，同时持续推进"养老院+互联网医院"建设。事实上 2023 年上海"养老院+互联网医院"建设快步推进，与 2022 年相比增加了 50 家，极大提升了养老机构的医养结合服务能力。

（七）关于长期护理保险服务待遇和养老服务补贴情况

2023 年上海市的老年照护统一需求评估申请达 58.34 万人次，较上年增长 102.03%，总体增长幅度较大，其中 56.43 万名申请者获得 1～6 级的失能评估等级。评估为 1 级的老年人数量最多，占 54.16%。在申请人翻番的情况下其比例与 2022 年比较（54.68%）基本持平，享受长期护理保险居家照护服务 2～6 级待遇的人数占比基本没有变动。2023 年享受长期护理保险养老机构服务待遇的总量比 2022 年减少 1.30 万人。在养老服务补贴方面，相比 2022 年享受养老服务补贴待遇减少 5.59 万人次。

（八）关于认知症照护单元和老年认知障碍友好社区建设

2023 年上海有养老机构认知症照护单元共 800 个，床位 1.20 万张，分别较 2022 年增加了 174 个、2598 张，同时开展老年认知障碍友好社区建设的街镇达 220 个，意味着上海正在快速推进失能失智老年人照护工作。上海市一方面持续推进养老机构床位的升级转型，为认知症老人提供日常生活照护、生活自理能力训练、精神支持、社会交往等专业性、全方位服务，[①] 加快推动医与养的优势互补；另一方面持续探索社区嵌入式养老与认知障碍照护相结合的模式，在有条件的社区尝试开辟小单元的认知障碍照护专区，开展提供早期筛查、建立社区支持中心、组织照料培训等服务，为认知障碍老年人及其家庭营造社区友好氛围。

（九）关于养老服务机构登记和备案

2023 年养老服务机构登记中，登记为养老服务企业的数量有了较大幅度的增长，经营范围包括机构养老服务、社区养老服务业务、居家养老服务，较 2022 年分别增长了 407 家、785 家和 998 家，尽管登记为社会服务机构的数量也在增加，但更多养老服务机构选择在工商登记。同时2023 年各类养老服务机构备案的数量为 1817 家，较 2022 年增加了 1300家，其中社会服务机构、企业、事业单位，分别增加了 1241 家、35 家和24 家。

（十）关于护理员队伍建设

相比 2022 年，2023 年上海养老护理员数量在减少，但其结构在不断优化，护理员的工资待遇、学历情况、持证情况都呈现提高或增加的趋势。2023 年上海养老护理员平均工资为 5342.61 元，较 2022 年上涨 284.85 元。大专及以上学历的护理员占比 3.37%，较 2022 年提高了 0.85%；持有中级证、高级证的护理员比例，较 2022 年分别增加了 5.94%、0.51%。另外，护理员的年龄整体有所增长，2023 年 50~59 岁、60 岁及以上护理员占比为64.19%、13.06%，比 2022 年分别增长 6.51%、4.28%；在户籍方面，中心

---

① 《认知症照护床位设置工作方案（试行）》，https://www.shanghai.gov.cn/nw12344/20200813/0001-12344_55600.html，最后访问日期：2024 年 12 月 15 日。

城区的外地户籍护理员比例非常高，在中心城区非沪籍养老护理员占比达 90%。

四　上海市养老服务综合统计监测成效

上海市养老服务综合统计监测制度已经初步成型，其统计监测数据以其规范、科学、全面性，为政府综合监管、行业发展和公众信息获取方面提供了支持。同时也通过数据积累和趋势判断，在统计的基础上积极实现监测功能发挥和前瞻性决策。具体可以从基础功能发挥、统计监测过程管理、数据整合性以及监测作用发挥方面来考察。

（一）基于数据"归口统一"实现养老服务基础数据提供

在养老服务综合统计监测执行中，主导实施的民政部门通过与统计部门合作，要求公安、卫健、医保、人社、教育等多个部门和单位，按照统计监测规定的统计表式、指标名称、统计范围和计算方法提交数据，从而实现数据归口统一。在此基础上民政部门对多部门汇集的数据进行核对，譬如政府购买的应急救援呼叫覆盖人数要大于或等于高龄独居老年人数，护理型床位要小于核定床位数，对数据进行逻辑上的复核，从而确保养老服务综合统计监测数据的真实准确性。虽然在某种程度上仍旧是养老服务的基础数据，但相比老龄事业监测统计、养老产业统计数据，其更具有深度和广度，也更能反映上海市养老服务领域的发展状况，从而更好满足养老服务相关主体的不同需求。

（二）基于部门协同实现养老服务综合统计监测的过程管理规范化

养老服务综合统计监测工作顺利展开必须明确相关部门和单位的责任。在上海市，民政与统计部门通力合作，制定具体工作流程，要求相关部门和单位配合参与。同时通过建立部门的定期协调机制，对相关数据的准确性、数据的保密合规性以及最终发布内容进行审定。其过程严格按照《中华人民共和国统计法》《上海市统计条例》要求，按照统计调查管理、统计资料

的管理和公布程序，确保统计资料的真实性、准确性、完整性和及时性，突出统计监测过程管理的规范性。

（三）基于数据整合确保养老服务综合统计监测数据的全面性

上海市养老服务综合统计监测采取全面调查和非全面调查相结合的数据收集方式，寻求年度基础数据与专项调查数据的整合。其中居家养老服务、社区养老服务、机构养老服务、服务协调发展、医养康养结合、长期照护保障、养老服务机构、养老产业促进、扶持保障、监督管理等数据直接来自相关部门数据汇总，护理员从业状况数据则来自专项调查，在接下来的年度统计监测中还会进一步整合专项调查数据，譬如以奖代补、助餐服务等，同时还会整合一些权威报告数据、定点跟踪数据，不断突出数据收集的科学性和全面性。

（四）基于连续和动态数据掌握积极实现监测功能发挥

既往"统计监测"大多涉及基础数据、截面数据的描述分析，并没有真正发挥其监测作用。对此，上海市注重于统计和监测关系的处理，一方面整合政府有关部门开展的专项调查、动态调查数据以及来自标杆企业与养老服务指标有关的数据，强调"点面结合"和调查数据的连续性，确保养老服务的系统监测；另一方面通过历年数据的比较分析以及监测点数据的动态分析，形成养老服务发展状况的事实描述和预判，从而真正实现监测的功能发挥。

五　上海市养老服务综合统计监测机制的优化方向

养老服务综合统计监测工作在中央和地方不断得到关注和重视，其制度化建设也逐渐提上日程，诸如广东、江苏等许多地方政府开始了自己的探索。从上海市养老服务综合统计监测实践看，其已经在统计监测指标、过程管理、数据整合等方面积累了一定的经验。尽管如此，由于统计监测制度的建立时间还比较短，上海市养老服务综合统计监测在指标体系、过程管理、数据整合、动态监测和数据的连续性等方面还需要持续优化和完善。

第一，统计监测的核心指标调整。当前上海市养老服务综合统计监测指标体系的一级指标基于《上海市养老服务条例》，覆盖了养老服务的各个方面，但二、三级统计监测指标选择还有改进的空间，尤其随着专项数据的整合和养老服务的动态发展，其指标可能需要进一步细化和调整。同时部分三级指标往往由于数据口径不一致或数据不完整在统计监测报告中不能全部呈现，对此要持续反思其指标设置的科学性问题，如有不适合或数据不能获取的要从指标体系中删除。可以在民政部 2012 年《关于印发社会养老服务发展监测指标体系的通知》文件中提到的人口数据、福利补贴、服务保障、资金保障和队伍建设等指标维度基础上做进一步拓展，也可借鉴广东、江苏等地的实践，譬如广东省关于养老服务发展监测体系、江苏省关于民生幸福工程监测统计的"社会养老服务体系"指标。前者的指标主要是 2012 年民政部监测指标和地方实际情况的结合（一级维度与民政部监测指标相同，二、三级指标有差异），后者包括五保供养服务机构事业单位法人登记率、每千名老人拥有各类养老床位数、养老护理员持证上岗率、城市社区居家养老服务中心覆盖率、农村社区居家养老服务中心覆盖率、虚拟养老院覆盖率等。

第二，加强过程管理。在上海市的实践中，其通过与统计部门的合作实现了数据归口的统一，但对于许多涉老部门来说，养老服务只是其中的一小部分，尚不能做到专人负责，在数据协调和核对中也存在诸多难题；同时由于通俗易懂的要求，统计方法和工具的使用往往受到限制。在数据管理中存在区级数据的不严谨性，由于部门分歧，发布的统计监测报告也并不能完全呈现所有数据。在养老服务综合统计监测实施过程中，需要明确主导部门的同时进一步实现多部门的分工协作，并就数据收集和核对持续互动，在此基础上借助科学方法和工具使用对数据进行统计分析，譬如可充分运用养老机构业务管理系统逐步实行养老服务的动态跟踪和信息化管理。在管理过程中，则应该按照统计法律法规要求做好存储和保密，并根据证据事实进行统计监测报告发布。

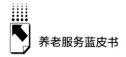

第三，在现有数据口径的基础上实现其他专用数据的整合使用。在上海市养老服务综合统计监测中已经有了基础数据和部分专项数据（老年护理员）的整合，但在一些关键指标上尚只是"有没有"的分析，没有对数据进行深度收集和挖掘。在后续统计监测中需要进一步整合数据，譬如智慧养老、康复辅具产业等数据，这将不仅使得养老服务综合统计监测的二、三级指标进一步丰富，也将使得统计监测的数据具有深度和广度，确保数据不止于统计，还能发挥监测作用。

第四，监测点的动态跟踪和数据获取。当前年度数据的收集采取全面调查为主、非全面调查为辅的方式，全面收集的数据主要是某种现状的呈现，非全面数据则是某个模块内容的深度获取，其数据分析大多是静态的描述，尚不能实现动态数据的跟踪和深度分析。对此可以根据养老服务关键指标，选择具体服务（譬如以奖代补、质量监测、等级评定、老年助餐、适老化改造、智慧养老等）的监测点，如行业标杆的企业和社会组织，采取月度或季度数据提交的方式，确保相关数据的及时掌握，同时有利于实现监测样本的动态跟踪，形成对养老服务相关内容的趋势判断。

第五，统计监测的连续开展。在地方实践中，养老服务统计监测的开展往往无固定周期，其采集的指标可能每年不同，或在公共服务统计监测报告中涉及养老模块内容，或对养老服务部分模块进行监测（譬如基本养老服务补贴覆盖率），尚未系统连续地开展养老服务统计监测工作，这使得很多时候数据停留在现状的描述上，难以形成面板数据实现比较和趋势分析。对此上海市要确保统计监测数据的定期收集，进行数据积累，在具体实施中可以分为固定指标和动态指标数据采集，以实现指标数据的静态分析和动态跟踪分析。

B.18
安徽省农村养老试点情况报告

凡如玉 *

摘　要： 积极应对人口老龄化和乡村振兴双重战略的实施，为加强农村公共服务体系建设提供了重要政策引导，发展农村养老、推进农村养老服务体系建设是统筹城乡发展的有力举措。安徽省按照"边试点、边总结"的工作思路开展农村养老服务改革试点，在试点工作中，创新农村养老服务发展体制机制，总结主要做法、提炼典型经验、探索有益模式。然而，农村地区在家庭养老作用发挥、养老服务供给、市场主体参与、政策支持保障等方面存在一些问题和困难，此外，农村老年人在经济收入水平和养老服务费用承受能力方面与城镇存在较大差距。为加快补齐农村养老服务短板，本报告提出发挥党建引领作用、优化整合养老服务资源、激发农村养老内生动力、精准对接服务需求、推动城乡养老协同发展、加大孝亲敬老文化建设等建议，以期进一步提升农村养老服务发展水平。

关键词： 农村养老　乡村振兴　改革试点

党的二十大报告指出，"实施积极应对人口老龄化国家战略，发展养老事业和养老产业，优化孤寡老人服务，推动实现全体老年人享有基本养老服务"，党的二十届三中全会提出，"加强普惠性、基础性、兜底性民生建设，解决好人民最关心最直接最现实的利益问题，不断满足人民对美好生活的向往"，推动全体老年人享有基本养老服务是新时代践行党的初心和使命的重

---

* 凡如玉，安徽省养老服务发展中心九级职员，主要研究方向为养老服务理论与政策。

要内容。为确保积极应对人口老龄化国家战略和乡村振兴战略顺利实施，民政部联合多部门出台《关于加快发展农村养老服务的指导意见》，强化农村基本养老服务供给，着力推动农村养老服务补短板、提升服务质量水平。习近平总书记强调："要牢固树立改革全局观，顶层设计要立足全局，基层探索要观照全局，大胆探索，积极作为，发挥好试点对全局性改革的示范、突破、带动作用。"为贯彻落实习近平总书记重要指示批示精神和安徽省委、安徽省政府关于农村养老服务工作的决策部署，切实提升农村养老服务工作水平，让所有老年人都能有一个幸福美满的晚年，安徽省开展农村养老服务改革试点，着力探索一批可复制、可推广的农村养老服务有益经验和有效模式，持续推动农村养老服务体系建设。

一 农村养老服务改革试点工作的基本情况

（一）安徽省农村养老服务发展现状

一是农村老龄人口化程度高，城乡倒置现象加剧。安徽省是全国较早（1998 年）进入老龄化社会的省份之一，根据"七普"数据，全省 60 周岁及以上老年人 1146.9 万人，占全省人口 18.79%；农村 60 周岁及以上老年人 907 万人，占农村人口 20.3%，高于全省 1.5%，其中 80 岁及以上老年人 144 万人，占农村老年人口的15.9%，[①] 呈现基数大、进程快、高龄老年人多的发展趋势。与城市相比，农村养老服务任务更加艰巨、短板更加突出。

二是养老服务政策体系逐步健全，系统性有效提升。安徽省委、省政府高度重视农村养老服务工作，制定出台《安徽省养老服务条例》《安徽省推进基本养老服务体系建设实施方案》《安徽省健全基本养老服务体系促进养

[①] 国务院第七次全国人口普查领导小组办公室编《2020 中国人口普查年鉴》，中国统计出版社、北京数通电子出版社，2022，国家统计局网站，https：//www.stats.gov.cn/sj/pcsj/rkpc/7rp/zk/indexce.htm，最后访问日期：2024 年 11 月 24 日。

老服务高质量发展行动计划（2021—2023 年）》，搭建起以条例为法律保障、规划为中期引领、行动计划为操作指南的养老服务政策体系，为农村养老服务发展提供政策支撑。积极落实国家战略，持续推进长三角区域养老一体化合作，促进区域养老资源共享，推动农村养老服务发展。2022 年，省委常委会将"开展农村养老服务改革试点"纳入年度工作要点；2023 年，省委深化改革委员会将推动特困供养机构管理体制改革纳入工作要点，系统推动试点工作开展。

三是养老服务网络持续完善，供给质量有效提高。省民政厅会同有关部门积极推动农村养老服务体系建设，制定《关于加强和提升农村养老服务的指导意见》《关于进一步加强和改进农村敬老院管理服务工作的通知》《农村幸福院建设实施方案》《安徽省开展特殊困难老年人探访关爱服务实施方案》等政策文件，完善落实举措。积极推进养老服务设施建设，建成县级失能特困人员集中照护机构 215 家，实现县域全覆盖，建成村级养老服务站 4650 个。[①] 发挥家庭养老服务的基础功能，对特殊困难老年人家庭进行适老化改造。开展老年助餐服务行动，依托乡镇养老服务中心、村级养老服务站等设施增加助餐配餐功能，构建农村老年助餐服务体系；持续扩大护理型床位占比，增强养老机构照护能力。

（二）农村养老服务改革试点工作开展情况

2022 年 11 月，安徽省民政厅印发《关于开展农村养老服务改革试点工作的通知》，聚焦农村失能老人照护、孤寡老人服务、独居困难老人关爱等重点，将推进特困人员供养机构改革、发展农村互助养老、优化农村老年助餐服务等 10 项内容作为改革试点方向。统筹考虑安徽省南北区域发展差异，要求各地结合养老服务发展规划、年度工作计划、养老服务基础等因地制宜确定试点方向。全省共有 32 个县（市、区）申报，经专家评审、会议研究

---

① 《关于省十四届人大一次会议第 0395 号代表建议答复的函》，http：//mz.ah.gov.cn/public/21761/121659131.html，最后访问日期：2024 年 12 月 12 日。

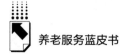

等程序，评选出 20 个试点县（市、区）为第一批农村养老服务改革试点地区，覆盖全省 16 个地市。① 2024 年 5 月，省民政厅遴选确定 14 个试点县（市、区）继续开展农村养老服务改革。②

为充分发挥试点工作在推进农村养老服务发展中的带动、示范和突破作用，有序推进试点工作开展，根据试点县（市、区）上报的农村养老服务改革试点方案及工作清单，汇总形成试点任务"一张表"，明确试点地区、试点任务、工作进展、时间节点，按季度进行工作调度，不定期开展实地调研，及时梳理总结好的经验做法，推进试点工作。为确保试点地区各项试点任务有效落实，委托第三方服务机构，采取"面上评估"与"点上评估"相结合的方式，对试点地区工作情况进行全面综合的分析，及时发现各地在改革试点工作中出现的问题和困难，提炼试点有益经验，为下步试点工作开展提供了意见参考。

二　主要做法和典型经验

试点工作开展以来，安徽省以探索可复制、可推广的农村养老服务发展模式为目标，围绕特困人员供养机构管理体制和运营机制改革、互助服务等内容，指导各地开展试点工作，主要做法及经验如下。

（一）强化党建示范引领，推动形成发展合力

2020 年，全国农村养老服务推进会议指出，全面推进农村养老服务要紧紧依靠农村基层党组织和广大党员干部，充分发挥农村基层党组织战斗堡垒作用和广大党员先锋模范作用。③ 在开展改革试点过程中，安徽省将"党

---

① 《关于拟确定农村养老服务改革试点县（市、区）名单的公示》，http：//mz. ah. gov. cn/xwzx/tzgg/121366451. html，最后访问日期：2024 年 12 月 12 日。
② 《关于拟确定第二批农村养老服务改革试点县（市、区）名单的公示》，http：//mz. ah. gov. cn/xwzx/tzgg/122331741. html，最后访问日期：2024 年 12 月 12 日。
③ 《奋力谱写农村养老服务新篇章》，https：//www. mca. gov. cn/n152/n166/c42265/content. html，最后访问日期：2024 年 11 月 24 日。

建+养老"作为试点方向之一,部分试点地区以党建为抓手,扎实推进试点工作。

一是选优配强带头人。基层党组织带头人是党组织发挥领导核心作用的关键,在谋划养老服务体系建设、统筹协调养老服务工作、动员社会参与养老服务等方面发挥重要作用。在铜陵市义安区老洲乡成德村,村支部书记推动建设日间照料中心、敬老食堂,充分动员村民参与"四餐制"(集中就餐、上门送餐、节日加餐、生日聚餐)助餐服务,有效满足老年人就餐等养老服务需求。

二是壮大基层工作力量。党员干部是推动农村养老服务发展的骨干力量,广大村民是重要的参与力量。合肥市肥东县将全县20个乡镇(园区)原配有的1名儿童督导员升级为"养老幼儿督导专干",340名儿童主任升级为"社区老幼专干",① 提升社区养老服务人员配比,复兴社区依托社区"两委"干部、村民组长、社工、网格员、志愿者、政府购买社会服务力量等,提升养老服务质量。

三是发挥组织带动作用。党建是基层社会治理的"主心骨",基层党组织在统筹各类资源,发挥引领凝聚作用,构建共建共享的发展格局等方面具有独特优势。芜湖市弋江区探索"党建+合作社"模式,以围山村为重点区域,成立"党建+合作社"工作小组,以合作社为载体,整合辖区内专业养老服务团队、社区、社会等资源,形成了集安居关怀、政策协助等于一身,包含8大类30余项服务的服务内容清单。池州市东至县洋湖镇探索形成"党委号召、支部创办、社会支持、群众参与"新路子,镇党委建设老年食堂,为老年人提供平价饭菜,解决老年人吃饭难题。

(二)坚持政府主导地位,发挥统筹协调作用

农村养老服务体系建设是一项复杂的系统工程,养老服务投入周期长、

---

① 《情系一老一小 肥东儿童主任升级为老幼专干》,http://www.fdwmw.gov.cn/portal/article/index.html? id=29821,最后访问日期:2024年12月12日。

盈利能力弱、发展风险高，农村地区养老服务发展基础薄弱，市场主体进入意愿低，开展农村养老服务，发挥好政府主导作用是关键。通过建立健全统筹协调的工作机制，明晰部门职责、协同发力，推动政府相关部门在农村养老服务设施规划、政策标准制定、资金保障等方面向农村地区倾斜，保障试点工作有效推进。滁州市凤阳县等13个县（市、区）以政府常务会议通过本地试点实施方案，成立以副县长为组长的农村养老服务改革试点工作领导小组，组建工作专班，建立民政牵头、部门联动的工作机制，定期进行工作调度，研究推进措施，有效推进试点工作实施。合肥市肥东县进一步明确县民政局、县财政局等17个部门的责任分工，加强对试点工作的指导。淮北市濉溪县建立了县乡村三级联合会商制度，协调解决试点推进过程中的重点、难点问题。阜阳市太和县通过农村养老服务改革试点领导小组，多次召开调度会、推进会、现场会，形成齐抓共管、整体推进的工作格局，有力推动各项试点任务落细落实。

（三）优化完善顶层设计，系统推进试点任务

试点地区立足农村老年人现实需求，根据人口老龄化程度、经济发展水平、养老服务发展现状、文化传统、资源禀赋等有关条件，系统谋划落实举措。

一是完善养老服务设施网络。设施建设是开展养老服务的基础，各地积极优化三级养老服务网络，将具备条件的特困人员供养机构转型升级为区域性养老服务中心，推动优质养老服务向农村居家老年人延伸。亳州市谯城区改造升级区域特困人员供养中心，利用谯城区中医药资源，增设医务室、中医理疗康复室等功能室，优化养老机构设施布局。淮北市濉溪县打破"一镇一院"格局和行政区域界限，按照"规模集中、交通便捷、风俗相近"的原则，改造升级为区域性养老服务中心，扩展延伸居家养老服务。

二是创新机构管理体制和运营机制。公办养老机构在农村养老服务体系建设中发挥基础性、保障性作用，优化管理体制、理顺运行机制，是提升服务质量的必要手段。滁州市南谯区探索特困供养机构"制度统建、财务统

管、医养统用、绩效统评"的区级统管模式，区养老服务指导中心统筹调配全区 11 家特困供养服务设施资源，统一招聘从业人员，对全区特困供养机构进行统一管理，供养机构资金由区民政局设立的统一管理账户实行专户运行，并按月度、季度、年度对全区特困人员供养机构工作人员开展绩效考评，考核结果与工作人员薪酬待遇、院长任用去留挂钩，充分激发"区级统管"的制度活力。安庆市岳西县将公办养老机构委托国有企业运营，优化完善管理制度，提升工作人员积极性。

三是优化医养结合供给。医养结合是优化老年健康和养老服务供给的重要内容，也是打通"健康中国"战略在农村老年群体中落实"最后一公里"的重要举措。[①] 芜湖市南陵县统筹基层养老服务资源和医疗卫生资源，在全县启动 30 个"站室联建"（村养老服务站和卫生室）示范点建设，在村卫生室基本达标、健康服务功能健全的项目点或在人口密集、交通便捷的村卫生室公共用房中建设村级养老服务站。联建的站室由所在村引导有意愿、有能力的卫生室运营，并签订委托运营协议，为周边老年人提供助医、基本公共卫生和常见病、多发病初级诊疗等服务，站室设施共用共享，为老年人提供就近就便的医养服务。安庆市岳西县简化医养结合机构申办手续，养老机构申请内设诊所，取消行政审批，实行备案管理，养老机构申请举办二级及以下医疗机构，设置审批与执业登记"两证合一"，建立医养结合协作机制，全县 24 个乡镇卫生院分别与 32 家养老机构签订了医养结合协议，由卫生院派驻医护人员到养老机构开展巡诊、健康指导等服务，签约率达到 100%。

（四）立足农村发展实际，坚持因地制宜探索

区别于城市，农村地区受血缘、宗族、文化、地理区域等多种因素的影响，具有守望相助的传统，立足农村发展实际，以老年人需求为导向，自发

[①] 张志元：《构建农村医养结合型养老服务供给体系》，http://theory. people. cn/n1/2018/1213/c40531-30463408. html，最后访问日期：2024 年 11 月 24 日。

形成的农村内生型互助型养老是解决农村养老服务难题的有效手段。池州市东至县等6个试点地区将发展农村互助养老作为试点内容之一。东至县潳东村依托村文化中心和文化公园，将传统优秀家风家训作为重要内容，打造老年食堂，食堂管理人员由参与互助助餐的老年人自行推选产生，老年人在这里既是食客又是管家，参与就餐管理与服务全过程，对有就餐需要但居家行动不便的老年人，邻近老人在老年食堂就餐后携带餐食给居家老年人，在解决老年人就餐需要的同时，加强了对独居、残疾等特殊困难老年人的探访关爱，营造了孝老爱亲、与邻为善、守望互助的良好氛围。蚌埠市五河县民政部门打造大数据互联网平台，形成"服务对象、村居服务站、乡镇养老服务中心、县级运营调度中心"四级服务网络，在每个村居招募志愿者至少10人，收集录入老年人信息，通过精准识别服务对象、筛选配对邻里志愿者，确定双方服务关系，以农村熟人社会为基础，建立积分兑换工作机制，以服务时间段和服务次数作为积分产生依据，积分可随时兑换物品，实现"一键呼应、帮扶对应、服务响应、积分回应"，充分激发了邻里志愿者参与提供为老服务的热情。

（五）统筹利用各类资源，增强试点改革动能

"农村长期以'分'为主要形式，导致资源细碎"①，通过整合利用政府有关部门、集体、村民等资源，实现农村养老服务资源有效配置和高效利用。

一是发挥村集体作用。部分地区发挥村"两委"及村集体经济组织的独特优势，对于村集体经济发展基础好、条件优的地区，通过优化集体经济收益分配模式，在配建养老服务设施、壮大养老服务人才队伍、优化养老服务供给等方面给予必要支持。黄山市休宁县在开展老年助餐服务中，以村集体运营为主，由村集体成立的强村公司参与运营，村"两委"工作人员自

---

① 张慧慧、范玲：《横向整合：走出农村"分而难治"困境的有益尝试——基于广东省清远市集体资源整合的调查与思考》，https：//ccrs.ccnu.edu.cn/List/Details.aspx？tid=9438，最后访问日期：2024年11月24日。

带"薪酬"负责运营管理,运营成本大幅降低,此外,该村每年从村集体经济收入中安排部分资金保障老年助餐点运营,解决老年人吃饭问题。

二是整合利用设施资源。为解决养老服务设施建设不足的问题,部分地区整合农村闲置校舍、老村部等设施资源,通过改扩建等形式建设村级养老服务站、农村幸福院等,推动居家养老服务向自然村组延伸,提高村民养老服务可及性。宣城市广德市柏垫镇整合利用闲置小学作为服务场地打造农村幸福院,结合特殊困难老年人居家适老化改造服务项目,为老年人提供宜居环境,老年人集中居住、互相照应,有效降低老年人独居存在的安全风险。池州市东至县将老年食堂(助餐点)设置在村级养老服务站、新时代文明实践站,打造集聚餐、娱乐、议事于一体的综合性农村养老服务设施。

三是动员引导社会力量参与。为解决资金、人员不足等问题,部分地区立足农村老年人迫切的养老服务需求,以政府购买服务的方式,培育引导基层老年协会、为老服务社会组织参与养老服务,开发农村公益性养老服务岗位,发挥低龄健康老年人、农村妇女在提供探访关爱、老年助餐等方面的作用。芜湖市弋江区整合养老服务资源,以专业养老服务团队为主体,以社区工作者、包保干部等为支撑,充分动员村民组长、邻里爱心助老员等力量,统筹爱心商家、村卫生院、爱心企业等,参与养老服务工作,组建了一支服务主体多元、服务成本低廉、服务高效、专业性强的农村养老服务队伍。铜陵市义安区推进"慈善+养老",通过评选"爱心企业家"、"孝老爱亲"模范等形式,引导乡贤捐款捐物,天门镇金塔村梦思康中药材生态产业园连续4年承办敬老宴;老洲乡光辉村的蔬菜基地无偿保供乡内日间照料中心蔬菜供应,敬老孝老氛围浓厚。

(六)创新智慧赋能手段,切实提升工作效能

农村养老服务需求多样化、多层次,养老资源区域分配不均、供给不平衡、服务不精准、服务半径长是突出问题,以智慧化手段推进数据归集共享,在优化农村养老服务供给、提升服务质量效率、预警监管等方面优势明

显。阜阳市太和县强化技术应用，以智慧系统推动养老服务资源共享，县民政局开发"老年助餐"微信小程序，老年人可刷脸就餐，助餐系统内设置了申请助餐对象的信息录入审核功能和资金统计功能，在提高老年人就餐便利性的同时，实时统计助餐次数，有效加强助餐资金监管；开发"探视走访"小程序，支持对问题进行分类登记，提供常见问题快速点选标签，探访人员通过选录标签内容，自动生成图表档案，最大限度减少走访录入工作量，乡镇社工站工作人员跟踪处理问题，形成"发现问题、落实关爱、提交销号"闭环管理。探视走访系统与老年助餐系统数据对接，自动添加探视走访记录，实现数据共享，减少基层工作人员探视走访工作量。通过联动养老机构消防网关系统、水位水压系统，实时掌握县域内养老机构消防、水、电、大功率电器等安全隐患情况，异常情况及时上传至机构负责人手机端，民政部门跟进督促整改，降低消防安全隐患。蚌埠市在老年人家中放置智能终端设备"呼小爱"，老年人遇到紧急情况时，通过一个按键即可实现"一键呼"，邻里志愿者就近提供帮助，切实守护长者居家安全。

三 农村养老服务发展面临的困难

试点工作开展中，安徽省按照"边试点、边总结"的工作思路，持续探索总结农村养老服务发展有益模式，各地在推进农村养老服务发展过程中仍面临很多问题和困难。

（一）家庭养老功能需强化

随着经济压力增大，农村青壮年劳动力负担逐渐加重，多选择外出务工，农村人口持续下降，根据"七普"数据，与"六普"相比，乡村人口减少1.64亿人，城镇人口比重上升14.21个百分点。① 农村年轻人因外出务

---

① 国务院第七次全国人口普查领导小组办公室编《2020年第七次全国人口普查主要数据》，中国统计出版社，2021，第7页。

工难以承担家庭赡养责任，老年人多留守独居在家或被子女送至养老机构，老年人在生活照料、就医诊疗等方面的需求无法得到有效满足，农村老年人面临养老难的问题。

（二）农村养老服务供给需优化

农村老年人占比大且居住分散，点多面广，现有特困人员供养机构多为原有敬老院、学校、办公楼改建而来，设施陈旧，提升改造成本高，村级养老服务设施建设相对薄弱，资源投放和设施布局难，养老服务范围有限。农村地区医疗资源相对匮乏，老年人慢病管理不足，具备专业康复护理能力的养老机构偏少。养老护理人员多为中年妇女，整体年龄偏大、护理技能单一，对养老护理相关政策和专业知识掌握较少，机构养老服务质量不高、居家养老服务开展难度较大，难以满足老年人多层次、多样化的养老服务需求。

（三）农村老年人消费能力有限

农村老年人收入来源和渠道单一，主要依靠自身劳动或家庭其他成员供养维持生活，支付能力偏弱。根据统计局数据，2023 年，安徽省农村居民人均可支配收入为 21144 元，低于全国和沪苏浙平均水平，人均消费支出为 18905 元，① 农村老年人较低的收入水平难以满足养老服务需求。

（四）市场主体参与度需提高

由于农村地区经济发展不足，农村老年人消费意愿和水平低，受养老项目前期资金投入大、回报周期长等因素影响，市场主体参与农村养老服务的积极性不高，本土养老企业和养老社会组织发展不足，外地知名养老服务企业进驻较少，专业化技术和人才支撑不足，社工站对接外部社会组织和爱心

---

① 安徽省统计局、国家统计局安徽调查总队：《安徽省 2023 年国民经济和社会发展统计公报》，http://tjj.ah.gov.cn/ssah/qwfbjd/tjgb/sjtjgb/149270961.html，最后访问日期：2024 年 11 月 24 日。

企业较少，相关活动开展主要依靠政府部门，具有一定的局限性，难以提供高质量的养老服务。

（五）支持保障措施需完善

受经济发展水平差异、地方财政保障力度等多重因素影响，养老服务设施可持续运营能力、养老保险待遇水平不一，相关支持政策有待进一步建立健全。根据统计，"2014～2022 年全国城乡居民养老保险平均待遇水平在 88.82 元/月至 204.7 元/月之间，基础养老金最低标准在 70 元/月至 98 元/月之间"，[①] 2024 年，《政府工作报告》提出，城乡居民基础养老金月最低标准提高 20 元，[②] 将进一步提升老年人支付能力和保障水平。

四　发展农村养老服务的建议

随着农村老年人口的日益增多，农村老年人面临的养老问题逐步凸显，为应对日益加快的人口老龄化进程，加快补齐农村养老服务短板，推进农村养老服务体系建设，推动实现全体老年人享有基本养老服务，提出如下建议。

一是推进党建业务深度融合，全力做好统筹谋划。组织建设是农村养老服务发展的根基，党的基层组织是贯彻落实党的路线、方针、政策的"最后一公里"，也是联系群众的"第一公里"，要充分发挥农村基层党组织对农村养老工作的领导作用。在推进农村养老服务发展过程中坚持党委领导、部门分工负责的思路，全面贯彻与重点突破相结合，深层推进与增创优势相结合，系统性、整体性、协同性推动农村养老服务工作开展。充分发挥村支

---

① 林闽钢、曹思远：《城乡居民基本养老保险的制度优化研究》，《行政管理改革》2024 年第 3 期。

② 李强：《政府工作报告——2024 年 3 月 5 日在第十四届全国人民代表大会第二次会议上》，https://www.gov.cn/yaowen/liebiao/202403/content_ 6939153.htm，最后访问日期：2024 年 11 月 24 日。

部书记作用，优先从基层党组织中推选政治素质高、管理能力强、热心老年服务的负责人，指导开展养老服务工作。有效发挥政府主导作用，将农村养老服务纳入经济社会发展总体规划，持续优化完善部门联动机制，明确各部门责任分工，发挥部门联动作用，增强推进农村养老服务发展合力。相关部门可结合各自职能，研究提出促进农村养老服务发展的政策措施，建立有效的沟通协调机制，定期会商，共同解决推进农村养老服务发展中的突出问题。

二是加强养老资源优化整合，系统推进规划建设。优化整合现有政策资源，在人才、资金、土地、税费等方面进一步强化支撑，细化实化配套政策和措施，可结合乡村振兴战略、宜居宜业和美乡村建设、千村引领万村升级工程等，统筹布局农村幸福院等养老服务设施，特别是立足安徽区位优势，在推进长三角一体化战略背景下，总体谋划养老服务项目，积极招商引资引财引智，以先进地区先进养老服务理念带动全省养老服务企业和养老服务组织发展壮大，积极引入品牌化、连锁化优质养老服务品牌资源进乡入村，拓展农村养老服务市场，提升农村养老服务质量。关停并转地理位置偏远、供养人数较少、服务功能较弱的敬老院，通过提升改造，提升公办养老机构服务质量，利用闲置的村民房屋、学校、厂房等设施资源改造建设农村幸福院，统筹整合"新时代文明实践站+养老服务站"资源，形成"资源共享、站站联合、各取所需"的精准对接格局，开展多元服务。推动养老机构与基层医疗卫生机构资源共享，推进养老机构内设医疗机构纳入城乡基本医疗保险定点，提升农村地区医养结合水平。

三是激发农村养老内生动力，持续优化服务供给。农村具有血缘、地缘、亲缘和邻里守望的传统，立足老年人实际需求，最大限度满足农村老年人"离家不离村、离亲不离情"的现实需要。充分发挥家庭养老的基础作用，优化完善家庭养老支持措施，实施适老化改造，开展失能人员家庭照护者培训，针对居家照护人员开展护理实操培训，提升农村养老服务从业人员的职业素养和服务技能水平。鼓励引导行政村使用集体经济收入，通过聘请低龄健康活力老年人开展养老服务等方式，激活农村养老服务内循环；广泛

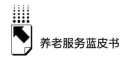
动员村企乡贤提供设施、资源，参与养老服务；探索建立互助养老及志愿服务评价与激励机制，调动村民参与养老服务的主动性，采取邻里互助、亲友帮助、结对帮扶等形式，以自助互助为核心，为有需求的农村老人提供低成本的优质养老服务。

四是做好老年群体分类保障，精准对接服务需求。党的二十大报告提出，"推动实现全体老年人享有基本养老服务"，必须在解决"全体"二字上下功夫，农村老年人经济条件、身体状况等差异较大，应明确农村老年人在政府分类保障体系中的优先顺序和保障内容，特别是为农村特困、低保低收入、高龄独居、留守老年人等特殊困难老年人做好服务保障和精准帮扶工作。通过界定老年人基本养老服务需求，分层次提供集中照护、助餐、助医、文体娱乐、精神慰藉、探访关爱等差异化服务，最大限度防止意外事故发生。"针对患有失智症和多重病症、精神健康疾病、身体和智力残疾、罕见病的老年人，以及综合性喘息和临终关怀等，进一步分类探索出整合养老服务的创新模式"①。持续推进农村地区长期护理保险建设，逐步将农村失能老年人纳入其中，减轻家庭照护负担。动态调整城乡居民基础养老金标准、合理确定城乡居民基本养老保险缴费档次标准，提升农村老年人养老服务保障水平。

五是推动城乡养老协同发展，促进资源流动共享。2023 年，中央一号文件《关于做好 2023 年全面推进乡村振兴重点工作的意见》指出，推进县域城乡融合发展，发展城乡养老服务联合体。通过实施乡村振兴等战略，有力地推动人才、技术、资金等多经济投入、政府补助等向农村聚集。强化系统思维和统筹发展理念，积极发展农村实体经济，增加就业岗位，提升农村居民收入。健全城乡养老服务融合发展体制机制和政策体系，推动城市优质养老服务资源向农村拓展延伸，建立城乡养老机构结对共建机制，通过人员培训、技术指导等多种方式，探索农村养老服务发展新路径，形成政府部门、村级组织、养老机构、社会组织等相结合的农村多元养老服务供应体

---

① 民政部养老服务司编《太仓养老服务透视》，中国社会出版社，2019，第 100 页。

系。通过探索县级统管、国企运营、服务外包等多元主体参与的养老方式，积极培育优质市场主体，强化国有经济在基本养老服务领域的有效供给，培育发展以普惠型养老服务为主责主业的国有企业开展农村养老服务，提升国有经济对农村养老服务体系的支持能力。强化农村敬老院等公办养老机构区域统筹功能，推动城市优质养老服务资源向农村流动，不断提高农村养老机构服务管理水平，探索整体解决养老服务发展有效途径。

六是加大孝亲敬老文化建设，树立乡村文明新风。乡风文明是有效实施乡村振兴战略的重要保障，习近平总书记指出，"道德之于个人、之于社会，都具有基础性意义"。[①] 孝老敬老是中华民族优良传统，"家庭总是最基本的抚育群体"。[②] 老有所养、老有所依、老有所乐、老有所安，是全面建成小康社会的应有之义。立足乡土乡情，将中华优秀传统文化宣传与乡村振兴、文明乡风建设等结合，大力培育乡风文明，通过大力宣传孝老、爱老、敬老的传统美德以及在农村养老服务工作中涌现出的先进典型、出现的先进事迹，通过设立表彰荣誉、完善激励举措等方式，"引导人们自觉承担家庭责任、树立良好家风，强化家庭成员赡养、扶养老年人的责任意识、促进家庭老少和顺"[③]。以乡风文明建设、孝亲敬老文化宣传，促进形成和谐有序、文明向上的文化氛围，持续夯实农村养老的思想基础，为发展农村养老服务营造良好环境。

---

① 习近平：《青年要自觉践行社会主义核心价值观——在北京大学师生座谈会上的讲话》，https://www.gov.cn/xinwen/2014-05/05/content_2671258.htm，最后访问日期：2024年11月24日。
② 费孝通：《乡土中国　生育制度》，北京大学出版社，1981，第8页。
③ 《习近平谈家庭建设》，http://cpc.people.com.cn/n1/2020/0722/c64094-31792580.html，最后访问日期：2024年11月24日。

B.19
山东省养老服务人才发展报告

傅晓　李彧钦　韩明华　周　鑫*

摘　要： 为实施积极应对人口老龄化国家战略和新时代人才强国战略，推动新时代新征程养老服务高质量发展，山东省为加强养老服务人才队伍建设，持续推进养老服务人才学历教育、技能培训、交流合作，连续开展省级养老服务与管理人员培训、政校企对接交流合作，创新"三个结合"，开展"三类培训"，不断提升养老从业人员能力水平，摸索出一条较为成熟的培训路径。民政部门牵头成立山东省养老产教融合共同体，形成产教融合创新发展合力。省市县"三级联动"带动乡村户开展六级为老志愿服务，成立院校"青春养老人为老志愿服务队"，打造"泰山松"暖心为老志愿服务品牌。吸引更多年轻人入职养老，打造"山东青春养老人"人才建设品牌，为养老服务高质量发展提供人才支撑。

关键词： 养老服务人才　产教融合　志愿服务

一　山东省养老服务人才发展总体情况

近年来，山东省将养老服务人才队伍建设和发展摆到养老服务工作的重点

---

* 傅晓，山东省养老服务指导中心主任，主要研究方向为养老服务政策；李彧钦，山东管理学院副教授，博士，山东省老年学与老年医学学会理事，山东省社会学会常务理事，主要研究方向为积极老龄化；韩明华，山东特殊教育职业学院副教授，博士，山东省康复医学会理事，山东省医养健康产业协会理事，主要研究方向为老年护理和老年康复；周鑫，山东商业职业技术学院副教授，全国民政行指委智慧养老专委会委员，中国健康促进基金会老年康养专委会委员，山东省养老产教融合共同体执行秘书长，主要研究方向为养老服务人才培养。

突出位置，强化政策推动扶持，多元化整合资源，多措并举创新育人、引人、留人机制，养老服务队伍规模持续不断壮大，专业化和职业化水平显著提升。

（一）强化顶层设计

山东是人口大省，也是老年人口大省。加强养老服务人才队伍建设，是实施积极应对人口老龄化国家战略、推动新时代养老服务高质量发展的重要举措。近年来，山东省着眼于满足老年人多样化、多层次、高品质养老服务需求，加快高素质、职业化、专业化的养老服务人才队伍建设，全方位培养、吸引、用好、留住养老服务人才，打造一支规模适度、结构合理、德技兼备的养老服务人才队伍，为新时代养老服务高质量发展提供有力人才支撑。先后出台了《山东省人民政府办公厅关于印发山东省"十四五"养老服务体系规划的通知》《山东省人民政府办公厅关于推进基本养老服务体系建设的实施意见》《关于加强养老服务人才队伍建设的若干措施》等政策。坚持政策归集和政策创新相结合，坚持扶持发展与规范管理相结合，坚持人才培养、引入、激励、留用相结合，从加强人才队伍培养、拓宽人才队伍来源、强化人才队伍激励、实施稳岗就业支持四大方面提出具体推进措施。

（二）学历教育补助持续增加

山东省制定出台院校设立养老专业奖补政策，对设立养老服务专业的中职（技工）院校、高等院校分别给予 80 万 ~100 万元补助，先后补助 36 所院校。全省设立养老相关专业的院校达到 275 所，在校生达 23.7 万人，数量居全国首位。[①]

（三）服务技能持续提升

自 2013 年起，省级财政每年定向安排专项资金运用于养老服务与管理人员的技能培训，已持续培训 10 年。山东省举办养老服务人员相关的职业

[①]《青春为老　薪火相传　山东多举措激发养老服务人才培育新动能》，https://www.rcsd.cn/rcsd20/news/msg/202406/t20240603_ 17003903. html，最后访问日期：2024 年 11 月 19 日。

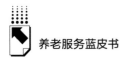

技能提升培训，累计培训养老护理员 30 万人次。山东省积极推动技能等级评定，先后确定 32 家养老护理员职业技能等级认定机构，推动养老护理员持证上岗。山东省大力开展养老护理员职业技能竞赛，从 2015 年起每两年举办一次全省养老护理员职业技能竞赛，全省有 7 名养老护理员获评"山东省技术能手"、5 名选手获评"全国技术能手"。①

（四）激励褒扬持续强化

山东省出台养老护理员职业技能等级奖补政策，对取得相应技能等级的养老护理员给予 3000～5000 元一次性奖补。山东省制定大中专毕业生养老行业入职奖补政策，对中职学历以上毕业生给予 10000～20000 元一次性入职奖补。② 山东省将养老护理员积极纳入"齐鲁和谐使者"的评选范围，入选者每人每月可获得 1000 元政府津贴，全省先后有 155 名养老从业者入选。③ 各级组织开展了最美养老院长、最美养老护理员评选活动，提高了养老行业职业荣誉感和社会影响力。

（五）人才交流持续加强

连续举办 8 年的山东青岛康养产业博览会，打造企业展示、产品推广、研讨交流、人才对接平台，成为山东省养老行业对外展示的重要窗口。山东省连续举办 6 届养老服务人才政校企对接交流会、组织开展"中国山东对话日本关西"交流活动，举办"中日医养健康产业对接交流洽谈会"等养老行业国际交流活动，持续扩大山东省养老行业影响力。

---

① 《青春为老　伴你同行——山东省养老服务人才队伍建设"大比武　大展示　大提升"系列活动成功举办》，https：//baijiahao. baidu. com/s？id ＝ 1769268243599366852&wfr ＝ spider&for＝pc，最后访问日期：2024 年 11 月 19 日。
② 《山东省养老服务扶持政策清单（2024 年 9 月新政策清单）》，http：//www. yiyuan. gov. cn/gongkai/site_ yyxmzj/channel_ 61906a23b5201ea6f3c0047a/doc_ 66f66ab07ed45b17107165 1b. html，最后访问日期：2024 年 11 月 19 日。
③ 《倾力打造"孝善齐鲁·康养山东"服务品牌》，https：//paper. dzwww. com/dzrb/content/ 20240914/Articel08002MT. htm，最后访问日期：2024 年 11 月 19 日。

二 山东省养老服务人才发展特色亮点

（一）开展省级养老服务与管理人员培训

为加强全省养老服务人才队伍建设、提升养老服务与管理人员专业化水平，山东省自 2013 年起连续 12 年开展养老服务与管理人员培训，健全完善工作机制，制定了培训工作管理办法。山东省创新"三个结合"，理论授课与实践教学相结合增强培训效果，线下培训与线上直播相结合扩大受训人群，省内培训与省外交流相结合拓展工作思路，开展管理类、技能类和评估类三类重点培训，摸索出较为成熟的培训模式。

1. 在培训管理上，建设省级养老服务与管理人员培训管理系统

建设省级养老服务与管理人员培训管理系统，实现线下培训、线上管理，完成培训数据实时性、可视化转换。一是建立培训资料库，减少工作人员组织报名、统计、审核学员信息的重复性劳动，规范培训资料库，提高信息准确性；二是实现培训全流程线上管理，可提升培训规范性及数据规范性；三是利用省级养老服务与管理人员培训管理系统进行培训管理，可提升学员培训体验，提高培训满意度。实行统一培训流程、统一教学要求、统一课程设置、统一师资调配、统一学习资料、统一命题考试"六个统一"，课前学员扫码签到，课后扫码评价授课质量，对满意度不高的师资及时调整。培训结束进行综合质量满意度调查，根据学员反馈研究改进措施，形成培训前精心谋划、培训期间强化监督、培训后评价反馈的闭环管理模式，确保推进有力有序、质效持续提升。

2. 在专题设计上，实行不同类别培训

山东省聚焦年度重点工作，围绕养老服务高质量发展，设计了管理类、技能类、评估类等培训，实行分层级、分类别精准培训，提高培训的针对性。管理类培训开设了"十四五"养老服务体系规划专题培训省委组织部班、民政干部班等，并连续两年开设了以创新发展交流为主题的养老服务人

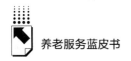

才政校企对接交流研讨班；聚焦养老机构质量安全问题，技能类培训连续两年开设了养老服务质量安全管理示范培训班；评估类培训开设了养老服务设施等级评定、老年人能力评估示范培训班，着力规范全省养老服务领域评估标准。

3. 在课程设置上，精细化设置课堂内容

围绕培训目标，针对不同专题、不同培训对象和不同学习需求，开展问卷调查，精细化设置每堂课内容。管理类培训对象多数为各级民政干部、养老服务领域管理人员，为此重点开设政策解读、经验分享等课程，着力提升学员政策把握能力；技能类培训对象多数为养老服务机构内一线技术人员，比如养老机构安全质量专员、养老服务基地师资等，重点开设了消防安全、养老护理技能等技术课程，着重提升学员技能水平。评估类培训对象多数为养老评估机构人员，为此培训班开设了行业标准、案例分析等课程，着力提升学员标准把握能力。坚持理论学习与现场教学相结合，比如养老服务高质量发展、农村养老等班次，在理论授课的基础上，全部安排现场教学，深入机构、社区、居家养老一线实地参观学习，加深学员感性认识，确保学得好、记得住、收获大。针对养老机构院长、老年人能力评估课程量大、学习时间紧的情况，培训班采取线上与线下相结合的方式，先通过线上培训平台学习，达到要求再参加线下培训，提升了培训效率和学习效果。

4. 在师资配备上，严把师资质量

严把师资质量关，通过专家举荐、院校推荐等方式，从全国范围内邀请多位知名专家教授，完成授课研讨。授课教师有来自北京大学、中国人民大学、复旦大学、南开大学、西南交通大学等国内知名高校的资深教授，也有来自中国老龄协会、北京社会管理职业学院（民政部培训中心）、民政部社会福利中心等单位的深耕养老领域多年的业内专家，还有全国知名养老连锁机构的行业高管，他们既有丰富的理论知识，也有接地气的实操经验。通过对授课教师满意度评价结果分析，学员对授课教师总体满意度较高。同时，注重资源积累，根据学员满意度评价结果，建立百名专家培训师资库。

5. 在培训纪律上，严选参训人员及加强考核

一方面严格筛选参训人员资质，培训机构筛查汇总各地报名人员，中心把关后最终确定参训人员，同时培训现场严格考勤，学员报到时线下签名，培训后上午、下午两次线上扫码签到，工作人员全程随堂跟踪。另一方面加强考核，将学员综合考核指标全部量化，分为考勤、考试两部分，占比分别为40%、60%，综合成绩达到80分以上视为合格，考试采取授课教师建立题库、考前随机抽取试题、现场闭卷考试的方式开展。

6. 在创新融合方面，结合主题党日活动开展培训

结合省市县"三级联动"活动开展，把主题党日活动融入培训，居家社区智慧养老和社区养老服务设施运营示范培训班、全省县域养老服务体系创新示范培训班期间，分别开展了"三涧溪村受教育　黄河岸边话养老""感悟真理力量　激发养老干劲"等主题党日活动，激发学员做好养老工作的热情。培训期间还同步举办了山东健康支持黄河流域9市25县基本养老服务体系发展签约、山东省"泰山松"暖心为老志愿服务总队成立授旗、设立养老专业院校实训基地授牌等活动，提升了培训效果。[1]

此外，结合年度重点工作安排和基层工作需要，灵活设计专题，定期举办"养老业务大讲堂"线上公益培训。

（二）养老服务与管理人员培训的具体措施

2021年至2024年，累计培训12733人。从每期培训的满意度测评数据看，总体满意率均在98%以上，部分班次达到100%。[2] 培训坚持边实施、边总结、边调整，培训质量逐年提升，管理更加精细、成本明显降低、学员满意度明显提高。

---

[1] 《山东健康养老集团支持沿黄河流域县（市、区）基本养老服务体系建设签约仪式举行》，https：//baijiahao.baidu.com/s？id=1738202481538781328&wfr=spider&for=pc，最后访问日期：2024年11月19日。

[2] 此数据由第一作者傅晓所在单位山东省养老服务指导中心统计。山东省养老服务指导中心承担山东省养老服务与管理人员的培训实施工作，所有数据来自每一期的培训统计。

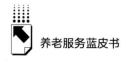
1. 坚持"一盘棋"谋划思路，提升培训针对性

班次设计方面，山东省聚焦实施积极应对人口老龄化国家战略，围绕落实山东民政事业高质量发展"1261"行动计划和养老服务年度重点工作，在健全政策制度、增加养老服务供给、提升服务质量、加强工作创新等方面设计培训主题，做到年度培训有重点、班次主题有特点。课程设置方面，山东省坚持问题导向、需求导向，面向全省养老服务机构从业人员、各级民政干部、设立养老专业的院校教师等开展需求调查，坚持"缺什么、补什么"，做到"问计于学员、问需于学员"，根据不同群体，制定行之有效、学之有用的方案，实行精准化、差异化培训；注重党建业务融合创新，每期培训均安排学习习近平总书记关于养老服务和老龄工作的重要指示批示精神，在养老服务政策班将主题教育搬到培训课堂，推进全省民政系统第一批、第二批主题教育衔接联动。师资选配方面，山东省把理论知识扎实、实践经验丰富作为选聘师资的基础，邀请高等院校知名学者、养老服务行业领军人等担任讲师团。

2. 打造"项目化"管理体系，提升培训专业性

探索项目化管理、责任制推进的方式，实施闭环管理，将任务项目化、项目清单化、清单具体化，每类培训确定一名负责人，统筹推进该项培训全部工作，其他人员配合完成具体工作，确保各项工作有落实、人员能力有提升。培训筹备期，负责人制定方案、做好分工，召集中心相关人员共同研究探讨、解决问题、推动工作，全力做好各项开班准备。培训实施期间，将现场会务工作细化为32项具体措施，逐项明确责任人和完成时限，清单式落实任务，组好培训工作"突击队"，合力攻坚，高质量抓好落实。培训终末，系统盘点培训工作开展情况，查摆问题不足，总结经验教训，形成培训档案，为后续班次谋划筹备打好基础。

3. 构建"闭环式"培训链条，提升培训系统性

根据省内养老服务人才队伍素质水平、知识结构等，打造"理论培训+实践锻炼+现场教学"综合素质培养链。注重理论培训，将养老政策解读、行业趋势分析、管理能力提升等作为培训重点，受民政部委托联合民政部社

会福利中心共同举办《老年人能力评估规范》国家标准（第三期）及养老机构等级评定培训班，持续打造符合新时代要求的高素质养老服务人才队伍。加强实践训练，通过线下培训为参训学员搭建能力提升平台、资源对接平台，根据各专题培训对象不同类别、参训学员不同需求，创新教学模式设置各类"沉浸式"课程体验，比如在内训师资班上，设置内训课友谊赛，让学员站上讲台模拟课堂，由全国技术能手点评，并将友谊赛成绩计入学员考核成绩，调动学员参训积极性。增加现场教学，坚持"怎么有效怎么训"，采取"走出去"的方式，走出省拓视野、走出课堂现场学，将政策班、院长班课堂"搬到"浙江杭州，实地感受共同富裕示范区敢为人先创造的"浙里康养"成果，对标对表学习"共富成果"；在安全管理班等5类培训中，将课堂"搬出"教室，前往民政部门、养老机构、街道综合养老服务中心等现场学习，以交流研讨共促进步、以情景教学启发提高。

4. 探索"串珠成链"工作实践，实现培训联动融合

为破解"招人难"问题，在聊城东阿开展的养老服务人才队伍建设"大比武 大展示 大提升"系列活动将政校企交流研讨、养老毕业生入职能力提升培训、技能竞赛、成果展示等7项活动集中整合、一体推进，搭建供需对接、技能展示、学习交流平台，"入职养老 成就美好"成为活动期间的广泛共识。

5. 用好"多维度"质效评价，提升培训满意率

坚持开展满意度评价，做到每课必评、每期必评。一是建立效果评估体系，组织学员每期培训结束后，对组织实施情况进行满意度评价，提出意见建议，及时汇总研究改进措施。二是用好评价结果，组织学员在每节课后，对授课情况进行满意度评价，及时向授课教师反馈，有针对性地提高课程质量，同时根据评价情况建立年度培训师资库，为后续培训邀请师资提供依据。

6. 打破空间地域限制，提升培训便捷性

利用网络直播等形式，线上线下融合开展培训，在线下培训场地设置主课堂，在直播平台设置分课堂，全省近4万人次线上同步参加授课培训。

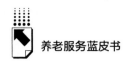

（三）打造"泰山松"暖心为老志愿服务品牌

山东省服务实施积极应对人口老龄化国家战略，贯彻山东省民政事业高质量发展"1261"行动计划，聚焦特殊困难老年人养老需求，以守护最美"夕阳红"为主题，积极探索为老志愿服务，2022年成立山东省"泰山松"暖心为老志愿服务总队，助力山东养老服务高质量发展。

1.搭建"三级联动"平台，六级志愿服务"串"起来

"泰山松"暖心为老志愿服务总队横向联合院校、养老企业和相关社会组织，纵向省市县"三级联动"，带动乡村户，六级志愿服务"串珠成链"，开展生活照料、文化娱乐、精神慰藉、健康养生、法律援助等志愿服务，营造尊老敬老孝老的浓厚氛围。鼓励山东女子学院等30余所院校成立了"青春养老人为老志愿服务队"，吸引更多年轻人加入为老志愿服务队伍。目前，全省组建各级为老志愿服务队8500支、服务队伍50余万人，围绕11类48个服务项目，开展活动10万场次，服务老年人超90万人次。①

2.紧盯急难愁盼，志愿服务贴心暖心

弘扬敬老爱老优良传统，2022年、2023年重阳节期间，"泰山松"暖心为老志愿服务总队联合院校、企业、社会组织，分别在济南、泰安，省市县"三级联动"，带动乡村户开展六级为老志愿服务，深入乡镇敬老院、日间照料中心、农村幸福院和特困老年人家中，组织"敬老孝老 温被扇枕""青春为老 情暖夕阳"等系列为老志愿服务活动，开展"亲情关怀送温暖""医疗义诊送健康""文娱联欢送欢乐""法律援助送安全""敬老宣传送文明"等主题活动，把关爱送到老年人身边、家边、周边。

弘扬雷锋精神，聚焦黄河流域9市25县（市、区）特殊困难老年人健康需求，汇集公益慈善和志愿服务力量，2023年3月，"泰山松"暖心为老

---

① 《山东省直机关"雷锋精神光芒绽放·志愿服务时代先锋"活动最佳志愿服务项目展示交流（二）》，http：//www.sdjgjs.gov.cn/art/2024/4/28/art_267317_55893.html，最后访问日期：2024年11月19日。

志愿服务总队启动了山东省沿黄流域"学雷锋"为老志愿服务暨"光明行"爱心复明活动，为老年人开展义诊，实施免费白内障复明手术，提高老年人生活质量。聚焦农村老年人关爱服务，2024 年 3 月，"泰山松"暖心为老志愿服务总队深入济南南部山区农村家庭、街道敬老院开展"传承雷锋精神 情暖乡村老人"六级为老志愿服务活动，为山区老年人送去法律宣传、辅具助老、中医诊疗等多项服务。

3. 坚持为老服务"底色"，志愿服务常态长效

山东省制定"泰山松"暖心为老六级志愿服务活动方案，以高龄、失能、失独、独居、空巢等老年人为重点服务对象，策划推出 11 类 48 个志愿服务项目，精准对接老年人需求，增强为老志愿服务的针对性、精准性、有效性。全省各地积极探索打造为老志愿服务品牌，济南"泉心为老"、日照东港"摆渡爱心食堂"、枣庄"活力赋能互助养老"、潍坊"牵手夕阳、乐享健康"、泰安"泰安小美·智慧助老"、菏泽市"牡丹情"、肥城"蒲公英影院"、沂南"流动剃头匠"、阳信县"阅读为老"等一系列志愿服务项目扎实开展，提供助餐、助医、助浴、助洁、助行、助乐、助学、助急、助颐养、助防诈以及常态化陪伴等志愿服务，基本涵盖了老年人的日常生活所需。

4. 编制全国首个为老志愿服务规范地方标准

山东省在全省范围内统一、有序、规范地开展为老志愿服务活动，进一步规范为老志愿服务行为，推动全省"为老"志愿服务精准化、规范化、专业化、品牌化。山东省开发建设为老志愿服务管理系统，实现项目线上全流程管理，为老志愿服务数据规范化、精准化、可视化，充实青春养老人志愿服务力量。

5. 牵头成立山东省养老产教融合共同体

山东省评选首届十佳"山东青春养老人"，打造人才建设品牌，发挥价值引领和示范带动作用，激励人才成长，为青春养老人成长打造主阵地，成立 30 多支院校"青春养老人为老志愿服务队"吸引更多年轻人参与到为老志愿服务中，为养老服务注入了新的生机和活力。

"泰山松"为老志愿服务被评为全省"三级联动'双报到'"优秀项目,获得山东省首届"五为"文明实践志愿服务项目大赛银奖,参加山东省学雷锋"为老"志愿服务项目展示交流。

三 养老服务人才发展面临的挑战

当前,受薪酬待遇低、社会地位低及传统"伺候人"观念影响,加之激励政策不完善、从业人员缺乏职业上升空间,养老机构选人、用人、留人难问题比较突出,服务队伍的专业化、职业化水平不高。

1. 队伍结构不合理

从年龄结构看,全省50岁及以上的养老从业人员占比达51%,[1] 队伍年龄结构不合理,高龄服务人员偏多;随着年龄梯次降低,年轻从业人员数量不断减少,队伍后备力量严重不足。从学历结构看,高中及以下文化水平的从业人员占比80%,初中及以下文化水平的从业人员占50%以上,[2] 从业人员学历层次不高,专业化程度较低。

2. 薪酬待遇低

山东省养老机构从业人员基本工资为2000~3000元。[3] 薪酬待遇不高的原因主要有:一是养老行业具有资金投入大、成本回收慢、经营利润薄的行业特点,低收益水平导致低工资收入;二是养老服务机构存在"小散弱"问题,缺少连锁化的大企业、大集团,从业人员缺少职业成长空间和晋升通道;三是省市尚未发布养老护理员工资指导线,指导作用发挥不充分。

3. 用人留人难

养老护理员主要从事喂饭、翻身、擦洗身体、清理大小便等传统观念中

---

① 《山东养老行业需要什么样的人才?》,https://baijiahao.baidu.com/s? id＝17244321469402 40463&wfr＝spider&for＝pcl,最后访问日期:2024年11月19日。

② 《山东养老行业需要什么样的人才?》,https://baijiahao.baidu.com/s? id＝17244321469402 40463&wfr＝spider&for＝pcl,最后访问日期:2024年11月19日。

③ 《山东养老行业需要什么样的人才?》,https://baijiahao.baidu.com/s? id＝17244321469402 40463&wfr＝spider&for＝pcl,最后访问日期:2024年11月19日。

被视为"伺候人"的工作，受此观念影响，加之对养老护理员的宣传表彰和激励褒扬力度不够，社会对养老护理员职业认可度较低，年轻人才从事养老工作的积极性不高。山东省设立养老专业的院校和学生数量位居全国第一，毕业生供给较为充分，但学生毕业后从事养老工作的较少。即使毕业后从事了养老工作，流失率也比较高。

4. 持证率不高

尽管近年来持续推进养老护理员培训工作，但山东省通过职业技能等级评价的护理员占比仅为34%，护理队伍的职业化水平亟待提升。主要原因有三方面。一是国家层面自2017年废止了养老护理员职业技能鉴定政策，调整为职业技能评价政策，2019年才发布养老护理员评价标准，人社部门2021年才明确首批第三方评价机构，评价工作推进较慢。二是养老服务机构未建立起与技能等级挂钩的薪酬制度，从业人员报考、学习意愿较低。三是未建立与技能等级挂钩的护理员岗位津贴制度，提升技能等级对护理员吸引力不足。

5. 激励政策不完善

山东省尚未建立养老护理员岗位津贴等制度，物质激励力度需要持续加大；近年来各地开展了"最美养老院长""最美养老护理员"典型选树和宣传工作，但表彰层次、含金量和影响力不够，需要进一步加大表彰力度、提高表彰层级；目前人社部门出台的稳岗就业补助政策对象大多为中小微企业，民办非企业单位受性质影响不能享受有关政策。

四 养老服务人才发展政策措施

围绕人才队伍建设出台专项文件，从人才培养、使用、评价、激励四方面入手，以推进养老服务人才专业化、职业化发展为目标，进一步建立健全养老人才吸引培养、教育培训、等级认定、薪酬待遇、激励评价等政策制度，努力打造一支规模适度、结构合理、素质优良的养老人才队伍，为养老服务高质量发展奠定坚实人才基础。

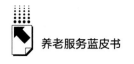

（一）加强人才队伍培养

1. 加强专业人才培养

大力支持院校设立与养老服务相关的专业，民政部门对符合条件的院校给予一次性奖补。支持职业类院校将与养老服务相关的专业纳入高水平、特色化建设工程，积极争创高职高水平专业群、中职特色化专业、技工教育优质专业（群），入选的按规定给予专项奖补。推动养老机构挂牌作为院校的实习实训基地。

2. 加强职业技能培训

鼓励各地市将养老护理员培训项目纳入本地区补贴性职业技能培训项目的指导目录，统筹使用就业补助资金、失业保险基金及其他用于职业培训的资金，对符合条件的参训人员给予职业培训补贴。推行"学历证书+职业技能等级证书"制度，为高校毕业生提供职业技能培训服务并按规定落实职业培训补贴政策。

3. 加强政校企合作

支持符合条件的养老服务企业，纳入产教融合型企业，支持养老领域校企合作。省、市民政部门要与院校共建养老服务学院或养老相关专业。省级每年举办全省养老服务政校企对接交流研讨活动，各地定期举办养老人才大集、招聘会等活动，搭建人才交流合作平台。

（二）拓宽人才队伍来源

1. 吸纳引进专业人才加入

对符合条件的入职养老服务机构的院校毕业生，按规定给予一次性入职奖补。鼓励医务人员到养老机构中的医疗机构执业，与其他医疗卫生机构的医务人员在职称评定等方面享有同等待遇。优化职称评审方式，在卫生系列护理专业高级职称评审中，可对医养结合机构中的护理人员单独分组、单独评审。卫生专业技术人员聘任于医养结合机构，符合《山东省基层卫生高级职称评审条件指导标准》要求的，可申报基层卫生高级职称。

2. 加大公益性岗位配置

在社区老年人日间照料中心、农村幸福院、老年食堂等养老服务设施中开发养老服务类公益性岗位，为老年人提供助餐、助行、助医、代办等服务。上岗人员待遇统一实行政府补贴，按照不低于当地小时最低工资标准或月最低工资标准发放岗位补贴。

（三）强化人才队伍激励

1. 加大选拔激励力度

开展养老服务领域"齐鲁和谐使者"选拔，入选者纳入山东省高层次人才库，享受高层次人才相关待遇，4 年管理期限内每月享受省政府津贴1000 元。① 将养老服务人才纳入"齐鲁首席技师""山东省技术技能大师"选拔范围，入选者按规定给予奖励。对在养老服务中做出突出贡献的单位和个人，按照规定给予表扬和奖励。

2. 搭建人才展示平台

每年举办全省"技能兴鲁"养老护理职业技能大赛，对全省大赛符合条件的获奖人员颁发"山东省技术能手"证书，按照规定晋升职业技能等级。各地要广泛开展职业技能竞赛和岗位练兵比武活动，对获奖人员给予相应物质和精神奖励，在晋升职业技能等级、享受相关待遇等方面给予一定支持。

3. 提升社会地位

积极推荐优秀的养老从业人员参加评选各级人大代表与政协委员，参与评比劳动模范、五一劳动奖章、三八红旗手、齐鲁最美职工等。各地定期开展"最美养老院院长""最美养老护理员"典型选树活动，加大宣传力度，提高社会认同度。

---

① 《印发〈关于加强养老服务人才队伍建设的若干措施〉的通知》，http：//mzt. shandong. gov. cn/art/2023/11/13/art_ 15322_ 10321185. html，最后访问日期：2024 年 11 月 19 日。

4. 拓展职业发展通道

组织养老护理员等养老从业人员积极参加相关职业技能等级的评定，2026 年达到持证上岗率 90%以上，按规定对取得职业技能等级的养老护理员给予一次性奖补。支持已开展技能人才自主评价、具备条件的养老服务企业探索建立"新八级工"职业技能等级制度，拓宽技能人才职业发展通道，建立薪酬分配的技能价值导向。

（四）实施稳岗就业支持

1. 强化就业政策支持

对符合条件的养老服务类小微企业，按照申领补贴时创造就业岗位数量和每个岗位不低于 2000 元的标准给予一次性创业岗位开发补贴。[①] 将养老服务机构纳入新一轮十万就业见习岗位募集计划，对符合条件的养老服务机构发放见习补贴。

2. 实行社会保险补贴

为符合条件的养老服务机构落实失业保险稳岗返还政策。对招用符合就业困难条件人员的养老服务机构，以及招用在毕业年度和离校 2 年内未就业高校毕业生的养老服务类小微企业，按规定享受社会保险补贴（不包括个人应缴纳的部分）。

3. 加强稳岗信贷支持

吸纳就业人数多、稳岗效果好且用工规范的养老服务类小微企业，可通过当地中国银行分支机构便捷审批通道申请稳岗扩岗专项贷款，单户授信额度最高 3000 万元，给予原则上不超过 4%的优惠贷款利率。[②]

---

① 《印发〈关于加强养老服务人才队伍建设的若干措施〉的通知》，http：//mzt. shandong. gov. cn/art/2023/11/13/art_ 15322_ 10321185. html，最后访问日期：2024 年 11 月 19 日。
② 《山东：将养老服务人才纳入"齐鲁首席技师"选拔范围》，https：//baijiahao. baidu. com/ s？id=1788115142761987459&wfr=spider&for=pc，最后访问日期：2024 年 11 月 19 日。

B.20
重庆市养老机构社会工作发展报告

王福敏　倪伟　刘钊　郑轶*

摘　要：　重庆市人口老龄化率居全国第二，在实施积极应对人口老龄化国家战略中，重庆市把养老服务工作与社会工作深度结合，通过完善政策体系、抓实岗位开发、促进队伍建设、创新工作方法、加强保障措施，构建起"渝悦福康"养老机构社会工作服务体系，探索出"嵌入驱动""1+N模式""双社工制""人人社工"等具有本土特色的养老机构社会工作实务模式，促进养老机构社会工作蓬勃发展。目前，重庆市还面临着人口老化程度不断加深、养老服务需求迭代升级的挑战以及居家社区机构协调发展的要求。因此，重庆市还将继续深化政策创制、细化人才培养、强化资源保障、优化服务实践，全面助推养老服务领域社会工作可持续、高质量发展。

关键词：　"渝悦福康"　嵌入驱动　双社工制

截至2023年底，重庆市常住人口3191.43万人，[①] 其中65周岁及以上

---

* 王福敏，重庆市民政局儿童福利处处长，原重庆市社会福利指导中心主任，社会工作师，高级老年人能力评估师，重庆市养老服务标准化委员会专家，主要研究方向为养老服务社会工作；倪伟，重庆市社会福利指导中心副主任，主要研究方向为养老服务管理、老年社会工作；刘钊，重庆市社会福利指导中心业务二科科长，主要研究方向为养老服务、老年社会工作；郑轶，重庆城市管理职业学院副教授，高级社会工作师，主要研究方向为老年社会工作。

① 《2023年重庆市经济运行情况》，https://www.cq.gov.cn/zwgk/zfxxgkml/sjfb_ 120853/cqsj/tjsj/202403/t20240315_ 13042969.html，最后访问日期：2024年11月24日。

老年人口数为603.50万人，占全市常住人口的18.91%,① 人口老龄化率居全国第二。面对老龄化程度不断加深，以及老年人对高品质养老服务需求的持续高涨，社会工作的重要性日益凸显，在应对人口老龄化挑战、提升养老服务品质方面发挥着越来越重要的作用，是保障老年人幸福生活的坚实后盾。

一　重庆市养老机构社会工作发展现状与成效

近年来，重庆市深入贯彻落实习近平总书记关于老龄工作的指示批示精神和习近平总书记在重庆考察时的讲话精神，实施积极应对人口老龄化国家战略，以高质量发展为主题，以满足老年人对美好生活的向往为目标，以改革创新为根本动力，把养老服务工作与社会工作紧密结合，推动养老机构社会工作蓬勃发展。

（一）完善政策体系，搭建四梁八柱

1. 加快融入市级战略决策

重庆市高度重视社会工作在养老服务中的作用，将社会工作纳入贯彻落实习近平总书记关于老龄工作的重要指示精神和习近平总书记在重庆考察时的讲话精神举措、重庆市推进养老服务发展实施方案、重庆市科教兴市和人才强市行动计划、重庆英才计划、重庆市中长期青年发展规划、贯彻落实乡村振兴战略实施方案、加强和改进新时代民政工作等市委、市政府的决策部署、重要文件或重点工作中，社会工作在政策层面得到全方位的支持与推动。

2. 出台综合政策，加强宏观引领

为系统推进社会工作在养老服务领域的应用，先后出台《重庆市社会

---

① 《老年人口统计数据》，https://tjj.cq.gov.cn/igixmj/xjgk/202404/tGovMsgBox_972837_wap.html，最后访问日期：2024年11月24日。

工作人才队伍建设中长期规划（2010—2020）》《关于加强社会工作专业人才队伍建设的实施意见》《重庆市社会工作服务"411"示范工程实施方案》《重庆市社会工作专业服务项目督导考核评估办法（试行）》《关于加强社会工作专业岗位开发与人才激励保障的实施意见》《重庆市社会工作专业人才分类评价实施方案》《重庆市养老服务体系建设"十四五"规划（2021—2025）》《重庆市社会工作专业人才队伍建设"十四五"规划（2021—2025年）》等综合政策，明确了养老机构社会工作的发展方向、总体目标和具体要求，为社会工作在养老服务领域的深化拓展提供了坚实的政策基础。

3. 创新专项政策，加强制度配套

为确保社会工作在养老机构中的有效落地，先后下发《重庆市政府购买服务暂行办法》《支持社会工作服务市级财政补助资金管理办法》《重庆市民政事业单位岗位设置管理指导意见》《重庆市养老机构管理办法》《关于引导社会工作力量参与养老机构、儿童福利领域民政服务机构特殊时期心理支持服务的通知》等专项政策，细化了社会工作在养老机构中的服务标准、资金支持、岗位设置、管理规范等内容，为社会工作在养老领域的具体实施提供了明确的指导和有力的保障。

（二）抓实岗位开发，促进职业化发展

自 2006 年党的十六届六中全会提出"建设宏大的社会工作人才队伍""造就一支结构合理、素质优良的社会工作人才队伍"以来，重庆市有序开展养老机构社会工作岗位开发，推进养老机构社会工作专业人才职业化进程，为养老服务领域注入了新的活力。

一是设置体制内社工岗位。一方面，民政系统养老机构通过职能转变、结构优化和岗位调整，推进符合条件的社会工作从业人员向社会工作专业人才转化；另一方面，通过面向社会公开招录引进社会工作专业人才。二是开发项目社工岗位。市、区（县）民政局直属养老机构以实施社会工作服务项目为契机，引进社会工作专业人才，大力开发项目社工岗位。三是开发社会组织社工岗位。大力培育养老服务领域社会工作服务机构，通过市、区

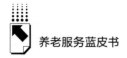

（县）级社会工作服务机构孵化平台，加强养老服务领域社会工作服务机构人才培养、能力建设和发展指导；同时通过项目倾斜和资金扶助，推进养老服务领域社会工作服务机构发展壮大，促进岗位开发。

重庆市将"每千名老年人配备社会工作者人数或每百张养老床位配备社会工作者人数不低于 1 人"纳入重庆市养老服务体系建设"十四五"规划，并将是否配备社会工作者纳入全市养老机构星级、叶级评定指标体系，促进了社会工作专业岗位在养老服务领域的开发与优化。截至 2024 年第二季度，重庆市有养老机构 1224 家。[①] 其中，设置了社工科室的有 53 家，未设置社工科室但设置社工岗位的有 281 家，通过购买服务、志愿服务、派遣服务等形式引入第三方社会工作服务机构开展社会工作服务的有 1123 家，共计 1457 家养老机构完成了社会工作岗位开发，占机构总量的 83%。[②]

（三）促进队伍建设，夯实服务基础

高素质人才队伍是养老服务高质量发展的基础。重庆市通过实施"养老人才强基计划"、"社会工作专业人才培养计划"和"养老机构社会工作赋能行动"，已初步建立起一支养老机构社会工作专业人才队伍。截至 2024 年 5 月，重庆市养老机构拥有社会工作者 3519 人，其中，持有社会工作者职业水平证书（助理社工师、社工师、高级社工师）的人数为 1271 人，持证率 36.12%，养老机构每百张床位拥有 1.17 名社会工作者，已提前完成重庆市养老服务体系建设"十四五"规划目标。[③]

注重养老机构社会工作专业人才培养激励。重庆市加强职业能力培训，建立从养老机构管理人员、养老机构一线社工、养老机构骨干社工、养老服

---

① 《重庆市民政局 2024 年 2 季度公开数据》，http：//mzj. cq. gov. cn/zwgk_ 218/fdzdgknr/tjxx/202407/t20240716_ 13377309. html，最后访问日期：2024 年 12 月 14 日。

② 《重庆市民政局公开信息—养老机构》，https：//mzj. cq. gov. cn/mzbm/mzjg/ylfwjg/202412/t20241203_ 13856203. html，最后访问日期：2024 年 12 月 14 日。

③ 《重庆市人民政府关于印发重庆市养老服务体系建设"十四五"规划（2021—2025 年）的通知》，https：//www. cq. gov. cn/zwgk/zfxxgkml/szfwj/qtgw/202203/t20220302_ 10454863. html，最后访问日期：2024 年 12 月 14 日。

务领域塔尖人才四个层面分别推进、各有侧重的分级培养机制；建立从考前辅导、知识普及、实务提升、行政能力四个方面分类强化、循序渐进的分类培训体系。重庆市开展机构赋能示范指导，针对社会工作零基础的养老机构，派驻专职社工参与养老机构社会工作服务的全过程，进行手把手的示范演练；针对设置了社工岗位、开设了社工服务，但是缺乏专业社工的养老机构，指派专职社工策划撰写养老机构社会工作服务方案，并指导养老机构工作人员执行计划；针对配备了专职社工，但是没有条件聘请专业督导的养老机构，则委派资深社工给予定期督导，全面支持养老机构本土社工的成长。重庆市促进"校地"合作，在着力推进养老服务、社会工作人才专业教育、学历教育的同时，积极鼓励高校与养老机构共建养老产业人才培养基地、校企互聘共用师资、联合开展教材开发和教学资源研发，进一步促进高素质专业人才的培养。

将社会工作专业人才纳入"重庆英才计划"，通过给予奖励金，提供研究支持经费，享受职称评审、项目申报、岗位聘用、配偶（子女）就业、子女入学入托等优待政策，支持社会工作专业人才干事创业。截至 2024 年底，重庆市有 12 人入选重庆英才·名家名师（社会工作领域），[①] 其中来自养老服务领域的 2 人获得了 10 万元人才奖励金和 20 万元研究支持经费，并享受其他优待政策。[②]

（四）创新工作方法，构建服务体系

针对养老机构入住老年人的不同需求，探索构建分类分层社会工作服务体系，为自理老人、介护老人、失智老人、临终老人以及照护者提供精准关怀。

---

① 《建立分级培养机制　重庆有社会工作专业人才 6.79 万人》，https：//www.cq.gov.cn/zwgk/zfxxgkzl/fdzdgknr/zdmsxx/cjjy/cjjy_ ssqk/202209/t20220915_ 11115283.html，最后访问日期：2024 年 12 月 11 日。

② 《重庆市民政局关于做好"重庆英才计划"名家名师（社会工作）第一批人选培养有关工作的通知》，https：//mzj.cq.gov.cn/zwgk_ 218/zfxxgkml/zcwj_ 166256/qtwj_ 166259/2021 04/t20210409_ 9098458.html，最后访问日期：2024 年 12 月 11 日。

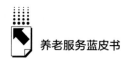

1. "渝乐年华"自理老人增能，推动自我价值实现

针对自理老人生活与活动能力强，对精神文化、社会参与和价值实现服务需求迫切的特点，重庆市养老机构社会工作以推动自我价值实现为核心进行了增能服务设计。在文化康乐领域，社工积极寻求与老年大学深度合作，开设兴趣课程，满足老年群体多样化的学习需求；在社会参与层面，社工广泛推行积分养老项目，鼓励老年人积极参与院内服务、社区融入等活动，以此实现社会价值的再创造；在同龄互助方面，社工通过培育老年社团，开展形式多样的社团活动，增强老人之间的交流与互助；在能力提升方面，社工以提升老年人的信息素养和健康素养为重点，帮助老年人更好地适应环境。

2. "渝护安康"介护老人疗愈，助力生存质量提升

由于介护老人面临身体机能下降、生活自理能力减弱等挑战，对他们而言专业护理与康复服务至关重要。因此，重庆市养老机构探索综合照护模式，依托社工、医生、护士、护理员、志愿者及家属等组成综合型照护团队，提供多元服务。以生活照料为基础，提供饮食起居、个人卫生等日常照料，确保基本生存需求得到满足；以健康管理为关键，提供疾病预防、健康宣教等服务，帮助改善身体状况；以心理关爱为支撑，通过心理评估、情绪疏导，缓解孤独感和焦虑情绪；以医疗护理为保障，提供定期巡诊、疾病治疗、紧急救护等，确保身体健康得到最大程度保障。

3. "渝智相伴"失智老人照护，温情守护记忆之光

失智老人面临记忆减退、认知能力下降等多重挑战，亟须养老机构提供更为细致且专业的照护服务，以满足他们健康、心理、社会等多层面的需求。在失智老人照护服务中，通过建立专业评估体系，定期评估失智老人的认知状况，为其量身定制个性化的照护计划；充分考虑到失智老人的特殊需求，在养老机构的设施布局和装饰设计上为他们打造一个温馨舒适的家园；通过情感陪伴、认知康复训练、生活技能提升等多种方式，帮助失智老人延缓记忆衰退，提高生活质量。

4. "渝宁归途"临终老人陪伴，维护生命末期尊严

在生命最后阶段，临终老人需要得到陪伴与深切的关怀。重庆市养老机

构通过建立跨学科的"安宁疗护团队",汇聚起医生、护士、社工、心理咨询师以及志愿者等众多专业领域的人才力量,以确保其在生命末期能够保有尊严与安宁。"安宁疗护团队"不仅致力于提供全面且必要的医疗护理服务,还在心理关怀与精神抚慰方面予以侧重。同时,还为家属提供哀伤辅导和情绪支持,协助他们度过充满挑战与困难的时期。

5. "渝爱同行"照护者支持,构筑和谐幸福之家

照护者在养老服务体系中所扮演的角色至关重要,重庆市养老机构注重为照护者提供支持服务,通过技能培训、资源链接以及政策宣讲解读等多个层面,使其能够更好地胜任照护工作;通过组织减压小组、心理调适、家属互助等多种形式帮助照护者减压赋能,促进其身心健康。

(五)开展实践探索,打造本土模式

重庆市通过多年的实践探索和发展创新,在养老机构社会工作发展的不同阶段,探索出"嵌入驱动""1+N 模式""双社工制""人人社工"等独具本土特色的实务模式,推动重庆市养老机构社会工作持续发展。

1. 嵌入驱动助起步

嵌入驱动是重庆市养老机构社会工作在起步阶段探索出的一种有效模式。在社会工作与养老服务相结合的初期,养老机构社会工作没有现成的模式经验可供复制,探索通过与社会工作专业力量合作,引入高校社会工作专业师生、社会工作服务机构进驻到养老机构开展社会工作专项服务。通过外部专业力量的嵌入,为养老机构带去全新的社会工作理念和方法技巧,激活养老机构的社工意识和变革意识,起到驱动发展的作用。

2. 1+N 模式广覆盖

随着《重庆市社区居家养老服务全覆盖实施方案》的实施以及"机构建中心带站点进家庭"可持续社会化运作的推行,养老机构纷纷利用其专业优势承建运营多个社区居家养老服务中心,但由于社区居家养老服务中心床位少、规模小,单独设立社工岗成本较高,因此,各机构逐步探索出1+N 模式:"1"即养老机构成立社工部或创办一家社工机构,聘请若干专

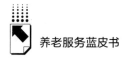

职社工；"N"即养老机构运营的 N 家社区居家养老服务中心；"1+N"即养老机构派社工定期进入 N 家运营的养老服务中心开展服务。1+N 模式有效克服了养老服务中心人力和专业局限，对区（县）域养老机构社会工作发展起到了较好的辐射带动作用，有效推动了重庆市养老机构社会工作快速覆盖。

3. 双社工制促发展

双社工是指整合运用临床社会工作和社会工作个案管理两种模式。临床社会工作和社会工作个案管理这两种社会工作模式在养老机构虽运用广泛，但往往都是独立存在。重庆市在实践探索中，把这两种模式相结合，实现优势互补，既提升了老年人体验和服务品质，又促进了老年社会工作服务的专业化、精细化发展。

双社工制即养老机构休养区配备驻区社工，实行个案管理模式；同时，养老机构配备项目社工，实行临床社会工作模式。从老年人入院评估开始，到制定融照料、护理、医疗、康复、社工等服务于一体的个案管理计划，到跟进个案管理计划的实施和调整，再到日常对区内老人进行探访并提供精神慰藉、情绪疏导、矛盾调解等一般性服务，驻区社工参与到老年人从入院到出院（或离世）的全过程。驻区社工如在日常探访中发现老年人存在特殊需求，则会将老年人转介给项目社工，以获取缅怀治疗、安宁疗护、音乐治疗等更加专业深入的服务。

4. 人人社工新格局

重庆市养老机构社会工作发展十余年，社会工作理念不断深入人心，越来越多的养老机构看到了社会工作在养老服务中的优势和作用，并开始推行"人人社工"理念。人人社工，顾名思义，就是养老机构的每一位员工都是社工，强调把社会工作人文关怀体现在养老机构各个部门、各个领域、各个流程，实现全人照顾。

目前，重庆市不仅在市级层面每年举办的养老院院长和管理人员培训中专设社会工作板块，各养老机构每年也面向全院员工开展社会工作伦理价值、社会工作方法技巧方面的宣讲和培训，提升员工社工意识，把对老年人的尊重、接纳、非批判、理解关怀、个别化等原则体现在机构管理和服务的方方面面，把专注、倾听、同理心等技巧，运用在养老服务的各个环节，营造良好的人文关怀氛围，提升机构养老服务品质。

（六）加强保障措施，推动全面发展

1. 加强组织保障

重庆市民政局履行统筹协调老年社会工作发展的行政职责，主动争取市委组织部、市财政局等部门支持，积极配合市卫生健康委、市残联等部门推进相关领域涉老社会工作发展，形成了分工合作、齐抓共管、高效顺畅的社会工作推进机制；建立了民政部门牵头推进、有关部门密切配合、社会力量广泛参与的工作机制。

2. 建立资金保障体系

重庆市建立了以公共财政支持为基本支撑的资金支持体系。各级政府将社会工作建设经费纳入公共财政预算；市委人才办每年安排专项经费用于养老机构社会工作专业人才队伍建设，市民政局每年安排福彩公益金支持养老机构社会工作事业发展。目前，重庆市养老机构社会工作建设已形成了财政资金为基础、福彩资金为支持、社会资金为补充的多元投入机制。

3. 整合慈善和志愿服务资源

积极推动慈善组织、志愿服务组织和养老机构深入合作，开展知识普及培训、打造慈善品牌、深化研究宣传等项目，提升老年群体及家属对社会工作的认知度、认同度，营造有利于社会工作发展的良好社会氛围。

二　重庆市养老机构社会工作发展面临的问题和挑战

重庆市养老机构社会工作迅猛发展的同时，在服务增量、服务提质、服务延伸与服务推进等方面，仍面临着不少问题和挑战。

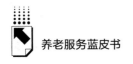
（一）"从中度到重度"老龄化加剧要求服务增量

《中国老龄化报告 2024》[①] 明确指出，中国老龄化程度在全球范围内处于中上水平，呈现出"人口发展新常态"的基本特征。随着老年人口数量的不断攀升，对老年社会工作服务的需求也不断增加。

首先，老年人口的迅速增长导致了对养老床位和服务需求的急剧攀升。尽管重庆市养老机构数量有所增加，但与不断攀升的服务需求相比，其供给能力仍显不足。其次，老年人口的增多也带来了养老需求的多样化和个性化趋势，尤其是随着高龄、失能、失智等特殊老年群体的不断扩大，对专业化、精细化养老服务的需求更加迫切。最后，养老机构的运营和管理也面临着挑战，如何确保老年人的安全、提供高效优质的服务、合理调配资源等问题，已成为养老机构必须认真思考和解决的关键问题。面对这些挑战，重庆市养老机构的社会工作应着重在服务"增量"方面下足功夫，包括服务类别、服务质量、服务队伍的"增量"，以更好地应对老年人口数量的增长和需求的多样化。

（二）"从养老到享老"需求升级呼唤服务提质

随着养老需求从"生存型养老"向"生活型享老"转变，老年群体追求的不仅仅是基本养老保障，更注重人文关怀和精神层面的满足，尤其是失能老人、临终老人等特殊群体，他们对于养老服务的需求更加多元和迫切。

然而，当前重庆市养老机构在社会工作服务质量上还存在一定的差距。部分养老机构在提供基础照料服务时，缺乏足够的专业性和人文关怀，导致老年人享受的服务质量不够高。尤其在应对失能老人、临终老人等特殊群体的服务需求时，专业性还比较欠缺。在心理关爱、情感陪伴等方面的服务尚显薄弱，难以真正满足老年人对于精神层面的追求。因此，"从养老到享

---

① 任泽平团队：《中国老龄化报告 2024》，https：//mp. weixin. qq. com/s/f7TWs3WL0DdO-4RhWCWYjw，最后访问日期：2024 年 11 月 24 日。

老"的需求升级呼唤着重庆市养老机构社会工作不断提升服务质量，积极探索创新服务模式，引入智能化、信息化等先进技术，以更好地满足老年人的多元化需求。

（三）"从机构到居家"体系转变亟须服务延伸

《"十四五"国家老龄事业发展和养老服务体系规划》中明确提出了"扩大普惠型养老服务覆盖面"的战略目标，要求街道（乡镇）养老服务中心与村（社区）养老服务站（点）共同打造"一刻钟"居家养老服务圈。在"从机构到居家"的体系转变过程中，养老机构社会工作可以发挥更加积极的作用。

目前养老机构社会工作服务在居家养老服务中的参与度还不够高，缺乏足够的资源整合和共享机制，尤其是当前养老服务资源城乡差距明显，导致服务难以有效延伸；居家养老服务的需求呈现出多样化特点，从单一的基本生活照料到医疗康复、精神慰藉等多方面的需求，对服务人员的专业素质和技能水平提出了更高的要求。此外，政策支持和资金保障亦是制约重庆市养老机构社会工作服务向"居家养老"模式延伸的关键因素。

（四）"从单一到多元"格局形成有待整体推进

重庆市养老机构社会工作尚处于初级阶段，在推进"从单一到多元"格局形成的过程中，需要整体推进养老机构社会工作的各个方面。在人才结构层面，养老机构的社工队伍以具备专业背景的社工人员为核心力量，辅以志愿者的支持。当前社工队伍的专业背景与技能相对较为单一，特别是那些精通养老服务专业知识和技能，同时拥有跨学科、跨领域综合素质和能力的"通才"型人才特别欠缺，人才储备和培养机制也尚显不足。经费来源方面，养老机构社会工作的经费主要依赖于政府补贴，资金来源较为单一，没有畅通社会捐赠、慈善基金和企业合作等多元筹资渠道，在一定程度上制约了养老机构社会工作的深入开展和服务质量的进一步提升。在资源整合方面，养老机构社会工作尚未建立起有效的资源整合机制，没有实现与政府、

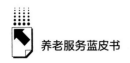

社区、家庭等多方资源的有效对接和共享，导致服务资源利用效率不高，难以形成合力推动养老服务体系的整体发展。面对这些挑战，重庆市养老机构社会工作需推动养老服务人才从"专才"向"通才"转变、经费来源从单一渠道向多元化筹措转变、资源整合从局部协同向全面融合转变，提高养老机构社会工作的整体效能。

三　重庆市养老机构社会工作发展建议

当前，重庆市人口老龄化程度持续加深、速度不断加快。居家社区机构相协调、医养康养相结合的养老服务体系的构建，老年人口整体素质的不断提高，以及老年人对美好生活的追求，给老年社会工作的发展带来新的契机。下一步，重庆市将在深化政策创制、细化人才培养、强化资源保障、优化服务实践等方面不断探索，全面助推养老服务领域社会工作可持续、高质量发展。

（一）拓领域——深化政策创制

一是要加快政策制度的建立。根据机构养老、社区养老和居家养老的内在关系和不同定位，对重庆市养老服务领域社会工作发展进行整体规划，出台养老机构社会工作、社区照顾社会工作、居家养老社会工作岗位开发、人才培养、服务规范、资金保障等相关制度。建立养老服务领域社会工作专业人才培养、评价、使用、激励制度，促进老年社会工作者人才队伍建设。建立健全养老服务领域社会工作服务标准体系，出台老年社会工作服务规范、督导、评估相关制度，加强老年社会工作规范化、标准化建设。

二是要促进政策制度的落实。按照一体化发展思维，将老年社会工作发展与养老事业发展、养老行业发展、创新社会工作发展以及社会治理相整合，促使相关部门及管理人员对老年社会工作有整体、全局的认识和了解，将政策制度中的原则性规定变为具体可操作的规定，确保政策制度的落地。

（二）组梯队——细化人才培养

一方面，将继续大力开发养老服务领域社会工作岗位，建设数量充足的社会工作人才队伍。结合各养老机构、社区居家养老服务设施、村级互助养老点的实际情况，条件成熟的鼓励设置岗位社工岗，暂不具备条件的设置兼职社工岗，推进养老服务领域社会工作从业人员向专业人才转化，并开发老年社会工作服务的项目社工岗。

另一方面，持续开展人才队伍建设，打造结构合理，素质优良的社会工作人才梯队。提升社会工作专业人才的学历层次和整体素质，提高社会工作专业人才职业水平证书持证率，实现养老服务领域社会工作"全科"人才全覆盖，让老年社会工作服务惠及千家万户，让塔基更实。持续开展养老服务领域骨干社工能力建设，增强骨干社工"专科"服务能力。结合自理老人、介护老人、失智老人、临终老人以及照护者的差异化特点和精细化需求，依托"机构督导中心服务社区覆盖家庭"的老年社会工作服务体系，为老年社会工作骨干人才提供"用武之地"，让塔身更强。加强养老服务领域社会工作塔尖人才的培养、引进、使用和激励，充分发挥养老服务领域重庆英才·名家名师（社会工作领域）和高级社会工作师作为塔尖人才的示范引领作用，带动培养一批老年社会工作研究、督导、实务人才，让塔尖更高。

（三）聚合力——强化资源保障

继续推进政府购买老年社会工作服务项目，探索建立市、区县、街镇三级投入体制和分级保障机制，鼓励更多区县建立政府购买老年社会工作服务的财政支持机制和政府资助老年社会工作的经费补贴机制，完善政府购买服务成本核算制度或办法，根据项目申报或投标单位投入的人力资源、提供的服务内容、覆盖面等确定项目经费，更好地回应服务需求。形成资源整合联动机制。加强政府、高校、本土社会工作服务机构与养老机构的互联互动，将党委的领导、政府的引导、高校专家学者的指导和社会工作服务机构的实践紧密结合，实现老年社会工作组织资源、教育资源、人才资源、服务资源

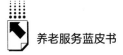

的合理流动，形成资源联动体系。进一步拓宽社会融资渠道，发挥财政资金杠杆作用，创新融资方式，引导社会资金向养老服务领域投入，建立资金统筹整合长效机制。

（四）转观念——优化服务实践

围绕重庆市"机构建中心带站点进家庭"全链条养老服务模式，养老机构社会工作依托规模优势、资源优势和先发优势，建立养老服务领域社会工作"机构督导中心服务社区覆盖家庭"的全链条服务渗透机制；通过双向互动，形成工作闭环，推动居家社区机构养老协调发展。

在现阶段，重庆市养老机构社会工作主要还是"问题—需求"取向下的服务实践，体现为社工设计并提供服务，老年人作为被服务对象只是单纯地接受服务。随着人口结构的深刻变化，老年人群体也从传统观念中的受助者变为社会发展的积极参与者和宝贵资源库，要抓住人口转型机会，从"问题视角"转向"资源视角"，倡导积极老龄化观念，增进全社会对人口老龄化和老龄社会的理性认识。激发老年人内生动力，促进老年人社会参与、培育老年社群、激活社群自治，进而促进老年人自我组织、自我管理、自我服务以及自我实现。

Abstract

General Secretary Xi Jinping has issued important instructions on many occasions, emphasizing the need to strengthen basic public services. The report of the 20th National Congress of the Communist Party of China proposed that we should implement the national strategy to actively respond to the aging population, develop the basic elderly care and the elderly care industry, optimize the services for the elderly, and promote the realization of basic elderly care for all the elderly. The "Decision of the Central Committee of the Communist Party of China on Further Comprehensively Deepening Reform and Promoting Chinese-Style Modernization" adopted by the Third Plenary Session of the 20th CPC Central Committee proposes to optimize the supply of basic elderly care, promote community elderly care, improve the operation mechanism of public elderly care, encourage and guide enterprises and other social forces to actively participate, promote mutual elderly care, and promote the combination of medical and nursing care.

This report is divided into four parts: "General Report", "Topical Reports", "Special Topics" and "Regional Reports", and consists of a total of 20 reports.

The general report systematically reviews the evolution of China's elderly care policy and the current development focus, expounds the current development of China's elderly care overview and main practices, clarifies the overall problems faced by the development of elderly care, prominent problems and challenges brought by new changes, and puts forward suggestions to promote the high-quality development of elderly care. The topical reports consist of 7 reports, which comprehensively investigated the status quo of China's basic elderly care, home

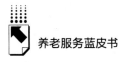
and community care, integrated care, smart care, long-term care insurance, elderly facilities and age-friendly environment, and mental health of elderly people in nursing homes. The special topics, including 7 special reports, study and analyze the development of elderly care and the elderly care industry, the elderly care personnnel, the standardization of elderly care, the sustainable development of voluntary services for the elderly, the development of elderly voluntary custody services, the participation of state-owned enterprises in the development of the elderly care industry, and the development of travel care. The regional reports, composed of five local reports, systematically sorted out the status quo of the elderly care in Beijing, data statistics and monitoring in Shanghai, pilot projects in rural areas in Anhui, professional development in Shandong, and the integration of institutional care with social work in Chongqing. The reports put forward proposals to address the above-mentioned problems and difficulties.

Keywords: Elderly Care; Aging Population; High-Quality Development

Contents

I General Report

Abstract: The development of the elderly care service system is of great significance for implementing the national strategy of actively responding to population aging. After long-term efforts, significant results have been achieved in the development of China's elderly care service system. In recent years, China has made significant progress in promoting the development of home and community care, enhancing family elderly care capabilities, creating national demonstration age-friendly communities, deepening the integration of medical care and elderly care, accelerating the development of the elderly care industry, actively introducing private forces, strengthening the development of aged care professionals, and exploring the development of smart elderly care. With the increase of the aging population, the development of China's elderly care service system is facing new situations and urgently needs further adjustment and improvement. To deepen the reform of elderly care and promote the high-quality development of elderly care services, it is necessary to focus on the current development status of home care, community care, and institutional care, anchor the future needs and characteristics of the elderly population, and promote reforms in relevant fields as soon as possible.

Keywords: Elderly Care; Aging Population; High-Quality Development

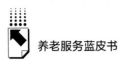
Ⅱ Topical Reports

B.2 Report on the Development of Basic Elderly Care

in 2024   *Zhao Jie*, *Li Tianjiao* / 033

Abstract: General Secretary Xi Jinping has made important instructions on many occasions, emphasizing the need to strenthen public services for the elderly. The report of the 20th National Congress of the Communist Party of China proposed that we should implement the national strategy to actively respond to the aging population, develop the elderly care and the elderly care industry, optimize the service for the elderly person of no family, and promote the realization of basic elderly care for all the elderly. The Decision on Further Deepening Reform and Promoting Chinese-style Modernization adopted by the Third Plenary Session of the 20th CPC Central Committee proposes to optimize the supply of basic elderly care, cultivate community care, improve the operating mechanism of public elderly care service institutions, encourage and guide enterprises and other social forces to actively participate in promoting mutual care and promote the combination of medical care and nursing care. The seventh census data shows that China's total population has an obvious trend of low growth, fewer children, and aging, and has entered a "deep aging society". Under the background of the prominent aging of the population, the basic elderly care, as an important part of the basic public service system, needs to be further improved to meet the requirements of high-quality development of social security and Chinese-style modernization. This report starts from the national conditions of China, based on the relevant decision-making arrangements of the Party Central Committee and the State Council, combined with relevant practical experience and previous research at home and abroad, describes and summarizes the current situation and existing problems of the basic elderly care in China under the background of actively responding to the national strategy of population aging in the new era, puts forward some suggestions, such as increasing financial support for basic elderly care, promoting the implementation of the ability assessment of the elderly, strengthening the construction of basic elderly care, strengthening the data sharing and statistics of clients, promoting the list of provincial and municipal basic elderly care, enriching service content and service strength, and strengthening the work guarantee of elderly care.

Keywords: Basic Elderly Care Service; Public Service System; Elderly Ability Assessment

B.3 Report on the Development of Home and Community

Care in 2024

Zhao Jie, Wang Jinhao and Zhang Hangkong / 053

Abstract: With increase of the aging population in China, home and community care became the main option for the elderly. Since the 18th National Congress of the Communist Party of China, in order to further develop home and community care and community care service providers, China has carried out active explorations. This report, through the review of policy evolution, illustrates that during the "13th Five-Year Plan" period, the state invested 5 billion yuan to support pilot areas in carrying out the "Reform of Home and Community Care", and since the "14th Five-Year Plan", the Ministry of Civil Affairs and the Ministry of Finance have allocated central funds to support the "Project for Enhancing Basic Elderly Care in Home and Community Settings", building family elderly care beds for the disabled and partially disabled elderly people with economic difficulties, providing in-home elderly care at their doorsteps, and supporting the development of elderly meal assistance services in various regions. Effectively mobilizing the participation of multiple forces such as the government, society, and families has led to progress in areas such as the coordinated development of the elderly care service industry and business, the development of the elderly care personnel, the participation of social forces in home and community care, and the construction of

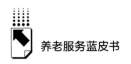
community care facilities. However, there are still issues such as poor policy connection, the growth rate of fiscal investment being lower than that of the elderly population, and shortcomings in rural home and community care. Therefore, we recommend that more policies and measure need to be made, including integrating home and community care into local social development plans, increasing investment support within the budget, strengthening the supporting role of community care, enhancing the professional support of nursing homes, accelerating the development of rural elderly care, addressing the shortcomings in facility construction and strengthening home and community care supervision to promote high-quality development of home and community care, and further enhance the satisfaction of the elderly.

Keywords: Home and Community Care; Facilities; Combination of Medical Care

B.4 Report on the Development of Integrated Health Care in 2024

Kang Lin, Wang Yanni, Liu Xiaohong and Zhu Minglei / 067

Abstract: The core of health and social care integration is people-centered coordination and integration of multi-discipline, cross-provider resources, with the goal of improving quality of life in a longevity society efficiently. The World Health Organization (WHO) put forward the concept of Healthy Aging in 2015. China's national pilot work since 2016 has promoted the exploration of the combination of medical care and nursing nationwide. China started Phase I pilot of ICOPE (integrated care for older people) in 2020 as one of the first countries in the world, and has now entered Phase II multi-center pilot with 9 participating areas. The home- and community-based integrated care model as recommended by World Health Organization was successfully introduced after localization. Phase I pilot accumulated data in protocol setting, capacity building, health outcomes improvement, care cost control, satisfaction among multi-stakeholders, and provided evidence as well as implementation pathways for ICOPE. More and more local governments, health and care providers are adopting this model, which will set ground for larger-scale research and practice to support policy-making, talent development and industry growth.

Keywords: Health and Social Care Integration; Integrated Care for Older People (ICOPE); Healthy Aging

B.5 Report on the Development of Intelligent
Elderly Care in 2024   *Wang Ruiqing* / 088

Abstract: The purpose of this report is to analyze the current situation, characteristics and problems of the development of intelligent elderly care in China and further promote the high-quality development of intelligent elderly care in China. This report investigates the innovation and application of intelligent elderly care in Beijing, Shanghai, Tianjin, Guangdong, Hunan and other places through field visits and literature analysis methods. The investigation shows that the intelligent elderly care of China is in the early stage of development. Some provinces and cities have innovative work, but there are some problems: There are deficiencies in the three fields of technology research and development, standards of informatization and the authoritative platforms, market of intelligent elderly care development is inadequate, the pool of professionals is insufficient, and work experience exchange is not tight. In order to cope with the above problems, this report provides following suggestions of development: Establishing and perfecting a sound institutional for intelligent elderly care, improving and promoting the official information platform, strengthening the publicity of excellent experiences and the construction of professional talent teams, and fully developing the market for intelligent elderly care services. The results of this research provides the direction of the further development in the field of intelligent elderly care in China and a scientific basis for formulating relevant industry standards.

Keywords: Intelligent Elderly Care; High-Quality Development; Service for the Aged

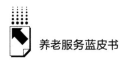
B.6 Report on Synergistic Development of Aged Care

System and Long-Term Care Insurance in 2024

Zhang Wenjuan, *Mei Zhen* / 099

Abstract: Establishing the Long-Term Care Insurance (LTCI) system is an important way to improve the basic aged care system and develop the healthy aged care industry in China. Turning the funds of LTCI into care services for the elderly with disability is the key to the synergistic development of LTCI and aged care system. In the pilot projects, aged care is the important factor to facilitate the implementation of LTCI, while LTCI further promotes the development of aged care. At present, the aged care system has such problems in the supply of care services as the quantity and quality of supply unmatch the demand, difficulties in the supervision of services, and difficulties in guaranteeing the balance of services. In the future, in order to promote the synergistic development of LTCI and aged care system, efforts should be focused on four aspects: Firstly, enhancing the care services by focusing on the elderly with disabilities. Secondly, developing the supply system with diversified structure to increase the capacity of service supply. Thirdly, establishing the synergistic mechanism and solving the problem in the service supervision. Fourthly, optimizing the allocation of resource and balancing the development in care services.

Keywords: Aged Care System; Long-Term Care Insurance; Synergy Development; Long-Term Care Services

B.7 Report on the Construction of Service Facilities for the

Elderly and the Retrofit for Aging in 2024

Wang Yu, *Liu Liu*, *Shang Tingting and He Chen* / 115

Abstract: Based on the aging process in China, the issues of elderly care service facilities and aging-friendly transformation are important. The relevant government made policies and measures, including specific requirements for the construction of elderly care service facilities and aging-friendly transformation, as well as relevant standards and specifications. This report explores the needs of elderly people for their living environment, specifically including safety, support, and health needs, and analyzes the specific requirements of these three levels of needs for the construction of human settlements for the elderly. The report introduces the current construction situation, construction technology system, experience practices, and local implementation for both elderly care service facilities and aging-friendly transformation. Combining theory with practice, it proposes construction methods that are worth learning from. Finally, a summary of the current situation was made, and three suggestions were proposed: Developing product research, promoting environmental assessment, and strengthening the integration of government, research, and production.

Keywords: Elderly Care Service Facilities; Aging Friendly Renovation; Home Care for the Elderly

B.8 Report on Mental Health Status of the Elderly in Nursing Homes in 2024 *Wang Dahua, Cao Xiancai* / 134

Abstract: Understanding the mental health status of elderly people in elderly care institutions is an important prerequisite for improving the service quality of institutions, establishing and improving the psychological comfort mechanisms for elderly people in institutions, and strengthening the psychological support system. This report analyzes the four aspects of environmental adaptation, depressive mood, anxiety, and life satisfaction of elderly people in institutions based on two sets of survey data, and carefully examines the differences in the above indicators among different sub-groups. Among them, the analysis of depressive mood and anxiety is also strictly matched with community dwelling samples for comparative analysis. Overall, the institutional elderly perform better in psychological adaptation to the environment, management adaptation in institutions, and environmental

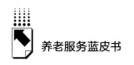

adaptation in living quarters, but they are less adaptable to basic needs dominated by diet and medical conditions. The detection rate of depressive symptoms among institutional elderly is 25% -30%. After strictly matching background information, it can still be seen that the level of depression among institutional elderly is significantly higher than that of home-based elderly. Institutional elderly in the survey have weaker performance in anxiety and a moderate to high level of life satisfaction. Through the analysis of differences between subpopulations, it was found that there were significant differences in mental health indicators among institutionalized elderly individuals based on marital status, and education level. The degree of institutionalization (e. g. the length of stay), the frequency of contact between children and institutionalized elderly individuals, whether they had some knowledge about the institution before staying, and self-reported health status may all significantly affect the mental health of elderly individuals. Based on the above survey results, this report proposes several countermeasures and suggestions: 1. Emphasize the prevention and intervention of depressive emotions by implementing specialized psychological services. 2. Strengthen the "institution-family" liaison system to establish a collaborative protection mechanism. 3. Pay attention to vulnerable groups and develop targeted psychological care measures.

Keywords: Elderly People in Institutions; Mental Health; Institution Adaptation; Depression

Ⅲ　Special Topics

B. 9　Report on the Development of Basic Eldely Care and Elderly Care Industry in 2024

Zhao Jie, Wang Jinhao, Wang Jing,

Zhang Wenbo and Qu Jiayao / 154

Abstract: As China enters an aging society, how to develop the elderly care industry and promote the synergistic development of the basic elderly care and elderly care industry, has become a key direction of the civil affairs department. This report starts from the perspective of supply and demand, and tries to distinguish the connotation and scope of basic elderly care and elderly care industry, as well as the relationship with the silver economy. Through the sorting out of the current situation of the development of the basic elderly care and the elderly care industry in China, we find that there are problems such as unclear boundaries between the basic elderly care and the elderly care industry, fewer policy tools to support development, mismatch between supply and demand, shortage of professional personnel, lagging behind in statistical monitoring and lacking a complete industrial chain. Therefore, we suggest starting from the top-level policy design, increasing the support of funding, especially social capital, strengthening the statistical system of basic elderly care and elderly care industry, and stimulating the vitality of the silver economy. The report also clarifies the role of the civil affairs department in the development of the basic elderly care and the eldery care industry, and provides theoretical support for formulating relevant policies.

Keywords: Elderly Care; Elderly Care Industry; Silver Economy

B.10 Report on the Standardization of Elderly Care in 2024

Chen Xi / 182

Abstract: As China gradually enters an aging society and the rapid development of elderly care, the CPC Central Committee and the State Council has put forward new requirements for the standardization of elderly care. Standardization plays a crucial technical supporting role in further deepening the comprehensive reform of the elderly care sector and advancing China's modernization. Currently, a comprehensive working mechanism for standardization in China's elderly care sector has been established, the standard system has continued to improve, national-level standardization pilots have been steadily advanced, and multiple important standards have achieved remarkable results in implementation. However, the standard system

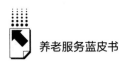

is still not fully adapted to the current development trends of elderly care. Related standards for home-based and community-based elderly care are incomplete, the implementation and application effects of some standards are not satisfactory, shortcomings persist in the standardization working mechanism and talent pool, and there is still a gap in international standardization. It is recommended to optimize and upgrade the elderly care standard system, enhance the quality of standard formulation and the effectiveness of standard promotion and application, improve the standardization working mechanism, upgrade the quality and professional competence of the talent pool, and promote China's international influence in elderly care standardization with a global perspective, contributing Chinese wisdom.

Keywords: Elderly Care; High-Quality; Standardization Construction

B.11 Report on the Development of Talent Team for Elderly
Care in 2024   *Zhao Jie, Li Tianjiao* / 197

Abstract: With the continuous deepening of China's aging population, the scale and proportion of elderly people are constantly increasing, and the number of disabled and dementia elderly people is constantly increasing. The demand for elderly care is rapidly expanding. How to promote the developmert of a professsonial personnel for elderly care has become an urgent task that effectively addresses the issue of population aging. This report aims to gain a deeper understanding of the structure, quality, and work situation of China's elderly care personnel by reviewing domestic and foreign policy documents and literature, collecting 6369 survey questionnaires on the construction of elderly care service talent teams from 25 provinces, conducting in-depth interviews with 42 employees from 10 elderly care service institutions, and conducting online and offline surveys in Beijing and Hainan. At present, the development of the elderly care service personnel team in China faces the following problems: the need to build a professional system for the elderly care service team, unclear career development prospects, the overall quality of the elderly care service personnel team needs to be improved, elderly care positions lack attractiveness, talent loss is serious, there is a lack of multi-level and diversified talent training system, and laws and regulations do not provide enough protection for the elderly care service team. To this end, this report proposes the following suggestions: strengthen planning guidance and increase financial support; optimize training and development and improve career development; improve employment benefits and strengthen industry publicity; strengthen the management of informal elderly; strengthen legal supervision and promote industry development.

Keywords: Talent; Cultivation; System Development

B . 12 Report on Current Situation and Sustainable Development
of Elderly Care Volunteer Service in 2024

Chen Gong, Liu Shangjun and Liang Xiaoxuan / 220

Abstract: Volunteerism and public welfare actions are regarded as the key way to achieve the third distribution and achieve common prosperity, and are of great significance to the construction of a socialist distribution system with Chinese characteristics and the promotion of civilization and progress and economic development. As of October, 2024, the number of registered volunteers in China has reached 237 million, with 1.35 million volunteer service teams. Under the diversified participation of the government, enterprises, society and individuals, volunteering for the elderly has become an important part of the construction of the elderly care service system with Chinese characteristics and the national strategy to actively cope with the aging population. However, on the whole, it still faces the dilemma of unbalanced development between urban and rural volunteer service areas and has not yet formed a sound volunteer service system for the old, and there are problems such as single service content and insufficient digitalization. It is suggested to further enrich the service concept of volunteer service for the old,

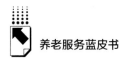

improve the system construction, enhance the organizational capacity, continue to broaden and excavate the service connotation and resources, and promote the modernization of volunteer service for the old to actively respond to the challenges of population aging.

Keywords: Serving the Old Volunteers; Time Savings; Sustainable Development

B.13 Report on Guidelines for Voluntary Custody Services
for the Elderly in 2024

Yin Zhengwei, Wang Xue, Zhao Yuefan and Chen Yahui / 237

Abstract: Since the implementation of the Civil Code of the People's Republic of China, issues related to elderly people's designated guardianship have received widespread attention in society, with some elderly people choosing natural persons and social organizations other than those with legal guardianship qualifications to perform their guardianship duties. However, due to the fact that China's elderly designated guardianship system has developed relatively late and the supporting system measures are not met complete, the development of elderly guardianship services in different places varies. From the persepective of elderly's rights pootection, some needs elderly guardianship were not met with effective, adequate, comprehersive servies. Organization of guardiarship servies. Will improve management model, service procedure and mechanism, and provide legal and adaptive guardianship services. The report Summarizes the guardianship services and promote serice stand and ization moclel to meet the eldaly's needs and proteet the legal rights of the elderly.

Keywords: Elderly People; Appointed Guardianship; Guardianship Services; Guardianship Service Organizations

Abstract: It is pointed out in the Report to the 20th National Congress of the Communist Party of China that we will pursue a proactive national strategy in response to population aging. Along with the population aging becoming more and more serious, state-owned enterprises have actively participated in the health and elderly care industry, gradually established a self-contained system of development mode, extended the health and elderly care service to a number of related fields, actively met the all-round needs of the elderly, and become an important force for investment in the health and elderly care industry. However, in the development of the state-owned capital health care industry, practical problems such as unclear early positioning, institutional and mechanism constraints, policy restrictions on private non-enterprises, multiple management and low profitability are common. In this report, it is suggested to optimize the management system and implement a classified performance assessment in the government policy aspects. It is also suggested that the state-owned enterprises adhere to long-term investment strategy, explore innovative business models, give full play to their abilities and advantages of integration, establish and improve core competencies, promote the high-quality development of the health and elderly care industry, and make positive contributions to the creation of a better life of people in the new era.

Keywords: State-Owned Capital; Elderly Care Industry; State-owned Enterprises

Abstract: As the aging population grows, the elder's demand for diversified

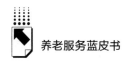
retirement solutions and the upgrading of the senior market's consumption structure, tourism-based retirement has emerged as a novel retirement model. This model boasts unique developmental advantages in terms of market prospects and consumption potential. However, as a new business model in the retirement industry, tourism-based retirement is still in its nascent phase. It faces challenges such as the lack of a standardized system, insufficient public awareness, and regional barriers. Currently, the tourism-based retirement market encounters issues such as misconceptions, incomplete residential safety assurances, mismatches between product and service supply, incomplete industry standards, and unclear regulatory definitions. Moving forward, by establishing national standards for tourism-based retirement, building bases for such retirement models, and enhancing promotions, it is envisioned to promote the healthy and orderly development of the tourism-based retirement industry, thereby further invigorating the elderly economy.

Keywords: Retirement Living; Silver Economy; Industrial Standards; Marketization; Security

Ⅳ Regional Reports

Abstract: Following the overall idea of using the elderly care industry to drive industry, industry to support industry, and the coordinated development of industry and industry, Beijing actively explores ways to fundamentally and systematically solve the problem of elderly care in mega cities through socialization and marketization, with the main goal of "cultivating one type of subject, constructing two models, and achieving comprehensive coverage". In response to the fact that 99% of elderly people choose home-based elderly care and 1% choose institutional elderly care, Beijing has explored and formed an elderly care service system based on "one list, one platform, and one network" by piloting innovative home-based community elderly care service models. The author believes that to innovate and improve the elderly care service system in Beijing, it is necessary to adhere to a proactive government, an effective market, diverse governance, a systematic approach, and focus on developing professional elderly care, inclusive elderly care, smart elderly care, warm elderly care, and sunshine elderly care, in order to create a "five heart" elderly care service with the characteristics of the capital.

Keywords: Elderly Care; Elderly Care Industry; Promising Government; Efficient Market

B.17 Comprehensive Statistical Monitoring Report of Shanghai
Elderly Care *Ling Wei, Ren Zetao and Zhu Hao* / 303

Abstract: Strengthening the comprehensive statistical monitoring of elderly care is an important part of the high-quality development of elderly care services, and has special significance in the formulation of elderly care policy, industry development, and meeting public information needs. Shanghai has launched relevant explorations earlier and has initially established a "1+3" comprehensive statistical monitoring system for elderly care. Through centralized and unified data management, standardized process management, data integration, and statistical and monitoring relationship processing, effective support has been provided for policy formulation, industry development, and meeting public information needs. However, continuous optimization is still needed for the statistical monitoring of elderly care. In the future, it is necessary to continuously optimize the second and third level indicators of statistical monitoring, strengthen process management, seek integration and use with other specialized data on the basis of existing data. Meantime, monitoring points can also be set up to achieve timely data acquisition and dynamic tracking, and ensure the continuous development of statistical monitoring, so as to continuously improve the standardization, scientificity, and continuity of elderly care statistical monitoring.

Keywords: Elderly Care; Statistical Monitoring; Supply and Demand Survey; Indicator Design

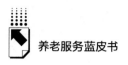
养老服务蓝皮书

B.18　Report on the Pilot Project of Rural Elderly Care

　　　in Anhui Province　　　　　　　　　　*Fan Ruyu* / 317

Abstract: With the implementation of the dual strategies of actively responding to population aging and rural revitalization, the development of rural elderly care and the promotion of the construction of rural elderly care system are powerful measures to coordinate the development of urban and rural areas, make up for the shortcomings of rural governance system and governance capacity, and are also an important part of the effective implementation of the rural revitalization strategy. Anhui Province has explored the direction of the development of rural elderly care by carrying out pilot reforms of rural elderly services. However, there are some problems and difficulties in rural areas in terms of family care, the supply of elderly care, market participation, and policy support and guarantee. In addition, there is a large gap between the economic income level and the ability to bear the cost of elderly care in rural areas and those in urban areas. In order to speed up the filling of the gaps in rural elderly care, this report puts forward following suggestions: Give play to the leading role of rural elderly party building; strengthen the optimization and integration of elderly care resources; stimulate the endogenous power of rural elderly care; do a good job in the classification and protection of the elderly group, and accurately meet the service needs; promote the coordinated development of urban and rural elderly care, and promote the flow and sharing of resources; increase the construction of filial piety and respect for the elderly, establish a new style of rural civilization, and form a joint force to promote the construction of the rural elderly care system.

Keywords: Rural Elderly Care; Rural Revitalization; Pilot Work

B . 19   Report on the Development of Aged Care Personnel in
Shandong Province

Fu Xiao, Li Yuqin, Han Minghua and Zhou Xin / 332

Abstract: In order to implement the national strategy for responding proactively to population aging and the strategy on developing a quality workforce in the new era, and to promote the high-quality development of elderly care services in the new era and new journey, Shandong Province has been strengthening the development of elderly care personnel, continuously promoting academic education, skill training, exchange and cooperation of elderly care personnel, and has conducted continuous provincial training for elderly care service managers and officials, as well as government-school-enterprise linkage and exchange cooperation. It has innovated "three combinations" and conducted "three types of training" to successively improve the ability levels of elderly care practitioners, and has explored a relatively mature training path. It has taken the lead in establishing Industry-Education Integration Community of Shandong Elderly Care, and has formed a synergistic force for innovative development in integration between industry and education. The "three-level linkage" of provinces, cities and counties has driven rural households to carry out six-level elderly care volunteer services. "Youth Caring for the Elderly Volunteer Service Team" has been set up among colleges and universities and the warm-hearted elderly care volunteer service brand of "Taishan Mountain Pine" has been created. The talent cultivation brand of "Shandong Youth Caring for the Elderly" has been built up, more young people have been attracted to work for the elderly, and the talent support for the high-quality development of elderly care services has been provided.

Keywords: Elderly Service Personnel; Integration of Industry and Education; Volunteer Service

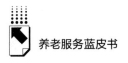
养老服务蓝皮书

B.20　Report on Social Work Development of Chongqing
　　　　Elderly Care Institutions

Wang Fumin, Ni Wei, Liu Zhao and Zheng Yi / 347

Abstract: In implementing the national strategy for actively responding to an aging population, Chongqing has been constantly improving its policy system and enhancing comprehensive support to promote the development of social work in 83% of its nursing homes, with 1.17 social workers per 100 beds in nursing homes. It has also established the "Happy and Healthy" social work service system for nursing homes, and developed a series of local features in social work practices for nursing homes, such as the "Embedded Driven" model, the "1+N Model", the "Double Social Work System", and the "RenRen social worker" model. These efforts have yielded positive results in the development of social work in nursing homes. As Chongqing's aging population has deepened from moderate to severe, the demand for elderly care has evolved from basic care to enjoyable care, and the focus of the elderly care system has shifted from institutions to home-based care, the next step is to expand the scope of services, build a talent pipeline, change service concepts, and pool resources to continuously promote the high-quality development of social work in the field of elderly care.

Keywords: Happy and Healthy; Embedded Driven; Dual Social Work System

社会科学文献出版社

皮书

智库成果出版与传播平台

❖ 皮书定义 ❖

皮书是对中国与世界发展状况和热点问题进行年度监测，以专业的角度、专家的视野和实证研究方法，针对某一领域或区域现状与发展态势展开分析和预测，具备前沿性、原创性、实证性、连续性、时效性等特点的公开出版物，由一系列权威研究报告组成。

❖ 皮书作者 ❖

皮书系列报告作者以国内外一流研究机构、知名高校等重点智库的研究人员为主，多为相关领域一流专家学者，他们的观点代表了当下学界对中国与世界的现实和未来最高水平的解读与分析。

❖ 皮书荣誉 ❖

皮书作为中国社会科学院基础理论研究与应用对策研究融合发展的代表性成果，不仅是哲学社会科学工作者服务中国特色社会主义现代化建设的重要成果，更是助力中国特色新型智库建设、构建中国特色哲学社会科学"三大体系"的重要平台。皮书系列先后被列入"十二五""十三五""十四五"时期国家重点出版物出版专项规划项目；自2013年起，重点皮书被列入中国社会科学院国家哲学社会科学创新工程项目。

皮书网

（网址：www.pishu.cn）

发布皮书研创资讯，传播皮书精彩内容
引领皮书出版潮流，打造皮书服务平台

栏目设置

◆ **关于皮书**

何谓皮书、皮书分类、皮书大事记、
皮书荣誉、皮书出版第一人、皮书编辑部

◆ **最新资讯**

通知公告、新闻动态、媒体聚焦、
网站专题、视频直播、下载专区

◆ **皮书研创**

皮书规范、皮书出版、
皮书研究、研创团队

◆ **皮书评奖评价**

指标体系、皮书评价、皮书评奖

所获荣誉

◆ 2008 年、2011 年、2014 年，皮书网均
在全国新闻出版业网站荣誉评选中获得
"最具商业价值网站"称号；

◆ 2012 年，获得"出版业网站百强"称号。

网库合一

2014年，皮书网与皮书数据库端口合
一，实现资源共享，搭建智库成果融合创
新平台。

皮书网

"皮书说"
微信公众号

权威报告·连续出版·独家资源

皮书数据库
ANNUAL REPORT(YEARBOOK) DATABASE

分析解读当下中国发展变迁的高端智库平台

所获荣誉

- 2022年，入选技术赋能"新闻+"推荐案例
- 2020年，入选全国新闻出版深度融合发展创新案例
- 2019年，入选国家新闻出版署数字出版精品遴选推荐计划
- 2016年，入选"十三五"国家重点电子出版物出版规划骨干工程
- 2013年，荣获"中国出版政府奖·网络出版物奖"提名奖

皮书数据库

"社科数托邦"
微信公众号

成为用户

  登录网址www.pishu.com.cn访问皮书数据库网站或下载皮书数据库APP，通过手机号码验证或邮箱验证即可成为皮书数据库用户。

用户福利

- 已注册用户购书后可免费获赠100元皮书数据库充值卡。刮开充值卡涂层获取充值密码，登录并进入"会员中心"—"在线充值"—"充值卡充值"，充值成功即可购买和查看数据库内容。
- 用户福利最终解释权归社会科学文献出版社所有。

数据库服务热线：010-59367265
数据库服务QQ：2475522410
数据库服务邮箱：database@ssap.cn
图书销售热线：010-59367070/7028
图书服务QQ：1265056568
图书服务邮箱：duzhe@ssap.cn

S 基本子库
UB DATABASE

中国社会发展数据库（下设 12 个专题子库）

紧扣人口、政治、外交、法律、教育、医疗卫生、资源环境等 12 个社会发展领域的前沿和热点，全面整合专业著作、智库报告、学术资讯、调研数据等类型资源，帮助用户追踪中国社会发展动态、研究社会发展战略与政策、了解社会热点问题、分析社会发展趋势。

中国经济发展数据库（下设 12 专题子库）

内容涵盖宏观经济、产业经济、工业经济、农业经济、财政金融、房地产经济、城市经济、商业贸易等 12 个重点经济领域，为把握经济运行态势、洞察经济发展规律、研判经济发展趋势、进行经济调控决策提供参考和依据。

中国行业发展数据库（下设 17 个专题子库）

以中国国民经济行业分类为依据，覆盖金融业、旅游业、交通运输业、能源矿产业、制造业等 100 多个行业，跟踪分析国民经济相关行业市场运行状况和政策导向，汇集行业发展前沿资讯，为投资、从业及各种经济决策提供理论支撑和实践指导。

中国区域发展数据库（下设 4 个专题子库）

对中国特定区域内的经济、社会、文化等领域现状与发展情况进行深度分析和预测，涉及省级行政区、城市群、城市、农村等不同维度，研究层级至县及县以下行政区，为学者研究地方经济社会宏观态势、经验模式、发展案例提供支撑，为地方政府决策提供参考。

中国文化传媒数据库（下设 18 个专题子库）

内容覆盖文化产业、新闻传播、电影娱乐、文学艺术、群众文化、图书情报等 18 个重点研究领域，聚焦文化传媒领域发展前沿、热点话题、行业实践，服务用户的教学科研、文化投资、企业规划等需要。

世界经济与国际关系数据库（下设 6 个专题子库）

整合世界经济、国际政治、世界文化与科技、全球性问题、国际组织与国际法、区域研究 6 大领域研究成果，对世界经济形势、国际形势进行连续性深度分析，对年度热点问题进行专题解读，为研判全球发展趋势提供事实和数据支持。

法律声明